编委会

中国民营企业
国际合作蓝皮书
（2013）

BLUE BOOK ON INTERNATIONAL COOPERATION
OF CHINESE PRIVATE ENTERPRISES

中国民营经济国际合作商会　编

人民出版社

序　言

中国民营经济国际合作商会编辑出版首部《中国民营企业国际合作蓝皮书》，旨在总结中国民营企业开展境外投资与合作的经验教训，以为"走出去"民企提供借鉴与参考。希望《蓝皮书》能对中国民企在境外成功兴业有所裨益。《蓝皮书》还精选汇集了自 2000 年中央提出"走出去"战略以来，国务院和有关部委颁布的关于鼓励、支持和引导民营企业境外投资与合作的政策法规性文件，对中国民营企业境外投资创业有重要指导作用。

民营企业进军海外投资兴业，是改革开放后中央作出的一项重大决策和发展经济大战略。民营企业"走出去"实行国际化经营，既是其自身兴旺发达的必由之路，也是国家实现可持续强劲发展，不断壮大整体经济实力的客观需要。放手让民营企业同国有企业一道走国际化经营之路，有利于国家利用"两个市场、两种资源"，有利于"拿来"国外先进技术和先进管理理念，争占国际产业和技术高地，促进国家经济向高层次发展。这是强国富民的战略举措，将为实现党的十八大提出的"两个百年"的战略目标和习近平总书记提出的中华民族伟大复兴的中国梦提供巨大正能量。

党中央、国务院高度重视民营经济及其海外投资事业的发展，提出和坚持"两个毫不动摇"方针，把民营经济定为中国特色社会主义市场经济的重要组成部分；提出和坚持将民营经济和公有制经济一视同仁、同等对待原则，创造条件让两者比翼齐飞，共同发展。这为民营企业及其海外投资兴业提供了可靠的政治与政策保障和纵横驰骋的广阔空间。

在中央的大力扶植下，中国民营企业"走出去"起步虽只有 30 多年历史，但发展迅速，成果丰硕。特别是近年来在金融危机的冲击下，世界对外投资萎缩衰退，包括民企在内的中国企业对外投资却保持了强劲增长势头。现在中国企业对外投资以国营企业为主，但民营企业对外投资成长速度快于国企。假以时日，民营企业成为中国对外投资主力的前景是可以期待的。

中国企业对外投资发展迅捷，但对其在世界对外投资领域中的地位应有清醒认识。由于起步太晚，基础差，底子薄，总量小，质量水平不高，同对外投资历史长达上百年的西方发达大国比差距很大，也同中国世界第二大经济体的地位极不相称。中国要成为世界对外投资大国和强国需经长期努力，任重而道远。

当前中国和世界经济都处于调整重组、转型升级的重要时期，这为中国民营企业外向发展提供了前所未有的良机。民营企业对外投资将进入一个加速发展的新阶段。

中国民营企业境外投资有诸多有利因素，但也要看到，无论内部和外部都存在不少问题和障碍。其中内部问题如民营企业融资难、高层次人才少、信息不通畅及民营企业自身素质不高等是影响民营企业"走出去"的主要因素。解决这些问题的根本办法就是深化体制改革，包括革除有关部门和个人"重国轻民"的陈旧观念，使之真正和不折不扣地落实中央鼓励和扶植民营企业境外发展的所有方针、政策和原则，尽心尽力地为民营企业境外投资创业保驾护航、排忧解难。民营企业自身也需改革创新，努力提高自身素质，以适应海外发展的需要。

中国民营企业国际化发展之路是不平坦的。但总体看，其有利因素远多于不利因素，机遇远大于挑战。展望未来，在政府强有力的支持下，经过自身之不懈努力与拼搏，中国民营企业定能克服困难，排除障碍，化挑战为机遇，不断将海外投资事业引入新境界，创造新辉煌。

这部《蓝皮书》是编委会全体同仁和 28 位专家学者辛勤劳动、通力合作的结晶。我们谨向他们致以衷心感谢。

中国民营经济国际合作商会

2013 年 12 月

目　录

Contents

概　论

中国民营企业"走出去"起步较晚，但成就显著，开辟了中国经济发展的新路径。民营企业境外投资存在不少困难与问题，但有利因素和机遇是主要的，前景无比广阔。

一

自改革开放以来，中国实行公有制为主体，多种所有制共同发展的基本经济制度，毫不动摇地巩固和发展公有制经济，毫不动摇地鼓励、支持和引导非公有制经济发展。这为非公有制经济，即民营经济崛起创造了前提条件，开辟了广阔前景。现在民营经济同公有制经济齐头并进，成为中国国民经济的两大主干之一。

随着民营经济不断发展壮大，在政府的大力支持下，越来越多的民营企业走出国门，进行和扩大境外投资和国际合作，开辟国外发展主战场。这是对企业自身和国家发展全局都有重大战略意义的重要举措。

民营企业以投资、承包工程与劳务合作等形式从事与扩大境外投资和国际合作，既是其自身兴旺发达的必由之路，也是整体国民经济实现可持续强劲增长，不断壮大国家经济实力的客观需要。放手让民营企业同公有制企业一道，积极参与国际合作与竞争，有利于利用"两个市场、两种资源"，增强国家整体经济的发展基础与后劲，有利于中国企业争占世界产业与技术高地，培育世界级的跨国公司，提升中国经济的国际地位与影响，有利于贯彻落实中央提出的转方式、调结构、产业转型升级的经济发展新战略，提高经济增长的质量与效益；有利于快速发展实体经济与提升国家整体经济实力，因而是强国富民的大战略，将为实现两个百年的战略目标和实现中华民族伟大复兴的"中国梦"提供巨大正能量。

现在国内国际环境与条件对民营企业海外发展极其有利，可以说是中国民营企业境外投资与国际合作的黄金时期。

从国内看，首先，党中央、国务院高度重视和大力支持民营企业到境外投资兴业，大展宏图，将其列于国家发展战略的重要位置。中央从实行改革开放政策起，就提出利用"两个市场、两种资源"的战略方针，引导、支持包括民营企业在内的中国企业到海外发展，2000年正式提出"走出去"战略，显著加大了对民营企业外向型发展的支持力度。近些年来，随着国际国内经济形势的复杂变化，政府把企业"走出去"置于更高的战略位置，出台了一系列鼓励和支持民营企业"走出去"的政策规定和指导方针。其中最为重要的有：《国务院关于鼓励支持和引导个体私营等非国有制经济发展的若干意见》、《国务院关于鼓励和引导民间投资健康发展的若干意见》和《关于鼓励和支持民营企业积极开展境外投资的实施意见》等，充实和完善了支持民营企业开展境外投资合作的方针政策，形成了一套完整的对民营企业境外创业兴业的支持促进与保障服务体系。现在政府对民营企业和包括国营企业在内的公有制企业一视同仁，平等对待。在财税、融资、保险、风险防控、领事保护、质检通关、信息提供和政府采购等各个方面，境外民营企业同公有制企业享受同等待遇。这些为民营企业境外发展提供了可靠的政策和政治保障。

其次，当前国内经济形势和政策调整有益于促进民营企业加大和加快"走出去"步伐。我国经济经过30多年高速发展，取得了震惊世界的辉煌成就。但也显露出一些结构性深层次矛盾和问题，遭遇发展瓶颈。其中突出的是不少部门和领域产能严重过剩，产品积压滞销，浪费严重；经济发展过于依赖外需，在金融危机影响下，外国对中国商品反倾销和贸易诉讼有增无减，对华高筑贸易壁垒和实行贸易保护主义，造成我国外贸特别是出口增速下滑。还有环境保护跟不上，生态严重污染。很显然，那种主要依靠消耗能源资源为主的粗犷式经营方式和主要依靠出口拉动的发展模式难以为继。转方式、调结构、产业转型升级就成为新时期发展经济的不二政策选择。习近平总书记最近指出，为了经济转型升级，宁可适当放慢增长速度，显示了中央调整经济政策的坚定决心。这为民营企业海外发展带来了前所未有的良机和开辟了广阔的天地。民营企业可以利用自己的制度和产能优势，通过对境外企业的并购、参股和联营合作等形式，既可以整合境外优质资源，获取国外先进的产业技术和高素质人才，走产业高端化路线，又能向境外大规模转移产能，占领国外广阔市场，减轻国内出口压力。民营企业境外投资是实施国家经济发展新政策、新战略的重要载体和理想途径，因而获得了国家的鼎力支持和极好的发展契机。

再次，中国民营企业"走出去"有坚实的经济基础和优越的条件。中国经济经过30多年强劲增长，总量高居世界第二位。2012年，中国GDP达8.3万亿美元，超过美国GDP的一半，更大地拉开了同世界第三大经济体日本的距离。截至2013年3月底，中国外汇储备达3.44万亿美元，高居世界第一位。其中民营经济总资产25万亿元人民币，约合4万亿美元，生产总值超过4万亿美元，均占全国资产总量和生产总值的"半壁江山"。这为民营企业快步走出去提供了强大的实力后盾。同时，经过30多年的发展和国外打拼，民营企业在产业规模、生产技术与装备水平、科技研发能力、企业管理水平和员工整体素质等方面，都有大幅提升，并积累了海外创业的丰富经验，具备"走出去"的条件和能力。尤其是民营企业具有产权、机制、成本、创业主动性强等优势，在竞争性行业中有比较优势，有灵活性、民间性等特点，更方便和容易融入外国经济社会和从事境外经济活动，能更好地和更有效地参与国际竞争与合作。

在国际上，也具备中国民营企业大显身手的诸多有利条件。随着中国的强劲崛起，特别是中国坚持走和平发展道路，实行独立自主的和平外交政策和平等互利、合作共赢的对外开放战略，国际地位与影响力空前提高，开始迈入世界政治、经济中心舞台。世界各国都高度看重中国，普遍把发展对华关系作为其对外政策优先方向，普遍同中国建立了鼓励和促进民间资本相互流动的政策磋商机制，达成了发展长期稳定、互惠互利经合关系的共识，签订了双边投资保护合作协定和免征双重税收协定。这些为中国民营企业境外发展提供了极为有利的政治、经济环境和政策支撑。同时，当前国际金融危机的影响犹存，世界经济复苏缓慢，许多国家特别是发达国家经济困难重重，经济持续低迷，世界经济进入了新的调整重组时期。这为中国企业尤其是民营企业大步"走出去"创造了难得的好机会。欧美等发达国家为了重振经济，提出了"再工业化"

计划，尤其重视重振实体经济，但苦于资金不足、市场窄化而难以如愿，只得将求助的目光投向在主要经济体中一枝独秀的中国，希望借助中国的资金和市场来提振本国疲软的经济。这些国家不少企业甚至大跨国公司受金融危机影响，资产严重缩水，竞争力下降，经营陷入困境以至面临破产，急于出手转让部分或全部股权，以谋重生之道。这些为中国民营企业对境外企业公司进行廉价"抄底"并购或参股联营开了方便之门。发展中国家亟须摆脱贫穷落后状态，尽快使自己发展起来，但底子薄、发展实力不足，尤其欢迎中国企业对其进行投资开发。

受国际国内众多利好因素驱动，现在中国民营企业对外投资合作进入了快速发展时期。这是方兴未艾的事业，也是互利共赢的事业。这个事业越发达，就越有益于中国和有关国家的共同发展与繁荣，越有益于中国和有关国家双边总体关系的健康良性发展。

二

对外投资是经济全球化的主要标志之一，也是各国尤其是主要经济体经济扩张和参与国际竞争、争占产业高地的重要途径。对外投资状况在一定程度上是反映各国经济发展水平的"晴雨表"。欧洲诸强、美国和日本对外投资有上百年乃至几百年的历史，长期垄断了国际投资领域。中国对外投资在实行改革开放政策后才起步，至今只有30余年的历史。就在这短时期里，中国企业包括民营企业境外投资异军突起，突飞猛进，创造了骄人的业绩。中国民营企业境外投资创业呈现以下突出特点和亮点。

其一，发展速度迅捷，居于世界前列。中国企业在进入新世纪之前，对外投资有"试水"性质，探索前行，流量和存量都很少，自2000年中央提出"走出去"战略以后，才步入快速增长阶段。2002年，中国境外投资流量仅27亿美元，到2011年，流量达746.5亿美元，10年增长近28倍，年均增速超过45%。2012年在全球外国直接投资下降17%的背景下，中国对外直接投资逆势上扬，创下流量878亿美元的历史最高纪录，同比增长17.6%，首次成为世界三大对外投资国之一。截至2012年底，中国对外直接投资存量达5319.4亿美元，10年增长27倍多。这样高的增长速度在世界对外投资史上是罕见的。

现在中国有 1.6 万家境内投资者在境外建立企业近 2.2 万家，分布在 179 个国家和地区。

中国民营企业在境外投资起步更晚，但发展势头更加强劲，成为中国境外投资的生力军。民营企业在境外投资的流量、存量和并购国外企业的力度都在加速赶超国营企业。2012 年，民营企业境外投资流量和存量分别约达 350 亿美元和 2120 亿美元，均约占同年中国企业境外投资流量和存量的 40%。而在 2007 年，这两个数据只是 14.6% 和 29%。并购国外企业是中国企业境外投资的主要方式，对提升自身品位也最为有利。民营企业并购增幅远超国企。2012 年，民营企业海外并购金额达 255 亿美元，占当年中国企业海外并购总额的 60%，是 2007 年的 7 倍，5 年中增长 600% 多。民营企业国企境外投资此长彼消的态势将进一步发展。在不久的将来，民营企业后来居上，取代国企成为中国境外投资主力军的前景是可以预期的。

其二，在激烈的国际竞争中，中国民营企业涌现出一批大有建树的明星企业，如联想集团、华为技术有限公司、大连万达、海尔电器、吉利集团、三一重工等。他们取得成功的一条共同经验就是勇立国际竞争潮头，大胆闯世界，坚持走跨国并购和经营之路，学习和获取国外先进技术和管理经验，掌握高端制造与创新能力，实现产品升级换代，不断扩大企业经营规模。如联想集团从 2004 年并购美国的 IBM 公司开始，大规模推进国际化经营，实力实现跨越式增长，营业额从并购 IBM 公司前的 30 亿美元扩增到 2012 年的 360 亿美元，8 年扩充 12 倍，跨入全球顶级电脑企业行列，跻身全球 500 强。2013 年 7 月，联想营业额还超过美国惠普公司，荣登世界个人电脑业的冠军宝座。这是了不起的成就。又如，华为公司也是通过实施强化市场的国际化战略而不断发展壮大的。它在 1988 年成立时只有 2 万元人民币资本，主打通信产业，先在国内创业发展。几年后勇闯国际市场，在境外投资并购，建立研发和产销基地，企业不断跃升新台阶。到 2012 年，即在短短的 24 年间，华为这个不起眼的小企业，发展成一家拥有 11 万多名员工，营业额达 2202 亿元人民币（约合 350 亿美元）的大型高科技跨国公司，在世界通信行业高端产品领域与世界顶级企业并驾齐驱。

其三，中国民营企业境外投资兴业提升了自己的科技创新能力和水平。科技是第一生产力。当前世界各国愈演愈烈的综合国力竞争，说到底是科技与人才的竞争。中国民营企业所以能在强手如林的国际竞技场上占有一席之地，除了拥有一定实力以外，主要是一靠科技，二靠人才，也就是靠掌握了科学技术的人才。那些在境外发展好的民营企业成功的诀窍就是优先重视开展科技研发工作，不断提高技术水平和创新能力，从而强化竞争能力，用自主创新的高端产品占领国际市场。美国、欧洲和日本是世界高科技人才聚集之地，也是中国民营企业建立科技研发中心和培养、引进人才的主要基地。民营企业因地制宜，根据这些国家所具有的科技优势与特长建立相应的研发中心。如联想、华为、海尔等知名企业分别在美国建立信息与医药研究中心，在欧洲建立通信技术中心，在日本建立产品外观研究中心，在法国和意大利建立服装研发中心，在印度建立 IT 研究中心等。中国民营企业通过这些研发中心和收购国外包括高级人才在内的先进研发资源，不断用所从事产业的最新前沿技术装备自己，在境外实现产业的转型升级，从而用自主品牌和自主创新的高端产品打入国际市场而实现快速发展。在这方面，华为是一个代表。它将提升技术创新水平定为其国际化战略谋求的第一目标。为此，华为早在成立仅五年后就在美国硅谷建立芯片研究所，此后又先后在印度设立软件研究所，在欧洲发达国家获取高端能力，还在其他多国设立研发中心。正由于它舍得投入大笔资金开发科技和培育、吸纳人才，才能不断提升产品的技术含量和自主创新能力，把自己打造成世界通信领域的佼佼者。现在华为 11 万多名员工中，50% 至 60% 是具有硕士或博士学位的科技人员和管理干部，全体员工中的 46% 从事研究开发工作，其数量超过从事生产和营销人员的总和。这为华为再创辉煌奠定了坚实的科技和人才基础。

以上事例说明，中国民营企业境外投资事业要取得长足发展，必须占据国际产业高地。而要占据国际产业高地，就必须打造技术和人才高地。这是中国民营企业，也是中国所有企业在境外投资兴业的成功之道。

其四，大中小企业齐上阵，在各个领域全面开花，既"广种薄收"，又突出重点，形成点面结合、大小并进的投资布局。中国现有近万家民营企业在全球 160 多个国家和地区投资监理了 1 万多家企业，几乎涵盖为人们衣、食、住、行、乐全方位服务的国民经济所有部门。其中绝大多数是中小型企业，规模不大，利润收入有限，但很有价值。因它们数量大，仍是国家民营企业外汇收入的主要来源。它们普遍在驻在国站稳了脚跟，为以后发展壮大打下了基础，并将为更多国内企业前去投资起着引领作用。它们在境外投资活动还有利于促进驻在国的经济发展与民生改善，对中国发展与这些国家的双边关系有促进效应。

中国民营企业境外投资分布领域广而又重点突出。投资重点领域主要由我国和投资对象国的需要和条件决定，民营企业投资向重点领域倾斜和集中。目前中国民营企业境外投资重点领域有制造业、矿产业、轻纺业、交通、批发零售、商业服务等 6 个行业。这些行业的投资额和营业额均占民营企业境外投资额和营业额的 2/3 以上。这些重点领域是中国民营企业境外投资所得利润收入的主要来源和获取国外先进技术与工艺的主要渠道，并为国家输送了大量急需的矿产战略资源，为国家经济发展作出了重要贡献。此外，对外承包工程也是中国民营企业境外投资与合作的一个重要方面。该领域能带动大量设备、材料和技术、服务及劳动力出口，增加国家外汇收入和减轻国家就业压力，为国家所大力提倡和支持，又为许多国家特别是缺乏基础设施的发展中国家所急需，因而这种主要以实物而非资金的对外投资方式发展迅捷，项目越做越多，越做越大。2012 年，我国共有 200 多家民营企业在境外承揽了工程承包项目，新签合同金额达 160 亿美元，完成营业额超过 120 亿美元，占当年民营企业境外投资营业额的 14%，其中华为公司对外承包工程完成营业额 1039 万美元，在境外完成承包工程营业额的前 50 名企业中排名第一。可见民营企业对外承包工程在民营企业境外投资与国际合作中的重要地位。

中国民营企业境外投资有诸多利好条件和机遇，发展迅猛，成果丰硕。但毋庸讳言，中国企业境外投资尚处于初期阶段，与发达国家比差距很大，还存在一些突出问题和严峻挑战。

中国民营企业境外发展的一大短板是基础差，底子薄，存量小。到 2012 年，中国企业投资存量仅 5319.4 亿美元，不到全球对外投资存量的 3%，分别只有美、英、德、法、日对外直接投资存量的 10.2%、29.4%、34.4%、35.5%、50.4%，其中民营企业境外投资存量只有全球的 1/100。西方五大经济体对外投资的基本上都是民营企业，中国民营企业与其相比差距更大，而 2012 年中国的经济总量是美国的 53%、日本的 1.4 倍，德、法、英三国的总和。中国包括民营企业在内的全部企业对外投资总量居世界第 13 位，同中国作为世界第二大经济体的地位极不相称。对外投资对一个国家财富的增长有重要拉动作用，那些有条件的国家特别是发达国家极其重视对外投资，不断扩大对外投资规模。到 2012 年，英、法、德、美、日对外投资总额分别占其 GDP 的 76%、58%、40%、34%、17%，而中国企业对外投资总额只占中国 GDP 的 6.4%，其中民营企业对外投资总量仅占中国 GDP 的 2.5%。从规模看，中国是一个对外投资小国。

中国民营企业境外投资不但总体规模较小，质量和水平也不高。除极少数大型民营企业有能力并购发达国家的一些较大企业，走产业高端化之路外，95% 的民营企业是中小型企业，基本上只能在科技产业欠发达的亚、非、拉发展中国家投资。其投资方式主要是绿地投资，即将国内产能包括过剩产能向境外转移，或在境外购买比较廉价的厂商。这些企业主要是一些资本、技术短缺型和劳动力密集型企业，难以拥有叫得响的自主品牌和自主创新产品，其产品大多停留在技术含量少的低端水平，国际竞争力不强。有些大型企业虽然并购了境外一些资质较高的企业，但由于双方企业文化等方面差异大，各种资源难以达到深度和最优整合，并购后的营运效果不佳。如何提高民营企业对外投资水平，特别是如何提高并购后企业的效率和效益，是中国民营企业对外投资的战略性难题。这个难题能否有效解决，直接影响企业境外发展状况及前途。

三

为了摆脱包括民营企业在内的中国企业境外投资的后进状态，中央在新世纪伊始提出"走出去"战略，大力支持和引导企业境外投资兴业，使之走上快速发展的轨道。近年国务院又出台"新 36 条"，即《国务院关于鼓励和引导民间投资健康发展的若干意见》，加大了对民营企业境外投资的支持力度，使之在全球对外投资急剧衰退萎缩的情况下，一枝独秀，实现持续强劲增长。另一方面，民营企业境外投资也存在诸多障碍和困难，制约着其发展进程。

就内部状况而言，主要存在四个方面的问题。一是融资难。境外投资尤其是并购国外企业需要有充足的资金，光靠民营企业有限的内源资金远远不够，亟须通过向金融机构贷款融资解决资金不足问题。尽管政府推出了支持民营企业境外投资的有关财政和税收政策，规定在贷款和税收方面要对国企和民营企业一视同仁，同等对待，但有关方面落实不力。不少银行和在国外设立的金融机构主要面向国企，而对民营企业不够重视，甚至予以歧视，使其难以及时得到足够的贷款。在资本市场也是如此，如在沪、深两个交易所股票发行上市过程中，一些效益不佳的国企能得到包装上市的优先权，而那些资信度较高、经营良好的民营企业却难以得到上市融资的机会。一些民营企业由于借贷难，贷不到所需资金而坐失并购良机；有的民营企业为了并购不得不向外国的金融机构高息借贷而背上沉重的债务包袱。融资难已成制约民营企业境外投资的主要瓶颈。

二是获取信息能力不足。信息是反映企业境外投资准确性的风向标。只有充分掌握各方面有关情况，做到知己知彼，心中有数，才能在并购前后作出较为可靠的评估和判断，经营少走弯路，不走错路，早上正路。政府对这一问题极为重视，有关部门利用各种渠道尽可能搜集和向企业提供相关信息。但由于信息服务系统不健全或企业本身的缺陷，不少企业对必要信息掌握得很不全面，很不充分，或对所在国的基本国情、法律法规、政经形势等不甚了解，或对所并购对象的企业文化、员工素质、长处短处、工会状况心中无数，或对企业所在地的风土人情、风俗习惯、人文特点茫然无知，结果造成或并购失败，或所购企业物非所值，或在并购后麻烦、纠纷丛生，带来无谓的经济损失和经营困难。

三是人才短缺。人才是企业尤其是境外投资民营企业的成功之本。谁拥有人才优势，谁就能在竞争中占优势、拔头筹。民营企业要能在境外环境中生存发展、做大做强，要靠精通业务、掌握外语、善于处理各方面关系和有战略思维的管理人才，要靠学有所长和有创新能力的科技人才，还需要有熟练业务、有较高素质的员工。现在大多数民营企业人员素质偏低。据国内权威机构对2423家民营企业调查，在2434位总经理中，本科以上文化水平的仅占1/3，民营企业从业人员中，大专以上文化水平的只有17.9%。境外民营企业各类人才都奇缺。由于重视不够或财力不足，多数民营企业不去培养和吸纳优秀人才，也不建立人才激励机制而留不住人才。这是他们管理水平和质量不高，产品流于低端化与业绩平平甚至经营不下去的主因。大力栽培和拥有高层次的跨国经营人才，是民营企业境外发展的头等大事和当务之急。

四是民营企业特别是那些家族制企业自身素质与管理水平偏低。中国的民营企业基本上是私人企业，其中多数又是家族制企业。这种模式的企业在国内运行问题不大，一搬到强手如林竞争更加激烈的境外，弊端就凸显。这种企业所有权和经营管理权不分离，大小事情主要由企业主个人说了算，参与经营管理者和企业职工无权过问。这种欠民主、个人决断的方式难以严谨、周密，甚至同实际脱节。不少家族制企业任人唯亲，将自己的亲属放在关键岗位上，忽视对优秀人才的提拔使用。还有些企业主只重视纯资金的积累，沉湎于个人消费与享受，不注重再投资去扩大再生产。这样的企业经营管理落后，难以发展壮大，有的甚至越做越小，最终在竞争中被淘汰出局。

从国际环境看，中国企业包括民营企业境外投资存在诸多严重风险和障碍。其中突出的有如下四种：

第一，地区战乱的危害。中国民营企业和其他企业境外投资较为集中的中东、南亚和非洲等地形势持续动荡，战乱频发。阿富汗和伊拉克战争硝烟尚未散尽，利比亚、叙利亚又先后陷入全面战争，苏丹在南苏丹分离前长期陷入战乱，埃及、也门和非洲多国政局、社会长期动荡。这些给中国企业造成重大损失。其中利比亚战争导致在利近3.6万中国务工人员全部撤离，中国企业在利经营的项目毁于一旦，损失多达上百亿元。

第二，恐怖主义的破坏。南亚、东南亚、中东、非洲等地是国际恐怖主义活动猖獗之区，大规模恐怖暴力袭击此起彼伏，对中国在当地投资的企业造成严重威胁。有的恐怖袭击还直接针对中国的企业和人员，恐怖分子不但破坏中国企业的设施，抢劫中国人员的钱财，还绑架以至杀害中国企业的员工。这对包括民营企业在内的中国企业在当地投资造成严重损害和负面影响。

第三，投资保护主义的障碍。受金融危机影响，不少国家盛行投资保护主义。尤其是一些西方国家出于意识形态偏见，炮制中国"威胁论"，阻碍中国企业包括民营企业前去投资。如美国多次以有损其"国家安全"为借口，阻挠中国民营企业并购美国企业，致使华为公司并购三叶系统公司、和记黄埔集团购买环球电讯股份、三一重工关联公司收购美国风电项目的协议先后流产。

第四，一些国家政府换届或政策调整的不利影响。有的国家换届后的新政府不承认或违反前政府签订的部分或全部投资协议条件，致使中国企业无法按原合同或协议执行相关投资约定。有的东道国政府通过立法或行政命令改变原有政策，使外国投资者受损。如2005年5月，澳大利亚政府突然宣布，要对不可再生资源增征40%的税收，重估特许权协议，对投资者的利润汇出征税，对矿业公司的优惠特权进行调整等，这些改变主要是针对中资公司的，对中国在澳投资的企业造成不少损失。

中国民营企业对外投资发展之路是不平坦的，任重而道远。但总体看，民营企业境外发展有利因素多于不利因素，机遇大于挑战。只要遵循中央的决策部署，不断深化改革，扩大开放，进一步壮大民营经济和国家整体经济实力；切实贯彻落实中央关于鼓励、扶植、引导民营经济境外发展的一系列政策方针和规定，认真做好为民营企业"走出去"的全方位服务保障工作；进一步加强与深化同世界各国的政治、经济关系，为民营企业"走出去"营造更加有利的国际环境；民营企业改革创新经营机制，努力提升自身素质，那么，民营企业存在的问题和面临的困难是可以逐步得到解决的。展望未来，中国民营企业能化挑战为机遇，不断上升新台阶，创造新辉煌。中央提出的在"十二五"期间中国再增 5000 亿美元境外投资的目标一定能实现。

（中国国际问题研究基金会研究员　尹承德）

综合报告

◆ 中国企业境外投资与国际合作报告

◆ 中国民营企业境外投资报告

◆ 国内区域境外投资报告

◆ 中国民营企业海外投资环境报告

中国企业境外投资与国际合作报告

一、中国企业境外投资现状及特点

近年来，随着中国加快实施"走出去"战略及综合国力的不断上升，中国企业境外投资规模不断扩大。中国拥有世界最大的消费市场及日益雄厚的经济实力。2012 年，中国国内生产总值达到 8.34 万亿美元，居世界第二位；2013 年 3 月，中国外汇储备余额达到 3.44 万亿美元，居世界第一位。这些为中国加快实施"走出去"战略，不断扩大对外投资奠定了坚实的经济基础。特别是中国坚持走和平发展道路，实行独立自主的和平外交政策和平等互利、合作共赢的对外开放战略，同世界各国普遍建立了极为良好的政治关系与经济关系，为中国企业境外投资创造了非常有利的条件，开辟了无限广阔的前景。

总体上看，中国境外投资主要呈现以下三个主要特点：

（一）境外投资增速明显

中国境外投资起步于 20 世纪 70 年代末 80 年代初，相比于发达国家长达数百年的对外投资历史而言，中国的境外投资史是很短的。但无论进行横向比较还是纵向比较，中国境外投资的增长速度是十分惊人的。特别是 2000 年国家提出"走出去"战略以来，境外投资开始迅猛提速。2002 年，中国境外投资流量只有 27 亿美元，2003 年为 28.5 亿美元，但到了 2012 年，中国非金融类境外投资已达 878 亿美元，10 年间增长了 32 倍，年均增速超过 50%，成为全球对外投资增长最快的国家。截至 2012 年底，中国境外投资存量已达到

5319 亿美元，跃升世界主要对外投资国之列。投资涉及全球 179 个国家和地区，对海外进行直接投资的中国企业超过 16000 家。

2012 年我国吸收外商直接投资 1117.2 亿美元，同比下降 3.7%，而非金融类境外投资 878 亿美元，同比增长 17.6%。如果再考虑金融类境外投资，2012 年中国境外投资和吸收外资之比为 1：1.3，已接近 1：1。专家预测，2013 年中国对外投资将赶上以至超过吸收外资的水平。中国吸引外资和对外投资趋向于平衡发展。

（二）境外投资领域逐步拓宽

中国企业最初开展境外投资主要集中在商业服务及能矿领域。经过 10 多年的发展，境外投资领域逐步拓宽。目前，中国境外投资基本上囊括了国民经济中的所有部门，其中商业服务、金融、采矿、批发零售、交通及制造业等 6 个行业占比最大，约占全部行业的 88%。特别是制造业最近几年境外投资极其活跃，包括并购外企在内的大型投资项目不断增多，其中比较著名的并购项目有：吉利并购沃尔沃轿车、三一重工并购德国普茨迈斯特以及中联重科并购意大利 CIFA 等。投资领域的逐步拓宽，意味着中国企业境外投资日趋成熟，各领域、各行业都在利用境外投资开拓国际市场，增加自身产品在国际市场上的份额，扩大中国企业在世界上的影响和话语权。

（三）境外投资主体多元化

中国最初开展境外投资基本上是国有企业，至今国有企业仍是境外投资的主力军。随着中国经济体制的不断改革，各种所有制形式的企业均衡发展，越来越多的非国有企业开始走出国门，到海外投资兴业。2012 年，民营企业参与的海外并购数量占到中国企业并购总量的 62.2%，首次超过国企。但是从金额上看，民营企业仍然很少，只有中国企业并购总金额的 15.1%。民营企业在接近 4 年的时间里，其在海外并购外企数量的比重持续升高，从 2009 到 2011 年不到 44% 上升到现在的 62.2%。2011 年末，在中国对外直接投资存量中，民营企业和国有企业占比呈此长彼消现象，如 2011 年末，国有企业占 66.2%，较上年下降了 3 个百分点，这意味着民营企业同期上升了 3 个百分点。一直以来在海外发展都比较不错的吉利、三一重工、华为、联想、海尔以及万向等，都是民营企业。随着民营经济的不断发展壮大，民营企业和国营企业在境外投资存量占比此长彼消的趋势还会进一步发展，非国有企业未来很有可能将取代国有企业成为境外投资的主力军。

二、中国重点产业境外投资分析

（一）能源、资源是中国境外投资的重点领域

为保障我国城市化、工业化发展对境外资源开发和利用的实际需要，降低能源资源对外依存度过高的不利影响，中国企业积极进行以石油、天然气、铁矿石、铜资源等为重点的境外资源投资合作。现在，这些领域的投资活动遍布全球各地，为保障中国经济发展作出了重要贡献。

首先，中国境外油气资源投资合作成绩显著。据中国石油和化工企业联合会提供的数据资料，截至 2010 年底，我国三大石油企业境外投资的油田和工程项目总计 144 个，金额累计近 700 亿美元，约合人民币 4480 亿元。同时，我国"十一五"期间与 43 个国家和地区签署了 131 个油气勘探开发、炼化、管道及技术服务合同，初步建成非洲、中亚—俄罗斯、南美洲、中东和亚太 5 个油气合作区，西北、东北、西南和海上四大油气战略通道，以及亚洲、欧洲和美洲三大油气运营中心。2011 年我国石油企业在海外的油气权益量达到 9000 万吨，约占我国 2011 年海外原油供应量的 32%，其中中石油海外权益产量最多，达到 5170 万吨。目前，全球油气产量的 11% 由中国石油公司贡献。进入 2012 年，中国能源资源境外投资规模快速提升。据德勤公司的报告，2012 年前三季度，能源及能源行业继续是我国对外并购的主要领域，相关并购交易占交易总量的 29%，占同期交易总额的 68%。另外，中国企业积极寻求与国际油气巨头的战略合作，推进了对美国的页岩气合作、加拿大油砂合作及中海油收购 Nexen 项目和巴西盐下油田项目的投资合作，大幅提高了中国企业获取资源和技术及海外资源的开发生产能力，不断强化境外资源开发的规模和速度。

其次，中国境外电力资源合作进展明显。目前，三峡集团、华能、华电、深能源等企业加强境外资源的开发和综合利用，其活动遍及欧洲、亚洲、拉美

及俄罗斯等。以国家电网为代表的中国输配电企业积极实施"走出去"战略。截至 2012 年底，国家电网公司对外投资总额已达 50 亿美元，海外资产达 80 亿美元，投资主要集中在电网、电工电气等方面。该公司先后收购了菲律宾国家电网 40% 及葡萄牙电网 25% 的权益，还收购了巴西输配电项目。

再次，中国矿业境外投资的重点主要集中在铁矿石、铜矿等资源领域。在矿业领域，中国企业在超过 40 个国家投资矿业项目，铁矿石对外投资占据矿业投资的比重最大，其次是铜矿，再次是锌矿等。如山钢集团、武钢集团对非洲铁矿石资源投资及五矿集团对拉美铜矿资源投资等。

中国不断扩大对境外重点领域的投资活动，尤其是大型龙头企业加大了在非洲、拉美及澳洲等地区能源资源的投资力度。现在中国已发展成为超过美国的全球能源资源对外头号投资大国。这一发展趋势在未来很长的一个阶段不会改变。因为从全球格局变化大势看，中国城市化、工业化的发展趋势仍在继续，中国企业对境外资源的投资需求仍会持续增加，而以原油及铁矿石资源为重点的对外投资将持续强劲发展。与此同时，中国境外能源资源投资将有利于改善全球资源供求不合理的格局，促进资源丰富区和资源需求区之间的投资合作和利益共享，有利于提升东道国资源开发和整体经济的发展。

当然，中国企业开发和利用境外资源也面临诸多挑战。这主要表现在两个方面。一是东道国资源开发利用方面的门槛不断抬高，如澳大利亚通过提高资源税标准，直接影响中国企业投资的收益，加大了中国资源型项目的投资风险。这需要综合评估中国企业境外资源投资过程中的商业利益与东道国资源开发利益的平衡点，尽量减少中国企业境外投资的风险。二是有的境外资源投资项目所涉及的基础设施投资成本太高。以铁矿石为例，境外资源投资的主要障碍是东道国基础设施薄弱，需投入太多资金去解决，如部分境外项目投资的 80% 用于矿路港等相关基础设施配套投资方面。这直接影响境外资源项目的开发利用效益，需要中国企业在境外投资过程中加以综合分析及审慎决策。

（二）中国制造业境外投资的重点是获取高端制造能力，实现产业国际化

经过 30 多年的发展，中国制造业已在全球范围内建立了独特的经营系统，

逐步发展形成全球规模的制造业中心，为全球供应廉价物美的商品。但随着经济全球化的发展，各国经济竞争剧烈，特别西方国家面临高失业率，急于重振实体经济，尤其是重新重视发展制造业，加上近年来中国劳动力成本不断上升，中国制造业在全球发展中面临重大挑战。众所周知，中国已经成为全球知识产权、贸易保护、反补贴、反倾销措施的重灾区，受到关键影响的产业是制造业。因此，"走出去"、"走进去"、"走上去"已成为中国制造企业提得最早的产业发展对策之一。

在进入 21 世纪前几年，受中国加入 WTO 之后对中国制造业带来的利好影响，部分中国制造企业加快了"走出去"步伐。海尔、联想、华为、中兴、海信、格兰仕、远大、上海电气等企业，当时采取海外建厂等方式扩大国际合作，目标是打造坚实的国际化发展基础。这一时期"走出去"成效显著的中国企业当属华为公司和联想集团。华为以工程加设备的综合优势，广泛开展海外投资，短短几十年从一家缺乏海外经验的中国企业一跃成为全球顶级供应商，在通信行业的高端产品领域与全球优秀企业并驾齐驱。联想集团在并购 IBM 之前每年营业额仅为 30 亿美元，2011 年跃升为 260 亿美元，超越戴尔成为行业前两名。

2008 年以来，中国制造企业通过加强境外收购扩大对外投资规模，主要典型案例包括吉利收购沃尔沃轿车及三一重工收购普茨迈斯特控股有限公司、中联重科收购 CIFA 等。2012 年 12 月，德勤发布《中国装备制造业海外拓展新阶段》的报告指出，中国制造业海外拓展已进入由装备制造业引领的新阶段。2012 年前三季度，中国装备制造业企业海外并购交易的金额占据中国制造业海外并购额的 45%，而海外收购已经发展成为装备制造业对外发展的主要方式。这表明中国装备制造业开始实施全球资源并购整合，开始向产业链的高端发展。如中联重科借此成为全球最大混凝土机械设备制造商，其混凝土机械业务也顺利实现销售和服务网点的全球化布局。

中国制造企业通过境外收购获取全球高端制造能力面临历史机遇。全球金融危机使一些老牌跨国制造企业面临更加不利的国际经营环境，当境外跨国企业的生产成本加快上升之后，其在市场转移之后难以作出适应市场变化不利影响的对策。它们因此选择与中国企业进行合作，希望借助中国企业的并购，利用中国因素降低境外企业因市场环境带来的不利影响，从而重新提升盈利和收益及实现可持续发展。在这种有利的形势下，中国制造企业选择以海外收购的方式整合境外先进制造业资源的可能性大大增加了。

部分中国制造业扩大对外投资合作主要是希望发挥产能优势，这将成为中国制造企业对外投资的战略重点。近年来，受国内劳动力及其他要素成本上涨的影响，部分中国制造企业通过扩大对外投资，选择拉美、非洲、中东、东南亚等国家实施产能转移。比如浙江、江苏等省的企业，将服装及装备制造等能力转移到东南亚或非洲国家。一方面，我国制造企业充分发挥自身产能的比较优势，通过加强研发和创新，走产业高端化路线，通过实施贸易战略，积极促进中国制造向中国创造转型升级。另一方面，为应对对外贸易面临的反倾销诉讼逐步增加的困境，中国制造企业积极实施境外设厂，以对外直接投资应对国际间的贸易壁垒和贸易保护措施。

近年来，我国钢铁、水泥、风能设备、光伏设备等制造业在国内形成了具有相当规模的产业能力，并在全球具有一定的竞争优势。同时，这些产业的生产能力出现了一定程度的过剩。因此，这些产业希望通过扩大境外投资合作实现转型升级，将其优势产能通过全球分工进行升级整合，形成中国制造能力与中国参与亚、非、拉境外制造能力协调发展的新局面。

（三）高新技术产业的境外投资主要集中在欧美日地区

高新技术是中国参与全球分工的薄弱产业之一。随着中国经济实力的增强，中国企业以资本方式整合全球技术资源的努力愈益加强，旨在通过境外投资获取境外核心技术资源，特别是欧美发达国家的技术资源，提升自身在全球分工中的地位和能力。

欧美日国家拥有优秀的创新人才。鉴于全球经济格局的变化，这些国家的消费和需求下降，创新的动力和动机日渐不足，也希望通过吸引中国投资进一步推动技术创新和人才发展。在此背景下，部分中国企业通过主要在发达国家建立境外研发中心，包括在美国硅谷设立信息产业研发中心，在日本设立外观设计中心，在法国、意大利设计服装研究中心等，来获取境外先进研发资源，以加强技术创新，增强中国企业在全球化条件下的综合竞争力。

2008年以来，受全球金融危机的影响，部分西方公司虽然拥有高新技术开发能力，但深受资本、市场等因素的综合制约，更希望与中国公司合作以保持其技术创新可持续发展。中国企业加快了境外收购获取先进技术的步伐，其途径主要有二：一是加快学习跨国企业的先进技术、管理经验，跟踪世界最新动态，把握技术的"外溢效应"和"示范效应"，提升企业的技术创新能力；二是直接提升自身的技术创新，通过对外投资实现产品高端化，如吉利收购沃尔沃轿车，即是从产品升级和技术升级层面提升企业的国际竞争力。

经过 10 多年发展，我国企业已初步形成全球化研发网络体系，主要包括 3 个方面：一是形成了多行业全球化研发网络体系。目前，我国的新能源、环保、汽车、医药、家电、机械、纺织等行业的优势企业已在境外建立了一批研发机构。华为在欧洲投资可获取高端制造能力，在印度投资可整合全球具有优势的 IT 信息技术。海尔集团在美国洛杉矶、硅谷，法国里昂，荷兰阿姆斯特丹及加拿大蒙特利尔设立了 6 个产品设计分部，通过境外产品开发来推动国内产品的技术升级和出口竞争力的提高。二是整合了境外有价值的国际专利技术或专有技术等创新资源，提升企业自身的创新能力。如联想集团与美国 IBM、惠普、康柏等计算机集团互换市场或商标使用，通过在境外设厂占领国际市场。三是凝聚了企业发展所需要的境外高端创新人才。

中国企业在高技术领域对外投资还呈现出鲜明的区域化等特点，即根据一些国家或地区所具有的科技优势设立相应的研发中心，如：在美国设立信息和医药研究中心，在欧洲设立通信技术中心，在印度设立 IT 研发中心等。这样做可充分利用技术的"聚集效应"获取技术"溢出效应"，利用当地技术和技术人员，较快地学习和吸取对方的先进技术和管理，加快全球化竞争力的提升。海尔集团在北美和欧洲以及联想集团在美国和日本等地的投资，都是通过新建和收购研发中心等方式，吸引境外研发人才，通过技术创新提升企业的国际竞争力。

中国企业设立境外研发中心的主要表现形式包括：（1）汽车行业境外研发投资主要以委托研发模式为主，以并购研发模式为辅。委托研发模式可分为长安模式和奇瑞模式，前者以委托造型研发为主；后者以委托发动机研发为主。也就是说，汽车企业的对外投资主要是着眼于技术创新或技术牵引，通过收购境外关键设备和零部件制造企业、专利技术和品牌，实现企业的技术创新和提升。2011 年 7 月，重庆轻纺集团以 6800 万欧元完成对德国车配企业萨固密集团的并购，一举获得了汽车密件行业的核心技术。萨固密具有与整车厂同步开发配套新产品的能力，重庆轻纺集团完成收购之后，实现了 81 项专利申报，并在多个国家进行了注册，其中有 6 项世界领先技术，尤其是无断头密封条及轻型热塑骨架技术，领先全球同行 3 年以上。（2）通信行业境外研发机构主要由华为和中兴两家通讯公司设立，属于双雄并立的境外研发投资模式。近年来，华为相继在印度、瑞典、俄罗斯等国设立了境外研究中心。（3）机械行业境外研发中心主要以并购方式为主建立，其特点是境外研发与境外生产相结合。（4）家电行业境外研发中心分为白色家电模式和黑色家电模式两种。多数家电企业设立境外研发中心的主要目的是提升产品设计能力，少数企业设立境外研发中心的主要目的是为全球化发展提供服务。（5）服装行业设立境外研发中心主要集中在亚洲、欧洲地区，并以新建方式为主，主要职能是从事纺织、服装面料设计与开发，可细分为服装、鞋类、面料等类型。（6）医药行业境外研发机构主要分布在中药、化学原料及医药外包等领域，重点从事境外信息收集、境外市场准入等活动。（7）能源行业境外研发机构主要集中在替代能源领域，以光伏太阳能、风电等为重点。

部分中国企业建设海外技术研发中心，或通过绿地投资方式进行 R&D 活动和引进新技术，旨在提升自身技术实力和全球化条件下的综合竞争力。中国企业还通过战略联盟获取境外先进的技术和产品，或者同国外相关企业达成商标使用协议，互用商标来推动产品的全球范围销售。这是一种"借船出海"战略，可以迅速进入发达国家高科技领域，实现起点高、时间短的创新能力提升，以创新驱动推进境外业务的发展。

（四）服务业境外投资刚刚起步，网络和品牌影响力有待提高

在全面实施"走出去"战略背景下，中国服务企业开始加大境外经营体系的布局力度。近年来，中国服务业"走出去"逐步加快，主要表现为金融业跟着客户"走出去"，向境外延伸合作领域和空间。中国的银行、证券、保险企业均已将"走出去"上升为企业发展战略。中国银行、中国工商银行等纷纷在境外设立机构网点如分行或办事处，通过建立境外网点捕捉投融资对外合作的力度和空间。国家开发银行通过在境外设立的 154 个国别工作组，及时了解和掌握境外投资项目信息，开展境外区域规划及国别规划研究，加强自身的对外投资合作。中国进出口银行依托优惠贷款、积极跟进国际合作工程贷款、出口

设备买方或卖方信贷等方式，不断扩大境外金融合作业务的范围和途径。中国工商银行通过收购南非标准银行，迅速扩大对非洲及东南亚市场的服务范围和影响力。经过努力，中国金融机构的对外投资规模已经超过外资投资中国金融业的规模。2012 年，国内金融机构对外投资净流出为 71.49 亿美元，境外金融机构来华投资净流入 50.74 亿美元，前者比后者多出四成。

同时，中国交通运输、物流、商贸等企业纷纷"走出去"，逐步扩大国际投资与合作。如中远集团对美国及希腊的投资，加强了对美及对欧信息及物流资源的整合，积极服务中国企业"走出去"。中国零售业"走出去"也逐步加快。国内大型商场在独联体国家兴办中国商店。中国零售企业在亚、非、南美等第三世界国家开拓市场，经营体现有中国文化特色、有一定国际竞争优势的产品，如中药、民族工艺品等。同时，少量中国零售企业开始到欧、日、美等发达国家开拓市场。

此外，证券公司、律师事务所、公关公司、保险公司和咨询公司等服务企业也积极"走出去"。目前，中国服务企业正在积累国际化经验，大力打造全球网络和综合服务能力。

当前，全球中介服务机构的核心竞争力主要表现在品牌及网络方面。在这一方面，中国服务业发展和欧美日这些发达国家的差距很大。一方面，中国的境外投资和对外贸易已经居于世界前列，中国企业在全球 500 强中的数量越来越多，但具有全球影响力的中国服务企业仍然寥寥无几。当我们看到国际投资银行、律师事务所及会计事务所纷纷向全球发展的背景下，具有中国背景的全球性投融资服务机构几乎没有。中国企业"走出去"绝大部分是由国际机构提供中介服务。长此以往，中国企业国际化面临的价值评估、管控体系设计的公允性、合理性很难得到保证。

三、我国对外投资合作的问题分析

随着经济全球化和经济实力的提升，我国境外投资规模不断扩大，从最初的每年数十亿美元扩大到数百亿以至近千亿美元。当前，中国企业境外投资在面临发展机遇的同时也面临挑战。主要表现为境外投资规模不断扩大，但境外投资质量不高；境外投资领域日益广泛，但境外投资重点不突出；境外投资方式日益灵活多样，但缺乏应有的核心竞争力等。

（一）金融服务业的境外投资需要加强

近年来，能源、矿产等产业已成为我国企业境外投资的重点领域，高新技术、先进制造业的对外投资合作项目逐步增加。能源、资源及先进制造业在非金融类中方协议投资额中超过 80%。中国企业在铁、铜、锌等重要矿业和先进装备制造、新材料、汽车零部件等行业的境外投资布局也取得了重要成果。但是，自中国加入 WTO 之后，中国金融企业才刚刚起步，严重滞后。中国金融企业的对外投资主要集中在亚洲，比如建设银行、招商银行等企业均是选择香港收购现有金融机构的营业牌照，在其他地区投资很少，甚至存在空白。金融业的境外投资对整个境外投资的带动和支撑作用越来越大。中国金融业"走出去"缓慢，直接制约中国"走出去"的步伐。

（二）并购企业质量尚须提高

境外投资方式尚须多样化。中国企业境外投资方式最初以绿地投资为重点，主要是认为绿地投资容易管控。以家电企业为例，早期海尔集团、格兰仕等企业希望以绿地投资打造全球化经营优势。自 2005 年来，随着中国经济实力和综合国力的增强，中国逐步由资本短缺型向资本输出型转变，境外收购已发展成为中国企业对外投资最重要的方式。从机床到汽车，再到先进制造业及能源、矿产等，中国企业对外投资从控股到参股不一而足，并购成为中国境外投资的主流。并购的区域包括全球各个国家和地区，在欧美国家主要是并购先进制造业项目；在亚非拉地区主要是并购资源项目。如吉利收购沃尔沃轿车、中海油收购尼克森及三一重工收购大象等，都是中国企业通过收购来拓展对外投资的重点方式。这些收购多属于资本并购方式的资源整合，中国因素和中国企业文化并未被过多地注入收购企业。如何提高中国企业对外投资水平，特别是提高被收购企业的效率，仍是中国企业对外投资的战略性难题。中国参与对外投资的方式需要多元化，需要综合运用收购兼并、绿地投资等多种方式，在把握境外投资机遇的同时，尽量增加中国对外投资并购的有利条件，减少并购投资中的不利因素。

（三）国有企业比重高，民营企业"走出去"力度不强

目前，国有企业"走出去"仍占主导地位。但国有企业的海外拓展面临许多深层次的矛盾，其机制和体制严重制约中国企业"走出去"的规模和步伐。随着中国的崛起和实力不断增强，西方反华势力制造的"中国威胁论"甚嚣尘上，国有企业对外投资面临的阻力不断加大，未来会更大。民营企业"走出去"的阻力相对较小，但它们总体规模无法同国有企业相比，难以进行大规模的境外投资。浙江、江苏、广东等地区一些民营企业已经加大对外投资的力度，但毕竟规模过小，难以进入全球产业高端。这就需要我们切实加大支持民营企业"走出去"的力度，以促进民营企业和国有企业境外投资平衡发展，这是提升中国对外投资上新台阶的必要战略举措。

四、改进措施

（一）进一步深化改革开放，以机制和体制创新提升中国企业境外投资合作质量和水平

目前，全球经济格局已进入大发展、大调整的新阶段，全球化投资的领域、需求均发生巨大的变化。面对日益变化的新形势，最重要的对策就是创新。对国有企业而言，如何驾驭全球化的新形势，加快实施"走出去"，面临的挑战和困难前所未有。解决问题的关键是国有企业进一步深化改革，理顺机制体制，保障企业在境外投资中以更加灵活的方式适应环境的变化，在动态发展中提升央企国际化经营的综合竞争力，实现国有资产在全球化经营中的保值增值。对民营企业而言，一方面，要真正落实国务院"新36条"，支持民营企业发展成为"走出去"的重要方面军。同时，民营企业也需要逐步完善和创新，通过加强联合与合作，不断提升国际合作的综合竞争力。

（二）加强外交部门服务中国企业"走出去"的力度和水平

外交和政治已成为影响中国境外投资的重要因素。特别是能源资源领域表现得尤其明显。中国企业在资本、开发能力及投资管理方面均积累了丰富的经

验，参与的基础设施境外投资项目如铁路、港口、码头、电力及房地产等，已经具备了一定的产业优势。在新阶段，中国企业国际化面临的主要难题已经不是表现在技术、资本等层面，而是更多地表现在外交和政治领域。全球各种形式的贸易保护主义、投资保护主义及"中国威胁论"，对中国企业开展境外投资合作形成极大阻力，这就需要主要依靠外交努力加以排除。因此，必须加快建立我们自己的全球沟通协调机制和全球信息系统及人才网络，将政治、经济、金融、货币等整体外交战略提升到国家战略层面，以更有效地为中国企业"走出去"保驾护航。这是中国企业扩大与发展对外投资合作必不可少的战略保障。

（三）加强战略研究，不断提高对外投资环境的认识，有效提升中国企业驾驭复杂国际环境的综合能力

深入调查研究，详尽掌握投资对象国的情况，做到知己知彼，心中有数；加强与完善"走出去"的战略布局与谋划，明确最能发挥自身优势和能力的投资目标，不断提高企业驾驭复杂国际产业环境和国际商业环境的能力，是搞好企业境外投资与合作的重要条件。由于中国企业前往投资的国家和地区情况与背景不同，法律和制度环境复杂多样，因此，必须在深入研究与了解东道国的经济、社会及文化环境，特别是要了解其法律法规及其变化动向的基础上，根据不同国家和地区的情况与特点，作出相应的企业外投规划与行动。这样才能使外投企业较快地走上正路，少走弯路，不走错路，少交"学费"，节省成本，做到收益最大化。在了解外情方面，要充分利用国内智库和中介机构对海外投资环境进行的跟踪与系统研究成果，这是一条有助于提升自己把握国际化经营综合能力的捷径。

（四）加强产融合作，积极促进中国金融机构"走出去"

融资难是中国企业"走出去"面临的主要瓶颈。中国企业参与的境外投资项目难以获得境内金融机构的融资支持。目前中国境外投资的主要融资模式是"内保外贷"，这难以适应中国企业国际化经营的实际需要。尽管中国金融机构推出了并购贷款等金融创新产品，但中国金融机构从自身的项目发掘、价值评估及风险控制到资产管理方式等方面，均难以形成管控境外项目

的综合能力。因此，应积极鼓励金融机构"走出去"，不断提升自身在经济全球化过程中的综合竞争力。未来 10—15 年，中国完全有可能发展几家真正意义上的国际大银行和金融机构。只有构建自己的金融机构体系和全球化的服务网络体系，才能切实提高中国企业境外投资的能力和水平，开创中国对外投资新局面。

（中国产业海外发展和规划协会常务副秘书长　和振伟、
中国产业海外发展和规划协会研究部主任　张世国）

中国民营企业境外投资报告

当前，国际金融危机后续影响尚未消除，全球主要经济体的经济复苏仍存在一定的不确定性。包括中国在内的世界各国，均把其国内中小企业参与国际经济竞争列入国家经济发展的重要议事日程。与此对应的是，近年来，我国民营企业在"走出去"实践过程中大胆探索，逐步摸索出一条符合自身国际化的道路。分析当前我国民营企业"走出去"的发展现状，对于"十二五"乃至更长一段时期继续保持民营企业又快又稳实施"走出去"战略有重要意义。

一、民营企业"走出去"发展呈现新局面

近年来，民营企业为适应国际国内新环境，进行战略调整，在"走出去"进程中打开了新局面。

（一）新格局：民营企业成为"走出去"重要力量

2012 年全球外国直接投资为 1.35 万亿美元，同比下降了 17%。这一趋势表明，面对全球经济特别是一些主要经济体经济复苏的脆弱性及政策不确定性，跨国公司对外投资仍十分谨慎，全球外国直接投资复苏势头疲软。但与之相反的是，我国企业"走出去"呈现出迅速发展的势头，2012 年，我国境内投资者共对全球 141 个国家和地区的 4425 家境外企业进行了直接投资，累计实现非金融类直接投资 878 亿美元，同比增长 17.6%。其中民营企业"走出去"势头尤劲，成为"走出去"的重要力量。从企业数目看，国有企业在全部项目数中所占的比重呈下降趋势，而非国有制企业呈上升趋势：海外投资中非

国有企业数量的占比数从 2005 年的 71% 一路上升到 2011 年的 88.9%；而从投资数额看，当年的对外投资流量（非金融类）非国有制企业对外投资流量占比也提升明显，2007 年为 14.6%，而 2011 年提高到 44.9%。截至 2011 年底，中国非国有企业在境外投资的存量已达到 1584.43 亿美元；2011 年当年非金融类对外投资流量为 307.83 亿美元。在一些地区，如江苏、辽宁等地，民营企业成为对外投资主力。以江苏为例，2012 年该省民营企业境外投资，无论是新批项目还是大项目，无论是项目数还是协议投资额，在全省所占比重都超过 60%。在一些重要领域，民营企业也已成为对外投资的主力。根据商务部研究院的相关统计，在矿产类境外项目登记数中，民营企业登记项目数已经超过非民营企业（包括事业单位、国有企业）登记项目数。

表 1 对外直接投资存量占比比较（2007—2011）

年份	2007	2008	2009	2010	2011
国有企业	71.0%	69.6%	69.2%	66.2%	62.7%
非国有企业	29.0%	30.4%	30.8%	33.8%	37.3%

资料来源：根据《商务部对外投资合作统计公报》整理。

表 2 对外直接投资流量占比比较（2008—2011）

年份	2008	2009	2010	2011
国有企业	85.4%	67.6%	70.5%	55.1%
非国有企业	14.6%	32.4%	29.5%	44.9%

资料来源：根据《商务部对外投资合作统计公报》整理。

（二）新视野：民营企业国际化经营意识不断增强

近年来，我国民营企业摒弃"小富即安、小成即满"思想，在进行企业战略规划布局时，更具有世界眼光。拓展全球发展空间、增强国际竞争力、谋求更大范围内的生存和壮大成为民营企业进一步加快"走出去"的内生动力。金融危机后，国际国内环境都发生了较大变化。从国际环境看，国际分工进一步向纵深发展，企业国际竞争更加激烈，开拓国际市场、开展跨国经营将成为各国企业谋求更大发展的必由之路。从国内环境看，我国在承接更高层次国际产业转移的同时，力促国内成熟产业向外转移，高度依赖外需的具有同质结构的大量中小企业面临重新布局的压力，"走出去"开展跨国经营和海外投资成为民营企业顺应潮流、迎接挑战的必然选择。经过30多年的改革开放，我国已有相当部分企业具备了对外投资的实力。未来那些具有较强国际化意识的民营企业主动融入国际市场，有利于其拓展发展空间、增强核心竞争力和实现财富多地化，从而实现不断发展壮大的目标。2012年万达集团就作出决定，其新的发展目标是要"走出去"，努力将自己打造成世界知名的跨国公司。

（三）新亮点：民营企业跨国经营的思路愈加成熟

我国民营企业对经济全球化、企业国际化的认识越来越高，企业"走出去"从自发、随机、盲目向自觉、主动、战略指引转变。

前几年，一些民营企业在来不及作出通盘考量和战略规划的情况下，匆忙"走出去"，其行为带有盲目性和随机性的色彩，效果不理想。随着国家"走出去"战略的不断推进，越来越多的民营企业，特别是一些在国内具有竞争优势的民营企业，已经认识到经济全球化、企业国际化的重要意义，更多地从发展战略的高度主动"走出去"，积极利用国际国内两个市场、两种资源谋求企业发展，力争获取产业发展主导权和实现财富多元化。事实上，有相当部分民营企业在"走出去"过程中，都根据企业自身的情况以及资源的稀缺状况，做了明确的战略规划，其目的有的是抢抓商机，获取战略资源，实现利润；有的是向行业的上游延伸，以获得产业发展的主动权；还有的是转移过剩产能，以延长产品生命周期等。民营企业跨国经营的手段也愈加成熟。它们基于发展战略导向、国际化成长路径、产业价值链选择、跨国财务统筹、权益保护等方面的经营经验更加丰富。民营企业利用"侨缘"、"亲缘"、"学缘"、"地方缘"等拉、帮、带，"走出去"运行模式趋于普遍化，部分民营企业还充分发挥产业集群优势，在局部地区已经形成上下游配套"走出去"的新格局。

二、民营企业重要行业"走出去"的主要特征

当前我国民营企业投资所分布的行业非常广泛。根据不同行业的特点，民营企业灵活地采取了不同的进入模式，取得较好效果。

(一) 农林牧渔"走出去"脚步加快

在新的形势下，加大农、牧业对外投资，深化农业、林业、渔业等产业的国际合作，符合有关东道国的利益，也是我国民营企业整合全球资源的客观要求。初步统计，2011 年我国农业境外投资总额 8.0 亿美元，其中民营企业境外投资额仅为 1 亿—2 亿美元。从整体上看，我国民营企业农业对外投资仍处于起步阶段。近年来，国内民营农业企业通过多种形式"走出去"，其中有通过海外租地（买地）种粮的方式，如河北汉和农业科技有限公司在非洲乌干达租用 2400 亩土地建设农场开展产业化经营；有通过农业对外援助的方式走出去；有通过替代种植模式走出去，如云南力量生物集团发挥优势"走出去"，实施境外甘蔗、木薯替代罂粟种植项目。

(二) 矿产资源"走出去"已成规模

近年来，随着国内民营矿业崛起，民营矿业企业国际化经营步伐加快，资源领域境外投资发展迅速，成为我国企业矿产资源领域"走出去"的重要力量。根据商务部研究院的相关统计，在矿产类境外项目登记中，民营企业登记项目数已经超过非民营企业（包括事业单位、国有企业）登记项目数。一些地区民营矿产企业成为国家资源领域"走出去"的绝对主力，如江西等省。

从国内投资主体区域来看，沿海省份是我国民营企业资源领域"走出去"最集中的地区。2011 年，山东和浙江分别占到全部民营矿产资源境外投资项目数的 20% 左右，其余民营企业资源领域"走出去"相对较活跃的地区有北京、上海、四川、福建等地。形成这些现象的主要因素是这些年沿海地区的民营经济保持持续快速增长，经营要素和主要业务同国际市场的联系日益紧密，企业利用国际资本和国际市场的能力明显增强，这部分企业已经开始了规模化的国际化经营。

从境外投资目的地来看，大周边地区依然是我国民营企业资源领域"走出去"最青睐区域。我国周边的中亚、东南亚等地区大部分在地史上都经历过不同的地质演化时期，呈现出不同的地质构造面貌，从而造成多种成矿环境，形成较为丰富的世界级矿床，与我国的矿产资源形成互补，周边国家因而成为我国民营企业资源领域"走出去"的首选区域。从项目数来看，我国民营企业资源领域投资亚洲等周边国家的项目总数占全部项目数的 58%。其次我国民营企业投资矿业较多区域为非洲和澳大利亚等地。

从投资矿种来看，铜矿、铁矿和金矿是我国民营企业家最青睐的矿种；其次是铅锌矿、镍矿、铬铁矿、钾盐等矿产；少数涉及铝土矿、锰、铀、石墨、锡、锑、钛、钼、锆、铂矿等。

经过多年的实战，我国民营企业境外资源领域"走出去"已经形成自身的一些特色模式。从产业链运作层次来看，有直接运作矿权、运作资本市场以及开发服务协议等多种模式。由于民营企业经营方式灵活多样，针对资源领域"走出去"的模式创新，如在较多主体间合作、融资等方面的大量创新形式层出不穷。

（三）加工制造"走出去"势头不减

近年来，我国民营制造业公司的国际竞争力水平不断提升，在企业规模、经营效率和产业结构方面有较好业绩。伴随中国工业企业的转型升级战略，中国民营制造业企业也不断将主业产品产业链做强，将技术、工艺、质量和售后服务做精，产业国际化发展基础进一步夯实，成为中国企业"走出去"的重要力量。总体来看，民营制造业"走出去"呈现以下发展特征：

第一，各类民营制造业企业"走出去"个体数是整个制造业"走出去"数量的一半多。据统计，在我国制造业"走出去"的 5000 家企业中，民营企业占据了约 60% 的比重，总数达到 3000 余家，中央及地方国有企业只有 2000 家左右。

第二，民营制造业企业"走出去"数量呈快速上升趋势。自 20 世纪 80 年代中期开始，我国民营企业迈出了"走出去"的步伐。1987 年广州万宝集团有限公司赴香港成立穗宝电器实业有限公司，专门从事家庭电器产品、材料，轻工业产品原材料进出口贸易，开了中国民营制造业企业"走出去"的先河。自 2000 年"走出去"战略实施十几年来，民营制造业企业"走出去"的数量有了明显的增长。在 2000—2005 年间，有 300 余家民营制造业企业开展"走出去"业务；在 2006—2010 年间，有 1700 余家民营制造业企业开展"走出去"业务；在 2011—2012 年间，有 1000 余家民营制造业企业开展"走出去"业务，增长速度明显加快。

　　第三，行业分布广泛，少数行业分布较为集中。商务部研究院的统计资料显示，我国民营制造业"走出去"企业广泛分布于制造业下各子行业。其中，机械、器材制造行业，纺织、鞋帽行业，通用设备行业，交通运输设备行业，食品行业和医药行业集中了6成的民营制造业"走出去"企业。其中名列前三的是机械、器材制造行业，有700余家；纺织、鞋帽行业，有600余家；通用设备行业，有400余家。

　　第四，东部沿海地区"走出去"的民营制造业企业居多。我国绝大部分省份均有民营制造业企业开展跨国经营业务（不包括香港特别行政区、澳门特别行政区和台湾省），以东部沿海地区的企业居多。其中，浙江、江苏、山东的民营制造业"走出去"企业数目接近全国民营制造业"走出去"企业总数的一半。浙江省在所有省份中位列第一，约占走出去民营企业总数的四分之一。青海、甘肃、西藏等西部地区的民营制造业"走出去"企业数量明显较少。

　　第五，投资区域较广泛，涉及国家比较多。我国民营制造业"走出去"企业广泛分布于世界127个国家和地区，亚洲、美洲和欧洲是民营制造业企业的主要投资地区。其中，近四成"走出去"的民营制造业企业投资于美国、越南、阿拉伯联合酋长国、老挝、俄罗斯、韩国、德国等国家。部分高端制造业和并购案件，几乎全部集中在发达国家。

（四）高端服务"走出去"条件成熟

　　各行业"走出去"过程中，面对的是开放的国际市场，要按照国际惯例和国际准则行事，平等参与市场竞争，这就要求我们的注册会计师、律师事务所等高端服务业能够为企业提供全方位优质服务。目前，高端中介服务业的地位和作用日益凸显，其发育程度成为衡量一个国家或地区市场经济成熟程度和经济竞争力的重要标志之一。高端服务业的海外发展使其信息、技术和金融资源获得了更有效的传播途径，对于我国实体产业的对外投资有巨大的推动作用。

　　以会计师事务所为例。过去5年中，中国会计师事务所以加入国际大型会计师事务所、借助国际联盟或与国外的事务所建立合作联系、构建自主国际网络、在境外设立商业存在等多种途径，开辟了一条适合中国会计师事务所的国际化道路。截至2011年底，我国共有12家大型事务所取得从事香港H股企业审计资格，19家会计师事务所加入国际会计公司，70家事务所在境外设立分支机构、成员机构或联系机构 90 家。其中还涌现了利安达、信永中和、立信大华等一批在"走出去"过程中不断发展壮大的中国本土会计师事务所。这些"走出去"的会计师事务所依托境内外服务网络，在香港、美国、东盟、西亚等境外市场积极拓展业务，为中国"走出去"企业提供专业会计服务。其服务内容涉及中国企业海外上市投融资审计、企业集团境外分支机构延伸审计、跨国公司中国区的审计分包、管理咨询、税务服务、转移定价、会计外包、中外准则转换、境外工程承包相关鉴证和咨询等领域，为中国企业"走出去"提供了专业支撑服务。

如何促进高端服务业适应国际规则的要求，提高其参与国内、国际两个市场的竞争和服务能力，是政府、企业及理论界都须思考和探索解决的重大课题。对于会计师事务所、律师事务所和税务师事务所等高端服务行业，更是如此。

（五）对外承包工程服务成为新亮点

随着综合国力的日益增强，对外开放的不断深化，在国家"走出去"战略的指引下，我国民营企业对外承包工程在近年来获得了长足发展，企业国际竞争实力不断增强。中国民营企业对外承包工程带动设备、材料和服务的出口，对中国经济的拉动作用显著。通过参与东道国基础设施建设，有效改善了当地民生和税收、就业问题。近年来，中国对外承包工程业务规模保持高位运行。根据商务部的统计，2012 年，我国共有超过 200 家民营企业在境外承揽了工程承包项目，新签合同额超过 160 亿美元。2012 年我国民营企业共完成营业额超过 120 亿美元。

我国民营企业境外工程承揽方式日趋多样化。对外承包工程初期主要以土建为主，承揽方式是分包和施工总承包。现在则呈现多样化，以 EPC（设计—采购—施工）为代表的总承包模式、BOT（建设—经营—转让）融资模式越来越多，从资源开发合作为导向的工程承包增长迅速，并开始探讨 PPP（公私合营）形式的项目，逐渐介入项目的前期规划和设计领域。民营企业对外承包规模的日趋增大与模式的日趋多样化促使了不同类型的企业通过优势互补，有效整合商务、设计、施工资源，构建不同行业和所有制之间的纵向合作联盟，发展跨国企业之间的横向战略联盟。这样能更好地满足业主需求，并向高端市场和高附加值领域拓展。

　　总的来看，中国民营对外承包工程企业通过在国际承包工程市场中利用自身技术与成本优势，实现了稳定和可持续发展，并树立了优秀的品牌，成功完成了一大批高质量的精品工程。

三、民营企业国际化承载强国重任的新使命

　　为转变我国经济发展方式、促进国际收支平衡的长期战略服务是民营经济进一步加快"走出去"的重要使命。后金融危机时代，我国经济发展和对外开放都将进入新阶段。一方面，经济增长将更加依赖内需，从而促使原有的产业结构加快调整，部分以外需为主的企业面临重新布局的挑战；另一方面，民营企业加快"走出去"步伐，不仅提升国家资源能源安全保障程度，还将一些过剩的生产能力转移出去，从而促进国内产业结构调整和优化，降低对外需的依赖。境外经济合作区基本由民营企业开发建设，入区企业更是以民营企业为主。

　　此外，加强民营资本的对外流出，可使国家资本流出由目前的"官方资本流出"为主，逐渐转变为"私人资本流出"为主，从而提高资本利用效率，促进国际收支平衡。可以预见，后危机时代我国民营企业"走出去"将进入一个快速发展的新时期。中小企业将作为对外投资的一支重要力量，成为实施国家对外开放战略和富民强国的重要载体。

（商务部国际贸易经济合作研究院研究员　李志鹏）

国内区域境外投资报告

地方企业对外直接投资在中国对外直接投资存量、流量中的比重一直呈上升势头，到 2011 年，在存、流量中的占比分别达 23.76%、34.35%。2005 年以来，在存、流量排名居中的省区，其对外直接投资存量、流量增速相对更快。当前，中西部省区对外直接投资快速增长，投资动因呈现多样化，制造业投资方兴未艾，对区域经济正面效应日益明显。当前政府和工商联组织在配套服务、经验互动、竞争秩序等方面宜加大工作力度，以推动中国地方对外直接投资更加稳健地发展。

一、投资规模区域格局

（一）存量格局

表 3 标明 2004 年以来我国中央企业和对外直接投资（OFDI）存量位居前列省区（2011 年占比超 1%）OFDI 存量占比情况。中央企业对外直接投资占比呈下降趋势，但 2011 年末仍然高达 76.24%。2011 年末，对外直接投资存量位居前列的省区分别是广东、山东、浙江、上海、北京、江苏、辽宁，这 7 个东部省区 OFDI 存量占总存量的 15.74%，它们和中央企业 OFDI 存量之和占总存量的 91.98%。

表 3 （按 **2011** 年末存量排序）领先省区非金融对外直接投资存量占比（%）

分区	2004	2005	2006	2007	2008	2009	2010	2011
中央	85.51	83.69	82.14	81.56	81.30	80.17	77.03	76.24
广东	5.02	5.56	5.56	6.14	5.90	4.78	4.44	5.03
山东	1.09	1.18	1.47	1.37	1.41	1.31	1.89	2.41
浙江	0.43	0.71	0.94	0.99	1.05	1.48	2.23	2.01
上海	3.24	3.22	3.48	2.57	1.48	1.80	2.33	1.78
北京	1.57	1.62	1.22	1.35	1.70	1.88	1.84	1.69
江苏	0.61	0.68	0.78	0.99	1.17	1.25	1.48	1.60
辽宁	0.17	0.14	0.37	0.38	0.41	0.75	1.30	1.22

数据来源：据商务部历年《中国对外直接投资报告》整理。

（二）企业数量格局

从企业数量上看，到 2011 年末，浙江省拥有境外企业数量占中国境外企业总数的 17.8%；中央企业其次，占 16.9%；再次是广东省，占 11.4%；江苏省占 8%。由此看到，中央企业数量占比远低于其投资存量占比，表明其单家企业资产规模远大于平均水平；地方境外企业中，浙江省企业数量占比远多于投资存量占比，表明其境外企业资产平均规模较小。

（三）流量格局

表 4 标明 2003 年以来我国中央企业和对外直接投资（OFDI）流量占比在 2% 以上省区 OFDI 流量占比情况。中央企业占比从 2003 年的 73.48% 下降到 2011 年的 65.65%，地方企业占比从 26.52% 上升到 34.35%。在地方省区中，2011 年位居流量占比前列的分别是广东省、山东省、江苏省、浙江省、上海市，这 5 省区占全国流量的比率分别为 5.3%、3.61%、3.29%、2.7%、2.68%，5 省共占 17.58%，5 省和中央企业一道，共占 83.23%。

表4 （按2011年流量排序）领先省区非金融对外直接投资流量占比（%）

地区	2003	2004	2005	2006	2007	2008	2009	2010	2011
中央	73.48	82.31	83.22	86.41	80.18	85.96	79.91	70.51	65.65
地方	26.52	17.69	16.78	13.59	19.82	14.04	20.09	29.49	34.35
广东	3.35	2.53	1.69	3.57	4.30	2.97	1.93	2.66	5.30
山东	3.11	1.37	1.30	0.72	0.71	1.13	1.47	3.14	3.61
江苏	0.87	1.04	0.88	0.70	1.96	1.18	1.78	2.28	3.29
浙江	1.28	1.31	1.29	1.22	1.52	0.93	1.47	4.45	2.70
上海	1.83	3.74	5.44	2.54	1.97	0.81	2.53	2.63	2.68

数据来源：据商务部历年《中国对外直接投资报告》整理。

二、增长动态区域格局

（一）存量增长动态格局

表5 （按2011年末存量排序）领先省区非金融对外直接
投资存量3年年均增长率（%）

省区	2004—2007	2005—2008	2006—2009	2007—2009	2008—2010
广东	47.7	39.8	31.8	17.1	27.5
山东	49.0	45.4	33.5	45.4	60.7
浙江	81.5	56.1	61.5	71.3	66.9
上海	27.8	5.9	11.2	26.3	42.9
北京	31.5	39.3	59.9	44.6	34.0
江苏	62.1	64.1	61.9	49.4	48.9
辽宁	79.2	94.6	74.7	97.2	93.1

数据来源：据商务部历年《中国对外直接投资报告》整理。

表5标明位居前列省区（2011年占比超1%）对外直接投资存量3年年均
增长率情况。在高存量省区中，广东、北京、上海3年期年均增长率大部分都
低于50%（只北京市2006—2009年期除外），而其他高存量省区大部分3年

期存量年均增长率都接近或超出 50%。结合观察其他省区数据看到，部分高存量省 3 年期存量年均增长表现出超高速度。

将全国 31 个地方省区划分为对外直接投资存量高（10 个）、中（10 个）、低（12 个）三区，其各 3 年期存量年均增长率对照情况如图 1 所示。从时间序列对比上看，因受世界经济环境影响，三区存量年均增长率都在逐步回落；从三区比较的角度看，大部分时期中区年均增速更快，2004—2007、2006—2009 两个 3 年期低区年均增速更快。高存量区增速虽然不如中低存量区，但仍维持着 40% 左右的高速增长，且增速显得相对稳定。

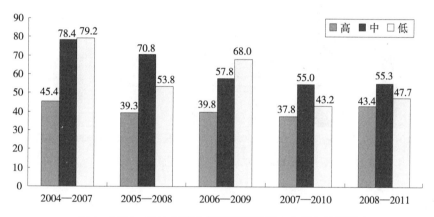

图 1 2004—2011 年高中低存量区存量 3 年期年均增长率

（二）流量增长动态格局

表 6 2004—2011 年（按 3 年期流量排序）领先省区 3 年期流量年增长率

省区	2004—2006	2005—2007	2006—2008	2007—2009	2008—2010	2009—2011
广东	121.0	102.7	52.3	9.7	13.9	63.5
浙江	66.9	74.3	29.5	48.4	152.4	38.9
山东	11.7	31.6	66.5	73.1	124.3	65.1
上海	42.9	24.0	-20.1	58.1	51.3	47.9
江苏	52.0	159.4	51.3	63.9	45.7	64.8
辽宁	110.6	51.6	29.7	199.4	182.2	37.1

数据来源：据商务部历年《中国对外直接投资报告》整理。

表 6 标示 3 年期流量排在前 5 位省区的流量年增长率情况。将全国 31 地方省区划分为对外直接投资流量高（10 个）、中（10 个）、低（12 个）三区，其各 3 年期流量年增长率对照情况如图 2 所示。可以看到，大部分 3 年期，都是中流量区流量增长更为强劲，高流量区则维持相对稳定的高速增长（35%—68%）。

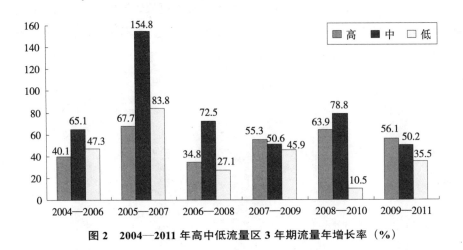

图 2 2004—2011 年高中低流量区 3 年期流量年增长率（%）

三、中国地方企业对外直接投资若干趋势性特征

（一）中西部省区对外直接投资快速增长

目前中央企业、上海市已经基本度过对外直接投资流量快速起飞和超高速增长的阶段，今后仍将保持增长但增速不如全国平均水平。其他东部省份 OFDI 流量和存量则处在相对稳定快速增长阶段。至于大部分中西部省份，正进入增长快车道，它们在中国对外 FDI 存量占比将明显提升。

（二）投资动因多样化

对外直接投资各种动因都已能在中国地方企业中找到典型案例。

1. 资源寻求型。中国资源短缺现象愈益严重。企业开展此类投资，有利于缓解资源瓶颈的压力，保障战略资源的供应，还可消除市场价格波动风险，促进经济的稳定增长。其典型案例如：有色金属龙头企业福建省紫金矿业，相继在蒙古、缅甸、秘鲁、英国等国开展海外并购；2009年12月，广东顺德日新发展有限公司收购智利一座铁矿石存储量位居世界第一的铁矿等。收购渔业、林业资源的案例也有不少，如2006年福州两家水产公司投资收购印尼两个渔业基地80%的股份。

2. 市场寻求型。企业开展该类投资，是将国外一定地域范围，打造为本企业产品销售领地。如2002年9月，广东省TCL集团以820万欧元全资收购了德国施耐德公司，获得欧洲市场2亿欧元的销售额和超过41万台彩电的市场份额。而当年欧盟给中国七家彩电出口企业的配额总和仅为40万台。TCL王牌彩电还在越南和印度与当地厂商合资办厂，销量分别占到当地市场份额的5%和8%。其他如海尔、格力等家电制造商，如华为、中兴等电信设备供应商，都活跃在全球各地，拓展境外市场。

3. 成本节约型。企业开展该类投资，立足于以本企业原有市场领地为基础，大幅度降低生产成本。目前，我国东部省份的低劳动力、低土地资源成本正逐步弱化。东部省区大量企业，都在将生产制造的某些环节，转移到生产成本相对更低的国家。广东省美的、格力、TCL等企业均在东盟国家有较大规模投资；浙江省不少纺织服装企业在东盟国家建立了规模化生产基地，如宁波申洲针织有限公司在柬埔寨设立服装加工厂，新世纪化纤在越南设立纺织纤维生产厂，等等。

4. 战略资产寻求型。企业开展该类投资，能通过在境外拥有技术、品牌等战略资源所有权，反哺国内生产，提升企业整体素质。在这方面，大型企业如广东华为、青岛海尔很早就在国外收购过企业研发机构。即使是小企业，近年在境外投资建设研发和人才机构方面，也动作频频。如宁波耀华灯具公司，在挪威、瑞典设立研发机构，借助"洋脑"开发出公司70%左右的新产品，提升了公司产品技术档次，促进了公司出口；再如浙江太平鸟集团，在世界男装之都意大利米兰成立人才培训基地，通过外方人员指导，促进本企业服装设计人才培养和设计理念国际化。

（三）制造业投资方兴未艾

在工程机械、新能源设备制造、中医药等制造业领域，中国地方企业投资日益活跃。

1. 工程机械业。2012 年，湖南省三一重工以 27 亿元人民币收购全球领先的德国混凝土机械制造商普茨迈斯特。广西柳工斥资 3.35 亿元人民币并购东欧最大的波兰工程机械制造企业 HSW 的工程机械事业部。江苏徐工集团宣布收购德国老牌混凝土机械生产商施维英（Schwing）多数股权。预测未来 1—2 年，中国工程机械制造商将进行更大规模、更大胆的海外并购。原因一是西方经济不景气，目前相对较低的资产价格给中国企业提供了并购良机。二是国内的工程机械制造商在过去几年快速发展，积累了大量资金，使得并购计划不受融资限制。

2. 中国光伏企业正考虑海外直接投资。受 2011 年欧债危机影响，本来就遭遇产能过剩和利润下滑困扰的中国光伏企业又受贸易摩擦影响，在多国发展受阻。2012 年 5 月 17 日，美国商务部裁定对从中国进口光伏产品征收 31%至 250%的反倾销税，印度、欧盟也采取了类似措施。中国光伏行业一直对国外需求依赖较大，现在又遭受贸易摩擦，仅 2012 年二季度，浙江地区就有超过 50 家光伏企业破产。中国光伏企业要重整旗鼓，重新壮大，就必须开辟开拓国际市场的新途径。预计未来中国光伏行业对外投资力度将增大。

3. 中医药企业国际化出现较好机遇。海外政府和市场对中国中医药认可程度在不断提升。2012 年 3 月，地奥心血康胶囊获准在荷兰注册上市，这是中国第一个成功进入欧盟市场的具有自主知识产权的医疗性产品。2012 年 5 月，世界卫生组织和香港卫生署合作建立的"传统医学合作中心"在香港揭幕。该中心致力于协助世界卫生组织制定中医药政策和政府监管标准。预计未来若干年，中国中医药企业将加快推进现代化进程，全面建立知识产权管理框架，逐步进入国际医疗服务主流市场。

（四）对外直接投资对地区经济发展的正面效应逐步显现

这种正面效应体现在出口、技术、就业等多个方面。以深圳华为公司为例。2005 年 8 月，华为集团在印度西南部有"印度硅谷"之称的班加罗尔市投资 6000 万美元建立了生产部门，并在当地投资 4000 万美元建立研发中心，同摩托罗拉、微软等成立联合实验室。通过这种方式，华为获得了先进的软件开发技术与管理经验并逐渐向研发模式转移。华为计划在班加罗尔研发制作的软件以内部销售形式返还华为集团总部，再销往世界各地。短短两年后的 2007 年底，华为集团申请的国际专利就达到 1365 项，位居世界第四。对印度的技术寻求型投资，绕开了美国等发达国家为中国设置的技术壁垒，大大增强了企业的自主创新能力，推动了广东省乃至全国制造业的产业升级，促使制造业向高技术化发展。华为在海外的工程承接也飞速发展。2000 年前后，华为先在泰国、新加坡、马来西亚等东南亚市场和中东、非洲等发展中国家拓展业务。从 2001 年开始，通过与当地著名代理商合作，以德国为起点，华为成功进入德国、法国、西班牙、英国等欧洲国家市场。2004 年，华为与对手思科官司成功和解，当年海外营业收入首度超过国内，并成为英国电信优先供应商。2011 年 11 月，华为路由器入选法国电信 IP 网络扩容名单，进一步奠定华为在 IP 领域的领先地位。2012 年，华为全球销售收入约合 354 亿美元，在全球电信设备制造商中位居第二，其中 2/3 的收入来自海外市场。正是由于对外直接投资和其他配套国际化行动，华为逐步成长为全球领先企业，并由此带动国内出口、技术、就业和产业整体素质的扩大或提升。

对外直接投资对国内出口和就业的促进作用，不仅体现在华为、海尔这种全球企业巨头上，也体现在一些中型制造企业上。以宁波"海天塑机"为例，自从在意大利设立组装分公司后，在欧洲市场的售后服务能力大大增强，客户成倍增加，仅在意大利 2005 年的销售额就突破了 1000 万美元，比在意大利办厂前销量增长了 4 倍。目前，海天集团已在欧洲、北美洲、南美洲设立了 5 家海外工厂，年带动出口近 3000 万美元，成为宁波市境外办厂最多、带动销售量最大的企业。

四、地方政府和各级工商联组织应加强的工作

第一，加强相关配套服务。如前所述，今后我国地方企业对外直接投资将日趋活跃，对政府的管理和公共水平也提出了新要求。地方政府和各级工商联组织要顺应形势，加强与对外直接投资企业的互动，做好相关配套工作。

第二，促进国内外中资企业的联动交流。应经常通过经验交流、联谊合作、企业论坛等形式，使已在境外开展投资和经营的企业，能够将他们的成功经验、挫折教训，与国内企业分享，推动更多的中国企业"走出去"。

第三，引导企业在国外形成良好的竞争秩序。随着境外中资企业增多，目前已经出现一些境外中资企业不良竞争的苗头。境外中资企业商会和全国工商联应在它们之间多做沟通、协调、引导工作，使它们相互包容体谅，团结对外，不要作无谓的内耗，尤应避免陷入相互损害的恶性循环。

（商务部国际贸易经济合作研究院研究员　徐强）

中国民营企业海外投资环境报告

在海外投资的大潮中，民营企业正以其独特的方式成为中国企业"走出去"的生力军。它们通过境外投资参与国际竞争，不仅增强了自身的竞争力和国际影响力，也为促进我国经济发展、调整产业结构、提高就业发挥了积极作用。随着"走出去"民营企业数量和规模的日益扩大，其境外投资面临的困难和风险也日益凸显出来。这些风险包括企业对外投资面临的外部风险和企业的内部风险。

一、民营企业面临的外部风险日益严峻

民营企业不比国有企业，它们规模小、实力弱、融资难，在海外投资中面临更多的竞争压力和风险。随着我国企业对外投资规模的扩大，一些国家对我国企业正常投资活动的疑虑日渐增多，民营企业"走出去"面临的限制性措施和别国政府干预的风险也在增加。

（一）政治风险

政治风险一般事发突然。其成因较为复杂，仅凭民营企业自身的力量难以应对和处理。利比亚战争、埃及局势动荡、泰国政治危机等局部冲突的频繁发生给中国企业造成了严重的经济损失。虽然战争、政府征收之类的政治风险发生概率极低，而一旦发生其造成的损失将无法估量，严重影响民营企业的生存与发展。2004年，西班牙的烧鞋事件中，大部分受害的都是民营企业。2005年，联想收购IBM个人电脑业务，就因美国海外投资委员会担心这一收购会危及

美国的国家安全而接受延期调查。2007 年，华为收购美国 3COM 公司因被美国政府认为与美国国家安全关系密切而遭受安全审查，最终被迫流产。一些东南亚国家存在较为严重的排华情绪，对民营企业员工的人身安全造成威胁。

"中国因素"引发欧美发达国家对我国企业对外投资和并购行为加以非难和歧视。随着中国企业"走出去"的步伐日益加大，越来越多的中国企业出现在国际商业和资本市场，在国际政治经济舞台上发挥着越来越大的作用。一些西方国家把"中国因素"视为"中国威胁"，给中国企业的收购和投资人为地制造障碍。今年 5 月，欧盟就"华为和中兴涉嫌违反反倾销和反补贴规定"一事"原则上"展开调查，称两家公司违反"反补贴"和"反倾销"两项贸易条款。这是欧盟在未接到投诉的情况下首次主动发起立案调查。华为已经在欧洲布局良久，目前已经在欧洲建立 13 个营业中心。欧洲是华为最重要的出口市场，是它提高利润率的主要所在。欧盟如对其"原则上"展开调查一事成立，那时对华为将产生严重影响。对于中兴来说欧洲也是重要市场，2012 年中兴843 亿人民币的总收入中有 1/4 来自欧洲和美洲。

（二）融资困难

国际市场竞争激烈，企业的资金实力和融资能力对其发展十分重要。而资金恰恰是我国民营企业的短板。我国民营企业在整体上存在融资难、融资贵的问题。主要依靠民间融资获得资金的现状无法满足民营企业境外投资对资金总量和资金流量的需求，这增大了企业在海外投资中遭受风险的可能性。

首先，由于民营企业的融资成本高、效益低，银行和投资者的盈利性需求难以从中得到满足。民营企业贷款多为流动资金贷款，贷款频率高、数量少，在客观上加大了银行的管理成本。

其次，国有商业银行主要贷款给国有大中型企业，民营企业的贷款请求难以得到其支持，更难得到政策性金融机构的支持。基层银行贷款权限又受到严格的限制，严苛的信贷条件和频繁的贷款审批程序让民营企业望而止步。

再次，民营企业大多缺少足够的固定资产用于抵押，尤其对于高风险、高科技的民营企业，无形资产所占比重较大，用于抵押的资产价值不足，寻求担保较为困难。

（三）信息渠道不畅

与国有大型企业相比，民营企业从政府渠道获取的信息远远滞后或严重不足。同时，在海外投资的过程中，由于国际市场、投资环境、政府政策以及汇率等信息瞬息万变，我国民营企业没有足够的实力来及时获取各种信息。我国也缺乏能够为企业境外投资及时提供有效信息的完整服务体系。信息获取的时滞性和不足使我国民营企业对投资国的政治、经济、社会环境、政策和法律等相关信息无法全面、及时和有效地获取，不利于我国民营企业对外投资的健康发展。由于信息渠道的相对闭塞，以及资金实力有限，若突遇国际市场环境巨变，我国民营企业可能无法及时调整生产以适应环境的变化，从而大大降低了民营企业抵御境外投资风险的能力。

（四）文化差异

我国与外国的文化差异不仅体现在语言上，还体现在待人接物、行事风格等方面。文化差异往往在不经意间致使双方产生纠纷，造成不应有的损失。

合作双方企业管理理念和行事方式的不同，以及对法律的理解有别等文化差异，有时会对企业境外投资造成很大影响。在实践中，我国一些企业有时将不良的文化习惯应用到境外投资中。例如，一些企业在拉美与工人、工会发生争执之后，由于法律意识较为淡薄，往往并不通过合法手段加以积极合理解决，而是采取贿赂收买工会头目等方式处理，最终导致问题升级。2010年，在非洲的赞比亚发生的科蓝煤矿枪击事件也主要是因文化差异引起，被国际媒体广泛报道，对中国企业造成不良影响。

二、民营企业内部风险

随着我国民营企业"走出去"步伐的加大，民营企业的内部问题也日渐暴露出来，对企业境外投资形成掣肘。若不及时改进将加大民营企业境外投资的风险。

（一）自主研发能力弱

我国民营企业在国际市场上普遍缺乏核心竞争力，自主研发能力较弱。虽然具有成本和价格优势，但是由于缺乏核心技术，难以进入高端市场。我国民营企业主要从事技术含量不高、附加值低的劳动密集型行业。即使是部分已形成显著竞争优势的知名大型民营企业，也仍然难以摆脱对核心技术和零部件的进口依赖。另一方面，受规模和资金缺乏等因素的约束，我国大多数民营企业研发投入不足，企业技术进步缓慢，创新能力及核心技术的开发能力严重受阻，在国际市场上无法与发达国家企业相抗衡。

（二）产业层次较低

我国民营企业生产的产品具有同质性，产品差异性较小且附加值不高。从行业分布上，大多集中在批发零售、纺织服装、家电和五金等劳动密集型行业。在国际市场中，我国民营企业多以价格为主要竞争手段，甚至竞相压低产品价格导致恶性竞争。这种在国际竞争中缺乏长远发展战略，只注重眼前利益的行为使我国民营企业难以真正发展壮大。

（三）投资方式单一

在投资方式上，我国民营企业主要以绿地投资为主，较少采用并购国外企业或与外商合作的方式。我国民营企业发展的总体趋势是经营行业的覆盖面逐步拓宽，然而从投资方式上看，大多数民营企业采用绿地投资的方式，只有少数大型民营企业，如华为、联想等尝试采用收购的方式进行对外投资。由于缺乏对当地市场的了解，以及缺乏国际业务管理经验和专业技能，这种单一的投资方式会增加企业海外投资风险。

（四）管理体制落后

我国大多数民营企业属于家族式管理模式，这种管理体制难以适应国际化经营的需要。由于成长历史的原因，中国大多数民营企业实行的家族式管理是集所有权、经营权、决策权，以及管理权于一体的管理体制。企业进行决策时缺少必要的民主和约束，经营管理水平停留在经验基础上，很少有企业引进管理技术或管理人才，导致企业难以得到长远和科学的发展，在国际市场中缺乏竞争力。虽然当前随着国内高等教育的普及，一大批高素质人才流向民营企业，但由于中国企业与国外的成熟跨国企业相比，从事海外经营的时间较短，因此难以在短时间内培养出高层次的国际化精英型管理者。

（五）品牌意识薄弱

我国民营企业品牌意识较为薄弱，在国际市场上不注重发挥品牌效应。我国民营企业进军国际市场的常见方式是贴牌生产，很少创立自己的品牌。例如，温州是名副其实的世界打火机生产基地，在国际市场上约占 70% 的市场份额。但温州打火机主要以订单、来样、定牌或贴牌的方式进行生产，注册品牌的企业不足 10%。日本利用温州加工基地成为专门为世界各地经销商提供打火机的进出口商，成本价 1 美元的打火机贴上日本的牌子价格可以翻十倍甚至几十倍。民营企业缺乏品牌意识，不仅企业难以获得高额利润，而且不利于中国企业在国际市场上树立良好的产品形象。

三、积极防范民营企业境外投资风险

国务院发布的《关于鼓励和引导民间投资健康发展的若干意见》（国发 [2010] 13 号）明确提出要鼓励和引导民营企业"走出去"积极参与国际竞争，从全局和战略的高度对鼓励和引导民营企业境外投资进行部署和安排，对于民营企业境外投资的服务保障和风险防范具有重要的现实意义。防范民营企业境外投资风险不仅需要国家在政策制定方面进行规范和鼓励，还需要民营企业自身在诸多方面改进和完善，增强企业核心竞争力，加强民营企业在国际市场上抵御风险的能力。

（一）做好境外投资的前期功课

这包括在对外投资时，民营企业应当制定明确的企业发展战略和规划，按照企业的发展规划找准市场定位；对企业的境外投资项目进行可行性研究；做好人才储备；搭建相应的项目经营平台；深入了解东道国的政策法律、民族宗教、文化民俗等情况；对不同风险程度的国家（地区）制定差异化的投资和风险防范策略。一旦风险超出预期或难以控制，即使已经发生一定的前期费用，企业项目也必须中止，避免因小失大。

（二）加强对财务风险的控制和防范

民营企业在境外投资往往涉及大规模的资金流动，容易给企业带来较大的财务风险。这些财务风险主要包括：对境外企业资金管理上的漏洞；在对外直接投资特别是跨国并购过程中，企业资金周转方面的风险；汇率变动带来的风险。企业可以通过建立健全的财务管理制度、选择恰当的融资方式，以及利用金融衍生工具来规避和防范财务风险。

（三）在投资方式上采取多元化战略

首先，民营企业应拓宽融资渠道，寻求多种合作方式进行筹资。在境外投资中，民营企业应扩大东道国企业、政府，以及国际金融机构的融资力度，采取与东道国企业合作或者合资的方式。这不仅能够解决民营企业资金不足的问题，分散筹资风险，而且与东道国合作伙伴利润共享，风险共担，对东道国政府可能采取的任何政府干预行为产生制约作用。

其次，民营企业可以通过集群式合作降低投资风险。我国民营企业对外投资最大的劣势在于规模经济效益差，风险抵御能力弱。因此，可以通过企业的集群式合作建立企业间的分工和协作关系，最大限度降低企业投资成本和分散风险。实行差异化生产的企业合作，能够在每个细分市场上充分利用各个企业的优势和异质产品，以满足不同层次消费者的需求，增加产品附加值。

境外经贸合作区就是民营企业通过集群式合作境外投资的很好的实现形式。境外经贸合作区具有产业集聚效应，有政府的支持作为保障，有大企业集团的牵头和东道国政府的优惠政策，可以说在境外经贸合作区投资是风险最小的投资方式。例如，2008年成立的西哈努克港经济特区由4家中国大型企业（红豆集团、华泰、光明、益多）与柬埔寨国际投资有限公司合资经营，不仅吸引了浙江等省的数十家民营企业赴柬投资，更创新了我国民营企业投资东盟的方式。再如，越美集团于2007年投资5000万美元在尼日利亚Calabar自由贸易区建立越美（尼日利亚）纺织工业园，吸引了国内首批14家的纺织企业集群进入，形成集纺纱、织造、绣花、针织、成品服装于一体的完整产业链。这种集群式的对外直接投资形成的专业化分工和协作不仅节约了企业的采购成本，降低了海外投资风险，避免恶性竞争，而且园内企业可以享受尼日利亚自由贸易区的优惠税收政策，产品出口不受配额限制。越美（尼日利亚）纺织工业园是非洲第一个纺织工业园，不仅为中国的纺织企业"走出去"搭建了一个发展的平台，更重要的是这种上下游企业在海外的集聚，形成了组合优势。

（四）实行属地化经营和管理

由于各个国家有着不同的文化、风俗和价值观，民营企业在进行海外投资时，应当对各国在安全生产、环境治理标准、人力资源管理等方面进行调研和分析，避免因各国社会环境和文化差异给企业的对外直接投资造成重大损失。民营企业在境外投资不能照搬国内投资的经验，应当坚持"入乡随俗"的原则，实行属地化经营和管理。增加东道国员工的数量，尤其是中高层技术和管理人员；在原材料采购上优先考虑东道国当地企业；尊重东道国的风俗文化和宗教信仰；积极为东道国的发展做贡献。

（五）注重履行在东道国的社会责任

民营企业在东道国进行生产和经营活动，应注重学习东道国针对外资的法律规定，遵守东道国当地法律；积极履行企业在当地的社会责任，遵循坦诚相待、互相尊重的原则，注重与当地社会各阶层积极沟通交流，在社会慈善、用工制度、保护当地环境等领域以高标准要求自己，树立中国企业在东道国的良好形象。这是中国企业境外投资顺利进行和长远发展的基础。

（六）吸引和培养国际型人才

我国民营企业在对外投资中缺少掌握国际惯例、熟悉国际市场和国际营销、了解国际法律知识，以及具备跨国经营管理能力的国际型人才。人才的缺失极大地限制了我国民营企业境外投资的发展。民营企业需要转变管理理念，在对待人才方面采取更加开明的态度，积极引进人才、留住人才，利用自身产权制度的相对灵活性最大限度地发挥各类人才的潜能。只有拥有大量既懂企业生产技术，又熟悉国际经贸规则，既了解东道国市场环境，又能把握企业经营目标的综合型人才，民营企业才能把握住时代脉搏，实现成功的国际化经营。

（七）寻求政府和中介机构的帮助以规避风险

民营企业在境外投资时应当寻求我国政府的帮助来规避和降低风险，加强与政府的沟通，及时向政府汇报境外投资中遇到的问题和事项，包括向国内有关政府部门反映情况，通过政府部门的经济外交规避风险，以及向政府驻境外办事机构寻求领事保护等。另外，民营企业在境外投资中还要加强与公众的沟通和中介机构（投资银行、会计事务所、律师事务所等）的利用，中介机构可以在企业境外投资和并购中提供法律、财务帮助和背景材料介绍，帮助民营企业规避外部风险。

（八）适时撤资降低损失

风险是具有极大不确定性的客观存在，即使采取了投资前的预防性策略和投资中的分散风险策略等，也不可能完全杜绝企业海外投资风险。当国家风险带来的损失远远大于企业继续投资所得到的收益时，作出撤资的决定是明智的。有计划、有步骤的撤资，可以利用出售、清算、脱离等方式，以尽可能降低企业损失。在放弃资产所有权时，企业应当尽量争取与东道国签订管理合同，保持企业经营管理的权利，以达到继续盈利的目的。

（商务部国际贸易经济合作研究院研究员　辛灵）

热点专论

中国民营企业对外投资风险及防范措施

近年来，中国民营企业抓住全球经济转型的难得机遇，审时度势，主动出击，对外投资合作取得新进展。2012 年，我国企业对全球 141 个国家和地区的 4425 家境外企业进行了直接投资，实现非金融类直接投资 878 亿美元，同比增长 17.6%。其中，民营企业投资额约占 40%。民营企业逐渐成为对外投资的重要力量，呈现出集群性、多元化、规模型发展的特征，在技术、管理、人力、资金等方面的能力和水平有了较大提升，涌现出一批投资规模大、利润效益好的企业，如华为、联想、海尔等。然而，对外投资规模的急剧扩大、资产份额的快速增升，也意味着对外投资风险日益加大。如何充分认识对外投资风险，加强风险防范是企业对外投资的核心和关键课题。本书从国家、政治、经济及社会角度分析企业对外投资面临的风险及风险防范措施。

一、国家风险

根据《2011 年度中国对外直接投资统计公报》，对外投资存量贷款的 7 成分布在亚洲地区，对欧洲、大洋洲、非洲的投资快速增长，对北美洲投资略有下降。2012 年以来，欧美主要市场需求持续萎缩，在欧美传统市场频频受挫的中国企业开始将目光转向亚洲、南美、非洲、俄罗斯等新兴市场。由于投资对象国政治、经济、文化等环境的不同，企业对外投资过程中面临着复杂多变的国家风险。

（一）国家风险分析

据中国信保发布的 2012 年版《国家风险分析报告》显示，2012 年前 11 个月共有 62 个国家的参考评级较上年发生变化。其中，17 个国家风险水平上升，参考评级调降，占被评估国别总数的 8.9%；45 个国家风险水平下降，参考评级调升，占被评估国别总数的 23.4%。总体上看，全球风险在 2012 年仍处于较高水平。债务危机影响的持续扩散和世界经济的复苏乏力，使得多数发达国家和区域风险水平上升。评级调降的主要是受欧洲主权债务危机和受地缘政治风险影响较大的国家，其或是财政赤字水平和公共债务水平较高，或是政治经济形势恶化。评级调升的主要是那些国家政局稳定，经济恢复、发展情况较好，与我国政治经济交往密切的国家。尽管部分国家绝对风险水平依然较高，但一年以来这些国家也呈现出一定的积极因素，整体稳定性相较一年前有所增强。从区域分布来看，被降级的国家以部分西欧、拉丁美洲和亚洲国家为主；评级调升的国家以部分亚洲、非洲和东欧国家为主。

1. 北美地区。2012 年北美地区经济疲软，信用风险信号增多，投资保护主义升温，针对我国企业的知识产权调查频频发生。美国方面，2013 年预计仍行进在"失去的十年"之路上，经济将延续缓慢增长的态势。2013 年 1 月，世界银行将美国的 2013 年经济增速预期从 2.4% 下调至 1.9%。由于 3 月 1 日起生效的美国政府自动减支措施将导致消费活动受到抑制，其经济增速可能进一步放缓，4 月份国际货币基金组织的《世界经济展望》报告将 2013 年美国经济增速预期从此前的 2% 下调至 1.7%。财务问题突出，经济难有大起色，预计美国国家风险将呈上升趋势。

2. 欧洲地区。欧债危机影响扩大导致部分企业对欧投资受损。2012 年欧洲地区反倾销和反补贴措施明显增多，东欧及独联体国家政策审批及调整的政治风险有所显现。2013 年，意大利大选带来的不确定性以及欧洲决策者需要应对的主权债务危机带来的挑战，使得该地区的经济活动受压，欧洲地区经济复苏步伐将非常缓慢。欧洲央行、国际货币基金组织等纷纷下调了欧盟及欧洲主要经济大国的预期增长幅度。预计欧洲国家可能将对我国企业频繁采取贸易和投资保护主义措施，主要保护手段可能为反倾销、技术壁垒、环保壁垒和提高外资准入门槛等。欧洲最大经济体德国对环保的要求尤为严苛。

3. 亚洲地区。该地区的国别风险呈现多层次、多样化、复杂化特点，部分中亚国家仍然存在外汇限制、短缺或经济波动的情况。西亚中东地区动荡局势在短期内难以改变，受欧美国家主导的经济制裁影响，中东部分热点国家和地区拖欠风险上升。日本方面，首先，日本经济增速预期下调，2013 年 1 月 15 日，世界银行发表报告预测，2013 年和 2014 年日本经济增速分别为 0.8%、1.2%，而 2012 年 6 月预测均为 1.5%。日本与亚洲周边国家的领土争端、环保车补助金政策的终止等因素将影响日本经济活动。其次，在美国"重返亚洲"的大背景下，日本对华强硬态度趋于加剧。再次，近年来日本贸易保护主义抬头，以环保、安全为名的绿色壁垒、特保条款和技术壁垒日益成为对中国企业扩大对日投资的主要障碍。

4. 非洲地区。许多非洲国家拖欠、延期风险增加，征收和政府违约风险不容忽视，总体法律环境较差。政府干预、治理乏力，以及复杂的种族、宗教、反政府武装等问题，容易干扰投资项目的正常建设和运营。不少国家财政实力有限，国家财政担保有效性依然不足。

5. 拉丁美洲地区。拉丁美洲国家买家资信透明度低，外汇管制风险显著，金融危机给广大拉丁美洲国家带来的负面影响仍未消除。这些国家普遍出现侨汇减少、债负沉重、资金外逃、财税不足等问题，且过度倚重资源产品出口、经济结构单一等不利于企业投资的因素仍然存在。

（二）国家风险防范

在进行对外投资之前，首先要对东道国的投资环境进行分析，对国家风险的大小进行评估，并判断企业对国家风险的适应能力，在此基础上建立国家风险自我防范机制。

其次，结合具体情况，采取积极有效的对外投资策略，包括：（1）分散化投资，即分散投资客体，实行投资地域、行业、产品等的分散化和多样化，在发达国家和发展中国家都进行投资。（2）共同投资，共担风险。尽量采取与当地企业合资、合作的方式，通过投资主体的分散，将一部分国家风险转移给当地政府或企业。（3）适时调整投资方式，采取股权形式与当地或第三国企业合资组建海外企业，在东道国国家风险增大时，可以考虑出卖股权或转换为银行信贷，以回避风险。（4）建立风险转移机制。企业在风险较大的国家进行投资时，可以要求当地政府、信誉较好的银行或公司给予担保和补偿；在预感国家风险可能性较大时，可以向保险公司投保政治险。（5）积极调整经营策略。当企业的生产经营活动与东道国政策发生冲突时，及时调整经营策略，避免国家风险。

第三，灵活掌握和运用撤资战略。当国家风险已经发生，危及我国海外企业生存和发展时，从东道国撤资无疑是唯一的选择。

二、政治风险

据世界银行多边投资担保机构（MIGA）2009 对全球 300 家跨国公司的调查显示，限制跨国公司对外投资的主要约束条件中，排在首位的就是政治风险，且未来 3 年其严重性将持续上升。从我国企业对外投资存量的地区分布来看，2011 年，分布在发达国家的存量所占比例为 11%，发展中国家的比例为89%。发展中国家的政治风险通常要远远大于发达国家，这是我国对外投资面临的政治风险水平较高的原因。

（一）政治风险分析

企业对外投资面临的主要政治风险有恐怖主义、政治性绑架和勒索，社会骚乱、动乱和内战，东道国政策的负面变化，蚕食性征用风险等。这些风险主要集中在一些亚、非和拉美地区国家。此外，企业对外投资还存在政府违约等风险；一些发达国家以国家安全为由，对外来投资设置了一些障碍；一些政治组织也对外来投资施加压力。政治风险并不是直接来源于一国的政治体制，而经常来源于东道国政治和社会经济环境在项目协议签署后的改变，如资源的短缺与其价格的高涨，民族主义和投资保护主义的盛行，政府的频繁更迭，政策和法律的变幻莫测，贫富差距的扩大，当地分裂分子的袭扰，种族、宗教和文化冲突，环境污染的加重以及各种形式的内战等等。在此重点分析政局动荡与战乱风险、政府政策风险、法律风险及全球投资保护主义升温带来的风险。

1. 政局动荡与战乱风险。当前在亚洲、非洲、拉美等我国企业已进行海外投资的许多国家和地区均存在政治动乱风险。东亚、中亚、东南亚等地区政治纷争不断。中亚、拉美、东南亚和非洲是政变的多发地，几乎每年都有若干个国家发生政变。中东持续动荡，战乱迭起。无论何种原因，只要一旦在东道国发生政治动乱风险，我国企业均有产生损失的可能性。最为典型的利比亚战乱更是给我国企业的海外利益带来巨大的损失。

2. 政府政策风险。这种风险主要有三类：第一，由于各种原因，东道国政府可能通过立法或行政命令改变原有政策，或增加外资企业税赋，或设置苛刻条件限制其进入某些行业或项目，甚至无偿或以很小代价占有外国企业的财产，直至通过立法令将外国企业收归本国控制。第二，东道国政府制定相关限制性法律政策，包括对外国产品的地方含量、股份比例限制、外国企业的进口限制、利润汇回限制以及实行外资高税收政策和提高国内劳工待遇等方面的风险。第三，东道国政府违反部分或全部协议条件，导致中国企业无法按原合同或协议继续执行相关投资约定。如 2010 年 5 月，澳大利亚政府突然宣布，要对不可再生资源增加 40% 的税收，并考虑重新审查税收政策，还可能重新审查已经签署的合同，重估特许权协议，对投资者的利润汇出征税，对矿业公司的优惠特权进行调整等。这无疑对在澳中资企业造成重大损失。

3. 法律风险。企业对外投资面临较多法律风险。主要有：(1) 企业准入时的法律风险。包括准入条件限制、国家安全审查、反垄断审查等。如因有所谓的"国家安全问题"，三一重工关联公司无法收购美国风电项目。(2) 民营企业经营阶段面临的风险。包括劳动法律、知识产权法律、环境保护法律、税收法律及政策法律变动等。如 2011 年澳大利亚碳税、矿产资源租赁税的调整。(3) 合规反腐方面的风险。国际公司把监管和合规的风险摆在第一位，而我国企业对此重视不够，使得"走出去"的企业在海外屡屡受创，如中国某知名公司在阿尔及利亚的项目中，两个项目人员因为受贿被判入狱 18 年。(4) 法律法规不健全带来的风险。一般发生在一些发展中国家以及转型国家，主要存在有法不依、法律法规频繁变动、法律规定不明确及可操作性差等问题。如俄罗斯虽然形成了比较齐全的法律体系，但随着形势的变化，政策法规频繁调整，缺少稳定性，且政府机构执法不规范。

4. 全球投资保护主义升温。由于欧美经济衰退及多年来中国与欧美经济发展的不平衡，欧美为重回经济增长轨道，重新重视制造业发展，投资保护主义有所抬头。特别在信息技术、能源、安全等领域，遏制中国经济发展的意图和行为日渐突出。如，2007 年美国颁布了《2007 年外国投资法和国家安全法》，

2008 年 11 月美国财政部颁布了该法的实施细则，即《关于外国人收购和接管的条例》。这些规定将涉及美国国家安全的基础设施、能源和关键技术领域的贸易项目作为审查对象，对外国投资作了严格的规定。美国在实施外国投资审查新规之后，多次以国家安全为由，拒绝中国企业在美国的投资并购活动，致使华为无法并购三叶系统公司（3Leaf）、和记黄埔集团无法买入环球电讯股份等，甚至不让一些中国工程师获得赴美签证去参加国际电讯产业博览会。受欧债危机的影响，越来越多的中国企业将投资的目光转向欧洲，尤其是以品牌和技术为目的的并购明显增多。然而对资金需求迫切的欧盟对迅速增长的中国投资有着复杂的政治障碍以及对中国投资的挑剔。法国成立了 11 个委员会，对核心产业进行监督，包括汽车、航空航天、海军和铁路运输、奢侈品、消费者行业、科技、医疗和可再生能源行业。意大利也将效仿法国式的策略，拟对被视为具有战略重要性的行业（如能源、电信、科技、防务和食品）的外国并购加以监督和限制。发展中国家资源保护主义也逐渐抬头。如 2012 年 5 月，蒙古议会通过的《关于外国投资战略领域协调法》表明政府今后将强化对矿产、金融、传媒等战略行业的控制。

（二）政治风险防范

1. 对于政局动荡与战乱及政府政策等引发的政治风险的防范与管理。首先要从战略的高度认识到加强风险管理的重要性，加强风险管理能力的培育和经验的积累。其次，借鉴和吸收先进跨国公司的科学方法管理政治风险，做好风险的识别、分析、评估、预测、预防、监控，制定事前、事中和事后应对预案，将政治风险的可能损失降到最小。再次，将风险管理与企业风险管理系统有机整合，从企业自身情况出发选择合适的管理策略。例如，大型企业在海外拥有众多业务，可以建立自己的海外风险管理系统，并通过在不同风险水平的地区进行投资以对冲风险。中小企业则可以采购海外政治风险专业机构的服务，比如购买政治风险保险等。

2. 对于法律风险的防范与管理。企业在投资前可考虑组建国际化的法律专家团队以熟谙中国对外投资政策、东道国法律法规、市场惯例、国际条约和国际管理等，严格遵守东道国法律法规和政策规定，做到规范经营。对外投资过程中还要注意规避与投资准入审查和经营相关的法律风险，并在风险发生后选择最优的争端解决方案。

3. 对于投资保护主义和国际经贸摩擦风险的防范与管理。企业应开展贸易救济积极应对贸易保护。针对美国近期对我国贸易和投资摩擦激增的新情况，综合运用交涉抗辩、公关游说、适度反制、世贸争端解决机制等手段，力保中美摩擦处于可控范围。针对美欧对我贸易和投资摩擦增强的新情况，全方位做好应对和反制，严防摩擦升级和矛盾激化。加强对敏感产品和行业的摩擦预警，努力做到早发现、早应对、早化解。

三、经济风险

企业在对外投资过程中所面临的经济风险涉及范围广泛，有经营市场环境变化引发的风险，也有企业自身机制体制存在问题所带来的风险。具体包括市场需求风险、资金链条风险、汇率风险、竞争风险、产品市场风险、原材料市场风险、行业技术风险、经营决策风险、交易风险、筹资风险、投资风险、营运风险等等。在此主要对外投企业影响较大的宏观经济波动风险、汇率风险、金融风险及经营风险进行分析。

（一）经济风险分析

1. 宏观经济波动风险。受世界金融危机后续效应的影响，各国经济复苏迟缓。我国民营企业的海外经营面临较大的宏观经济波动风险。希腊等"欧猪五国"的主权债务危机、美国的"财政悬崖"对全球经济造成的负面效应仍未消除。2013 年，全球经济增长步伐极度缓慢。据国家货币基金组织预测，新兴经济体特别是小型新兴经济体的增长动能将增强，但是拉丁美洲地区的少数新兴经济体可能"滑入近似于危机的状况"；发达经济体的复苏道路崎岖不平，2012年底经济活动的疲弱表现以及 2013 年初的萧条景象显示出发达经济体低迷的经济仍难有起色。2013 年 4 月 16 日，国际货币基金组织（IMF）的《世界经济展望》将 2013 年全球经济增速预期从 1 月份预计的 3.5% 下调至 3.3%，下降 0.2 个百分点。其中发达经济体预期增速为 1.2%，下调 0.1 个百分点；美国预期增速为 1.9%，下调 0.2 个百分点；欧元区经济预期萎缩 0.3%，加深衰退。包括新兴市场经济体在内的发展中国家经济预期增速为 5.3%，下调 0.2 个百分点。世界经济复苏缓慢，经济发展的不确定性较大，我国民营企业"走出去"仍存在较大的宏观经济波动风险。

2. 汇率风险。该风险是企业"走出去"必须面对的主要问题之一。2012年以来，人民币对美元汇率变动频繁，经历了窄幅波动、贬值、再升值3个阶段，为汇率改革以来变化之最，且波动区间与弹性增大。预计2013年，在我国加大经济结构调整、外部经济景况持续低迷的情况下，人民币对美元小幅升值且双向波动特征依然明显。对企业而言，人民币双向波动一方面将影响产品的国际竞争力，给企业出口增长带来较大不确定性，另一方面将使企业面临大的汇兑风险。再者，很多国家实施资本项目管制，造成企业资金流动链条断裂，美国、欧元区等国家和地区会向金融市场大量注入流动性资金，造成美元、欧元等货币贬值，使企业利润蒙受巨大的损失。

3. 金融风险。对外投资金融风险既指一定规模的对外投资资产出现贬值或未来预期收入出现亏损的可能性，也包括东道国金融体系不健全等带来的风险。从宏观层面看，金融风险是由于金融危机或金融动荡引起的风险。这种风险一般是区域性甚至是全球性的，波及范围较广，对海外投资造成的冲击十分巨大。从微观层面看，对外投资的金融风险包括企业在对外投资中遇到的融资能力不足、缺少担保等影响企业正常运营的非系统性风险。企业的海外投资需要资金的支持，但投资初期，企业缺少信用基础，与东道国当地银行尚没有建立一定的信任关系，且海外资产不多，难以获得金融支持，由此可能会使企业陷入困境。投资金融衍生品不当也是企业可能面临的一大金融风险。企业还可能面临一定的财务风险，如企业总部对海外投资跨境资金流动控制力不足造成的风险，企业海外并购估值过高风险，并购后难以有效整合造成的风险，以及应收账款管理不到位等原因形成的企业流动性困难等风险。如金融危机期间，很多欧美公司市值大幅缩水，估值很低。不少企业普遍存在"捡便宜"的心态，投入巨额资金去"抄底"，盲目收购这些公司，最后或是由于收购价格不当，或是由于整合失败，不得不放弃这些投资项目。

另外，由于东道国金融体系脆弱、金融制度不完善、银行信誉差等，也给企业"走出去"带来风险。如孟加拉国商业银行的信誉普遍较差，许多开证行存在违规操作。在中国公司对孟加拉国出口业务中，经常遇到对即期信用证交单拖延付款时间，或在客户没有办理付款手续的情况下放单，客户提货或看货后向出口商提出质量索赔，严重损害中国出口商的利益。

4. 经营风险。我国企业对外投资依然处于学习和适应国际化经营的阶段，尚未形成完整的国际化经营意识，面对当前世界复杂多变的经济形势，企业在对外投资的过程中面临不小的经营风险。经营风险涉及企业的各个方面，有决策失误造成的，有经营过程中某一环节出问题的，有因不了解国情、文化差异导致的风险，又有因融资难、资金链断裂导致的风险。这里主要对企业违法违规经营风险、无序竞争风险及人才欠缺风险进行分析。

关于违法违规经营风险。有些企业在海外常常发生知识产权保护、工作签证申请、经济纠纷等问题。由于对东道国的法律、法规不了解，一旦在东道国被诉讼，遭受巨额损失时，往往得不到及时、有效的法律保护，减弱了企业海外投资的信心，并给企业造成了损失。更为严重的是，有些企业在海外投资根本没有经过正常的审批手续，以至于在国外发生问题，无法求助于中国政府和使领馆。有些企业利用一些发展中国家社会腐败的国情，认为只要花钱同样可以在海外办事，进行违法、违规经营，甚至涉嫌犯罪，为今后发展留下隐患。有些企业还把国内基于体制缺陷，而貌似可行的习惯做法搬到海外，如在海外上市时，也把"圈钱"方式带到了海外，结果出了严重问题。还有来自商业贿赂、违规招投标等方面的违法违规风险也明显增加。

关于无序竞争风险。由于企业"走出去"缺乏统一规划和组织协调，市场主体多元化导致竞争异常激烈，各投资主体盲目追求规模，无序竞争问题突出，也使得对外投资效果大打折扣。比如，国内企业在与海外企业谈判时，中方往往面临内部"搅局"的压力，很多中国企业缺乏合作精神，甚至互相竞价抢生意。蒙古国奥尤陶勒盖铜矿的案例至今让人痛心——最初蒙方主动让给中国企业优惠开采，却无人问津。后来中国有色、中铝、鲁能等多家企业竞相争抢，彼此哄抬价格，最终被加拿大一家矿业公司坐收渔翁之利，之后再全部销往中国市场。

关于人才欠缺风险。人才是关键。在对外投资中，企业需要复合型人才，尤其需要既有良好的语言沟通能力又熟悉国际规则和经营管理的人才。如果缺少相应的跨国经营经验，缺乏熟悉法律、精通业务、会外语、懂管理的高素质人才，企业在经营中运用东道国法律和国际规则维护自身权益的能力就弱，防范和化解风险的能力就不强，就收不到应有的投资效益。

（二）经济风险防范

宏观经济波动风险可以说是最难防范的风险，因为其具有明显的突发性和不可控制性。面对变化的经济环境，企业不能固步自封，仍需要进行业务的拓展，此时只能以微观层面（目标客户）为主，以宏观层面（宏观经济）为辅，对各项业务进行谨慎的分析评价，而后决定资金和服务投向。

对于汇率风险防范，要密切关注人民币汇率走向，通过运用远期结售汇、人民币结算等方法，规避人民币双向波动带来的汇率风险。

对于金融风险来说，外部宏观环境的变化导致的系统风险难以完全避免，但企业可以通过加强风险管理，预判和评估投资中可能的金融风险，选择适当的时机、合适的进入区域及有利的进入方式并建立风险对冲机制，尽可能减少各种金融风险对海外投资的影响。同时充分利用专业中介服务机构，全面了解各种信息，避免信息不对称和信息掌握不足带来的风险。

为防范经营风险，需要增强企业国际化经营能力，形成全球意识并善于站在全球市场的角度考虑和处理问题。在投资决策前对东道国的环境和相关政策法规要进行认真、深入、细致的了解与分析，以掌握熟悉当地法律法规，并依法行事，加强自律，从源头上规避违法违规风险。要培养和派出足以胜任和善于从事国际经营管理的人才。尤其要增强各行业协会的服务作用，建立对外投资企业协调机制，加强企业之间的沟通与合作，避免兄弟企业间的恶性竞争。

四、社会综合性风险

（一）社会综合性风险分析

社会综合性风险主要是由于意识形态、价值观、文化、语言、宗教信仰、风俗习惯等方面的差异给企业对外投资带来不确定性所导致的风险。在此主要分析境外安全风险、文化差异风险、环境保护风险及社会责任、舆论炒作等引发的风险。

1. 境外安全风险。我国对外投资存量前 20 位的国家和地区中，对高危或高风险国家的投资额占到 1/5。亚洲非洲等地区中，许多内部冲突激烈的集权国家是我国企业的首选地带和较集中地区，派出人数超过 5000 人的 24 个国家和地区中有 1/5 的劳务人员生活工作在高危或高风险国家。加上国际利益格局复杂多变、各种传统与非传统安全因素相互交织，对外投资所面临的境外安全风险越来越大，从地震、暴风雪等"天灾"到政治动荡、经济制裁、投资"潜规则"等"人祸"，境外安全突发事件呈现增长的趋势。据初步统计，近两年共发生涉及境外中资企业和人员的安全突发事件 198 起，共造成 139 人死亡。这其中既有部分国家和地区政局动荡、社会治安环境恶化引起的风险，如西亚北非地区政局动荡引发的社会骚乱导致中国企业约 39000 人被迫撤回等，也包括恐怖势力活动频繁，恐怖袭击或绑架带来的人员安全威胁，还有因自然灾害引发的安全事件。此外，部分企业在"走出去"过程中注重短期经济利益，忽视长期政治社会利益，属地化经营水平较低，忽视当地民众和社会利益需求，不注重维护当地雇员权益，也易酿成群体性安全事件。

2. 文化差异风险。企业在对外投资过程中，因对当地的法规、风俗和文化了解不深，很容易与当地发生冲突，给企业带来风险。文化差异往往带来管理理念和行为的不同。实践中，我国部分企业由于不了解当地国情民风，一味套用国内经验，如以金钱刺激鼓励加班，用高压管制提高劳动强度和延长工时，习惯用甩钱、走路子、通关系和联络感情的方法"搞定"等，结果在当地的经营处处受阻。我国一些企业在拉美与工人、工会发生争执之后，往往并不通过合法手段予以解决，而是采取贿赂收买工会头目等违法方式处理，造成无穷后果，使问题升级。同时，不少企业忽视一些致命的细节问题，贪图劳动力便宜、商品售价高等，其效果适得其反。如在某些非洲国家开厂，廉价招工，造成劳力技术跟不上、效率不高、培训困难，或者宗教习惯多影响工时，或者所在地经常停水停电，造成成本提高。此外，由于社会、文化、意识形态、民族矛盾和宗教因素等原因，容易引起东道国社会对跨国企业反感，最终引起骚乱，甚至发展成为局部性的恐怖袭击，严重扰乱中国企业经营秩序，并造成重大经济损失。

3. 环境风险。近几年，中国企业逐渐重视对外投资中的环境保护问题。但是，这方面的工作刚刚起步，部分企业在遵守国际环境标准或东道国环境法规方面做得还不够，对环境影响问题处理不当，为此付出过代价。对环境风险的严重性务必要有足够的认识，并认真和切实处理好环境问题。否则，轻则声誉遭到破坏、经营成本上升，被员工和当地社区居民抗议，重则银行停止融资、保险人拒绝承保、政府予以罚款，甚至还会引发对企业造成巨大损失的政治风险。很多企业都有这方面的深刻教训。

4. 社会责任、舆论炒作等引发的风险。中国企业在对外投资过程中遇到企业社会责任缺失风险时，由于经验不足等原因，处理不及时、不到位，外国一些媒体出于政治动机的追求，刻意夸大中资企业的负面行为，使企业在投资经营中承受着巨大的压力。近几年，中国对非洲国家投资迅猛增长，但是在某些非洲国家的口碑却不好。以加纳为例。目前中国已经是加纳最大的贸易伙伴国，2011 年两国双边贸易量达 35 亿美元，中国对加纳投资增长也很快。但由于当地一些媒体对中资企业一些负面东西报道过多，甚至夸大其词，进行歪曲报道，得出中国在该国投资副作用多，投资是出于政治目的，工程质量标准低，不尊重人权等错误结论，严重影响中国人在加纳的形象，以致在我们对外界展示的"我形象"与加纳社会与媒体眼中的"他形象"之间，存在着"形象错位"。该国前政务部长曾说："中国资本与华尔街一样残酷无情，来这里就是为了赚钱。"这种错误言论影响很坏。此外，还存在海外欺诈行为风险。即使在发达国家，投资和金融欺诈也难以避免，一些顶着"跨国品牌"、"重大采购"的国际骗子，屡屡以耀眼的光环、诱人的利润，诱使中国投资人和企业上钩。在发展中国家骗局就更多，以尼日利亚为例，毕马威（KPMG）发布的"非洲欺诈晴雨表"显示，该国是非洲大陆欺诈案件发生率最高的国家之一。

（二）社会性风险防范

1. 为防范境外安全风险，要审慎评估地缘政治、政变、恐怖袭击、海盗及绑架等对安全的威胁，加强与当地政府、驻外使馆及企业间的信息交流与沟通，更要加大对员工的安全培训和文明教育和提高他们处理突发事件的经验和能力及增加安保等方面的投入。

2. 对于文化差异风险，首先要遵守尊重当地法律、文化、管理理念，加强有效沟通，缩短双方的融合过程。鉴于文化差异的存在，企业不宜照搬国内投资的经验，而应该实行本土化经营。

3. 对于环境风险，要做到重视东道国的环境问题，深入了解并遵守国际环境标准和东道国环境法律法规，按照东道国标准认真进行环境影响评估，并就环境问题广泛征求贷款人和母国政府的意见。

4.为防范社会责任、舆论炒作、海外欺诈等方面的风险，要切实遵守东道国的相关法律、法令和政策，承担起应负的社会责任，遵循坦诚相待、互相尊重的原则，树立企业在公众心中的良好形象；实行本土化经营，促进当地就业，保障员工权益，积极参与公益事业，回馈当地社会；借助中介机构的力量，做好对东道国政治、经济、法律、金融、投资优惠等各方面的综合评估，以规避和管理舆论炒作风险；要及时总结企业对外投资经验教训，避免类似风险事件发生。

五、加强对外投资风险防范的原则

为增强企业防范对外投资风险的能力，提出四项参考原则。

第一，要练内力。即想尽办法提升企业自身跨国管理经营能力和水平，在战略布局、创新经营方式、人才培养等多个环节落实。同时，立足长远，加强对投资对象国政治、经济和社会综合性风险防范，建立科学的风险控制体系，制定境外突发事件预防和应对处置方案，力争做到科学决策、稳健经营，避免盲目和冲动，并切实做好有效规避、控制、转移和分散风险的准备。

第二，借助专业机构的帮助。经验表明，防范的关键因素之一是少不了专业机构的协助。在企业进行海外拓展的过程中，可联手金融机构等专业机构组成"联合舰队"，充分发挥专业机构整合资源的优势，帮助企业在海外规避投资风险、降低操作和投资成本。

第三，联营合作。通过建立灵活多样的合作关系，以各种契约形式为纽带，形成多种主体参与的追求长期、共同、互惠利益和难分彼此的战略合作关系，帮助企业获得先进技术、增强核心竞争力，并降低企业对外投资的风险。如在矿产资源开采和使用上，采用合资形式并尽量避免绝对控股，这样可以减少并购敌意，进而为与东道国长期合作奠定良好的基础。

第四，随机应对，必要时可进行官民联合。对外投资不能仅仅考虑规模和速度，而要考虑如何利用全球的分工体系和产业链，增强对外投资主体的要素跨国整合能力，以产业增值链为纽带开展对外投资。如，有时国企和民营企业可集合优势，联合参与对外投资活动。相比国有企业，民营企业产权关系清晰、决策迅速、经营灵活、适应能力强、非官方色彩浓厚，以分散形式进行投资易被境外合作者和当地社会舆论所接受。在一定情况下，对外投资搞官民并举、官民合体，不仅可以共同分享对外投资收益，还是降低风险的必要选择。

总的来说，加大对外投资现在正逢其时。在抓住有利时机加快"走出去"的同时，要把防范风险放在第一位，努力做到可靠决策，稳健经营，安全生产，确保对外投资一个成功一个，投资一批成功一批，开创新时期中国对外投资新局面。

（中国进出口银行风险管理部　钟利红）

中国民营企业"走出去"融资模式

改革开放以来，我国民营企业"走出去"取得了显著进展，经济总量不断扩大，整体素质不断提高，为国民经济的发展作出了重大贡献。但近年来，民营企业在"走出去"过程中遇到了许多障碍，其中主要问题是融资难。对民营企业而言，融资能力和承担市场风险能力都较弱。不解决融资难问题，民营企业在海外上市就难有大的作为。为此，深入分析民营企业"走出去"融资的现状和问题，并对症下药，对于发展民营经济，推动民营企业以更强劲的步伐"走出去"具有重要意义。

一、民营企业"走出去"融资模式

民营企业"走出去"的融资方式有很多种。根据投资与储蓄的关系，可将民营企业"走出去"的融资方式划分为内源融资和外源融资。

(一) 内源融资

内源融资又称内部融资，是指企业在生产活动中取得的收益不用于当期的现金分红派息，而是留存于企业用于开展与扩大生产经营活动。内源融资是企业在自身经营发展过程中逐步积累起来的内部资金，是企业"走出去"最稳定可靠的资金来源。内源融资在一些业绩优良、财务状况良好的民营企业中被广泛地运用，成为民营企业"走出去"融资的首选。

表 7　民营企业"走出去"主要融资渠道及融资方式

融资渠道		融资方式	资金性质
内源融资		留存收益	自有资金
		折旧基金	
		资产变现	
外源融资	直接融资	股权融资	借入资金
		债券融资	
		风险投资	
		民间借贷	
		商业信用	
		项目融资	
	间接融资	银行贷款	
		融资租赁	

1. 内源融资的优点

企业所有者投资创办企业的目的就是获得投资收益。企业通过开展生产经营活动或其他投资活动赚取的利润在提足法律规定的公积金之后就应该分配给投资者。但考虑到未来的发展需要，企业也可以不进行现金分红，而将所获取的收益留存下来，用于扩大生产经营活动。内源融资作为企业"走出去"的一种重要融资方式，具有以下优势：

第一，内生性保障企业"走出去"内部资金供应。内源融资是企业将其原始资本积累和剩余价值资本化的过程，不需要通过其他金融中介，因而具有内生性。

第二，融资成本低有利于企业"走出去"。相对于外源融资，内源融资不需要支付股息或股利，不会减少企业"走出去"的现金流量，也不需支付任何融资费用，因而融资成本相对较低。

第三，产权控制权能保障企业"走出去"权益。企业权益资本的多少及分散程度对企业剩余控制权和剩余索取权的分配具有决定性的作用。通过内源融资方式，既可以避免银行或债权人对企业进行一定的控制，又可以避免股权融资对原股东控制权造成稀释。

第四，有利于企业降低"走出去"的财务风险。企业进行内源融资，不存在偿付风险，不会产生到期还本付息或支付股利的压力。企业内源融资取得的资金在资本结构中所占比例越大，企业的财务风险越小。

2. 内源融资的方式

内源融资主要来自企业内部自然形成的现金流，在数量上等于净利润加上折旧摊销后减去股利。企业内源融资方式主要包括留存收益、折旧基金和资产变现等。

第一，留存收益。这是企业在经营过程中形成的内部资本来源，主要包括提取公积金和未分配利润获得的资金。留存收益的具体方式为不对当期利润进行完全分配，只是将盈利的一部分进行分配或向股东发放股票股利而不发放现金股利，这样，就不会减少企业的现金流量，为企业"走出去"提供充足的资金供应。

第二，折旧基金。企业通过采用缩短折旧时间、加速折旧等方式进行固定资产和无形资产的折旧摊销，以增强企业内源融资能力。

第三，资产变现。是企业通过把某一部分或部分资产清算变卖来筹集所需资金。这种融资方式速度快、适应性强。但是资产变卖的价格很难准确确定，变卖资产的对象也难选择，因此要注意避免把未来可能产生高利润的资产廉价变卖。

3. 内源融资典型案例：华为公司

华为是中国当之无愧的标志性民营企业。华为刚成立时，资金相当紧张，企业进行外部融资又非常困难，于是员工持股便成为华为内部集资、解决企业发展资金短缺困境的良策。员工持股的本质是分享"剩余价值索取权"。在后来企业的发展中，员工持股制度的功能从内部融资演化成一种重要的奖励分配制度。从 1994 年开始，华为每年的销售额几乎以翻番的速度增长，员工的股权回报率最高时达到 100%。从 1996 年到 2000 年，华为按 70% 的比例分红，即当初每股 1 元的认购每年能分得 7 毛。华为员工平均每人持有公司股票大约 16 万股，以 2003 年计，光分红每人平均能拿到 6 万元。华为也在 2004 年民营企业个人所得税纳税中居榜首。分析华为的辉煌发展史，内部职工持股为其作出了重大的贡献。华为 2005 年的每股分红为 1.1 元，2006 年为 1.75 元，2007 年为 1.4 元左右，员工的年收益率达到了 25%—50%。

2008 年 10 月底，华为启动了新一轮的员工配股，融资总额约为 70 亿元。

配股的股票价格为每股 4.04 元，年利率为逾 6%，涉及范围几乎包括了所有在华为工作时间一年以上的员工。这次的配股方式与以往类似，如果员工没有足够的资金实力直接用现金向公司购买股票，华为将以公司名义向深圳的银行为员工提供担保，银行向员工发放"助业贷款"，员工只需要在银行的文件上签字，就完成整个股票认购过程。

华为通过内部员工配股的方式，实现了公司利益与员工利益的捆绑。华为这种内部员工配股融资方式是在公司内部进行融资，不需要实际对外支付利息或股息，不会减少公司的现金流量。由于资金来源于公司内部，不发生融资费用，内部融资的成本远低于外部融资。内源融资对企业资本的形成具有原始性、自主性、低成本性和抗风险性，是公司生存和发展的重要组成部分。因此，上市公司应充分挖掘内部资金以及其他各种资源的潜力，如降低生产和经营成本，创造更多的利润。

（二）外源融资

外源融资是指企业通过一定方式向企业之外的其他经济主体筹集资金。就民营企业"走出去"的外源融资来看，可分为直接融资和间接融资。

1. 直接融资

直接融资是指在一定时期内，资金盈余单位通过直接与资金需求单位协议，或在金融市场上购买资金需求单位所发行的有价证券，将货币资金提供给需求单位使用。直接融资是资金直供方式，与间接融资相比，投融资双方都有较多的选择自由。这对投资者来说收益较高，对筹资者来说成本却又比较低。但由于筹资人资信程度很不一样，造成了债权人承担的风险程度很不相同，且部分直接融资资金具有不可逆性。

在目前中国资本市场体系中，适合民营企业"走出去"融资需要的资本市场还未完全建立。在这种情况下，大多数民营企业难以通过资本市场公开筹集资金。我国直接融资市场，尤其是债务融资市场起步较晚，发展较慢，直接导致了目前我国直接融资比重偏低的不合理融资结构。在这种结构中，民营企业"走出去"直接融资规模所占比重非常小。

（1）直接融资的特点

直接性。资金需求者通过直接融资从资金供应者处获得资金，并在两者之间建立直接的债权债务关系。

分散性。直接融资发生在企业与企业、企业与个人、个人与个人之间，融资活动分散于各种场合。

存在较大的信誉差异。由于直接融资发生在企业与企业、企业与个人、个人与个人之间，而不同的企业或者个人，其信誉好坏存在较大的差异。因此，债权人往往难以准确评估债务人的信誉状况，从而存在一定的信誉风险。

部分不可逆性。企业在"走出去"融资过程中，通过发行股票获得的资金无须返还。投资者无权中途退回股金，而只能在市场中出售股票，股票可以在不同的投资者之间互相转让。

相对较强的自主性。在直接融资中，融资者可以自己决定融资的对象和数量。例如在股权融资中，投资者可以随时决定买卖股票的品种和数量等。

（2）直接融资的主要方式

①股权融资。这是指企业或个人购买其他企业（准备上市、未上市公司）的股票或以货币资金、无形资产和其他实物资产直接投资于其他单位。

目前，我国对于国内上市企业股权融资有着诸多限制。大多数民营企业自身资信不高，融资规模较小。对于它们而言，想要通过上市进行股权融资十分困难，在海外市场进行融资更为困难。在海外上市必须经过复杂、繁琐的审批程序，耗时长，往往使企业错过了"走出去"的最佳时机。

典型案例：

2004 年 5 月，TCL 通讯通过向阿尔卡特定向增发 5% 的新股作为代价，来换取其在 TCL—阿尔卡特合资公司中持有的 45% 的股份，完成收购。

在联想收购 IBM 公司 PC 业务的资金中，有 5.5 亿美元是以定向增发股票的方式向 IBM 公司发行包括 8.21 亿股新股，以及 9.216 亿股无投票权的股份。

②债券融资。这是指企业通过对外发行债券来获取所需资金。债券融资的优点是：债券利息可以在缴纳所得税前扣除，从而减轻了企业的税务负担；债权人不能参与企业的经营决策，可以避免股权的稀释；资金的使用期限较长，而且资金用途不受债权人的限制。缺点是：风险较大，为吸引投资者购买，债券利率一般要高于银行的贷款利率，而且发行成本较高；债券发行过多会提高企业的财务杠杆，使"走出去"民营企业承担沉重的债务负担。

发行债券融资是目前国际上许多企业"走出去"融资考虑的重要渠道，一般通过发行各种企业债券和垃圾债券来筹集资金。债券融资方式在西方发达国家占主导地位。美国公司公开发行股票融资的总金额与发行企业债的总金额的比例约为3∶7。而我国民营企业通过发行债券进行融资却受到我国法律法规的限制，与西方发达国家相差甚远。

2. 间接融资

间接融资是指在一定时期内，资金盈余单位将资金存入金融机构或购买金融机构发行的各种证券，然后再由这些金融机构将集中起来的资金有偿地提供给资金需求单位使用。资金的供求双方不直接见面，他们之间不发生直接的债权债务关系，而是由金融机构以债权人和债务人的身份介入其中，实现资金余缺的调剂。间接融资同直接融资比较，其突出特点是比较灵活，分散的小额资金通过银行等中介机构的集中可以办大事，同时这些中介机构拥有较多的信息和专门人才，对保障资金安全和提高资金使用效益有独特的优势。我国民营企业在"走出去"的过程中，不乏靠银行贷款等间接融资方式进行融资。

（1）间接融资的特点

民营企业"走出去"间接融资主要具有以下几个特点：

间接性。对于间接融资来说，民营企业在"走出去"过程中和资金初始供应者之间不发生直接的借贷关系，而是由银行等金融中介机构在中间发挥桥梁作用。

集中性。大多数情况下，金融中介既要面对资金供应者，又要面对需要进行"走出去"融资的民营企业，银行等金融机构是作为二者之间的综合性中介而出现的。这就是说由银行等金融中介将资金供应者的资金集中起来贷给急需资金的"走出去"民营企业。对于间接融资来说，银行等金融机构扮演着融资中心的角色。

信誉程度较高。由于间接融资一般都集中于银行等金融机构，所以世界各国对于金融机构的管理都比较严格。对于民营企业"走出去"间接融资来说，此种方式信誉程度较高，风险相对较小，融资稳定性较强。

具有可逆性。可逆性是指间接融资具有期限性，到期需还本付息。通过银行等金融中介机构获得的间接融资均属于借贷性融资，具有一定的期限，必须按期偿还本金并支付规定的利息。

金融中介拥有融资主动权。在间接融资中，资金主要集中于金融机构。资金贷款流向及规模完全由金融机构决定。因此，金融中介拥有融资主动权，民营企业在间接融资规模等方面往往处于被动地位。

（2）间接融资的主要方式

①银行贷款

我国企业融资总额中有 70%—80% 为银行贷款，银行贷款在我国民营企业债务融资中占有较高的比例，是我国民营企业"走出去"最主要的外源融资方式。但从银行获得大额贷款需要很高的信用度，能够通过银行贷款来进行融资的主要是国有大中型企业和业绩良好的大型上市公司，中小民营企业由于缺乏信用和担保，很难得到银行贷款。

在相关政策的督促下，为了解决民营企业"走出去"融资难的问题，我国各大国有商业银行、股份制商业银行、邮政储蓄银行等主要银行业金融机构纷纷设立了中小企业金融服务专营机构，并根据各自特点开发了颇具特色的民营企业信贷产品和服务，为民营企业贷款提供有效的专业服务。

商业银行对民营企业的贷款虽然在一定程度上缓解了民营企业的发展资金瓶颈，但是由于我国商业银行贷款存在门槛高、手续多、利率高和担保难等问题，部分民营企业难以获得商业银行的资金支持，不得不寻求其他资金的支持，于是出现了一些非正式金融活动。

典型案例：

2009 年 10 月 19 日，四川汉龙集团以 2 亿美元收购澳大利亚钼矿公司 Moly Mines Ltd. 55.49% 股权，其中 1.4 亿美元是由中国进出口银行成都分行提供的银行贷款。

2010 年 3 月 28 日，吉利收购美国沃尔沃轿车所花的 18 亿美元中有 2 亿美元来自中国建设银行伦敦分行、30 亿元来自成都银行和国家开发银行成都分行提供的银行贷款。

②非正式金融

非正规金融渠道的融资方式大体有以下几种：

一是民间借贷。民间借贷，是民营企业"走出去"融资的一个重要渠道。民间融资可分为两个方面，一是低利率的互助式贷款；二是利率水平较高的信用借贷，这种借贷是民间融资的最主要方式。尽管金融监管部门控制严格，但民间借贷市场不仅一直没有停止活动反而十分活跃。目前，城乡居民手中可自由支配的闲散资金越来越多，但配套的金融体系建设却未能及时跟上。许多闲散的民间资金因而投入到这一市场上，成为保障民间借贷的重要资金来源。

二是拖欠贷款。仅靠融资无法满足企业的正常周转，很多企业依靠拖欠货款来周转资金，甚至一些民营企业依靠拖欠工资来周转资金。这种融资方式将使社会债务链问题更加严重，使竞争环境和信用状况不断恶化。

三是私募股本。在政府决定设立创业板市场之后，一部分民营企业家利用人们的投机心理，以募集股本的方式筹集了不少资金。

四是相互担保。专业担保公司担保贷款是降低民营企业"走出去"融资成本，实现担保资金增值的一条重要措施。但当前我国缺乏完善的信用担保体系，且民营企业信誉欠佳，银行对于担保公司提供的担保认可程度不够高，使得民营企业抵押担保较国有企业困难，很大程度上制约了民营企业采用担保方式进行融资。这种融资方式在实践中尚不普遍。

二、民营企业"走出去"融资存在的问题

改革开放以来，我国的民营企业迅速发展起来，在经济结构中也占有一席之地，受到社会各界的广泛认同。但民营企业"走出去"融资难的问题表现得十分突出，成为民营企业进一步发展的瓶颈。由于融资难，资金短缺造成大量的民营企业破产，已经严重影响了中国经济发展的进程。

在西方发达国家，企业"走出去"融资方式非常丰富，除了贷款融资、股票融资以外，可转换债券、认股权证、卖方融资、杠杆收购等都得到广泛运用。企业完全可以根据自身实际情况，通过多种融资方式组合，设计出最合适自己的"走出去"融资方案。虽然目前我国民营企业"走出去"融资模式已呈现多元化发展趋势，但总体来说，融资方式仍较为单一、落后。内源融资、银行贷款融资和发行股票融资仍是民营企业"走出去"融资主要的方式，但都受到一定程度的限制。其他很多融资方式如发行债券、换股并购、可转换债券、杠杆收购、卖方融资等在我国受到更大的限制，发展缓慢，实际应用非常少。要解决我国民营企业"走出去"融资难的问题，就要分析其在"走出去"融资方面存在的问题。

(一) 内源融资问题

我国民营企业虽然把内源融资作为其"走出去"融资方式的首选，但其内源融资能力普遍较弱，没有形成自我积累的融资机制，抵御融资风险的能力极弱。

1.财税负担重

为了促进民营企业"走出去"，政府也在不断出台一些针对民营企业的税收优惠政策，但问题仍多。一是税收优惠的对象并不是直接针对所有的民营企业，且许多优惠政策是以所有制形式划线，许多以私有制为基础的民营企业被排除在外；二是税收优惠政策不具有系统性和连续性，而且经常由不同的部门组织实施，使得政策对民营企业的促进作用大打折扣。民营企业不能利用税收优惠来增强其内源融资能力，减慢了其"走出去"步伐。

2.内源融资意识较差

从民营企业"走出去"的发展阶段来看，企业对阶段定位认识模糊，不了解自身所处的阶段，也不了解自身所处的外部环境，一味寻求银行贷款、财政支持，结果是四处碰壁。其实，在创业初期，创业者应该更多地考虑自身因素，从自身出发，挖掘内源融资。

在民营企业"走出去"初具规模后，民营企业家又经常存在"重消费、轻积累"的短期化倾向。由于民营企业缺乏长期的经营规划，利润多用于当前消费，不重视积累，最终使企业陷入负债经营和"负债—还债"的恶性循环。

3.内源融资源头不畅

首先，许多民营企业家缺乏科学决策能力。多数民营企业内部没有形成一种良好的决策机制和监督机制。企业的决策不是由管理层或职工民主决定，而是由企业主自行决定，缺少必要的可行性分析和论证。

其次，民营企业的产品技术创新能力较低。产品结构不合理、质量不过关、产品技术含量低是大多数民营企业普遍存在的现象。

再次，民营企业的财务管理能力比较低。一是许多企业对财务管理不予重视，其财务管理体系自然不健全；二是缺乏高素质的财务管理人才，使得企业的财务系统比较混乱；三是缺乏规范的资金使用计划，内部资金调度随意性大，重视利润而不重视对现金流的管理，资金运营能力弱。

正是这些原因，导致民营企业管理水平较低，盈利能力较差，使得企业的内源融资源头不畅。资金匮乏，限制了"走出去"的步伐。

（二）外源融资问题

1. 直接融资渠道堵塞

在目前中国资本市场体系中，直接融资渠道尚不健全，企业进入股票主板市场一直受到所有制形式的限制。在沪、深两个交易所股票发行上市过程中，部分效益不佳的国有企业能得到包装上市的优先权，而资信程度较高、业绩显著的民营企业却难以获得上市融资的机会。适应中小民营企业"走出去"融资需要的资本市场也不健全，即使是大型民营企业要想利用资本市场融资都非常困难。

虽然二板市场为成长型的中小民营企业带来上市的机遇，但是创业板高成长性的市场定位，使它不可能为众多的劳动密集型民营企业提供融资服务。同时，相关机构为控制风险，对拟上市企业的资格审查非常严格，加上上市需要支付高昂的法律、会计、审计等中介服务费用，都将使二板市场的融资成本高于银行借款成本，甚至高于主板市场的融资成本，使很多民营企业无法从二板市场上融资。

2. 民营企业与金融机构之间存在信息不对称

民营企业与金融机构之间是信息不对称的。假如民营企业与金融机构之间的信息是对称的，那么民营企业间接融资风险会很低。因为在这种情况下，金融机构可以识别高风险和低风险的项目，可以针对项目的不同风险作出不同的应对。对高风险的民营企业和项目进行更严格的审批，从而提高风险企业必须付出的非利息成本；对低风险民营企业和项目则实行较为宽松的审批，甚至可以发放信用贷款，从而降低低风险企业必须付出的非利息成本。这样，高风险的民营企业将更多地被淘汰出局，低风险的民营企业将不会退出申请。金融机构的平均贷款风险将不会由于民营企业"走出去"融资而加大。

但是，在我国目前的现实经济中，金融机构与民营企业之间存在信息不对称。对于金融机构来说，它传统的主要服务对象是国有大中型企业。它几乎无法获取民营企业的资信、项目评估信息。所以，金融机构无法了解民营企业的项目成功概率，无法识别高风险企业和低风险企业。而任何一个申请贷款的企业都对自己的成功概率（或经营风险）有一定认识，但民营企业的认识或信息并不能传递给金融机构，这就在两者之间造成了信息不对称。在这种情况下，金融机构对不同风险的民营企业项目无法执行区别对待的审批标准，只能执行同一的审批标准。对于金融机构来说，这是一个两难的选择。金融机构如果统一采取严格的审批标准，则低风险的民营企业将因为成本过高而退出申请，从而提高企业项目失败的平均概率，这将会降低金融机构的预期收益。如果金融机构统一选择宽松的审批标准，则由于民营企业良莠不齐，高风险企业的逃废债务现象必然增加，这同样会降低金融机构的预期收益。

3. 银行贷款不能满足企业需求

民营企业属于非国有企业，与国有银行在所有制上存在差异，造成银行、企业之间存在一定距离。很多银行对民营企业贷款不够重视，采取歧视性政策，长期把民营企业排除在贷款对象之外，导致国家的扶持政策未能得到落实。近年来，虽然国家政策对民营企业尤其是中小型民营企业有所兼顾，但民营企业仍感觉贷款困难。银行对民营经济贷款规模较小，而且流动资金期限较短，贷款规模和期限无法满足企业"走出去"的需要。同时，银行担心长期贷款带来的风险，几乎还没有一家银行向民营企业真正开放长期贷款。这使得民营企业从银行获得长期资金支持基本不可能。为了"走出去"开拓海外市场，民营企业不得不采取短期贷款、多次周转等办法融资，增加了企业的融资成本，给企业发展带来负面影响。

三、支持民营企业"走出去"融资的新思路

针对民营企业"走出去"融资难题，政策支持及其具体专项资金的支持在不同领域发挥了重要作用。但是民营企业自身面临的问题和各种制约因素，导致政策效果大打折扣。广大民营企业"走出去"融资难题仍然不能得到根本解决。除了出台各种针对民营企业的优惠政策措施和专项资金支持外，充分运用市场机制，发挥市场配置资源的基本功能，引导民营企业的健康发展，才是根本出路。

（一）完善资本市场，拓宽融资渠道

资本市场的发育程度决定了民营企业能够获取的融资渠道和融资方式的选择。健全完善的资本市场能够为企业"走出去"提供丰富多样化的融资工具及融资组合，是民营企业"走出去"获得资金来源的重要保证。

我国民营企业的融资结构比较单一，所以政府应针对民营企业"走出去"建立多种融资渠道，帮助它们循序渐进地成长。应鼓励面向民营企业的多种金融机构的发展，拓展民营企业融资租赁、担保、保险等新的融资形式，广泛集聚民资民力，实现各类投资者风险共担，缓解民营企业"走出去"的融资难问题。应降低民营企业进入资本市场的标准，鼓励符合条件的民营企业到资本市场融资。还要建立多层次的资本市场体系，拓宽民营企业的融资渠道，为我国民营企业"走出去"融资创造良好的环境。

（二）积极推进金融结构改革，发展民间中小金融机构

我国四大国有商业银行主要服务对象是大中型企业，而且是国有大中型企业，对民营企业"走出去"融资存在很多的限制，尤其对中小民营企业贷款的门槛高且相关程序繁琐复杂。因此要大力发展多种形式、多种所有制的中小金融机构，包括股份制银行、外资银行、城市商业银行、民营银行、社区银行、农村合作金融机构，特别是要建立一大批以直接服务于民营企业为重点的中小商业银行。民间中小金融机构在客户选择上有明显的本地化倾向，使其在解决与客户之间的信息不对称方面比大型银行更具优势。这样不仅可以大大拓宽民营企业间接融资的渠道，而且可以加剧金融市场的竞争，打破国有商业银行的垄断局面，提高金融服务水平，降低民营企业"走出去"融资的成本，对于解决民营企业"走出去"融资难问题更有现实意义。

这一点在民营经济较为发达的浙江温台地区已有很好的实践。如浙江台州就设有台州商业银行、浙江泰隆商业银行、浙江民泰商业银行等3家民营商业银行，较好地缓解了农民与小企业的融资难题。当前国家也较大程度地放开了对民营金融机构的设立限制，如村镇银行、小额贷款公司的试点等，将对于缓解中小企业"走出去"融资难问题发挥重要作用。

（三）大力开展金融创新，促进金融工具多元化

丰富、多样化的融资工具可以让企业在决定融资方式时，根据自身情况灵活选择，制定出最优的融资决策。金融机构应根据民营企业"走出去"的特点，大力开展金融创新，拓展海外分支机构，利用"内保外贷"、"跨境融资"等多种手段，为民营企业"走出去"提供充足的资金保障。

"走出去"的民营企业越来越多和规模越来越大，对融资的资金需求量和融资结构多样化的要求也必然越来越高。所以，我国在大力开展金融创新的同时，必须鼓励融资产品创新，丰富融资工具的种类，促进金融工具多样化，为民营企业"走出去"融资提供多元化渠道。

（四）建立民营企业"走出去"融资信用担保体系

民营企业难以获得融资，主要原因在于其规模小、资信不足，难以获得金融机构的信任。在美国、日本和欧洲等发达国家，政府和民间都为民营企业专门建立了信用担保体系，帮助民营企业分担风险，提高民营企业从金融机构获取贷款的几率。目前，中国的融资信用担保尚处于起步阶段，在实际执行过程中也暴露出不少问题。借鉴国外经验，并结合我国管理体制的特点，建立民营企业"走出去"融资信用担保体系变得尤为重要。

具体来说，我国应考虑建立一个以政府投资为主的多种所有制共存的信用担保平台，形成一套由担保机构、银行、民营企业和政府共同分担风险的机制，充分调动民间担保机构的积极性，从而提高民营企业从金融机构获得贷款的比率。

（五）民营企业应努力提高"走出去"实力

民营企业是"走出去"融资的主体，其内部状况的好坏是能否成功融资的主要因素。要解决民营企业"走出去"融资问题，必须要解决民营企业的内部问题。具体来说，主要有以下三点：

第一，建立现代企业制度，打造国际化企业。民营企业由于其资产的私有性，在发展过程中形成了大量的家族式企业。这种家族式企业在制度和管理方面有不严谨甚至落后的地方，制约了民营企业的国际化发展。民营企业应借鉴

国外优秀跨国公司的发展经验，打破传统家族制的经营管理模式，建立现代企业制度，明晰产权关系，形成多元产权结构，完善公司治理结构，促进所有权与经营权的分离，并建立科学的决策机制，为企业"走出去"打造坚实的基础。

第二，提高企业信誉度，提升企业形象。企业保持良好的社会信誉和诚实守信的企业形象，会更易于吸引各方投资，有助于解决资金问题。具体来说，要加强企业信用文化建设，提高管理者的信用意识，大力弘扬诚信的企业文化，树立企业良好的社会形象，以为企业"走出去"融资创造良好的环境。

第三，积极地引进和培养高素质人才。"走出去"融资要求企业经营管理者必须具备国际化经营能力，掌握国际投资、国际法律、融资工具的使用等专业知识和经验。为此，民营企业应建立有效的人才激励机制，吸引和培养高层次复合型人才，尤其是有很强融资能力的人才，以满足企业"走出去"的融资需要。

（商务部国际贸易经济合作研究院研究员　张哲）

中国民营企业境外投资创新

近年来，中国民营企业境外投资蓬勃发展，在一些领域逐渐取代国有大中型企业成为境外投资的主体。在开展境外投资的过程中，它们面对各种困难和风险，勇于探索，锐意进取，在许多方面进行了成功的实验和创新，积累了诸多值得借鉴的经验。它们境外投资由之前的"试水"转向大规模投资，投资的国家和领域不断扩展。参与境外投资的民营企业不仅有来自东部地区的，来自中西部地区的也逐渐增加。

一、投资模式创新

民营企业的境外投资受到其自身特点的限制。首先，与国际、国内的大企业相比，它们发展时间短，规模小，自有资金少，管理水平较低，在国际市场上竞争力较弱，存在先天的劣势。其次，不同国家和地区的法律制度、文化习俗、政治体制存在着很大差别，与国内市场相比存在较大的额外风险。如何使新建机构走上正轨并实现持续发展是一个很大的挑战。因此，它们的境外投资开始时是摸着石头过河，先积累经验，摸清市场脉搏。其最初都是通过新建的方式独资运行境外机构，主要执行国际采购和销售代理的职能，外汇资金也大都来自于自有外汇资金的积累或者购汇所得，所需人才也多由母公司输出。这种方式在初期是必需的选择，但随着对境外市场认识的深化，企业自己的发展等因素的变化，这无法适应新形势、新特点，就必然要求在投资模式方面进行创新。

经过近些年的发展与探索，参股、控股、并购等资本运作方式越来越成为民营企业海外拓展的路径。通过这些方式进入国外市场，可以利用国外企业的现有资源和品牌、市场渠道、人力资源和管理技术，无须从零开始，既能节省大量前期投资，又可缩短前期准备所耗费的时间。尤其是金融危机以来，民营企业抓住了有利的时机，收购了一批规模大、知名度高、有发展潜力的企业和品牌，在投资模式方面有了更大突破。我们可以通过浙江吉利控股集团有限公司收购沃尔沃轿车和福建双飞日化有限公司收购美国 Solar 公司两案例管窥这一发展历程。

沃尔沃轿车销售额自 2006 年以来一直下滑。2008 年之后，随着国际金融危机的蔓延，沃尔沃轿车出现巨额亏损，拥有其品牌的福特汽车公司急于甩掉这个包袱，并希望借此获得急需的流动资金。2008 年 1 月 18 日，吉利集团向福特公司表达了收购沃尔沃的正式意愿。经过 2 年多的磋商，2010 年 8 月 2 日，浙江吉利控股集团有限公司宣布已经完成对福特汽车公司旗下沃尔沃轿车公司的全部股权收购，我国首家汽车跨国公司由此诞生。吉利成功收购沃尔沃，使吉利从一家在国际上没有知名度的中国民营汽车公司一举变成了具备国际竞争力的世界知名企业和拥有国际知名品牌的汽车跨国公司，提升了其品牌知名度和国内竞争力，为它走向国际汽车市场创造了重要的跳板。这对于中国由汽车大国转变为汽车强国具有战略意义，也为中国民营企业海外并购提供了宝贵经验。

福建双飞日化有限公司（以下简称"双飞日化公司"）收购美国 Solar 公司也是中国民营企业进行境外并购的典型案例。双飞日化公司是漳州市一家生产沐浴类、润肤类等日化用品的民营企业。该企业 2004 年开始进入国际市场，外销产品主要贴美国 Solar 公司旗下两个知名品牌"Body & Earth"和"Green Canyon Spa"的商标进入美国市场，占公司年出口额的 50% 以上。2008 年 7 月，受美国金融危机影响，Solar 公司由于经营不善向美国法院申请破产保护，此时该公司尚欠双飞日化公司 2008 年上半年 50 万美元的货款。一旦 Solar 公司破产，双飞日化公司也将受到较大冲击，每年将损失 400 多万美元的订单，同时 50 万美元的出口应收账款也将无法收回，双飞日化公司资金链由此面临突然断裂的危险。面对困境，双飞日化公司快速制定了危机应对策略，最终以出口应收账款成功收购 Solar 公司旗下两个知名品牌，同时拥有后者在全美的 3000 个营销网络。[①]

---

① 吴晋勇：《境内企业资金境外运作与外汇管理——由一桩民营企业海外收购案例引发的思考》，《福建金融》2009 年第 9 期，第 51—53 页。

二、投资国家和领域的扩展

(一) 投资国家快速增加

中国民营企业最初的境外投资多数集中在发达国家和与中国毗邻的周边国家。发达国家市场经济条件成熟，法制完善、收益稳定、可预期。与中国毗邻的周边国家联系相对便利，信息交流比较通畅，文化习俗相近。同时，中国政府与周边国家签订了一系列经贸协议，为中国企业境外投资创造了良好条件。这一阶段，可以看作民营企业境外投资的试水阶段。民营企业通过这些投资了解了世界市场环境，积累了境外投资的经验，培养了境外投资队伍。部分公司通过这一阶段的投资淘到了境外投资的第一桶金，起到了带头示范作用。

近年来，中国民营企业开始进入非洲、南美、大洋洲等新市场。仅以矿产资源领域的境外投资为例，随着中国经济的发展，矿产资源紧缺的形势越来越严峻，不仅国有大中型企业纷纷进军海外，民营企业也参与了"全世界找矿"的投资活动。2008 年全球金融危机爆发给我国企业"走出去"提供了难得的历史机遇。人民币升值也成为企业境外投资的有利因素。据 2009 年下半年至 2011 年上半年的数据，民营企业境外投资矿产资源项目分布国别以澳大利亚和印度尼西亚同居首位，依次往后排序为非洲赞比亚、刚果（金）、中南美洲智利、秘鲁、北美洲加拿大、亚洲周边国家等，共 57 个国家和地区。[①] 嘉兴浙江华友钴业股份有限公司在刚果（金）投资建设湿法冶炼铜钴项目，并收购了刚果（金）的两座矿山。华友公司还在赞比亚投资矿产开发，在南非、香港成立贸易公司，使整个境外投资形成了一个完整的系统。此外，山东祥光铜业出资参股加拿大矿业公司，投资境外矿山项目。科瑞集团参股投资澳洲银河资源有限公司，间接拥有全球第二大锂矿资源。这些都是民营企业境外投资矿产资源领域的成功案例。

---

① 高辉等：《民营企业资源领域境外投资趋势、模式、问题与对策》，《中国矿业》2012 年第 6 期，第 31—36 页。

（二）投资领域不断扩展

很长一段时间，中国对外直接投资领域主要集中于贸易行业。随着中国经济的发展，中国的资金和外汇越来越充裕，中国企业的技术水平也越来越高，生产能力也越来越大，中国企业对外投资的目标也出现多元化，从而带动中国的对外直接投资扩展到生产加工、资源开发、交通运输、农业及农产品开发、餐饮旅游、商业零售以及咨询服务等行业。[①] 除了上面提到的对矿产资源领域的投资外，天津聚龙嘉华投资集团下属邦柱贸易公司收购了印尼格拉哈公司95%股权，以格拉哈公司为主体在印尼开发棕榈种植园。聚龙嘉华投资集团有限公司还出资9958万美元，开发位于印尼南加里曼丹省的两个棕榈种植园，面积达1万公顷。[②] 山东润兴投资集团有限公司则是利用美国次贷危机中小企业倒闭的时机，以75万美元的较低代价收购了资产275万美元的美国品牌家具有限公司，成为外向型中小企业逆向收购发达国家企业之典型案例。[③] 浙江飞尔康通信技术有限公司成功收购国际顶级塑料光纤企业——爱尔兰飞尔康通信技术有限公司。此次收购完成后，浙江飞尔康通信技术有限公司不仅将在国内光通信技术领域，而且将在世界光通信技术领域占据有利地位。

三、制度创新

（一）民营企业家族制度的缺陷

中国民营企业发展时间较为短暂，多数仍处于第一代、第二代家族企业的阶段，产权单一，管理简单。在企业发展的初期，家族式经营有其存在的合理性和优势，但随着企业规模的扩大，尤其是随着企业走向国际市场，参与境外

---

① 凌丹、赵春艳：《中国对外直接投资状况及对策》，《武汉理工大学学报》（信息与管理工程版）2007年第6期，第135—139页。

② 宋岗新等：《探索境外投资成功之路——赴印尼、马来西亚考察综述》，《天津经济》2011年第6期，第5—6页。

③ 翟庆锋：《透视我国企业对发达国家的投资经验——山东润兴投资集团海外并购案例分析》。《中国外汇》2008年第22期，第27—29页。

投资和国际竞争，家族企业的缺陷就日益暴露出来。首先，境外投资高收益和高风险并存，家族企业所有权过于集中，不利于分散风险，一旦投资失败，对企业和家族将会造成沉重打击，这也是它们境外投资的一个重大顾虑。其次，民营企业赴境外投资，参与国际竞争，客观上需要引进资金和大量高素质的复合型人才，这就要求企业建立国际上先进的管理制度。然而，家族企业多以亲情、血缘关系为纽带。这种机制在企业规模较小时具有充分的激励，也能提供较高的管理效率。当企业扩大规模后，需要吸收较多外来人员。这时，家族企业对外来人员缺乏相应的激励，而且人才来源较单一，重要岗位上任人唯亲的现象较为普遍，这不利于外部优秀人才的引进和企业的发展。

（二）民营企业制度创新

家族式企业制度对于规模较大的企业来说效率低下。这严重制约了中国家族式企业在国际市场上的竞争力。为了克服这些障碍，有些家族企业在进行境外投资的同时也借鉴国际先进企业制度对自身进行了改造。

一是建立现代企业制度。按照现代企业制度和公司法的要求在明晰产权的基础上实行所有权和经营权分离。出于融资和分散风险的考虑，部分企业有意识地进行了产权的部分出让和分散，并建立有效的监督机制，更加注重效率和公正。

二是构建有效的激励机制。企业海外经营效果的好坏，取决于管理、技术、法律、财务和营销等方面人员素质的高低。如何吸引到大量高素质的复合型人才，激励他们努力工作，就至关重要。这就要求民营企业高度重视以人为本的人力资源管理，理智地摒弃狭隘的家族观念，构建起有效的企业人力资源管理机制。

近年来，民营企业通过并购、参股境外优秀企业等模式进行境外投资的案例逐渐增多。在这种情况下，可以保留境外企业原有的管理制度和人力资源，而境外企业的企业制度也为母公司的改革提供了借鉴。在这方面，不少民营企业运作较为成功。2005 年，联想完成收购 IBM 全球 PC 业务，前 IBM 高级副总裁兼 IBM 个人系统事业部总经理斯蒂芬·沃德出任联想 CEO 及董事会董事。2010 年吉利集团完成对沃尔沃的收购后，董事长李书福表示，沃尔沃的企业管理将交给独立的管理团队全权负责，同时聘请大众汽车北美区首席执行官斯蒂芬·雅克布担任沃尔沃轿车公司总裁兼首席执行官，聘请沃尔沃轿车前总裁兼首席执行官汉斯·奥洛夫·奥尔森担任副董事长。保留沃尔沃单独的运作体系，吉利不干涉沃尔沃的运营管理，高管团队予以保留，对沃尔沃工会承诺不裁员。2012 年，万达集团收购美国多厅影院（AMC）公司后，全盘保留了 AMC 的管理层和经营团队，仅派 1—2 人的高层到对方董事会任职，并表示将尊重美国市场准则和公司治理规则，尊重 AMC 的企业文化，并实施更有效的激励制度。①

四、融资方式创新

企业境外投资所需资金数额巨大，企业内部资金毕竟有限。而中国民营企业规模相对较小，可融通资金少，境外投资所需资金的筹集就成为中国企业进行跨国投资的瓶颈。为了解决境外投资的资金来源问题，民营企业探索了多种融资方式，除了内部融资以外，逐渐发展了外部融资（债务融资、权益融资）、卖方融资、杠杆收购、原料或产品包销等多种融资方式。

（一）内部融资方式

内部融资方式（内源融资）是使用企业可支配的资金进行投资，主要包括自有资金、未使用或未分配的专项基金和企业应付税利和利息，是企业发展过程中所积累的经常持有、按规定可以自行支配、并不需要偿还的那部分资金，或者虽然需要偿还，但可以在一定时期内支配的资金。使用内部融资方式筹集并购资金，其最大的优点在于融资成本较低。但这种方式对企业的经营状况、财务状况以及财务管理水平都有很高的要求。

（二）外部融资方式

外部融资方式（外源融资）包括债务融资和权益融资两种。债务融资又包括银行信贷资金和债券融资等。我国的资本市场还处于发展初期，直接融资的

---

① 李亚：《中国民营企业十大管理案例报告 2012》，中国经济出版社 2013 年版，第 38、95 页。

比例较低，通过银行获得债务资金的比例相对西方或其他亚洲国家要高一些。银行贷款作为企业资金的重要来源，是企业获得外部融资的主要渠道。万达集团收购美国多厅影院（AMC）公司，整个并购方案涉及资金 31 亿美元，并购资金全部来自于银团借款。

权益融资包括普通股融资、优先股融资和换股并购 3 种方式。[①]2005 年，联想收购 IBM 全球 PC 业务，共耗资 17.5 亿美元，其中包括 6.5 亿美元现金和价值相当于 6 亿美元的联想股份（包括 8.9% 的普通股和 10% 的无投票权股份）。联想还将承担来自 IBM 约 5 亿美元的净负债。收购完成后，IBM 将持有联想集团 18.9% 的股份。根据预设方案，联想未来可能会再向 IBM 回购约 2 亿美元的股票。此次收购采用现金和股票混合支付的方式，降低了联想集团的流动性压力，避免了一次性动用太多现金造成资产流动性不足，影响联想集团的偿债能力和后续正常运转。在收购过程中，联想还引入了全球三大私人股权投资公司：德克萨斯太平洋集团、General Atlantic 及美国新桥投资集团，同意由这三大私人投资公司提供 3.5 亿美元的战略投资。根据协议，联想向这 3 家私人投资公司共发行价值 3.5 亿美元的可换股优先股，以及可用作认购联想股份的非上市认股权证。3 家投资公司还为联想吸纳了 20 家银行提供的 5 年期 6 亿美元的银行贷款。

（三）其他特殊融资方式

其他特殊融资方式包括卖方融资、杠杆收购、民间借贷、租赁融资和典当融资等。比较常见的卖方融资即是通过分期付款购买目标企业，这对于企业在资金不足的情况下实施并购无疑是一种有利的方式。在吉利收购沃尔沃案中，吉利集团就曾获得了来自福特的 2 亿美元卖方融资。杠杆收购是指通过增加企业的财务杠杆比率去完成并购交易的一种并购方式。[②]

---

① 李佳晋：《中国企业跨国并购融资方式浅析》，《科技资讯》2006 年第 26 期，第 242—243 页。

② 王在全：《中国民营企业融资状况发展报告》，中国经济出版社 2013 年版，第 3—10 页。

五、信息交流机制创新

目前，民营企业境外投资尚未上升到中国国家战略的层面，多是单个企业的单独行动。民营企业获得相关信息的渠道相对匮乏，信息的获得主要来自自身在国际市场上的搜寻。由于民营资金、人力、技术手段等方面的不足，获得详尽深入的投资信息难度较大、成本较高。近年来，中国政府、外国政府和企业探索了多种形式的信息获取、发布和交流的机制，如外国政府委托中国外交机构和地方政府组织进行境外投资机会信息发布会和洽谈会、民营企业之间信息交流、企业与投资国政府机构信息互通等。

民营企业境外投资不仅符合企业的利益，也符合国家的利益。尤其是在金融危机和经济衰退的威胁之下，各国政府为降低经济危机的影响，促进投资和就业，纷纷打响外国直接投资争夺战，而中国投资是这场争夺战的主要目标之一。外国政府纷纷组织宣传活动，吸引潜在的中国投资者。外国政府有的通过委托中国政府相关部门或者合作关系较紧密的地方政府发布消息、组织企业洽谈；有的通过公共信息平台发布投资信息；有的与部分企业建立了长期合作关系，信息交流比较通畅。

2009 年 3 月 24 日，德国北莱茵—威斯特法伦州在华招商活动在北京展开。该州经济、中小企业与能源部部长克里斯塔·托本一行依次访问北京、南京和深圳，向中国投资者宣传该州首屈一指的购买力水平和投资机会。2009 年 3 月 30 日，澳大利亚新南威尔士州州与地区发展部部长巴瑞·布菲访问上海，宣布将在上海和广州设立两个新办公室，为中国的投资者提供全天候的服务。他还介绍了新南威尔士州的悉尼市 Barangaroo 港口改造工程，计划在该港口建成 1000 万平方米的商业区，将悉尼打造成亚太地区继新加坡、香港和上海之后的另一个港口金融中心，面向中国投资者招商。美国俄克拉荷马州上海引资代表处首席代表张洵也称："2008 年前，美国各地方政府在中国设立的协会机构，其主要职责是帮助美国企业和产品占领中国市场。但 2008 年之后，这些机构逐步转向在华招商，吸引中国企业投资美国实体经济。"①

---

① 腾讯网：http://finance.qq.com/a/20090410/000206.htm。

六、未来民营企业境外投资创新的方向

中国民营企业境外投资起步晚，存在的问题还很多，在很多方面需要继续进行探索和创新。本书限于篇幅，仅选取几个重要的方面进行论述。

(一) 企业管理制度的创新

从总体上看，民营企业的制度改革相当缓慢，虽然部分企业已经充分认识到进行制度改革以适应国际竞争需要的紧迫性和必要性，但大部分企业仍然未能摆脱家族式的管理模式。这种模式在国内运行可能没有问题，但一旦要进入国际市场，可能马上就会遇到困难。2010 年中国民营企业 500 强中家族控股的有 169 家，占 34%。民营中小企业的家族控股情况更加普遍。[1] 家族式经营的民营企业不利于分散风险和提高效率，也不利于人才引进和科学决策。

为了适应企业进行境外投资、参与国际竞争的需要，必须对企业的管理制度进行改革，建立现代企业制度。首先，应当在明晰产权的基础上实现所有权和经营权的分离，聘用掌握国际化经营理论、境外投资经验丰富的国际化经营人才充实领导岗位，提高企业投资决策水平和效率。其次，应当分散产权，对企业进行股份制改革，健全法人治理结构。这样既可以分散投资的风险，又可以增加融资，还可以引进国际化运营所需要的人力资源和管理技能。第三，建立有效的人才选拔机制、激励机制和监督机制，提高经营效率和制度的公平性。现代企业制度能够克服任人唯亲、裙带关系的弊病，根据员工的品德和才能进行人才的任用，在企业内部创造公平的竞争环境。完善激励机制和监督机制，实行规范化经营，将企业利益和员工利益统一起来。

(二) 人才引进模式的创新

与国内、国际大企业相比，中国的民营企业员工文化素质普遍偏低，适应不了企业国际化经营的需要。民营企业在福利待遇、发展前景等方面与其他企业差距很大，对人才的吸引力不强。我国大多数受过高等教育的专业人才在进

---

[1]　邵洪波：《中国民营企业国际化报告 2012》，中国经济出版社 2013 年版，第 35 页。

行职业选择时，民营企业往往被排在最后。尤其是中小企业，更是面临招不到人的窘境。根据中国社会科学院民营经济研究中心对 2423 家民营企业的调查，2434 位总经理中，本科以上文化水平的仅占 1/3。民营企业的从业人员中，大专以上文化水平的仅占 17.9%。①

很多民营企业都意识到了引进高素质人才的重要性，并采取许多措施吸引人才。但往往效果不佳。在这种情况下，企业往往只能选择从母公司派遣员工的做法。但大多数民营企业从业人员的文化程度和技术水平都与需求相去甚远。同时，出于资产安全性的考虑，一些企业在核心岗位上大多采取了任人唯亲的做法，委派亲戚前往管理境外业务。这直接导致民营企业对外投资效果不好，增加投资决策风险。② 缺少国际经营人才已成为制约民营企业海外拓展的一大瓶颈。

另一方面，中国大部分民营企业内部所有权和经营权未能实现有效分离，未能真正建立职业经理层，而以民营企业主个人决策为主，这影响了决策的科学性。但民营企业的对手往往是有着丰富的国际商战经验、熟悉国际市场游戏规则、拥有高素质决策团队和国际化经营人才的国际大企业。这决定了在瞬息万变的国际市场竞争中，中国民营企业难免力不从心，处于劣势。

为了加强优秀人才的引进和培养，在人才引进模式方面进行创新的同时，民营企业必须创造良好的企业环境，为优秀人才提供良好的职业发展前景，从而聚集一批高素质、复合型国际化经营人才。除了引进外部人才外，民营企业也必须高度重视对内部员工的培训，同时可以考虑与高等院校合作，实行人才定向培养。此外，可以大力实施境外员工本地化战略。因为当地人熟悉本地经济、政治、社会状况，通晓当地法律和文化习俗，工作障碍较少。同时，民营企业必须加强企业文化建设，增强企业的凝聚力和向心力，防止优秀人才的流失。

① 邵洪波：《中国民营企业国际化报告 2012》，中国经济出版社 2013 年版，第 42 页。
② 陈振成、李春梅：《我国民营企业海外拓展的思考》，《工业技术经济》2005 年第 6 期，第 21—23 页。

（三）融资方式的继续创新

融资难一直是困扰民营企业境外投资的主要瓶颈。虽然民营企业境外投资存在着多种融资方式，但融资效率十分低下，成功的案例并不多。到目前为止，民营企业境外投资的资金来源主要仍是企业自有资金，依靠外部资金如银行贷款或是境外融资等其他方式取得投资资金的很少。在吉利收购案中，收购价为 18 亿美元，吉利出资就达到 81 亿元人民币（吉利集团出资 41 亿元，董事长李书福个人出资 40 亿元），占 50% 以上。[①]

民营企业外部资金的来源太少。

第一，目前只有中国进出口银行、国家开发银行两家政策性银行从事境外投资项目的贷款业务，难以满足快速发展的企业境外投资的需求，尤其是民营企业的要求。而且，这两个银行的贷款一般只针对大型的境外投资项目，对中小企业的支持还比较欠缺。

第二，民营企业一般缺乏国际信用记录，而国外的金融体系和运行机制也与我国有很大不同，民营企业一般很难获得境外投资所在地的金融机构的金融支持。

第三，国内银行境外服务网络不健全、境外布点不足、金融品种单一以及国际金融服务联动不足。

第四，境外投资形成的资产评估和保护难，这些资产在实际操作中无法作为国内贷款的有效抵押，也使得企业资金难以实现合理的滚动。

民营企业境外投资的形式比较单一，大多是以外汇货币资金的形式出资，以实物和其他形式出资的投资形式所占比例很小，这更加增加了民营企业的融资压力。因此，民营企业就必须扩大融资规模，开辟更多的融资渠道，充分利用外部资金进行境外投资，减轻企业自身的资金压力，分散投资风险。

首先，必须充分利用现有的各种融资渠道。民营企业融资难，一方面是因为有客观存在的困难，另一方面也是由于民营企业自身对各种融资手段不熟悉，缺乏经验和人才，甚至对外部融资存在思想观念上的抵制（例如有的私营

---

① 李亚：《中国民营企业十大管理案例报告 2012》，中国经济出版社 2013 年版，第 93—94 页。

企业主出于保持企业控制权的考虑拒绝股权融资）。

其次，民营企业应当充分发挥创新精神，积极探索新的、可行的融资方式，弥补现有的各种融资方式存在的不足。

（四）配套支持体系创新

企业运营需要多种配套支持机构，比如信息咨询、风险评估、法律支持、风险保障、人才中介等机构。在国际投资中更是需要这些服务。在国内，企业面临的信息不对称性小一些，信息相对比较完全，企业对国内的商业环境、法律、政策及其实施等都比较了解，所以对这些配套支持体系的需求小一些，甚至企业家自己拍拍脑袋就可以作出较好的决策。但在境外投资中，企业对这些都不甚了解，信息严重不对称，因此就必须收集大量信息，对投资信息进行整理和甄别，对投资的风险和收益进行评估和核算。而要想依靠企业自身独立完成所有这些专业性很强的事项，民营企业，尤其是中小民营企业很难完全胜任，这无疑会极大影响投资的效率。

目前，中国严重缺乏与中国企业对外投资相关的配套支持体系。中国国内专业性的境外投资咨询和风险评估机构很少，人才不足，能够解决国际法律纠纷的人才和机构也严重欠缺且要价高昂，且很少有机构愿意从事对境外投资的保险工作。

总的来说，由于中国企业境外投资的历史较短，而民营企业进行境外投资在很长一段时间更是被视为"禁区"，中国的相关配套支持体系熟悉海外投资和投资环境还需一段时间，企业境外投资的配套支持体系的发展仍处于起步阶段。这就导致企业进行境外投资时难以得到专业的咨询服务和法律支持，投资决策的科学性低，风险高，从而影响了企业投资的积极性。

（五）政府服务职能的进一步创新

随着中国经济的发展和民营经济的成长，民营企业走向国际市场是必然的趋势。在中国经济自身在进行市场化改革的情况下，中国以后国有经济的比例将逐步下降，民营企业在中国经济中将取得越来越重要的地位，因此，政府应当从国家战略的高度充分认识民营企业境外投资的意义，为民营企业境外投资提供各项支持，促进中国民营企业的国际化进程。民营企业实力较弱，在信息获取、人才培养、融资、国际援助、配套体系建设等很多方面存在不足，政府在这些方面的服务职能的发挥显得尤为重要。

政府首先应该转变职能，继续推进改革，强化企业投资主体地位，简化审批手续，减少政府审批范围和环节，为民营企业境外投资提供更加便利的政策环境。但必须指出的是，简政放权并不代表自由放任。政府同时必须完善监管体制，防止民营企业境外投资中出现违法、违规行为，引导民营企业境外投资朝着良性、有序的方向发展。

针对民营企业境外投资存在的突出问题，政府应该采取针对性的解决措施。例如，针对民营企业境外投资信息渠道不畅的问题，可以由政府出面，与投资所在国政府和企业一起，组合各种资源，开拓多元化的信息搜集渠道，为民营企业建立一个综合性的境外投资信息搜集、发布和交流的平台。同时，加强政府与企业的沟通，了解企业的投资意向和特点，有针对性地向企业提供相关信息。

针对民营企业境外投资存在的融资难问题，政府应设法加大对民营企业境外投资的金融扶持，创造条件鼓励中国金融机构对境外投资融资。首先，政府应该在税收政策和财政政策方面给予民营企业更多的扶持。其次，政府可以为金融机构对民营企业融资提供更多的便利，建立更多的融资平台，适当放宽民营企业为境外投资进行融资所需的条件。

（北京大学经济学院经济系副主任　苏剑、汪术勤）

中国民营文化企业境外投资

　　当今世界正处在大发展、大变革、大调整新时期，文化产业在国际竞争中的地位和作用也日益凸显，越来越多的国家和地区认识到文化产业发展对于增强综合国力和维护国家文化安全及提升国际影响力的独特意义。文化作为民族创造力和凝聚力的内在源泉，愈益成为综合国力竞争的关键因素和社会经济全面发展的重要支撑。

　　经过30多年的改革开放，我国当前已跃升为世界第二大经济体，但与我国综合国力、经济规模与增长速度，以及国际影响力相比，我国文化产业发展仍显滞后。文化产业"走出去"步伐太小，民营文化企业"走出去"则刚刚起步。如何不断释放民营文化企业活力，解放民营文化生产力，大力推进民营文化企业"走出去"，对于增强我国软实力、提升中华文化国际影响力具有非常重要的现实意义。

一、我国民营文化企业"走出去"意义重大

　　经济全球化使文化产品、文化资源、文化消费时尚、文化市场日趋国际化，各国文化产业国际竞争更加激烈。改革开放以来，我国在国际上的声誉虽然有大幅提高，但我国文化传播的节奏却相对滞后，影响力太小。欧美日等发达国家的文化在国际上的影响力很大。影视娱乐业成为美国和日本综合国力竞争的核心组成部分。美国的奥斯卡颁奖盛典和上百部好莱坞大片，日本上千种的影视剧、动画片，在世界上广泛流行。这种文化的推广和精神渗透，不仅宣扬了美国和日本的国家价值观，也促进了本国对外贸易的发展。

　　文化产业传播的不仅是有形的物质载体，更是内在的精神产品。一个国家如不能形成强大的文化软实力和文化竞争力，就难以摆脱被动地位，甚至有沦为文化殖民地的危险。因此，加快我国民营文化产业发展，支持并引导民营文化企业"走出去"，在国际各种生产要素充分涌流的世界大舞台上搞活民营文化企业，提升我国文化产业总体水平和国家文化软实力，已经成为我国民营文化产业发展的重要选择。

　　加快推进我国民营文化企业"走出去"，对于提高我国国家文化产业竞争力具有双重意义：一方面，有助于我国民营文化企业在广阔的世界舞台上，充分利用国际国内两个市场和两种资源，更为迅速有效地提升其国际化经营能力和国际竞争力，为提升我国整体经济实力、科技水平和创新能力做贡献。文化产业竞争力作为一个国家文化环境、文化市场状况、文化企业生产力、利润率、文化产品市场占有率等多方面因素的综合反映，是文化产业发展状况的晴雨表。通过民营文化企业海外经营能力的培育和提升，对促进我国整体文化产业发展具有重要意义。另一方面，鼓励民营文化企业"走出去"有助于提升我国文化软实力。文化产业竞争力作为一种文化影响力和精神控制力，在当代越来越受到重视。冷战结束后，两极世界对峙下的军事威胁不复存在，但不同民族和国家文明之间的竞争以至冲突仍在继续。文化产业国际竞争是这种文明竞争与冲突极为重要的表现形式。一个国家文化产业在国际竞争中处于优势地位，在文明竞争与冲突中将处于有利地位。出于上述考虑，发达国家都高度重视发展文化产业，重视并极力推进文化输出，提高文化产业竞争力。从这个意义上说，民营文化企业"走出去"，有利于维护我国文化安全，有利于传播中国文化，让中国的声音在世界更响亮，让中国文明、民主、开放、进步的国际形象更鲜明，从而有利于提升我国的国际声誉和影响。

二、民营文化企业"走出去"的现状

　　近年来，我国民营文化企业发展面临的宏观环境有了较大改善。2004 年文化部出台《关于鼓励、支持和引导非公有制经济发展文化产业的意见》；2005 年国务院颁布《关于非公有资本进入文化产业的若干决定》，明确提出了鼓励非公有资本进入文化产业的原则，广泛发动社会资本开发建设文化市场。

应该说，我国已经意识到，经过改革开放 30 多年的努力，我国已成为经济大国，但还远不是文化大国。面对国际文化产业日益严峻的竞争态势，国家出台《文化产业振兴规划》，放手让一切创造文化财富的源泉充分涌流，努力形成"以公有制为主体、多种所有制共同发展的文化产业格局"，为实现民营文化产业发展和振兴提供了根本保证，具有深远的战略意义。十七届六中全会提出，按照全面协调可持续的要求，推动文化产业跨越式发展，使之成为新的经济增长点、经济结构战略性调整的重要支点、转变经济发展方式的重要着力点，为推动科学发展提供重要支撑。这为文化企业"走出去"起着巨大的鼓舞与激励作用。

随着我国民营企业规模的逐步壮大，对外直接投资的规模也在不断扩大，涉及的领域也在不断增多，现在投资区域已达到 160 多个国家，投资方式也日趋增多。其中民营文化企业对外直接投资主要有如下特点：

（一）投资持续强劲增长，但规模和市场份额与我国经济发展还远不匹配

民营文化企业海外投资和我国海外投资总体格局基本相似，呈现发展迅速，但仍显滞后的状态。近年来，中国"走出去"战略强力推进，对外投资合作取得跨越式高速发展。据《2011 年度中国对外直接投资统计公报》数据，截至 2011 年底，中国 13500 多家境内投资者在全球 177 个国家（地区）共设立对外直接投资企业 1.8 万家，年末境外企业资产总额近 2 万亿美元。2002—2011 年，中国对外直接投资年均增速高达 44.6%，远远高于传统的发达国家 6% 的投资增长率。尽管我国企业"走出去"已经取得了重大成就，但总体上还是处于起步阶段，存量规模远不及发达国家，仅相当于美国对外投资存量的 9.4%，英国的 24.5%，德国的 29.5%，法国的 30.9%，日本的 44.1%。与中国经济总量以及中国对外贸易、吸引外资的规模相比，目前"走出去"规模仍太小，明显滞后。据联合国贸发会议《2011 年世界投资报告》显示，2011 年全球外国投资量流量达 1.69 万亿美元，截至 2011 年末存量达 21.17 万亿美元；相应地，中国 2011 年流量为 746.5 亿美元，居世界第 6 位，只占全球当年流量的 4.4%，存量为 4247.8 亿美元，仅占全球存量的 2%，居世界第 13 位。据商务部数据显示，近年来，文化"走出去"步伐加快，出口增幅提高。2012 年 1 至 10 月，我国核心文化产品进出口总额 225.36 亿美元，比上年同期增长

42.7%。其中，出口 212.62 亿美元，同比增长 42.9%；进口 12.73 亿美元，同比增长 38.6%；贸易顺差 199.89 亿美元。文化贸易在经营主体多元化、出口市场巩固扩大、产品结构优化等方面取得进展，增幅明显高于服务贸易总体水平，成为服务贸易发展的一大亮点。但我国民营文化企业由于起步晚，相应呈现出境外文化投资的资金实力有限、规模偏小的特点。

（二）对外直接投资市场不断扩大，但不够多元

我国文化产业"走出去"实施市场多元化战略。据统计，我国民营企业设立的海外企业已经遍布 40 多个国家和地区，无论是欧美还是亚非均有分布，但具有高度的地域集中性，主要集中在东南亚国家、俄罗斯、东欧及少数西方发达国家。文化产业产品出口增速较快，但出口对象较为单一。据商务部发布的《中国文化产品及服务贸易情况（2006）》，2006 年中国文化产品对美出口 17.8 亿美元，同比增长 8.2%，占全国文化产品出口总额的 36.2%，美国是中国文化产品最大的买家；对欧盟、中国香港分别出口 11.7 亿美元和 7.6 亿美元，分别增长 16.5% 和 10%，三大市场合计占到出口总额的 77.5%。以独立经济体为单位计算，中国文化产品的出口对象主要是美国、英国、日本、韩国以及中国香港、中国台湾。

（三）对外直接投资领域不断拓宽，但广度仍不够

截至 2011 年末，我国对外直接投资覆盖了国民经济所有行业类别，但集中度高，包括商务服务业、金融业、采矿业、批发零售业、制造业、交通运输业在内的 6 个行业累计投资存量高达 3780 亿美元，在总存量中占比高达 89%。技术密集型和高端服务业领域的信息传输、计算机服务和软件业，科学研究、技术服务和地质勘查业，居民服务和其他服务业占比太低，分别为 2.2%、1% 和 0.4%。先进科技和高端服务业是未来各国综合竞争力的关键环节，也是海外投资综合水平的反映。但我国在这些领域的海外投资起步晚、规模小、水平较低。目前，我国民营文化企业对外投资涉及的领域较宽，但大多集中在图书、音响和演艺等领域的产业链低端，而对高端创意、研发、营销等高附加值领域的投资仍太少。今后需要花力气拓展我国民营文化企业海外投资的广度和深度。

（四）对外直接投资模式多元，但仍有待创新

我国民营文化企业在对外直接投资的方式上存在着多元化特征，包括设立新的公司，收购、兼并既有公司，与国外企业合资、合作等。由于我国民营文化企业缺乏核心竞争力、资本和资源有限、防御风险的能力差、国外市场差异大等因素的客观存在，为了规避风险，大多数民营跨国公司选择以合资、收购的方式来实现跨国经营。只有少数具有人才优势及国际管理经验的企业可以在国外设立新公司，或收购、兼并既有的公司，采取"买壳上市"这种方式。中国民营文化企业总体来说对外直接投资模式创新不足，多元化程度仍不高，影响和制约其发展。

（五）跨国文化经营者素质不强，企业复合型人才少

由于历史和现实的多方面原因，我国民营文化企业经营者整体素质不高。除了部分集团化发展的企业及一些高科技企业外，大部分中小型文化企业的管理人员学历偏低且从未接受过任何系统的文化经营管理培训。中高层管理者也缺乏现代文化企业管理的基本知识，不懂得按现代文化企业制度运行企业。企业管理者素质偏低是制约民营文化企业发展和"走出去"的主要因素之一。这种状况显然是难以与目前民营文化经济的迅速发展相适应的。同时，民营文化企业经营者大多缺乏正确的人才价值意识，缺乏人才培养的长远规划和长期战略；偏重"能人"引进，忽视企业内部人才使用。此外，亲缘关系为纽带的家族式选人用人机制较为僵化，企业缺乏在世界范围网罗文化产业英才的视野和魄力，本土化人才使用空间也未能有效开发。有用人才特别是高素质复合型人才太少，严重影响了民营文化企业跨国发展。

三、民营文化企业"走出去"的障碍

民营文化企业进行对外直接投资存在着诸多障碍和风险。这些障碍和风险有来自企业外部的，也有来自企业内部的。

（一）市场准入障碍

2012 年，文化部下发了《关于鼓励和引导民间资本进入文化领域的实施意见》，提出要对民营文化企业和国有文化企业一视同仁，打破民间资本进入文化领域的"弹簧门"和"玻璃门"。鼓励和引导民营资本进入文化领域，要解决的主要不是钱的问题，而是机制的问题。现实中，各种对民营文化企业进入文化领域的限制性法规和政策依然广泛存在。创造平等的政策环境是民营文化企业"走出去"的前提。虽然国家政策支持民间资本进入文化产业，但具体到各地方政府层面，地方保护主义和宣传阵地的管控思维还难以在短时间内改变，使"玻璃门"和"弹簧门"壁垒在不同程度上依然存在。不少民营文化企业无奈之下将目光投向了国企，选择"国民"联姻。国有文化企业斥资"收编"民营企业，有利于在扩大和完善国有企业产业布局的同时，使民营企业在原有优势的基础上集合资本的力量迅速发展壮大。但要在更大范围充分激发民营文化企业发展的活力，破除市场准入障碍是必不可少的关键环节。

（二）信息资源配置能力不足

信息化背景下国际文化产业资源配置具有以下四大特点：信息资源的迁移越来越快，大大突破了地理条件的限制，人们可以在全世界范围里进行文化资源的优化配置；信息技术的软件越来越普及，许多普通人都可以制作和传播信息产品，成为一个独特的信息发射源；信息技术的广泛应用，使人们能通过仿真和模拟手段，大大减少物质材料的消耗，节约文化生产的成本；数字化和因特网促成产业融合，不同产业在信息化的平台上相互融合，使文化产业的边界不断扩大。作为东方文化大国，长期以来，我们一直陶醉在中国深厚的文化积淀中，以为靠吃祖宗的家底就可以自傲于世界，这是极其错误的。在文化和经济都跨入全球化竞争的新时代，一个国家文化生产所使用的资源，不再局限在自己脚下的那一片土地，而是来自整个世界，一个国家文化产品的丰富和发展必须吸收全人类创造的优秀文化成果，并用自己创造的优秀文化产品贡献给全人类。我国民营文化企业信息资源及其配置能力不足，造成在文化观念、技术资源、经济实力、协作手段等方面，与国际化经营管理的要求仍有较大差距。加上跨文化管理存在缺陷，如对中国文化资源的开发与产业发展缺乏科学性，前期调研、产品设计、规划论证比较简单粗糙，盲目开发和无序开发现象严重，传播方式单一，宣传手段缺乏灵活性等等，这些严重限制了中国文化产业的国际发展空间。

（三）跨国文化企业集团凤毛麟角，尚未形成集聚发展势头

跨国文化企业集团在国际文化产业发展中有举足轻重的影响，如美国在线—时代华纳、沃尔特—迪士尼、贝塔斯曼、维亚康姆、新闻集团等。其发展模式主要有以下3种：文化产业内不同行业的横向整合，如时代华纳就整合了原来时代公司和华纳公司的电影和音像业，迪士尼公司则拥有娱乐业、主题公园、电影制作及音像业；二是文化产业内某一个大行业的纵向整合，如贝塔斯曼和新闻集团注重对出版和传媒集团的相关众多产业链进行整合；三是非文化产业企业的跨行业整合，如经营电子和电器产品起家的日本索尼公司，涉足音像制品和游戏领域并获得了丰厚的利润，微软公司也涉足游戏娱乐产业，不惜巨资并购了XBOX游戏平台。我国民营文化产业发展目前仍处在起航的初始阶段，尚不具备集聚发展的条件。但真正要在国际市场做大做强，集团化经营和模式创新是不二选择。

（四）国家对民营文化企业政策支持不到位

近些年来，国家对民营文化企业扶植力度加大，民营文化产业及其跨国经营呈现快速发展势头。但总体看，政府对民营文化企业重视和支持程度仍不够。现在国家重要的资源配置仍然放在国有文化企业方面。历史上形成的国企民营企业等级不同的现象和对民营文化企业一定程度的歧视仍然存在。这主要源于一些政府部门因文化涉及国家安全而对民营文化企业不放心的传统观念。其实在支撑和维护国家经济安全方面，民营文化企业不可或缺。从国外经验来看，民营文化企业，可以承担维护国家安全的重要责任。美国的电影大片几乎100%是由民营企业生产。然而这些大片在价值导向方面，在宣传和维护国家文化安全方面，发挥着重要作用。不摆正观念和摒弃对民营文化企业的歧视心理，就无法冲出思想的藩篱，其在国内和国外的发展就难有大的起色和作为。"文化'走出去'，要支持国有企业，也应支持民营企业，双管齐下。"中小规模民营企业与"国家队"相比，能够享受到政府优惠仍是少数。过高的税

收抑制了民营文化企业的蓬勃发展。政府在给企业创造良好的软环境方面还需加强。个别部门办事拖拉，推诿扯皮，办事效率低，影响了民营企业的投资信心。

（五）对各类风险的应对能力不足

随着民营文化企业"走出去"的推进，我国文化产业海外投资规模迅速增大，投资领域日益广泛。与此同时，投资风险也不断增多。当前，包括文化企业在内的我国企业海外投资面临着诸多风险，其中有政治风险，如中东北非非常规政权更迭和局势动荡；政策风险，如贸易保护主义、国有化措施、国际收支政策等；社会风险，如恐怖袭击和罢工；自然风险，如日本"3·11"大地震和印尼海啸以及经济与运营风险等。海外投资安全与风险控制已成为我国企业海外经营必须面对的重大挑战。加之，文化企业的经营活动由于具有意识形态色彩，容易因东道国政府和民众泛政治化的炒作和舆论抵制而使经营受阻碍，影响到海外企业的正常营运和正当权益。

四、民营文化企业"走出去"
需要加强与改进的工作

（一）切实做到公平公正，开创多种所有制共同发展的文化产业格局

十七届六中全会明确提出，在国家许可范围内，引导社会资本以多种形式投资文化产业，参与国有经营性文化单位转企改制，参与重大文化产业项目实施和文化产业园区建设。政府在投资核准、信用贷款、土地使用、税收优惠、上市融资、发行债券、对外贸易和申请专项资金等方面给予支持，营造公平参与市场竞争、同等受到法律保护的体制和法制环境。加强和改进对非公有制文化企业的服务和管理，引导他们自觉履行社会责任。这一精神对于民营文化企业的发展具有里程碑意义。但关键是在具体政策落实上，要不打折扣，平等对待民营文化企业。

建立多种所有制共同发展的文化产业格局，关键是须把国营和民营文化企

业置于一个公平竞技的平台上。在保证国有文化企业继续做大做强的前提下，为民营文化企业做大做强创造更好的体制环境和发展空间。这不仅仅是衡量文化体制改革成效的重要尺度，也是真正解放我国民间文化生产力，真正让我国有利于文化发展的各种元素充分涌流，建设文化强国、提升文化软实力和国际影响力的必要条件。

（二）建立民营文化企业"走出去"的制度保障体系

民营文化企业"走出去"无论是对企业自身发展，还是对我国社会经济可持续发展与经济结构转型升级都意义重大，对提升国家软实力和实现中华民族伟大复兴也至为重要。当前民营文化企业仍处在起步阶段，规模小，力量分散，缺少远景发展战略和品牌国际影响力，急需更完善的制度保障和公共服务平台的强力支持。文化"走出去"从深层次来说就是民族影响"走出去"和国家价值观对外影响的扩大，离不开国家引导、企业运作、多方配合。对照中央"迈出更大步伐"的要求，需要从"顶层设计"开始制定民营文化产业"走出去"的总体规划，以解决"民营文化企业中谁走出去、哪些东西走出去、走向哪里、怎么走、走多远"的问题，还需制定重点区域、重点领域投资目录，明确扶持和优惠政策。通过市场多元化战略的推进，使中国文化产品和服务真正进入国际主流社会和海外家庭。应采取的具体措施是：设立民营文化企业"走出去"专项基金，以基金激励和扶持重点民营文化企业和项目"走出去"；建立民营文化产业"走出去"国家基地，在我国贸易投资的重点国家和地区，建立民营文化产业园区，发挥集聚功能；鼓励探索民营文化企业"走出去"运行机制。同时，广泛进行以收购兼并、控股参股等方式开展境外投资合作，打造海外文化产业基地，学习海外知名文化企业经营模式，逐步建立一套具有民营文化企业特点、适应海外文化市场需求的运行机制。

（三）大力推动资本项目放开和人民币国际化步伐，强化综合金融服务创新，更有效地为民营文化企业"走出去"服务

随着人民币在世界货币体系中需求不断增长，跨境人民币业务迅速发展，特别是当前中国逐步由商品输出转为资本输出与商品输出并重，加强人民币跨境业务的推进已刻不容缓。当前，必须进一步放松对境外直接投资的

外汇管制，加快推进资本账户自由化进程，为民营文化企业"走出去"创造宽松的外汇条件。由于我国金融机构为企业海外投资所提供的金融服务起步较晚，所提供业务品种单一，金融创新能力明显不足，服务水平较低，成为我国民营文化企业海外业务拓展的瓶颈。金融危机后，包括文化产业在内的服务业逆势上扬，发展势头良好。面对我国民营文化企业"走出去"的新形势，一方面，要继续加强包括国家开发银行和国家进出口银行在内的政策性金融机构在支持中国企业对外直接投资中的鼓励支持作用；另一方面，各类金融机构必须按照市场化原则，尊重各东道国市场的多样性和差异性，满足企业客户跨境投资和交易的现实需求，进一步创新金融产品和服务模式，为客户资产全球化配置提供包括资产管理、信托、基金、证券、保险在内的多元化、个性化和全方位的金融服务。

（四）提升我国民营文化企业跨国经营能力，打造自有品牌

当前，我国民营文化企业海外投资增长较快，但跨国经营能力与西方发达国家企业相比，差距仍然很大。必须加速培育全球文化资源配置能力，着力提升跨国经营水平。资源的全球化配置要服从于对全球化市场的拓展，在全球范围内追求利润的最大化。民营文化企业必须善于把和不同公司所拥有的资源合作变成公司内部的资源调配，提高资源利用的集中程度。这要求"走出去"的民营文化企业及时采用现代信息技术，对全球范围内的资源变动作出最灵敏的反应，整合各种传统产业服务化，不断扩大经济规模，将企业做大做强。同时，不断提升自主创新能力，集聚品牌效应。改革开放以来，中国文化"走出去"大体经历了三大阶段：第一阶段是只求出去，不顾及其他；第二阶段是能够大规模走出去，却缺乏长远战略眼光，忽视品牌建设；当前开始进入第三阶段，即立足长远，打造品牌。长期以来，虽然我国文化产品输出种类不断丰富，但中国文化符号仍停留于熊猫、美食、中医、长城、京剧等传统元素。中国文化"走出去"调查也显示出中国欠缺有竞争性的文化产品，在国外民众脑海中，长城、故宫、针灸、少林寺、中餐等依然是他们最为熟悉的中国文化名片，而文化产品和服务品牌尚付诸阙如。应该说，当前我国民营文化企业"走出去"，既有实力雄厚的国家品牌，又有如维也纳新春民族音乐会这样的民间运营项目，双管齐下，把更多的注意力放在产业链的延伸和品牌培育上，长期

坚持下去，众多有影响力的中国文化艺术品牌一定会不断涌现在世界舞台。

（五）"走出去"民营文化企业要提升学习能力，重视本土化经营和社会责任担当

我国民营文化企业必须强化全球视野，主动融入互利共赢、共同发展的全球经济一体化进程中，将企业自身发展目标放到资源全球共享的大背景下，提升应对复杂的国际经济形势发展变化的能力和国际准则运用能力、国际市场适应能力和国际经营管理能力，实现可持续发展。在决定是否"走出去"的过程中，切忌躁动盲目，应因时制宜，在时机尚不成熟时可以利用本土的国内大市场，先行提升自我，通过"国内练兵，国际实战"的形式来提升自身国际竞争能力，最终实现海外"突围"。"走出去"的民营文化企业必须重视学习能力和本土适应能力的培养，注重文化融合，通过深入了解当地的政治法律环境、商务运营环境、人文生态环境，使经营能水土相服，有序开展。在"走出去"企业成功落地后，始终做到以东道国"企业公民"的身份开展业务，合规经营，自觉融入社区，主动承担企业社会责任，在实现自我发展时，切实贯彻互利共赢原则，落实"责任指标"，为当地可持续发展作贡献。

（六）建立健全适应民营文化企业的各类风险防范体制机制

民营企业在对外投资过程中要按照企业的发展规划找准市场定位。投资之前，应当考虑这项对外直接投资是否符合企业的发展战略和规划，企业目前是否有国际化的需求，或者说当前进行国际化是否时机恰当。这些都需进行充分的可行性研究，并加以妥善解决，为减少和规避以后可能产生的各类风险做好前期示范工作。对于投资区域的选择必须审慎，充分考虑地区安全和社会政局稳定等因素，深入了解当地的政治法律环境、商务运营环境、人文生态环境，使经营能水土相服，稳定发展。在"走出去"企业成功落地后，始终强化安全和风险意识，有效应对各类风险。

遍布海外的华商是我国文化企业"走出去"的一个独特优势。海外华商深深植根当地社会经济环境，在驻在国人脉广泛、商业网络成熟，熟悉民情商情与文化民俗；了解市场规则与当地法律，与当地政界、商界和媒体有频繁和良好的互动。我国文化企业"走出去"要重视借助海外华商企业，通

过它们寻求与当地文化企业开展互利合作，这样可以更加有效地把握自身优势，准确定位投资方向，化解投资风险，避免盲目投资。

（七）培养熟悉国际文化产业经营管理的专门人才

我国民营文化企业海外发展严重缺乏创新型人才，缺乏一大批具有国际市场眼光和战略思维的经纪人和操盘手，缺乏一大批可以将民族文化资源盘活转化为民族文化产品、品牌和名牌的创意者、生产者和资源整合者。高端人才的缺乏直接影响到跨国经营管理的效率，直接制约着文化产品品牌的形成和质量提升，是制约我国文化软实力和国际形象提升的主要因素。文化产业是创意产业，创新是核心要素。民营企业创新能力的有无和强弱，直接决定在世界文化产业发展中的地位和影响力。当前要破解我国民营文化企业发展的各种困境，培养熟悉国际文化产业经营管理的专门人才是当务之急。必须积极顺应国际文化产业发展的大势，加强海外投资专业文化工作队伍和文化企业家队伍建设，扶持资助优秀中青年人才主持重大课题、领衔重点项目，抓紧培养善于开拓国际文化新领域的拔尖创新人才、掌握国际现代传媒技术的专门人才、懂经营善管理的复合型人才、适应文化"走出去"需要的国际化人才。在人才培养方面，我们要加快解决文化产业急剧发展与文化产业人才总量不足及结构失衡的双重矛盾，加快制定文化产业各类国际化人才的培养计划，重点培育既懂文化，又懂市场，进行市场经营和管理的复合型人才。不断创新人才培养模式，实施高端紧缺文化人才引进和培养有机结合的计划，着力营造环境，完善机制，开发人才资源，优化人才结构，建立人才引得进和留得住的人才使用机制，提升高端人才的忠诚度和对中国文化的使命感，为我国民营文化企业海外发展提供人力资源保障。

（商务部国际贸易经济合作研究院研究员　郭周明）

中国民营企业资源领域境外投资

一、我国企业能源与矿业海外投资概况

进入 21 世纪，随着我国经济继续保持高速增长，工业化和城市化进程加快，带动工业原材料需求急剧增长，我国能源和铁、铜、铝、镍等大宗资源性产品供需矛盾非常突出，对外依存度攀升。我国有竞争力的企业走出国门进行海外矿产勘查开发，能源与矿业海外投资和并购发展迅速。

（一）采矿业境外直接投资

自 2002 年以来，我国采矿业（包括石油天然气开发与金属矿采选等）对外直接投资逐年增加，全球金融危机爆发给我国企业"走出去"投资勘查开发海外资源提供了难得的历史机遇，矿业国际化步伐加快（图 3）。

根据国土资源部与商务部"境外矿产资源开发备案系统"信息，截至2011 年 6 月 30 日，我国利用境外矿产资源投资项目达 1628 个，项目类型主要是勘探、勘查、开采、加工等类型，涉及主体（企事业单位）582 个，项目地点分布在 79 个国家，项目协议投资总金额约 2580.58 亿美元，其中中方货币资金量为 2184.53 亿美元。亚洲、非洲、大洋洲是我国海外矿业投资的重点区域，项目数量最多的 4 个国家是老挝（157 个）、澳大利亚（154 个）、蒙古（129 个）、赞比亚（118 个）；协议投资额排序则以加拿大、澳大利亚居首，协议金额都在 300 亿美元以上，秘鲁、加蓬、安哥拉、刚果（金）等协议投资额为 50 亿—300 亿美元；印度尼西亚、俄罗斯、菲律宾等其他国家的投资额在50 亿美元以下。我国境外勘查开发投资的矿产主要集中于铜、铁、金矿，项

单位：亿美元

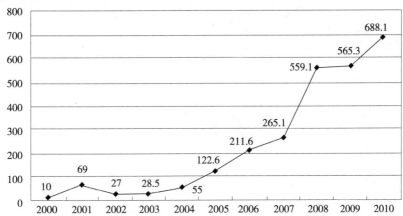

注：数据来源于中国商务部统计数据。

图 3   近年来我国对外直接投资（左）、采矿业境外直接投资（右）及
增长情况（单位：亿美元）

目数均在 100 项以上；其次是铅锌矿、镍矿、铝土矿、油气、煤炭等矿产，也有少量的铀、锰、钨、锡、铬、钾盐矿等项目。我国境外投资项目总体偏重于勘查类项目，有 615 个，勘查、勘探、开采、加工等综合类项目 434 个，共计 1049 个，占总项目数的 64%；开采加工类项目 245 个，仅占总项目数的 15%。近年来我国企业境外矿产资源投资项目分布概览如图 4、图 5 所示。

据项目研究统计，仅 2011 年我国境外矿产勘查开发获得的高等级（探明＋控制）的权益资源量就达到了：煤 8.99 亿吨；铀（U308）11.66 万吨；铜 750.89 万吨；钴 63.20 万吨；铌 207.15 万吨；铁矿石 46.47 亿吨；金 104.75 吨；铂 155.19 吨；金刚石 2.86 亿克拉。

（二）能源与矿业海外投资发展阶段

我国矿业企业能源与矿业海外投资始于 20 世纪 80 年代中期，当时只是个案，真正全面展开是在 2000 年以后。我国境外矿业投资分为 3 个发展阶段，即探索起步阶段、巩固既有成果阶段、快速发展及融合阶段。

1. 第一阶段（20 世纪 80 年代中期—90 年代中期）：探索起步阶段

这是中国境外矿业投资探索起步、积累经验、培养人才、熟悉环境阶段。

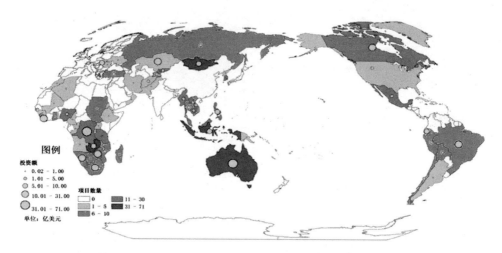

图 4　2009—2011 年我国企业境外矿产资源投资项目分布概览

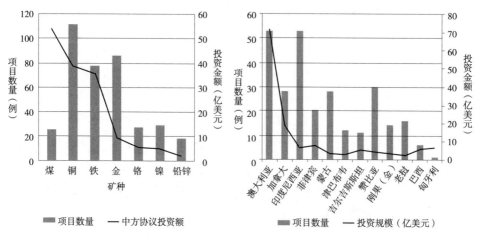

图 5　2009—2011 年中国企业境外投资矿种分布（左）及
国别分布（右）（据中国矿业联合会统计）

"走出去"的矿业企业并不多，而且"走出去"的都是央企，属于政府驱动。这一时期影响最大的实质境外矿业投资项目，是 1987 年中钢集团（原中国冶金进出口总公司）与澳大利亚力拓公司（当时称 CRA）的恰那铁矿合营项目。是第一个有中国企业参与的海外资源开发项目。此外，还有首钢购买的秘鲁国有铁矿公司马尔科纳铁矿项目等。

2. 第二阶段（20 世纪 90 年代后期—2005 年前后）：巩固既有成果阶段

这是中钢集团、中石油、中石化、上海宝钢、中海油等大型国有企业，在全面展开国外项目的同时，逐步聚焦了一些项目，进行实质投资，进入巩固既有项目的阶段。该时期比较有影响力的项目仍然主要是国有企业主导的项目，包括中国有色集团的赞比亚谦比西铜矿项目；上海宝钢集团公司在澳大利亚和巴西淡水河谷公司的项目；中海油的境外项目；中石油在苏丹、哈萨克斯坦等地的项目；中国五矿集团在智利的铜矿股权参与项目；中化集团在美国、英国等地的油气项目；中钢公司在津巴布韦的铬铁矿冶炼项目等。这一阶段除由国有企业主导外，有个别民营企业进入跨国矿业投资领域。

3. 第三阶段（2005 年至今）：快速发展及融合阶段

这是我国矿业“走出去”步伐加快，中国矿业企业进入新一轮全面到海外寻找项目的阶段，也是投资主体多元化发展阶段。除大型国有企业外，很多国有地勘单位和民营企业进入境外矿业投资领域，民营企业在境外固体矿产投资中的比重增加到 40%。同时有来自贸易、制造业、建筑和地产等行业的企业跨行业进入境外矿产资源领域，并逐渐成为境外矿业投资的主要力量，在境外矿业投资中的比例增加至 50% 左右。

从投资国别看，逐渐渗透到世界上的几乎每一个矿业对外开放的地区，包括一些受战争动乱等威胁的高风险地区。从投资方式上，从最初的工程承包发展到与境内外企业合伙、合资申请矿业权，逐渐发展到独立申请矿业权、收购已有矿业权，或通过资本市场收购国外矿业公司股份等。中国企业从默默无闻、不为国际社会认知，发展为影响力日益增强，成为很多国家矿业引资的重点。

（三）我国矿业海外投资趋势及特点

我国企业矿产能源与矿业海外投资呈现如下特点和趋势：

第一，海外矿产资源投资主体由大型国企转向多元化。不仅限于矿冶企业，行业外投资集团和私募基金也广泛参与。

第二，海外矿产资源投资形式日趋成熟和多样化。从参股或控股收购、兼并境外矿产企业，到新设企业独资或合资、合作勘查开采，以及融资买矿和原料包销等都较为活跃和普遍。

第三，矿产勘查与收购兼并呈两极分化。勘查投资大多为草根项目，主要投向周边国家及南美洲、非洲等发展中国家，目标矿种较分散。矿业并购则主要针对澳大利亚、加拿大等发达国家拥有采矿项目的成熟矿业企业，并购目标矿种相对集中于铜矿、铁矿和金矿。

第四，能源、矿产等资源类行业成为海外并购热点。大型国企、主权基金能源与矿业海外投资遇阻，私募基金渐趋升温，民营企业海外并购异军突起。

第五，境外矿业投资的步伐明显加快，投资金额日趋扩大。投资多集中在政治风险较高的国家和地区，与发达国家投资区域互补。

二、民营企业能源和矿产海外投资发展现状分析

（一）民营企业"走出去"基本情况

进入新世纪以来，民营企业作为中国经济的重要组成部分，国际化经营步伐加快，境外投资合作发展迅速，占国内对外投资的比重不断上升，"走出去"境外投资取得新突破，已经成为中国企业"走出去"的主要力量之一。

据有关统计，2010 年中国对外直接投资数额首次超过日本、英国等传统对外投资强国，上升到世界第五位。2011 年，中国仅以并购方式实现的直接投资就高达 222 亿美元，占我国同期对外投资总额的 37%，其中民营企业对外投资占当年境外投资总额的 40% 以上。2012 年，我国一共对全球 141 个国家和地区的 4425 家境外企业进行了直接投资，实现非金融类直接投资 878 亿美元，同比增长 17.6%。其中民营企业对外投资额约占我国对外投资总额的 40%，在江苏、浙江、辽宁等沿海地区，民营企业对外投资占比已经超过了 50%。获取海外先进技术、营销网络，开发资源能源，已经成为民营企业海外投资并购的重点。

（二）民营企业在我国境外矿业投资中地位的提升

2005 年以来，在国际资源市场渐趋繁荣的背景下，为了缓解我国经济高速增长带动需求激增，造成资源供需形势日益严峻的局面，国家出台了一系列政策鼓励企业"走出去"，开发"两种资源"，开拓"两个市场"，我国资源开发"走出去"步入了发展的快车道。大型国有资源性企业、民营企业以及地勘

企事业单位，发挥各自优势，分别靠实力、靠机制、靠技术，在资源开发"走出去"方面各显神通，日益成长壮大，取得了不俗的成绩。民营企业在资源开发"走出去"领域正在由新兴力量变成主力军之一。

据中国矿业联合会统计数据，自2009年5月至2011年12月，中矿联共受理国内企业能源和矿产资源境外投资项目623例，涉及投资金额达369.43亿元，其中国有企业、民营企业、其他类企业项目分别达251例、307例、65例，投资额分别为239.51亿美元（其中央企161.51亿美元）、73.17亿美元和56.75亿美元，见表8。

表8   2009—2011年国内企业能源和矿产资源境外投资概况

企业性质	数量		金额 / 亿美元	
	项目数	比例（%）	投资额	比例（%）
国有企业	251	40.29	239.51	65.98
民营企业	307	49.27	73.17	20.15
其他企业	65	10.11	56.75	15.63
合计	623	100	369.43	100

从投资企业和项目来看，民营企业数量已远超国有企业，但投资金额尚无法与国企相比（见图6、图7）。投资金额上国有企业依然占优势，占境外投资额比例高达65.98%，见图7。从发展趋势来看，国有企业、民营企业的投资均保持较为稳定的增长，其他类企业项目有所减少。尤以2011年国有企业项目增幅较大，较2010年增长82.7%，主要是国有地勘单位"走出去"势头较为强劲，见图8。

（三）民营企业能源和矿产海外投资发展现状

从近年来民营企业对外投资的行业结构来看，投资于采矿业和能源业的比重有了较大增长，能源、矿产等资源类行业成为对外并购热点。收购海外能源矿产资源来满足国内对能源和矿产资源持续增长的需求已成为一种趋势。目前矿业

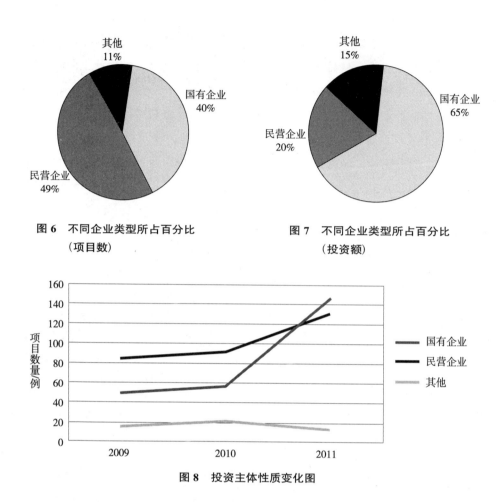

图 6　不同企业类型所占百分比　　　　图 7　不同企业类型所占百分比
　　　　（项目数）　　　　　　　　　　　　　　（投资额）

图 8　投资主体性质变化图

以外的资本，如国际贸易、制造业等传统行业的资本正竞相进入矿业对外投资，多元化组团投资矿业成为对外投资新趋势，其中民营企业扮演了重要角色。

　　近几年，虽然我国民营油企的海外油气合作已经取得了较大进展，但与国有油企相比，民营油企的海外投资领域还比较单一，主要集中在上游油气资源的勘探和开发领域。由于石油天然气能源项目资金和技术门槛较高，民营企业所参与的大多局限在中小型项目上，涉及大型石油天然气能源项目的民营企业为数寥寥。亿阳集团 2006 年开始进入吉尔吉斯斯坦开拓其国能源市场，2007年底正式与吉尔吉斯国家石油天然气股份公司签订合作协议，在吉尔吉斯合同区域开展大规模作业，已完钻 14 口油井，大修老油井 30 口。2011 年原油年产量有望达到 11000 吨。近年来，烟台杰瑞石油服务集团股份有限公司和新疆广汇能源股份有限公司成为国内除中石化、中石油等"中"字头企业之外少数进入海外石油开采领域的民营上市公司。2012 年，作为油田技术综合服务供应商的杰瑞石油服务集团股份有限公司发布公告表示，为延伸公司油气产业链，拟对加拿大油田开发项目投入资金 3000 万美元（约合 1.9 亿元人民币）。新疆广汇能源股份有限公司也发布公告称，为继续扩大在石油、天然气行业上游拥有的资源量，为将来成为国际化能源公司奠定坚实基础，拟以总计 2 亿美元认购哈萨克斯坦共和国阿尔加里海天然气有限公司的股东增发新股，从而间接拥有南依玛谢夫油气区块 51% 的权益。

国家鼓励中国民营能源企业积极拓展海外能源开发业务。然而，中国企业海外油气权益年产量约 8500 万吨，其中民营企业所占份额微乎其微。中国民营能源公司欲增加在海外石油、天然气和能源资产中的权益，需要政府方面更有力的支持。

在"走出去"对外矿产资源投资项目数量方面，民营企业占据总量的一半以上。据中国矿业联合会不完全统计，自 2009 年 5 月至 2011 年底受理的 623 个项目中油气项目 9 例，煤炭项目 31 例，黑色金属项目 144 例，有色金属项目 244 例，贵金属项目 129 例，化工矿产项目 18 例，其余还包括建材矿产等。主要矿种、项目分布及投资额分别为：煤矿投资项目 31 例，项目地点分布在 7 个国家，中方协议投资额 58.17 亿美元；铜矿投资项目 141 例，项目地点分布在 34 个国家，中方协议投资额 126.66 亿美元；镍矿投资项目 32 例，项目地点分布在 8 个国家，中方协议投资额 4.98 亿美元；铅锌矿投资项目 23 例，项目地点分布在 10 个国家，中方协议投资额 3.09 亿美元；金矿投资项目 124 例，项目地点分布在 35 个国家，中方协议投资额 11.78 亿美元；钾盐投资项目 18 例，项目地点分布在 8 个国家，中方协议投资额 9.88 亿美元（见表 9、表 10）。

从各矿种海外投资项目数量来看，民营企业在大部分矿种海外投资项目数量均超过国有企业，在煤炭、镍、金、钾盐矿等领域投资金额与国企比较也居于优势（见表 9）。如：煤炭项目的投资主体主要是民营企业，投资额合计 46.10 亿美元，占投资总额的 79.25%；镍矿项目的投资主体主要是民营企业，投资额合计 3.37 亿美元，占投资总额的 67.72%；金矿项目的投资主体主要是民营企业，投资额合计 6.43 亿美元，占投资总额的 54.67%；钾盐项目的投资主体主要是民营企业，投资额合计 9.57 亿美元，占投资总额高达 98.86%。

表9 2009—2011年国内不同投资主体能源和矿产资源境外投资矿种分布

项目数量 / 例					投资金额 / 亿美元				
矿种	国有企业	民营企业	其他企业	合计	矿种	国有企业	民营企业	其他企业	合计
煤炭	10	20	1	31	煤炭	11.98	46.1	0.8	58.88
铁	27	66	8	101	铁	39.96	15.46	2.95	58.37
铬	4	25	4	33	铬	12.11	4.01	1.17	17.29
铜	78	58	5	141	铜	109.65	16.81	0.2	126.66
镍	12	18	2	32	镍	0.53	3.37	1.08	4.98
铅锌	9	13	1	23	铅锌	2.31	0.75	0.03	3.09
金	70	48	6	124	金	5.13	6.42	0.23	11.78
钾盐	5	13	0	18	钾盐	0.3i	9.57	0	9.88
合计	215	261	27	503	合计	181.98	102.49	6.46	290.93

表10 2009—2011年国内不同投资主体能源和矿产资源境外投资矿种目的国分布

数量 / 例		金额 / 万美元	
矿种	国　家	矿种	国　家
煤炭	蒙古，澳大利亚，印尼	煤炭	澳大利亚，俄罗斯，蒙古
铁	印尼，马来西亚，菲律宾	铁	利比里亚，加拿大，巴西
铬	津巴布韦，菲律宾，土耳其	铬	津巴布韦，土耳其，南非
铜	赞比亚，刚果（金），蒙古	铜	南非，刚果（金），匈牙利
镍	印尼，澳大利亚，加拿大	镍	印尼，澳大利亚，加拿大
铅锌	澳大利亚，印尼，尼日利亚	铅锌	澳大利亚，塔吉克斯坦，尼日利亚
金	印尼，坦桑尼亚，澳大利亚	金	澳大利亚，印尼，玻利维亚
钾盐	老挝，加拿大，伊朗	钾盐	哈萨克斯坦，加拿大，老挝

　　从能源和矿产资源境外投资项目在各洲分布来看，投资项目数量以亚洲周边国家及非洲国家为主，分别为274例及189例。北美35项投资项目的80%以上集中在加拿大。大洋洲69项投资项目的95%以上集中在澳大利亚。赴欧洲国家投资项目数量较少，投资阶段多以开采为主。拉丁美洲投资目的国较为分散，投资阶段多样化。详细数据见表11及图9。

表 11　能源和矿产资源境外投资项目在各洲分布

	亚洲	非洲	大洋洲	拉丁美洲	北美洲	欧洲
投资项目数量	274	189	69	50	35	6
投资金额（亿美元）	59.45	167.68	69.25	38.79	20.43	9.98
单个项目平均投资（万美元）	2177.66	8871.96	10036.23	7758	5837.14	16633.33

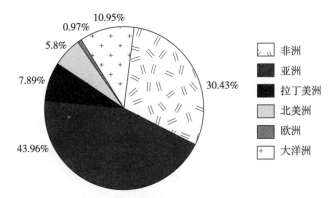

图 9　2009—2011 年中国企业境外投资目标区域
（据中国矿业联合会统计）

　　从项目投资阶段来看，煤矿主要投资于蒙古、澳大利亚、印度尼西亚，投资阶段集中在下游勘探开采及开采加工；铜矿主要投资于赞比亚、刚果（金）、蒙古，上游项目数量多，下游项目金额大，呈现以风险勘查类为主，逐渐向下游的开采加工类延伸的趋势；镍矿主要投资于印度尼西亚、澳大利亚及加拿大，平均投资规模较小，民营企业数量多，投资阶段集中在下游勘探开采及开采加工；铅锌矿主要投资于澳大利亚、印度尼西亚及尼日利亚，投资阶段集中在下游开采加工；金矿项目主要集中于印度尼西亚、坦桑尼亚及柬埔寨，投资阶段集中在中上游。跨行业投资迹象明显，来自国际贸易、制造业、建筑和地产等行业的民营企业的投资项目占境外矿业投资项目的多数。

　　根据中国矿业联合会数据，2012 年前 6 个月，中国民营企业对外矿业投资项目仅为 46 个，投资额 11.83 亿美元，相比于 2011 年，民营企业对外矿业投资的步伐有所放缓。这与全球经济放缓、中国经济结构调整、市场对矿产品消费快速增长的预期减弱有很大关系。

（四）民营企业资源领域海外投资发展态势分析

通过以上分析可以看出，近年来，民营企业国际化经营步伐加快，能源与矿业海外投资发展迅速，已成为我国企业矿产资源领域"走出去"的重要力量。民营企业能源与矿业海外投资呈现如下态势：

1. 突飞猛进、蓬勃发展。近两年矿产类境外投资申报项目，民营企业登记总数已经超过非民营企业（包括事业单位、国有企业），民营企业能源与矿业海外投资呈突飞猛进、蓬勃发展之势。沿海省份民营经济持续快速增长，能源与矿业海外投资极其活跃，部分民营企业开始规模化、国际化经营。周边国家和拉美国家地区成为我国民营企业资源领域"走出去"最为青睐的投资目的地和首选区域。

2. 日趋理性、逐步规范。越来越多的民营企业境外资源领域投资根据市场需求、企业自身发展以及资源与产业关联度，作出明确的战略规划。或抢抓商机，获取战略资源，或向行业上游延伸，获得产业发展主导权。如浙江华友钴业、山东祥光铜业近年来投资赞比亚、刚果（金）铜钴矿项目，加紧筹建资源基地。

3. 政府重视、创造条件。政府越来越关注并加强对民营企业资源领域"走出去"的宏观引导，在立项审批、投融资及政策扶持等方面提供便利和支持。

4. 问题突出、障碍并存。民营企业"走出去"在投资立项、核准、投融资及国际化经营运作过程中存在不少问题和困难。如政府部门信息服务不到位，地方政府不太鼓励民营企业境外投资发展，外汇管制及跨境金融服务存在瓶颈，境外资源回运存在税收贸易政策障碍，懂外语、熟悉当地法律、政策环境和商业运作模式的国际化经营管理人才非常缺乏等。这些问题制约着民营企业能源与矿业海外投资。

三、民营企业能源与矿业海外投资运营模式

近年来，国家实施"走出去"战略，鼓励和支持有条件的各类所有制企业，到国外特别是周边国家投资发展。许多民营企业根据企业发展战略目标、不同国家投资环境和经营条件，结合自身特点和实际，不断探索"走出去"能源与

矿业海外投资新模式，如原料包销、矿产风险勘查、承接工程以技术换资源、特许经营、跨国收购兼并、资源产业链整合及"工业园区"模式等。"走出去"模式特征总体表现在发展战略导向模式多元化、组织模式创新与合作多样化、跨国投资经营模式多角化、权益价值实现模式丰富化等4个方面。

（一）发展战略导向模式多元化

中国民营企业能源与矿业海外投资发展战略层面，大体分如下几种发展战略导向模式：

1. 资源需求导向模式。如山东祥光铜业属国内资源短缺的铜冶炼加工民营企业，由于国内资源供给短缺，或对冲铜精矿原料涨价风险，出资参股加拿大矿业公司，投资境外矿山项目，通过拓展原料供给和扩大产能，巩固和扩大国内外市场份额。

2. 成本效益最优模式。国内沙钢、国丰、建龙、文丰等民营钢铁企业，在铁矿石供不应求、价格高企的情况下，通过联合采购境外铁矿砂，或参股、收购、合作投资开发海外铁矿资源，以海外高品质、低成本的铁矿资源，部分替代国内低品位铁矿石，弥补运营成本高的劣势，从而提高资源供给保障程度。

3. 横向多元化经营模式。宁波银亿集团为了规避原来单纯经营房地产业的风险，根据经营环境和市场变化，适时调整经营方向，推动企业资源领域国际化经营和多元化发展，在东南亚国家矿业领域勘探、开采、矿产品贸易方面取得一定进展。

4. 产业上下游整合和业务拓展模式。宁波神化和上海坤泰集团等民营企业，原先以做矿产品和精炼产品贸易为主。现在它们凭借丰富的国际矿产贸易业务经验，向资源产业链上游延伸，开始涉足境外镍、铜钴矿资源领域勘探开发。

5. 股权投资价值最大化模式。紫金矿业早期参股英国上市公司山岭矿业公司（Ridge Mining Plc）。随着山岭矿业公司南非蓝岭铂矿项目建成投产，股价升值，紫金矿业实现了股权投资价值最大化。

（二）组织模式创新与合作多样化

民营企业"走出去"组织模式创新体现在全范围、多层次、广角度的合作与联合，以取长补短，规避风险。主要表现为：民营企业与国有地勘单位合作"走出去"，与国企强强联合"走出去"，民营企业抱团携手"走出去"，借助私募基金"走出去"。对外经济技术交流与合作也呈现多样化形式，具体表现为：民营企业与境外初级勘探公司深度合作，与各种中介组织互补合作，与国外资源性公司互利合作，参股并购实现股权合作。从 60 多例中国企业境外资源参股并购案例分析证实，中国民营企业能源与矿业海外投资并购，逐渐从最初纯粹资产收购方式，转向公司股权收购。参股并购实现股权合作模式，逐渐成为我国民营企业能源与矿业海外投资的新趋势。

（三）跨国投资经营模式多角化

从资源产业链整合与投资运营层次来看，境外资源勘查开发主要有两种模式：第一，绿地投资模式。目前，我国很多民营企业，如北京永同昌矿业投资集团、上海坤泰集团等，在境外取得矿产地后，联合国有地勘单位，从矿产风险勘查做起，实现低成本扩张。第二，跨国兼并收购模式。民营企业可选择成熟项目，通过海外收购，来满足国内对能源矿产资源持续增长的需求。典型案例是科瑞集团参股投资澳洲银河资源有限公司，间接拥有全球第二大锂矿资源，并在张家港建设国内最大的电池级碳酸锂生产企业。部分民营企业也尝试参与资源国油气田、矿产技术服务方面的合同竞标，通过开发服务协议模式，实现企业"走出去"。

在矿产勘查项目具体运作层面，民营企业根据市场经济条件下矿产勘查开发国际惯例、投资目标国国情、合作双方意愿等，可以选择参与探矿权竞标、期权转让（Option）、合资合作勘查（JV）、产品分成协议（PSA）、净冶炼收益返还（NSR）、私募投资（PP）、控股自营、项目收购或勘查公司收购等多种运作模式和途径。

（四）权益价值实现模式丰富化

从民营企业"走出去"境外资源投资权益实现的角度来看，也有着诸多模式可供选择：

1. 融资买矿和产品包销。四川汉龙集团参股美国通用钼矿公司（GMO），成为该公司第一大股东，负责为厚普山项目开发融资，并取得项目经营期相当于 40%—55% 产能的产品包销权。

2. 产品分成协议（PSA）和利润分成协议。在前述开发服务协议模式下，投资者须从事协议中预定的项目开发活动。资源所在国政府仅仅是转让地下资源区域专营权，而不是所有权和租赁权。投资者有权得到产品分成或项目投产利润分成。

四、民营企业能源与矿业海外投资发展趋势及存在的问题

（一）发展趋势

后金融危机时期，在国家"走出去"战略和各项政策支持下，我国民营企业迎来了境外资源投资并购浪潮，跨国资源并购呈现出频次、金额、范围不断扩大的特点，民营企业日益成为跨国并购中活跃的重要角色。民营企业能源与矿业海外投资发展呈现如下趋势：

第一，境外矿产勘查、开发仍然是吸引民营企业境外投资并购的热点。

第二，发展中国家仍然是资源导向型对外投资热点地区，投资重点国家和地区在短时间内不会有大变化。

第三，跨国并购和绿地投资仍然是民营企业能源与矿业海外投资的主要方式。

第四，开拓原料市场、获取资源、境外融资和培养国际化人才成为民营企业境外投资的重要战略取向，扩大对外投资成为普遍共识。

第五，民营企业能源与矿业海外投资面临企业自身发展条件、国家政策环境以及东道国投资环境多重制约，机遇与挑战并存。

（二）制约因素

与国有资源型企业以及发达国家跨国矿业公司相比，我国民营企业能源与矿业海外投资和跨国经营才刚刚起步，处于初始阶段，具有某些初级阶段的特征：境外投资渠道少，项目选择及投资规模受限；缺少融资平台，融资规模小，融资渠道和方式相对单一，多为银行贷款和风险基金等方式；海外矿业及资本市场进入方式较为初级，跨国经营动机原始；境外投资项目开发条件差，区域

产业化成熟度低，投资结构不尽合理；对外投资国家和区域不均衡；尚未有机整合形成跨国资源产业链等。

从国家对外投资政策环境来看，虽然国务院及时出台了一系列支持企业"走出去"的政策措施，加大了财政金融和外汇等方面的支持力度，简政放权，大幅下放审批权限等，积极支持和引导企业开展对外投资。但政府管理部门在民营企业"走出去"境外投资管理中角色定位尚存在偏差和局限，导致管理不协调、政策不配套、支持体系建设滞后等一系列问题，对民营企业能源与矿业海外投资发展形成制约，主要表现为：

第一，政府部门审核职能错位，混淆出资人和宏观管理者职能，多头管理；法律法规不规范，依法行政意识不强；政策标准和审核模式不统一，标准过严，手续繁杂，审核效率低，束缚民营企业资源领域跨国投资。

第二，现行境外投资管理体制改革滞后影响到民营企业境外投资。资本项下外汇管制过严，阻碍了企业境外投资发展；宏观调控不到位；政府部门重事前审批，轻事后监督，对民营企业境外资源投资并购缺乏有效的跟踪、监督、监管和法律保障。

第三，对民营企业境外投资政策指引和扶持不足。境外投资指南和动态信息匮乏，鼓励政策覆盖范围及力度不够，尚未传达并惠及民营企业；民营企业境外并购融资非常艰难，为企业并购境外资源项目提供投资风险保障的体制机制尚不健全。

同时，从东道国投资环境和后金融危机时期西方国家主导的舆论环境来看，我国民营企业境外资源领域勘查开发投资和并购也存在不少制约与不利条件。其中包括来自投资所在国政府、企业、社区民众以及媒体的各种压力；实力雄厚的国内外跨国矿业公司以及来自日本、印度等资源需求国的强势竞争；应对西方主导的泛政治化国际舆论围攻、抵制或被迫接受附加的苛刻条款，甚至无法回避发展中国家可能出现的投资环境不稳定或政治风险。

面对机遇与挑战并存的局面，如何深化改革、因势利导，积极推动民营企业能源与矿业海外投资，成为亟待思考和解决的重要课题。

五、促进民营企业能源与矿业
海外投资的发展思路

(一) 民营企业能源与矿业海外投资要创新思维,打破常规,大胆探索新模式、新途径

首先,要深刻理解企业国际化战略的核心。有条件跨国经营的民营企业要从公司发展战略高度,从全球视野,统筹考虑资源要素市场和企业资源产业链的优化配置。其次,要逐步在管理理念、管理机制、企业文化等方面与国际接轨,并随着企业战略转型,相应调整公司股权结构、治理结构和管理结构,适应企业国际化经营需要。再次,要破除中外语言、文化、法律、习俗上的差异造成民营企业跨国发展道路上的天然障碍,吸纳和包容多元文化,承担社会责任,使民营企业在国际化经营过程中实现互利共赢、和谐发展。

(二) 切实加强对民营企业能源与矿业海外投资的政策支持与配套服务

政府应该首先转变职能,继续推进改革,强化企业投资主体地位,减政放权,简化审批手续,减少政府审批范围和环节。宜根据不同经济类型企业实行分类管理和提出相应的指导原则,将民营企业能源与矿业海外投资列为鼓励类项目,实行登记备案制。在财政、税收、外汇、信贷、保险、人员出入境等政策支持方面,对国企、民营企业等各类企业一视同仁。

其次,适应我国境外投资快速发展的新形势,加强管理体制和立法建设,完善相关法律和宏观监控措施,加强统筹协调。修订重点领域境外投资规划,完善境外投资产业政策,对关系国家整体和长远利益的海外重大资源投资开发事项,充分发挥专业职能部门规划、组织、协调、指导等政策引导作用。依托行业商协会平台,加强民营企业能源与矿业海外投资宏观监控体系建设,建立健全境外投资数据库及监测管理体系,及时了解和掌握我国民营企业能源与矿业海外投资经营情况,在投资国发生重大突发事件时,切实保护境外资源型并购企业利益和国家利益。

第三,积极扶持民营企业能源与矿业海外投资,通过丰富境外投资并购主体，完善财税、金融支持鼓励政策，切实加强对民营企业海外资源勘查开发的支持力度。

在财税政策方面，对"走出去"民营企业在海外资源勘查开发予以更大范围的基金补贴、财政贴息。对于其在国外的收入实行阶段性免税。对通过境外资源投资项目而带动出口的机器设备、原材料和中间产品，实行全额退税或者给予较高退税率的鼓励性政策，对实物、技术投资或者投资利润返回予以税收抵免、减免。

在金融政策支持方面要加大力度，一方面通过提供优惠贷款、财政贴息、内保外贷、税收减免等手段，解决制约民营企业境外资源领域投资发展的资金瓶颈，提高企业的自生能力。另一方面，对于采取现金并购方式需要融资的企业，政策性金融机构应视项目可行性及投资企业核心竞争力，择优扶强，通过银团贷款、股权融资、对外担保等方式提供多渠道资金支持。要充分发挥本土投资银行在跨国并购中的专业顾问和媒介作用，积极开展银企联合或战略合作，鼓励企业采取股票上市、发行债券、杠杆收购、海外存托凭证等手段拓宽融资渠道。推进民营企业"走出去"金融试点，赋予具备条件的大型民营企业全球授信额度，允许跨国民营企业集团设立非银行金融机构，探索组建银企集团，推动产业资本与金融资本融合，通过加强政策性金融支持力度，更好服务于能源与矿业海外投资并购，推动民营企业大步"走出去"。

第四，加强"走出去"战略规划和宏观协调支持，强化部门配合，创造宽松环境，改善和提升政府机构相关职能服务。要创新和改进政府部门和相关机构支持民营企业"走出去"配套服务，依托行业商协会和社会中介机构，逐步建立形成一个包括信息服务、项目优选、资金融通、配置使用、信贷保险、外汇监管、财税支持等多方面并具行业性、地域性甚至全国性和集横向联系与纵向服务为一体的社会化管理服务体系。

（三）强化资源外交，加强政府间合作，为企业境外资源投资并购保驾护航

要进一步强化资源外交，通过高层访问等方式帮助国有和民营企业取得境外能源资源领域投资的大项目，增进与国际能源组织和地区性经济组织在能源资源领域的交流。加强政府间合作，积极推进区域经济合作和国际多边投资框架谈判，与有关国家签订经济合作、投资保护、海关互助合作、避免双重征税

等协定，加快与我国有经贸联系的国家在司法协助、领事条约、社会保险、检验检疫等方面签署政府间双边协定，商签多边自由贸易协定，减少和排除境外贸易投资壁垒，优化投资环境。要充分发挥驻外机构作用，加强对境外资源情报的调研和信息搜集。有效利用优惠贷款、援外工程、减免债务、人员培训和技术援助等手段，促进我国民营企业境外资源勘查开发，大力推动民营企业能源与矿业海外投资，以切实保障我国经济社会发展所需各类资源的供给。

（中国民营经济国际合作商会矿产和资源委员会　高辉）

参考文献

[1] 张振华、李长云：《国际金融危机背景下我国采矿业对外直接投资动因及策略分析》，《商业经济》2010 年第 5 期。

[2] 凌丹、赵春艳：《中国对外直接投资状况及对策》，《武汉理工大学学报》2007 年第 4 期，第 135—139 页。

[3] 商务部：《2010 年度中国对外直接投资统计公报》，中华人民共和国商务部，2010 年。

[4] 王翔、裴露露等：《中国资源型企业海外并购典型模式归纳与解析》，《中国地质矿产经济学会地矿经济理论与应用研讨会论文集》，2010 年。

[5] 单忠东：《立足专业　再谈多元——关于民营企业发展战略的思考》，《中国经济导报》B2 前沿报告，2008 年。

[6] 陈振成、李春梅：《我国民营企业海外拓展的思考》，《工业技术经济》2005 年第 12 期。

[7] 高辉、王燕国、李志鹏：《企业能源与矿业海外投资趋势、模式、问题与对策》，《中国矿业》2012 年第 5 期。

[8] 李佳晋：《中国企业跨国并购融资方式浅析》，《科技资讯》2008 年第 28 期。

[9] 廖运凤、金辉：《中国企业海外并购的现状与问题》，《管理世界》2009 年第 4 期。

[10] 贾殿村、骆克龙：《资源基础论下的企业并购重组研究》，《商业时代》2008 年第 33 期。

[11] 胡峰：《中国企业海外并购的特点及公共政策支持》，《企业经济研究》2006 年第 9 期。

[12] 吉粉华：《我国企业对外直接投资存在的问题和对策》，《经济纵横》2008 年第 7 期，第 102—104 页。

[13] 中国矿业联合会：《我国矿山企业境外投资地质找矿分析 2011 年度成果报告（内部资料）》。

中国民营企业国际并购

在当前经济全球化浪潮汹涌澎湃向前推进的形势下，跨国并购作为世界经济中极具活力的因素，日益成为一种普遍化与常态化的经济现象。近年来我国企业海外并购蓬勃发展，其中民营企业海外并购虽然起步晚，但发展步伐超常，成为中国企业海外创业的一大亮点。

一、发展概况

伴随着第五次全球企业并购高潮，我国民营企业开始在国际并购市场中崭露头角。自 1999 年初我国政府提出实施"走出去"战略以来，民营企业凭借自身的"所有制优势"开始加快了国际并购步伐。2001 年 8 月，万向集团正式收购 UAI 公司，是当年民营企业国际并购数额最大的案例，开了民营企业并购海外上市公司的先河。而在此之前几年时间里，万向集团已陆续并购了英国 AS 公司、美国舍勒公司、LT 公司、ID 公司等多家海外企业，并尝试涉足海外金融保险业。此后，多家浙江民营企业大胆地开展了颇具影响力的国际并购行为，诸如华立集团在美国的多项针对通信行业的并购，金义集团对新加坡"电子体育世界"的收购重组等。2004 年联想以 17.5 亿美元收购 IBM 的 PC 事业部，成为当年全球最受关注的并购案例，并借此一跃成为世界第三大计算机制造商。近年来，日益壮大的民营企业已成为我国国际并购最具活力的队伍，国际并购已成为我国民营企业"走出去"实现跨国发展的重要途径。

从并购金额看，根据公开资料统计，我国民营企业国际并购在 2001 年刚刚起步不久，当年国际并购案例共 5 起，金额仅为 2.3 亿美元。2001 年 1 月至 2011 年 7 月间，我国民营企业共完成了 116 起国际并购，其中未披露交易金额的并购案例 22 起，94 起披露交易金额的国际并购涉及的总交易金额达到142.3 亿美元，其中交易金额超过 1 亿美元的并购案例共 26 起。值得注意的是，2008 年金融危机爆发后，我国民营企业的国际并购规模和数量都有明显的增长，2001 年至 2007 年 7 年间的国际并购案例才 39 起，而 2008 年至 2010 年 3年期间的并购案例就达到 59 起。到 2012 年，民营企业国际并购总额达 255 亿美元，占当年中国企业海外并购总额的 60%，并购案例则达到 110 余起，远高于中央企业及国有企业。但是总体而言，相对于国有企业动辄几亿甚至几十亿美元的国际并购而言，民营企业国际并购规模明显较小，平均并购金额不足央企平均金额的 1/10。

从并购行业看，我国民营企业国际并购相对集中于制造业、IT 及互联网行业，与多数中央及国有大型企业以资源寻求型为主的国际并购有所不同。从图 10 中可以看出，传统制造、IT 行业及互联网的国际并购案例数占并购案例总数的 70%，零售、能源行业等占比在 30% 左右。根据毕马威数据显示，2005—2011 年间，中国企业国际并购涉及 28 个行业，2012 年则覆盖 26 个行业。对比此次金融危机前后我国民营企业国际并购的案例，可以发现危机爆发后民营企业国际并购行业领域明显扩大，除了传统的制造和 IT 等行业，传统能源、

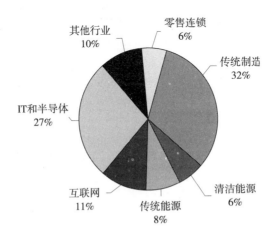

图 10　民营企业国际并购的行业分布

(根据公开资料统计)

新能源、零售连锁及其他服务业也成为民营企业海外投资和并购的目标，迄今为止，民营企业在传统能源领域的国际并购共 8 起，其中有 7 起发生在金融危机爆发之后。其中四川汉龙集团的海外能源矿产收购尤为引人注目。由此可见能源领域国际并购已经逐渐成为民营企业海外并购的重点领域。

从并购的地区分布来看，我国民营企业国际并购目标区域相对集中。根据对从公开资料收集到的 232 起民营企业国际并购案例分析，民营企业国际并购主要集中在北美洲和亚洲，具体数据如图 11 所示。2001 年至 2012 年我国民营企业国际并购案例中有 82 起的目标区域为北美洲，占并购总数的 35%，目标企业所属国家全部是美国；其次为亚洲，主要集中在中国香港和日本，共有 70 起并购案例，占亚洲地区并购总量的 63%；再其次是欧洲，主要分布在英、德等国。此外，有 13 起并购案发生在大洋洲，其中 6 起为海外矿产资源并购事件，并购金额相对较高。

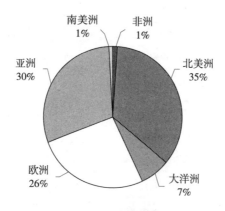

图 11　民营企业国际并购的区域分布

（根据公开资料统计）

二、2012 年并购特点

2012 年是中国民营企业海外并购卓有成效的重要年份。这一年在欧债危机此起彼伏、全球经济增长放缓的背景下，中国民营企业的国际并购规模却取得了骄人的业绩。根据普华永道的统计数据，2012 年当年中国国际并购总额达到 652 亿美元，同比上涨 54%。其中民营企业并购案例数超过总量的 6 成，并购数量达到 112 起，无论从数量还是从金额上，都达到了历年最高值。2012 年民营企业国际并购呈现出如下特征：

第一，全球经济低迷为民营企业国际并购提供了有利的内外部经济环境。从外部环境看，欧债危机削弱了国际资本和信贷市场的稳定性，损伤了市场参与者的信心，导致大量企业信贷资源紧缺，经营陷入困境或破产，形成了有效的并购买方市场。这使我国企业能以较危机前更低的成本并购部分海外企业，并从中获取国外优质技术与品牌，为我国企业产业升级提供助力。同时，债务危机促使欧洲多国私有化程度加快，为中国企业并购海外战略性资源提供了便利。

从内部环境看，欧债危机蔓延使得全球经济疲软，市场需求下滑。受其影响，中国投资、出口等经济活动也大幅减速，尤其是投资机会匮乏。与此同时，中国亟须破解能源资源瓶颈制约，制造业企业，特别是民营制造业企业面临转型升级的巨大压力，亟须到国外找出路。因此，政府鼓励和支持民营企业走向国外市场。再者，随着我国民营企业制造水平不断提高，开展国际并购具备必要条件。目前中国的纺织业，通讯设备、计算机及其他电子设备制造业，电气机械及器材制造业，以及交通设备制造业等的国际竞争力已经位居世界前 10 位，超过世界平均水平，加之我国人均 GDP 已经超过 6000 美元，具备开展海外投资和并购的能力和经济基础。

第二，民营企业国际并购数量和活跃程度首次超越了国有企业，成为中国企业国际并购的生力军。根据普华永道的统计显示，2012 年我国民营企业在国际并购中表现突出，在并购数量上首次超过国有企业。根据普华永道研究报告，2012 年前 9 个月民营企业参与的国际并购数量占总量的 62.2%。但从并购金额上看，民营企业仍只占并购总金额的 15.1%。民营企业和国企在并购数量上和金额上呈现明显反差。民营企业海外并购金额明显少于国企，其主要原因是民营企业总体实力不足，仅有少数几家民营企业具有并购海外大企业的能力。造成这种现象则是因为国内市场民营企业机会相对较少，一些行业禁止民营经济进入，部分行业则准入门槛高，民营企业难以达到准入级别，甚至某些允许外商投资的领域，民营资本都不能进入。这些使得民营企业在国内投资机会相对较少，难以发展壮大。民营企业在国外并购数量上多于国企，其主要原因是欧美等发达国家对我国国有企业权属问题存在疑虑，在诸多领域对国营企业存有戒心，严格限制和审批中国国有企业的并购，而民营企业权属个人，是私营经济，国外政府及各界对其偏见较少，限制措施也较少，收购过程阻力就小。吉利2010年成功收购沃尔沃并获得初步的成功，为民营企业树立了良好的榜样。民营企业在政府对"走出去"提供的更为便利的政策支持下，纷纷进军国外，进行海外投资。预计未来这一趋势仍将继续。

第三，我国民营企业国际并购领域有所拓宽，并购产业水平有所提升。早期我民营企业跨国并购的产业分布存在以下明显的特征：偏重向初级产品、消费品、劳动密集以及连锁效应弱的产业投资，而对高新技术产业、生产资料行业、资本和技术密集型产业投资则相对较少。根据2009年对浙江省宁波市这一民营企业跨国并购较多的地区的调查显示，许多企业主把服务业、纺织服装、工艺礼品、文具玩具作为重点投资和并购领域，其中选择商业饮食业的占到56%。2012年，这种情况有很大改变。大量民营企业对汽车研发、大型机械制造以及文化产业等领域的国际并购进行了积极尝试，并购行业领域明显拓宽，例如梧桐资本收购奥地利斯太尔汽车，比亚迪在荷兰设立欧洲总部，三一重工收购德国水泥泵制造商普茨迈斯特公司等。2012年万达集团斥资31亿美元收购全球排名第二的美国院线AMC全部股权，这是中国迄今最大的海外文化领域并购交易。这也标志着中国民营企业海外投资正在从以能源、金融、制造业等传统领域为主向涵盖文化等更加广泛的领域发展。

第四，民营企业开始注重依托各类中介机构完成国际并购。近几年来，我国民营企业在国际并购过程中开始越来越多地综合运用国际化战略与资本运营战略，更多地选择财务公司、融资机构、中介公司、咨询公司等外部中介咨询机构来进行。例如青年汽车2012年第二度收购萨博一案，同时寻找了律师事务所及公关公司共同参与；武汉梧桐硅谷天堂在收购奥地利斯太尔汽车时，就寻找了既了解私募基金，又了解中国市场的GCI公司介入。民营企业重视借助合适的中介机构完成并购，并安排合理的融资方式，这为企业的顺利扩张提供了有力的支撑。

三、存在的问题

从上述对民营企业近年来国际并购的分析中可以看出，我国民营企业的国际并购多年来取得了较大进展，尤其是 2012 年更是取得了突出进步。但是由于受诸多因素的制约，民营企业国际并购仍存在一些不容忽视的问题。

第一，民营企业国际并购普遍缺乏科学合理的战略规划，并购具有一定的盲目性。目前，我国部分民营企业对国际并购的认识仍存在一定误区，并没有认识到国际并购是企业发展到一定阶段的内生选择，企业必须具备一定的实力才有可能成功进行。而一些民营企业国际并购具有盲从性，缺乏相应的战略性指导和规划，并购表现出一种无序性和随意性。部分民营企业在自己主业还未做大做强，资金、技术、规模并不具备竞争优势的情况下便涉足国际并购。这类民营企业国际并购风险较高，并购失败的几率也较高。

第二，对并购交易相关信息掌握不全面，缺乏充分的前期调查研究，导致目标企业选择不当。总体而言，我国民营企业国际化经营时间较短，缺乏完整成熟的国际并购操作流程，轻视甚至忽略相关的事前调查等工作。一些企业对东道国政策法规、民族文化以及工会组织等因素可能对并购事件产生的影响缺乏全面了解，误判被并购目标企业的相关信息，导致很多并购交易对目标企业评估不当以致出价过高，并购操作效率差等问题。长期以来，我国民营企业普遍并购一些陷入经营困境的欧美企业，这些企业往往在当地经营多年，出售价格偏高，而这些国家的政治环境通常比较复杂，工会力量强大，企业即便在金融危机时期也要负担高额的用工费用。一些民营企业为了投资而盲目并购这些企业，对于信息把握不够准确，使得企业并购难以获得最终收益。

第三，并购后的企业资源整合能力有所欠缺，并购后企业的运营效益不佳。我国民营企业往往缺乏精通当地语言、了解当地社会文化的跨国经营人才，在理解当地文化习俗、适应当地社会方面难度较大，并购后的人力资源、企业文化等各类资源整合难以达到最优。例如，在中国，企业员工上下班打卡是通常的管理方式，而在意大利则被视为对员工的侮辱。这些企业文化的差异，如果沟通得当，并非大事；但如应对不当，则容易引发矛盾，使投资项目陷入不利境地。又如，少数企业由于对所处营商环境了解不深，按照当时在中国国内的经营方式，一味低价竞争，抢占当地市场，挤占当地工人就业岗位，又不注意履行社会责任，从而导致矛盾激化，事故频生。这些教训非常深刻。总之，实现并购后资源的有效整合对我国民营企业是一个必须重视和有效解决的重大课题。

第四，并购融资难题已成为民营企业在跨国并购中的主要障碍，制约了民营企业国际并购的发展。我国民营企业在经营过程中，尤其是投资行为中，往往难以获得正规金融渠道的资金支持。尤其在国际并购方面，由于我金融机构自身在支持中资企业国际并购方面缺乏经验，没有发挥其应有的职能，对企业并购定价融资无法提供有效的策略。它们很难真正积极参与到企业的国际并购中，对民营企业的国际并购融资出力不多。这导致民营企业国际并购除了极少数换股并购外，几乎大部分采用现金支付的方式。这就必然加大民营企业的财务杠杆和经营风险，形成恶性循环，进而影响民营再融资。资本市场的不健全限制了民营企业跨国并购融资方式的多样化，极大程度上制约着民营企业的海外并购步伐。

四、应加强与改进的工作

为解决存在的突出问题，推动中国民营企业健康、稳定、有序地"走出去"，将其海外并购事业推上新台阶，需要加强和改进以下几方面的工作。

第一，政府应进一步强化对民营企业国际并购的公共服务。包括着力提升对企业的信息服务能力，扩大并充实商务部《对外投资合作国别（地区）指南》的信息容量，为企业提供更翔实、准确、及时的海外市场信息；充分发挥我国驻外经商机构、商务部投资促进局的作用，利用好国内外信息咨询服务机构，为民营企业提供有关东道国的法律、税务、资信调查等方面的信息和商业性咨询服务；加强海外中资企业商会协会的影响力，参照欧、美、日、韩等在世界各地组建投资企业商会的成功经验和做法，推动和帮助在外投资民营企业建立和完善当地中资企业商会，使之一方面发挥好与东道国政府的交流和交涉及融入当地社会的桥梁与纽带作用，另一方面成为中资企业相互交流、共同发展的重要平台。

第二，积极推动金融、会计、保险、法律等中介机构和经贸团体"走出去"，为民营企业做好各类中介服务。跨国公司来华投资，国际中介机构包括律师、会计师和券商等均纷纷跟进，并提供相应的服务。而我国金融、保险、法律、税务、会计、工程咨询等中介机构对我国企业"走出去"提供的支持则很有限，我国企业往往因融资困难而导致国际并购机会流失。如因国内金融机构惜贷，吉利汽车收购瑞典沃尔沃项目前期融资全部18亿美元中的16亿美元借贷来自外方金融机构，被迫负担沉重利息。从国际经验看，企业对外投资发展到一定阶段，需要本国金融、法律等中介机构跟进提供服务，否则很难将业务做大。为支持我国企业的国际并购，中资中介机构在并购目标国的布局已刻不容缓。

第三，加大对民营企业国际并购的财政及金融政策支持力度。做好规划和指导，制定相应的财政和金融扶持政策，鼓励和支持民营企业开展国际并购；扩大政策性金融保险的覆盖范围，帮助企业有效规避政策性风险特别是欧债危机国家的主权债务风险；通过成立产业投资基金或发行产业债券等方式，帮助企业筹集资金，深度拓展民营企业国际并购业务。同时，我国金融机构应该积极引入国外经验，在帮助企业进行国际并购时审时度势地引入杠杆收购等创新工具。杠杆收购是一种高度负债的收购方式，收购方用于收购资金的90%以上通常是从发行高息债券和银行贷款中筹措的。在并购过程中，只有企业获得良好的财政和金融支持，维持企业稳定的现金流、合理的负债率，才能使企业在并购后获得后续的良好发展。

第四，民营企业应加强自身的国际并购能力建设，从人才、资金、技术、管理等多个方面加强积累，从而提升并购的成功率。首先，企业应着力积累并购知识和能力，注重跨国经营人才的吸纳与培养，增强企业的国际化经营能力。其次，做好并购前的调查，考虑目标企业的出售动机、经营状况、发展潜力及并购后整合的可能性等问题，明确并购的战略定位，谨慎选择并购目标企业。再次，做好国际公共关系工作，扫清来自于歧视、偏见、政治因素及有关利益冲突的非市场因素障碍，使得并购行为纳入市场行为的框架内。还应重视工会的力量。国外工会具有较强的影响力，吉利的成功就是得到了沃尔沃工会的表态支持，而上汽整合双龙失败就是因为工会的反对。

第五，从并购的前、中、后期引入风险防控机制，降低国际并购风险。首先，在并购前期要进行充分的调查，尽早聘请咨询公司、投资银行、会计师事务所、律师事务所等专业机构组成项目组，为并购提供合理的建议及财务、法律服务，提升并购的科学性。其次，在并购中期，由于并购双方的文化、社会背景和市场环境差异，并购过程可能会不断产生新的矛盾，造成并购过程的低效率及人、财、物的闲置和浪费。这就需要企业在前期做好充分的准备，用以应对并购过程中产生的问题，降低并购风险。再次，并购后的风险防控是并购成功的关键因素，并购后的良好运营是并购效益的最终显现，要重视并购后的整合工作。企业签订了并购协议，只是国际并购的第一步，并购后的整合才是国际并购的主项，它比并购协议的签订更重要。并购后如果管理模式和运行体制没有及时调整和优化，就会导致费用支出加大，管理成本上升，企业包袱加重，并购无效益的局面。因此企业需要建立完备的风险防控体系，对企业内部资源进行整合，降低并购风险，以达到提升效率、优化生产的目的。

总之，跨国并购是柄双刃剑，在实现企业快速增长的同时也伴随着较大的风险。我国民营企业要在国际并购市场中取得成功，就必须制定符合自身发展的经营战略和原则，采用正确的方法与技巧，借助各种力量降低并购风险，最终实现资源的优化整合和企业的跨国经营。

（商务部国际贸易经济合作研究院　何明明）

案例分析

案例一：三一重工国际收购

三一重工创建于 1994 年，2003 年 7 月在上海证券交易所上市，是中国工程机械行业第一支民营企业股。目前，三一重工已经发展成为中国最大、全球第五的工程机械制造商，也是全球最大的混凝土机械制造商。

一、背景介绍

从 2011 年 12 月 20 日，德国普茨迈斯特公司 CEO 诺伯特·肖毅到长沙拜访三一重工董事长梁稳根算起，至 1 月 21 日，双方在德国签约为止，历时仅 33 天。再过不到三个月，即 4 月 17 日，三一重工即完成了对有"德国大象"之称的德国普茨迈斯特公司的收购。

根据最初的协议，三一重工联合中信产业基金共出资 3.6 亿欧元，收购德国普茨迈斯特控股有限公司 100% 股权，其中三一出资 3.24 亿欧元（折合人民币 26.54 亿），拥有 90% 股权。2013 年 7 月 2 日，三一重工再次发布公告，公司出资 5489.77 万美元收购中信产业基金拥有的 10% 股权，从而实现对普茨迈斯特的 100% 控股权。

这起并购震动了全球工程机械行业。

收购后，三一重工全力整合了双方的商务体系，普茨迈斯特的优质产品与三一重工的低成本形成了高性价比的协同效应。科研人员的技术交流也变得更多。

就目前情况来看，三一重工的收购并未导致消化不良。三一重工 2013 年半年报显示，公司前 6 个月实现国际销售收入 54.39 亿元，较去年同期增长

66.5%，占公司销售收入总额的 24.6%，同时，整合后的普茨迈斯特销售额 26.6 亿元。由此可以看出，收购普茨迈斯特增强了三一重工在国际市场上的影响力，海外市场成为公司新的增长点。

本次并购交易的被并方普茨迈斯特成立于 1958 年，是一家拥有全球销售网络的集团公司。该集团在世界上十多个国家设立了子公司，开发、生产和销售各类混凝土输送泵。2007 年，普茨迈斯特取得了 10 亿欧元的销售收入，息税前利润达到了 1.3 亿欧元，占据全球混凝土泵市场 35% 的市场份额。

由于子女不愿意接班，为延续企业生命，普茨迈斯特创始人施莱西特决意出售公司。普茨迈斯特打算召开收购招标会将公司予以出售，参与投标的预计有我国的中联重科等一些知名的机械制造类企业。但三一重工提前主动和普茨迈斯特的管理层接触联系并达成了有关的收购意向，在这之后，普茨迈斯特取消了收购招标会，并宣布三一重工成为最终的收购者。

二、案例解析

（一）三一重工进行国际收购的动因

1. 在国内同行业竞争中获得优势

2008 年，中联重科联手弘毅投资、高盛和曼达林基金，以总额 5.11 亿欧元，对全球混凝土机械行业排名第三的意大利 CIFA 公司实施了全资收购。其中，中联重科占股 60%。

CIFA 被中联重科摘走，国内的机械制造企业争先恐后地开展国际收购。在这种背景下，实施国际并购，扩大自身产业链，可以为三一重工的发展提供重要支持。而此时，有 50 多年历史、生产"大象"牌泵车的普茨迈斯特就成了三一重工必须抓住的收购对象。

2. 加快国际化进程，提升国际影响力

三一重工总裁向文波认为，收购普茨迈斯特为三一国际化进程缩短了 5—10 年时间。2008 年以来，随着国内重工业的快速发展，市场开始呈现出饱和的态势，加上近几年中央开始进行房地产调控，使得基建业和房地产业需求大幅下滑，公司业绩持续增长的压力增大，遭遇到发展的瓶颈。为使得公司持续

发展，做大做强产业，海外扩张成了不少公司的战略选择，三一重工在海外也建立了不少的子公司。

而此次德国"大象"由于欧债危机的爆发，市场份额下降，进而选择出售，三一重工在此时选择出手实际上是非常划算的。收购"德国大象"，借助于老牌机械巨头在国际上的名气，三一重工可以迅速提升其在国际市场上的知名度，大大加快了三一的国际化进程。

3. 获得研发与技术上的新突破，降低成本

三一重工看重的是，普茨迈斯特掌握着多项专利，产品技术性世界领先。普茨迈斯特公司一直创造并保持着液压柱塞泵领域的众多世界纪录：排量，输送距离，扬程，产品的种类，可输送物料的多样性等等。目前，在全球最高建筑——阿联酋的迪拜塔，普茨迈斯特已经创造了603米的最新混凝土输送高度世界纪录。

此次收购，三一重工将100%获得普茨迈斯特在全球约200项相关技术专利，这些专利技术无疑会帮助三一重工获得研发与技术上的新突破，从而降低成本。例如，普茨迈斯特在液压系统、涂装及焊接等领域都有着国际领先技术，这对三一重工的其他业务板块如路面机械、挖掘机械的零部件和整装工艺上都可能带来帮助。除了大量专利之外，普茨迈斯特还拥有全球顶尖的质量控制、生产流程、制造技术和工艺。这些对三一重工来说，同样是一笔宝贵的财富，将帮助其提升自有品牌产品技术制造的稳定性和可靠性。

同时，普茨迈斯特公司拥有技术先进、经验颇丰的研发团队，而对于进行差异化竞争的三一重工来说，其研发的投入向来就很大。三一重工总裁向文波就表示，此次收购普茨迈斯特的费用大抵只相当于三一重工两年的研发费用，由此可以看出，在对技术的研发和工艺的追求上，双方拥有共同的诉求。两家公司通过合并，可以进行资源的重新整合，降低生产和研发成本。

4. 形成优势互补，减少竞争对手

三一重工主要市场在中国，收购之前其海外收入不到销售额的10%，所以还不是全球性的品牌，而"大象"销售额在其本国占10%，国际占90%。据向文波说，就在收购意向达成的几个月之前，两家公司还在印度的一项工程竞标中狭路相逢，由此可见双方的竞争之激烈。

通过收购德国劲旅，三一重工在全球化布局过程中的阻力会大大降低。而且作为一家有着辉煌历史的公司，普茨迈斯特有着历经多年建立的领先的技术优势、全球化的销售系统、忠实的顾客群体以及健全的服务网络。通过收购这些资源都可以为三一重工所用。收购普茨迈斯特不仅将三一的技术提升到国际领先，在国际市场上还少了一个强劲的竞争对手，极大地节省了企业参与竞争的成本，还可以利用普茨迈斯特的全球营销体系，扩大自己的营销范围与规模。

（二）三一重工国际收购协议的达成

1．谈判过程

虽然三一重工并购普茨迈斯特历时很短，但过程却是异常艰苦。三一重工方面认为，详细的前期审查并不是最重要的，因为三一已经研究普茨迈斯特达 18 年，与其在国际市场上竞争也有将近 10 年。三一重工对普茨迈斯特的品牌和技术已经向往已久，现在遇到合适的机会，已无须再进行这些程序性的步骤。

2．与投资基金联合收购

此次收购中，三一重工是联合中信产业基金共同收购。双方共出资 3.6 亿欧元，收购德国普茨迈斯特控股有限公司 100% 股权，其中三一重工出资 3.24 亿欧元（折合人民币 26.54 亿），拥有 90% 股权。前文中提到过，三一重工早就对进军国际市场有意，对此次收购对象普茨迈斯特也是"中意已久"。在漫长复杂的收购谈判过程中，中信产业投资基金发挥了重要作用。

PE 基金通常具有比较丰富的投行经验，对标的企业有充分调研，了解标的企业地区相关法律文化知识，可以参与设计并购方案，提供财务支持等。在并购中，PE 基金可以充当撮合的角色，投资并购的前期谈判很复杂，有一个专业机构在其中进行撮合，可以起到非常重要的推动与协调作用。

（三）收购后的整合

由于时日尚短，很难判断三一重工整合的效果如何，不过目前看来，其做法中仍有许多值得探讨和关注的地方。

1．产品与技术

三一重工进入了普茨迈斯特的供应链体系，成为其合格的零部件供应商，使其生产成本大幅降低。收购后，三一重工还全力整合了双方的商务体系，大象的优质产品与三一重工的低成本形成了高性价比的协同效应。科研人员的技术交流也变得更多，德国"师傅"更能发挥作用。

技术方面，三一重工表示，要尽快吸收"大象"的核心技术，促进国内三一重工的技术升级。普茨迈斯特的一些研究水平要比三一重工超前 5 年。如不收购，三一重工可能要用 5 年时间才能达到那样的技术高度。收购后，若能掌握并吸收普茨迈斯特的核心技术，将使三一重工的技术进步加快 5 年。

2. 品牌

向文波表示，会保留普茨迈斯特的原有品牌。品牌分工方面，国内市场以三一为主打品牌，国际市场以大象品牌出现，三一原有的国际市场将并入普茨迈斯特。

三一重工是以保持普茨迈斯特原有的体系为主，借助其在国际上的品牌效应在细分市场上有所突破，同时吸收并利用先进的核心技术，为自己所用。在收购后的一年里，这样的做法使管理的费用、精力都得到大幅度的降低，这对管理与业务拓展来讲都是有利因素。可以看出，三一重工收购普茨迈斯特希望在保持大象自身优势的同时，慢慢将国外优秀技术渗透到三一自身中使用。这样的做法，不仅巩固了完整的产业链条，更加强了高端品牌形象建设。

3. 人员与文化

普茨迈斯特有着 50 多年的历史，3000 多名员工，并购后企业间文化的融合往往是联姻能否成功的关键因素。如何处理好德国原有的员工与管理层，处理好中德之间文化的巨大差异，成了摆在三一重工面前的一大难题。

首先，在管理层方面，三一重工依然保持了普茨迈斯特的独立性，并未向该公司派驻高管。通过对普茨迈斯特原 CEO 和高管团队保持高度的信任，三一重工基本实现了管理的平稳过渡，一定程度上避免整合中的文化陷阱。

其次，在员工方面，面对德国本土员工的担忧，三一重工没有解雇一个员工，并通过有效分工和扩充普茨迈斯特产品线来增加就业，招聘了更多的海外员工。

最后，在公司文化方面，三一重工在努力实践"本土化"。为了保护工程机械强国德国员工的心理，为了让文化融合更加顺畅，三一德国在各个主要岗位的设置都是一正一副，让中国"副手"充当中德两种文化之间的"变压器"，其职责是把中国总部的文化、做事逻辑及沟通语言等"变压"，让德国人能理解，再由德国同事向欧洲市场直接输出。

三、思考与启示

为了谋求企业的长期发展，突破瓶颈，很多中国企业也开始把眼光转向国际市场，开始进行海外收购。通过三一重工国际收购的案例，从中可以发现对其他企业有借鉴的地方，主要包括以下几点：

（一）选择合理的海外投资方式

企业的国际化战略可以有多种，综观目前中国企业，大致可以将其国际化战略划分为4种：第一种，海外投资工厂，在三一重工收购普茨迈斯特之前，其在印度、德国、南美、日本以及美国都有子公司；第二种，自主知识产权的自有品牌产品直接出口，这种模式的典型是华为；第三种是产品贴牌出口，使用这种方式的多是浙江温州等地的轻工业代工厂；最后一种就是通过海外收购国际化。

不同的企业可以根据自身情况选择不同的国际投资方式。并购这种方式可以利用国外公司的现有资源为国内企业的海外扩张服务，它具有速度快的特点，可以迅速扩大国内企业的产业链，并提升国内企业的技术水平和快速打入国际市场。

此次三一重工收购德国大象就可以充分利用其已有的客户群以及销售网络，为三一重工的全球化战略服务，降低了自身的海外经营风险。其他企业根据自身的特点，可以借鉴和学习相应的国际化战略模式，以便最大限度地降低海外投资风险。

（二）收购竞争对手，进行资源整合

如前文所述，三一重工与普茨迈斯特此前在国际市场的竞标中经常是竞争对手。此次三一重工通过收购该公司，减少了一个有力的竞争者，并且通过整合双方的资源和优势，增强了自身的实力。通过整合两个公司的资源，扩大公司的规模，形成规模效应，降低了生产成本。对此，国内的其他公司同样可以采用类似的方法来收购海外竞争对手，减小扩张的阻力。

收购国外公司既可以整合国内外资源，又能吸收国外公司的先进技术和经营经验，从而增强自身的实力以及对风险的应对能力。且可以提高国内公司在国际上的知名度，为企业的全球扩张打下更加坚实的基础。

（南开大学现代经济研究所所长　李亚）

参考文献：

[1] 孙春燕：《三一重工并购德国大象的背后》，《中外管理》2012 年第 3 期。

[2] 张奕：《三一重工收购"德国大象"案例讨论》，《现代商贸工业》2012 年第 8 期。

[3]《三一重工收购德国普茨迈斯特案例分析》，http://www.mei.net.cn/news/2012/10/458378.html。

[4]《德企谈三一重工收购案：克服文化差异将成未来重点》，http://www.oushinet.com/172-4428-200061.aspx。

[5]《分析称三一重工收购普茨迈斯特成本偏高》，http://finance.sina.com.cn/chanjing/b/20120416/223211838827.shtml。

[6]《三一重工与大象优势互补　整合效应初显》，http://www.360che.com/news/120716/21826.html。

案例二：阿里巴巴香港退市

阿里巴巴集团成立于 1999 年，2007 年 11 月 6 日在香港联合交易所上市。阿里巴巴集团旗下包括：阿里巴巴网络有限公司，淘宝网，天猫网，支付宝，阿里巴巴云计算，中国雅虎等。

一、背景介绍

（一）支付宝事件

2011 年 5 月 11 日，雅虎公司在其一季度财报中披露，阿里巴巴集团已经将支付宝的所有权转让给马云控股的另一家中国内资公司即浙江阿里巴巴电子商务有限公司。文件显示，阿里巴巴对支付宝的重组是为了尽快获得监管部门的牌照。支付宝此前接近 70% 的股权被美国雅虎和日本软银公司控制。

雅虎披露，阿里巴巴集团此举并未获董事会的批准。面对大股东的质疑，马云（阿里巴巴集团创始人、董事局主席兼 CEO）辩称，此举是为了遵守央行关于 VIE（协议控制）的规定，以争取支付宝的第三方支付牌照。

此事曝光后，马云承认支付宝单飞未获得雅虎软银批准，以及此事涉及业内普遍存在的 VIE 模式即协议控制模式。该模式的特点是境外离岸公司不直接收购境内经营实体，而是在境内投资设立一家外商独资企业，为国内经营实体企业提供垄断性咨询、管理等服务，国内经营实体企业将其所有净利润，以"服务费"的方式支付给外商独资企业；该外商独资企业通过合同，取得对境内企业全部股权的优先购买权、抵押权和投票表决权、经营控制权。

当时，以马云为代表的管理层作出了一个决定，即先进行股权转移，旨在拿到牌照，而后再开董事会，开放地谈利益补偿问题。

2011年7月29日，阿里巴巴集团、雅虎以及软银宣布，三方已就支付宝达成协议，其内容包括阿里巴巴在支付宝未来的公开募股中获得回报等。支付宝控股公司承诺在上市时或在其他流动性事件中予以阿里巴巴集团一次性现金回报，回报额为支付宝在上市时总市值的37.5%（以IPO价为准），将不低于20亿美元、不超过60亿美元。

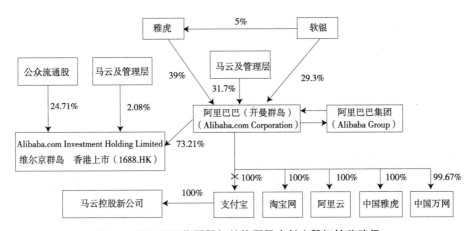

图12　阿里巴巴集团股权结构图及支付宝股权转移路径

（二）退市事件

2012年2月21日，阿里巴巴集团发出私有化邀约，将从香港联交所摘牌。2012年6月20日下午4点，在香港上市的阿里巴巴网络有限公司（俗称阿里巴巴B2B公司）在港交所正式退市。

（三）股权回购事件

2012年5月21日，阿里巴巴集团与雅虎联合宣布，双方已就股权回购一事签署最终协议。阿里巴巴集团将动用63亿美元现金和不超过8亿美元的新增阿里集团优先股，回购雅虎手中持有阿里集团股份的一半，即阿里巴巴集团股权的20%。如果阿里集团在2015年12月前进行IPO，阿里巴巴集团有权在IPO之际回购雅虎持有的剩余股份中的50%——即10%阿里集团股份，或允许雅虎在 IPO 时公开出售。在 IPO 禁售期后，阿里巴巴集团需向雅虎提供股票登记权，并在雅虎认为适当的时机协助其处置所持有的剩余股权。

目前，雅虎持有阿里巴巴约 40% 的股权，软银持有约 29% 股份，马云及管理层持有约 31% 股份。交易完成后，雅虎持有阿里巴巴的股权比例将降至 20%，而马云及管理层持股将达到 51%，成为阿里巴巴第一大股东。

相关背景是：2005 年 8 月 11 日，中国互联网界影响最大的一个资本运作事件，就是雅虎并购阿里巴巴集团。阿里巴巴出让其 40% 的股权，换取了"雅虎中国全部业务及 7000 万美元现金"。

此次并购的关键条款包括（可以理解为"五年之约"）：

雅虎控股后，在初期，雅虎只能有 35% 投票权，而马云等管理团队虽只占有 31.7% 股份，但投票权加 5%。另外一个约定就是在初期不能随便解雇马云。

2010 年 10 月起，持股阿里巴巴集团 39% 经济权益的雅虎，其投票权将从当时条款约定的 35% 增加至 39%，而马云等管理层的投票权将从 35.7% 降为 31.7%，软银保持 29.3% 的经济权益及投票权不变，届时雅虎成为阿里巴巴真正的第一大股东。

与这次并购相关的是阿里巴巴集团的公司治理。据马云在 2011 年谈到支付宝事件时说："我们成立这个董事会 6 年了，从来没有一件事情是通过或不通过，都是以会议纪要形式走的。成立淘宝也是我跟孙正义的君子协定。成立支付宝、阿里云，都是纪要。我们公司就这么运营的，换句话说，没有一个决策是董事会要批准的。很多事都是在董事会外面讨论，董事会上面达成协议。我们一直以来是这样，不存在协议通过、协议反对，那乱套了。这个事情我跟你说，再给你十倍的时间也不会（通过），为什么？这涉及两个人的屁股脑袋。孙正义他（要的）就是软银（利益），雅虎就是（要的）雅虎（利益），至于谁要为这个公司负责任，他不管。孙正义有无数的投资，死一个阿里巴巴，他会痛，但对他是一个，而对我们是所有。雅虎也是一样的道理。所以只要涉及自己短期利益大家都会反对，都不同意。或者他们反对但是从来没说过反对，也从来没说过不反对。一说到这事，他就说：我只有两分钟，我要走了。在资产处置的决定上，屁股决定脑袋。杨致远没错，孙正义也没错，他们代表股东。如果我是大股东，我也会这样，我为难啊，我回去怎么跟我的投资者交代？所以他干脆不表态，所以这个事情卡在那。所以我说，运营过企业的人都知道，天下没有一个制度是完美的，没有一个人是完美的，制度跟人是配套的。我面临的这种状况是制度没办法完善的。这是治理问题。为什么我一直说公司需要领导者而不是职业经理人？在大是大非面前，职业经理人按照规则走就行了，领导者就必须承担责任。应该程序正义，process 很重要，但我们这个是一个'个性'案例，从法来讲是对的。法总会遇到个性案例，这就是一个个性案例。个例就是去考察你的领导力。我完全可以做到按照规则去走。"

二、案例解析

2005 年，阿里巴巴集团出让股份 40% 给美国雅虎，得到雅虎中国公司以及 7000 万美元。这是一起典型的股权融资。不过，此次股权融资与众不同的地方在于，阿里巴巴集团出让了自己的相对控股权给予美国雅虎，这在股权融资案例中是非常少见的。当然，阿里巴巴集团为了防范风险，约定雅虎只能有 35% 投票权，而马云等管理团队虽只占有 31.7% 股份，但投票权加 5%，另外一个约定就是在初期不能随便解雇马云，但这些约定在 2010 年 10 月自动到期。

从结果上看，阿里巴巴集团此次股权运作基本失败，相当于用高价值的阿里巴巴集团换来了低价值的雅虎中国业务。雅虎中国业务自从合并入阿里巴巴集团之后，一直处于下滑趋势，并没有与阿里巴巴集团的相关业务形成协同效应，阿里巴巴集团也没有获得急需的搜索技术。

在此背景下，阿里巴巴集团曾多次向大股东提出回购股份，但均遭遇拒绝。于是，为了自救，阿里巴巴集团实施了三步曲，即支付宝脱离阿里巴巴集团、阿里巴巴上市公司私有化、美国雅虎股权回购。这三项操作实际上是一个整体，环环相扣，密不可分。

（一）支付宝事件

就此事件来看，以马云为代表的管理层，实现了支付宝这块优质资产的所有权回归，顺利拿到了第三方支付牌照，同时给两位股东以现金补偿。

以雅虎为代表的外资股东，被迫出售了优质的亚洲资产，可得到一定现金补偿（获得赔偿的前提条件是支付宝上市）。

阿里巴巴集团旗下最有价值的业务，实际上已经不是阿里巴巴 B2B，而是 C2C 的淘宝与支付宝这两项业务。当马云及其管理团队利用获取央行牌照政策这一机会而强行取得支付宝的真正控制权时，他们就掌握了阿里巴巴集团最宝贵的资产之一，明显加大了下一步与雅虎股权回购博弈的筹码。这一招可称之为"釜底抽薪"，杀伤力甚强。

同时，淘宝目前是支付宝第一大客户，占支付宝交易额的一半左右。如果马云真的想将淘宝的利润部分转移到支付宝，在理论上实现并不困难（只需要"合法"地将淘宝的使用价格提高即可）。这对于股权回购谈判也是非常有利的。

理论上，如果支付宝的转移价格合理的话，阿里巴巴的大股东美国雅虎的利益并未受损。但值得关注的是，两次股权转移将支付宝卖给马云控股公司，实际转让价格为人民币 3.3 亿，明显低于支付宝的实际价值。为什么大股东同意作出此种转让呢？因为这两次转让的前提是大股东还可以通过协议控制来实质上控制支付宝，或者说支付宝的利益可以通过协议控制转移给大股东。这两次股权转让的价值只是形式上的价格，它远远低于实际市场价格。大股东没有想到的是，在股东会未达成关于协议控制的共同意见时，阿里巴巴团队自行解除了协议控制。这使得大股东处于极为被动的地位，只能事后进行补偿谈判。而在这场补偿谈判中，大股东完全处于弱势，几乎没有可能获得公平合理的市场化的赔偿价格。道理很简单，在你以低价将某一产品卖给顾客之后，再与顾客协商补差价，将是一件异常困难的事情。

（二）退市事件

B2B 私有化，阿里巴巴官方的说法是业务转型。阿里巴巴 B2B 受国际大环境影响，面临业务增长缓慢，付费用户负增长等种种发展难题。目前的经济形势下，B2B 业务的发展前景很不乐观。　．

以上并不是退市的主要动因。阿里巴巴退市，更重要的目的还是在雅虎控股权的解决上。由于退市后解决雅虎问题不需发布公告，从而可以关起门来从容打"虎"。私有化也降低了雅虎阿里股权问题的解决难度，在董事会层面达成一致比同时牵扯资本市场简单很多。

一方面，退市后，大股东雅虎很难通过公开信息了解阿里巴巴集团的真正运营情况，大大增加管理层的信息控制力，从而在股权回购谈判中管理层居于主动地位。实际上，大股东雅虎只是在董事会上拥有一个股东席位，对于集团的真正运营并不清楚。通过上市公司的信息披露，可以对集团以及上市公司的情况有所了解。现在，这一信息渠道被彻底切断。私有化后，财务数据不需要公开，雅虎所持股份估值将是个难题。

同时，通过控制权的增加以及信息的不透明，管理层可以强制要求大股东转让股权，否则，管理层有一系列的办法可以"合理合法"地侵害大股东的利益。在这种局面下，美国雅虎被迫将对阿里巴巴的战略投资转为财务投资并寻求退出。

另一方面，在双方同意就股权回购进行谈判的前提下，股权转让价格就成为一个焦点。管理层的基本目标是尽量压低股权回购价格。

为了实现压低股权回购价格的目标，其基本思路是减少阿里巴巴集团的吸引力。上市公司退市，首先会大量增加阿里巴巴集团的债务，使阿里巴巴集团在私有化后会面临巨额的债务负担（190亿）。这会显著降低集团的价值。其次，客观而言，阿里巴巴这次退市所给出的价格是相对低于上市公司的实际价值的（一方面是市场低迷，另一方面是阿里巴巴公司有意拖延转型进度，以时间换空间）。在此情况下，对于阿里巴巴集团的整体估值标杆显著降低。同时，及时对上市公司进行私有化，也有助于防止资本市场上趁价格低对阿里巴巴进行恶意收购（希望重整后获利），从而抬高股价，进而抬高阿里巴巴集团的整体估值，不利于短平快地解决股权回购问题。

（三）股权回购事件

阿里巴巴集团此次从雅虎手中成功回购20%的股权后，其在集团的控股比例将从交易前的31%增加至51%。同时，作为交易的一部分，雅虎放弃委任第二名董事会成员的权利以及对阿里巴巴战略和经营决策相关的否决权。通过此次交易，阿里巴巴重新获得了对公司的控制权。

值得关注的是，按照2012年5月的回购价格，雅虎20%的股权价值71亿美元，也就意味着阿里巴巴集团的整体估值为350亿美元。未来如果阿里巴巴集团上市，雅虎剩余的20%股权的价值肯定要高于71亿美元，换言之，截至目前，雅虎所持有的阿里巴巴集团的40%的股权价值至少为142亿美元。

在7年前，阿里巴巴收购雅虎中国时，雅虎用10亿美元换得了阿里集团

40% 的股权。以此计算，7 年之后，雅虎当年投入的 10 亿美元变为 141 亿，升值超过 14 倍。

马云从雅虎手中回购阿里巴巴集团股份，大概花费 150 亿美金左右。当时雅虎给阿里巴巴的 10 亿美元投资变成了 150 亿，对马云来讲代价似乎是过于昂贵了（雅虎以当年 10 亿美元投资的一半，获得 71 亿美元回报，投资回报率高达 14 倍）。但事实上，首先，目前雅虎对阿里巴巴的估值略低于 350 亿美金。第二，雅虎在阿里巴巴回购股权的问题上的谈判非常顺利，因为雅虎并没有设置过多障碍。所以这次回购应该是马云的一次胜利。在回购股份以后，马云真正地消除了控制权旁落的担忧，他和他的团队可以把精力转移到阿里巴巴未来的战略目标和再次上市方面。

通过这 8 年的过程，我们可以基本看出：支付宝、退市和股权回购事件均是在为 2005 年错误的资本运作买单。

三、思考与启示

我们重点从股权融资与公司治理的角度来思考阿里巴巴股权运作案例对我们的启示。此案例反映中国民营企业家对于股权融资运作、公司治理的相对不熟悉。

在民营企业经营实践中，融资经营是做大的手段，公司治理才是做强的根本。融资经营只有围绕公司治理来展开，或者与公司治理相配合才能有发展的空间。融资经营要以公司治理为依托。公司治理始终是企业生存和发展的根本，因而更为重要。

民营企业只有在增强治理竞争力的基础上，开展融资经营，才能使两者相互融合、共同发展，形成公司治理与融资经营相互依存、相互推动的良性循环机制。否则，就有可能出现治理风险，导致公司发展的隐患。就此案例来看，董事会成立多年以来，居然从未形成过董事会决议，全部是按照董事会纪要的方式进行运营，它本身就隐藏着极大的治理风险。另外，在支付宝事件中，一位董事弃权，一位董事反对，两位董事赞成，根据一人一票的原则，支付宝问题是可以在董事会层面上达成决议的（除非此公司董事会对于重大资产事件规定有必须全票通过的条款）。这也是与通常的公司治理运作惯例不符的地方。

最明显地反映出公司治理存在不足的地方就是：支付宝解除协议控制后，雅虎公司对外界声明，支付宝股权转移，未经董事会批准。而马云只能作出回应，支付宝股权转移早经董事会讨论。实际上，董事会讨论与董事会批准是完全不同性质的治理结果。

在董事会治理上，我们认为，阿里巴巴集团至少在四方面还有待提高，它们是：

- 阿里巴巴董事会：结构及组成
- 董事会：决议程序
- 董事会、大股东及高管层：权责利
- 独立董事的能动作用：决策与监督

因此，民营企业融资经营过程中，必须注意公司治理优化。例如在并购过程中，注意构造合理的股权结构，让被并购企业的管理层适当持股，降低治理风险。阿里巴巴集团当初的股权融资，最大的败笔可能就在于轻易地出让公司控股权，从而形成了日后一系列的难局。使这种局面进一步恶化的则是阿里巴巴集团管理层在公司治理运作上的弱点，使得通过公司治理化解上述难局的可能性进一步缩小了。

（南开大学现代经济研究所所长　李亚）

参考文献：

[1] 侯继勇：《B2B 私有化：马云意在优化阿里巴巴资产》，《21 世纪经济报道》2012 年 2 月 12 日。

[2] 侯云龙：《阿里巴巴 B2B 私有化退市》，《经济参考报》2012 年 6 月 21 日。

[3] 蒋佩芳：《阿里巴巴港股今退市　马云整顿意在 IPO》，《每日经济新闻》2012 年 6 月 8 日。

[4] 田志明：《阿里巴巴退市惹争议　脱离雅虎是当务之急》，《南方日报》2012 年 2 月 24 日。

[5] 姚芳沁：《阿里巴巴私有化之后做什么》，《第一财经周刊》2012 年 7 月 2 日。

[6] 王琳：《阿里巴巴私有化退市　马云布棋局暗战雅虎》，《新金融观察报》2012 年 2 月 26 日。

[7] 尹世昌：《阿里巴巴在港交所摘牌　上市公司主动退市为哪般?》，《人民日报》2012年6月21日。

[8] 李翔、姚芳沁：《马云夺权启示录：步步为营　重掌控股权》，《第一财经周刊》2012年5月25日。

[9] 侯继勇：《马云统一阿里巴巴治权和股权　创始人团队完胜》，《21世纪经济报道》2012年5月22日。

[10] 董军：《雅虎阿里巴巴之争待揭三张底牌》，《中国经营报》2012年5月23日。

[11] 姚欢：《阿里巴巴私有化：退市后何去何从备受期待》，《中国企业家》2012年第4期。

案例三：万达集团并购美国 AMC

大连万达集团创立于 1988 年，形成商业地产、高级酒店、旅游投资、文化产业、连锁百货五大产业。

一、背景介绍

2012 年 5 月 21 日，大连万达集团在北京正式宣布并购美国第二大院线 AMC，整个并购方案涉及资金 31 亿美元，其中并购总交易金额 26 亿美元，包括购买公司 100% 股权和承担债务两部分（其中债务占了相当一部分）。

万达集团收购 AMC 公司后，将同时拥有全球排名第二的 AMC 院线和亚洲排名第一的万达院线，万达集团已成为全球规模最大的电影院线运营商，将占有全球 10% 左右的市场份额。

万达以书面协议承诺保持 AMC 高级管理层不变（AMC 影院公司 CEO 兼总裁格里·洛佩兹将保留原职务），同时"不期待对 AMC 的雇员政策施加影响"，AMC 现有 1.85 万名全职和兼职员工。万达集团承诺，在运营中将充分尊重美国市场准则和公司治理规则，尊重 AMC 公司的企业文化和管理团队，实施更有效的激励制度。万达集团董事长王健林表示，并购后 AMC 的管理层及整个经营团队将无人事变化，但双方会互派 1 到 2 人的高层到对方董事会任职。

本次并购交易的被并方美国 AMC 影院公司在 1920 年由 3 个兄弟以一家密苏里电影院起家，总部位于堪萨斯城，为世界排名第二的院线集团。2011 年收入约 25 亿美元，票房则达到上百亿美元，观影人数约 2 亿，员工总数 2

万人左右。AMC 公司旗下拥有 346 家影院，是万达院线的 4 倍左右，共计 5028 块屏幕，是万达的 7 倍左右。并购前 AMC 的估值约为 15 亿美元（此估值是根据 AMC 过去 52 周 1.81 亿美元的现金流，以及市场对美国院线价值的普遍估值——价值约为现金流的 8 倍而定）。

万达集团 2010 年上半年开始与 AMC 公司股东及管理层洽谈并购事宜，历时近 2 年。万达集团前期的并购事宜主要是与 Apollo 投资基金及摩根大通合伙人进行谈判。此次对 AMC 的收购是在万达作出全面考察的基础上达成的协议。2012 年 5 月 21 日上午，大连万达集团和全球排名第二的美国 AMC 影院公司终于签署并购协议。

万达集团表示在并购后也将尽力维护好 AMC 的品牌，继续发扬和提升该品牌的影响力，完全不会考虑用万达院线品牌去替代。

王健林在并购 AMC 签约仪式上表示，财务成本过高导致 AMC 公司亏损（AMC 的亏损并非是管理出现问题，而是负债过高），收购后将着力降低其负债率，并保证管理层的稳定。"并购后，万达集团将投入不超过 5 亿美元作为运营资金，用于帮助 AMC 提升旗下影城硬件水平及运营能力，将大大增强 AMC 的市场竞争力。"对于溢价收购问题，王健林称，此次并购有相当大折扣，根本不存在溢价收购的问题，万达实际只需要支付 21 亿美元左右。

二、案例解析

（一）发力文化产业是本次并购的重要战略动因

万达从 2005 年开始大规模投资文化产业，目前已进入中央文化区、大型舞台演艺、电影制作放映、连锁文化娱乐、中国字画收藏 5 个行业。万达文化产业投资已超过 100 亿元，成为中国文化产业投资额最大的民营企业。

近年来，国家对于文化产业方面的政策支持力度在不断地加大。中国政府一直在努力打造能够与好莱坞媲美的电影制片公司，并鼓励向海外展示中国文化。文化产业已经成为国家重点扶持的朝阳产业。在"十二五"期间将加快文化体制改革，着力发展文化重点产业。在"十二五"规划中，明确提出了要使文化产业发展为支柱产业，即到 2015 年要争取使文化产业占 GDP 的比重为

5%，而 2010 年这一比重仅为 2.78%。为了达成这一目标，国家仍然会扶持文化企业和产品的国内发展与海外扩张。"十二五"规划中明确指出：扩大文化企业对外投资和跨国经营，鼓励具有竞争优势和经营管理能力的文化企业对外投资，兴办文化企业。在中国经济快速增长的背景下，文化企业加快"走出去"步伐是必然趋势。显然，作为民营企业，配合国家政策导向、找准大趋势是一种重要战略选择。值得一提的是，万达集团高层多年来一直颇有战略头脑，且拥有一个非常强大的智囊团。

据相关报道，万达高层在和政府高层谈话时，中央已经有这方面的指示，即"走出去"不要仅限于内容，渠道走出去也是一种成功。显然，这次并购有望申请到政府资助、银行贷款等政策上的支持。同时，不可否认，利用海外的强大资本来扩充自己的实力，利用海外先进经验打开海外的发行渠道，的确有利于中国电影走出去。

电影院作为文化产业中的一个分支，其发展速度相当强劲。中国计划到 2015 年使国内影院屏幕数量从目前的 6300 个增加至 20000 个。到 2040 年，中国计划使屏幕数量增加至 40000 个，接近美国水平。在中国，院线的利润是非常高的。而万达院线的模式是在万达广场综合体里面开设自己的院线，因此，其经营成本比国内其他院线的成本更低，其利润也更高。近年来影院租金正在不断上涨，一线城市很多影院租金已经达到影院票房的 20% 以上，给影院的运营成本带来了很大压力。但万达院线由于依托万达广场，拥有明显的租金优势。万达院线公司既做院线业务，也同时做影院业务，能够同时获得院线的约 5% 票房分账以及影院的约 50% 分账。根据万达官网资料，万达影院平均收入是行业的 2 倍，盈利是行业的 3 倍。在利润水平高于业内平均的同时，万达的扩张速度也远高于其他同行。自 2005 年以来，万达院线每年便以 100 块银幕的增速爆发式成长。从 2005 年到 2011 年，中国电影票房收入年均增幅近 40%，而万达院线的增幅达到 60%。

近年来，大连万达开始了战略转型。大连万达计划到 2020 年，力争成为世界一流的跨国企业（年收入 500 亿美元），万达商业地产的收入比重将降到 50% 以下，彻底实现转型。这种转型的基本方向是：加大在文化和旅游领域的投资，储存未来 10 年的竞争优势。大连万达近几年来一直在战略上对文化产业进行投入，并且获益匪浅。在影院扩张方面，作为龙头企业的大连万达不管是影院开业数量还是票房收入均走在了行业的前头，并成为标杆企业受到业内的关注。王健林认为，"院线的净利润率是 17%，超过地产主业，并且文化产业能获得更多的政策支持"。

当然，大连万达的战略转型并不是要放弃地产业，恰恰相反，是要让文化产业与商业地产进行融合，用文化产业的发展为商业地产找到新的动力，寻求差异化优势，打造商业地产的文化内核，从而实现两条腿走路。商业地产回报慢，是一个需要占用大量资金的产业。相比之下，院线属轻资产，经营得当可获得较好的现金流。两者可以形成有效的互补。做强院线可强化商业地产的核心竞争力，提高商业地产在产品、服务等方面的文化附加值。在这方面，美国发展十分成熟，迪士尼、拉斯维加斯都是成功例子，万达收购美国 AMC 公司也可以学习导入对方的管理经验。

万达集团认为，从企业规模和实力来说，万达已到了"走出去"发展的阶段。2012 年初，万达集团制定了 10 年战略目标，实施跨国发展。并购 AMC 是万达集团国际化战略的第一步。万达集团海外发展将采取并购和直接投资两条腿走路，主要围绕万达相关业务，在文化、旅游、零售 3 个产业进行。借收购 AMC，万达集团已和 AMC 的 5 个原始股东阿波罗投资基金、摩根大通投资基金、贝恩资本、凯雷（Carlyle Group）、光谱投资基金达成共识，除了在 AMC 公司并购业务上进行合作外，万达还将在中国和全球业务发展中与它们进一步合作。

显然，万达集团此次是在进行一次战略性的投资（看重长期战略收益而非短期经济收益），也是在为上市做准备。并购成功，必将为万达院线国内 IPO 增加助力。并购后万达已经成为全球规模最大的电影院线运营商，并且为上市做了最好的广告（AMC 资产注入的可能性给了市场很大的想象空间，万达集团在并购发布会上明确表示，不排除择机将 AMC 公司股权资产注入万达院线。另外，此次并购至少可以提升万达院线的专业化运营能力及其品牌价值），招股价有可能一路上升，拥有充足的溢价空间，获得较高的市盈率。这样的收购，理论上会提高市场预期，并对其股价和市盈率有正面的推动作用。以目前数据来看，AMC 一年的现金流量为 1.81 亿美元，而 16 亿美元的整体收购价格就意味着约 14 倍多一点的市盈率，如果万达院线最终在国内 IPO，很可能会获得更高的股票定价。当然，此次并购主体为万达集团，而非万达院线，这也是为了促进万达院线的快速上市。对于万达院线而言，在上市准备阶段如果发生以其为主体的大宗并购事件，需提交相应的补充材料，或将影响其上市进程。

与此同时，国际上影院经营者困难重重。随着在线点播等播映平台的不断涌现，美国影院市场正在缩小，据美国电影协会的统计，北美市场的电影观众人次已经持续地从 2002 年的 15.7 亿人次下降到了 2011 年的 12.8 亿人次（比 2010 年降低了 4%），而人均观影次数也从 2002 年的 5.2 次下降到了 2011 年的 3.9 次。北美票房收入 2011 年总共为 102 亿美元，降低了 3.8%。尽管 AMC 等影院运营商正在通过增加 3D、IMAX 银幕，引入餐厅服务等措施增加收入，但观众人次下降的总体趋势仍使 AMC 的运营面临巨大的挑战。

而与此同时，中国电影观众正表现出对美国大片《阿凡达》和《碟中碟 4》的强烈兴趣。全球最大的电影市场在中国已成为全球共识。在此背景下，将国际化影院运营经验与中国市场增长进行结合，不失为一种稳妥的选择。这次并购的双方，一个是最大的市场，一个是最大的成长型市场，两者相融合一定会出现新的价值。中国消费群体的增长和庞大的基数，再结合国外先进的技术，势必会产生巨大的协同效应。AMC 公司 CEO 洛佩兹对此非常期待，因为并购将使 AMC 的老板由原来 5 个私募基金东家换成单独一家有战略眼光、追求长远目标的中国企业家，对于 AMC 来说，再也没有比这个更好的消息了。另外，美国 AMC 院线经过了 92 年，有丰富成熟的经验，这恰恰是成立不到 10 年的万达院线所欠缺的。通过这次并购，万达院线可以近距离地学习到美国电影院线先进的管理经验，特别是在自主管理、品牌统一、运营创新（如就餐影院）方面。

（二）风险控制

对于万达集团并购 AMC 一案，业内关注的焦点集中在此次战略性扩张的代价和收获，即并购 AMC 会否给万达带来风险。这种风险不仅是海外并购管理、文化融合的难度，更是因为 AMC 本身已经深陷巨额亏损。

作为美国排名第二的院线，AMC2011 年第四季度亏损达 7300 万美元。2011 年收入约为 26 亿美元，全年亏损 8270 万美元。2010 年收入约为 24.37 亿美元，亏损 1.23 亿美元。

从近期看，美国电影院线市场则是处于下滑趋势，已进入"微利时代"。在票房方面，北美市场的境况持续 3 年下滑。与 2009 年比较，2010 年观影人数下滑 5%，2011 年美国电影院线收入下滑 4.5%，这在美国近 10 年数据历史上，下滑幅度是较大的。由于观影人数呈下降趋势，影院为确保利润，只能采取提高票价的手段，但这导致进一步影响观影人数。各类新型数字平台的出现也会影响观影人数。在这样的市场环境下，AMC 在未来短时间内扭亏将面临不小困难。

但总体上看，万达集团对此次并购交易的风险控制并不是非常悲观：

首先，资金负担方面，万达集团早在 2010 年就已为此次交易留出预算，并且全部并购资金均由年收入上千亿的集团承担，不会对商业地产公司和院线、百货等板块造成压力。即使短期内大量现金流出确实会对万达集团的资金调配造成一定的困难，但是对于万达而言，海外并购文化产业是它成为世界龙头的必由之路，长期战略意义的重要性已经超出了短期经济利益。而且，需要指出的是，通常情况下非上市公司间的大宗并购交易，其实际交易金额往往少于公开市场所了解到的数据。万达集团此次并购 AMC 公司所支付的款项存有较大的折扣。因为 AMC 公司账面上还有 2.7 亿美元的现金，再加上持有的其他公司的股权，万达实际支付只有 21 亿美元左右。

其次，万达集团认为 AMC 公司的亏损并非 AMC 管理层能力或者运营水平有问题（万达电影院线副总经理张国华在微博上称，AMC 的亏损是历史和财务结构问题，其大部分高管都是有 10—20 年稳定经历，是优秀的）。主要原因是资产负债率太高，每年仅利息支出即占据了其成本的很大一部分。AMC 的年报显示，在 2011 财年中，AMC 公司企业借款及融资租赁的利息支出约达 1.67 亿美元，这不仅侵蚀了 9400 万美元的全部运营利润，还造成了巨额亏损。截至 2011 年末，AMC 的借款金额超过 21 亿美元，超过其固定资产总额近 1 倍。历年财务成本高居不下，很多营收都用于偿本付息了。这直接导致其最终被万达集团收购。对于这一问题，通过资金注入和债务重组有望扭转局面。收购完成以后，万达集团将投入 5 亿美元的运营资金，包括对影院的升级改造（影院升级之后，影院的收入有望增加 20% 以上），以及归还贷款改善负债结构等计划，有望改善 AMC 的未来运营。

仔细研究 AMC 过去 10 年的财务状况可以发现，AMC 基本上能够保持盈亏基本平衡。历年的亏损除了 2008 年次贷危机当年外，基本上与其扩张速度过快导致的并购成本和财务成本过高有关。在过去 10 年中，AMC 当年净利润为负的年份有 2011 年、2010 年、2008 年、2005 年、2004 年和 2003 年。以 2010 年为例，AMC 当年亏损 1.23 亿美元。其主因是，该公司于当年会计年度末并购了一家名为 Kerasotes 的电影院线，导致其运营费用猛增 1 亿美元以上，同时并购需要的借款又使其财务费用大幅增加 0.2 亿以上，最终导致公司亏损。同样在 AMC 扩张步伐最快的 2003 年、2004 年和 2005 年的会计年度中，无一例外地发生亏损。而 AMC 扩张步伐大幅下降的 2006 年则出现盈利迅速反弹。因此，可以预计，如果万达在财务上支持 AMC，同时 AMC 在未来几年放慢扩张的话，则该公司基本上有望在财务上实现盈亏平衡。

从院线经营的角度看，此次收购 AMC 用实际支付的 21 亿美元买到了 5000 块屏幕，每块约为 250 万—260 万元人民币（根据同期市值计算，美国第一院线 Regal 和第三院线 Cinemark 平均每块银幕的价格贵 38% 和 15%）。在国内，一块电影屏幕的价格通常在人民币 350 万元左右。如果把 AMC 公司账面上持有的现金和上市公司股权去掉，21 亿美元的对价仅用来获得 5000 块屏幕（其中还有一半的 IMAX 和 3D 屏幕），购买这个公司就是非常值得的。

万达集团并购 AMC 并不是一门亏本的生意，按照万达集团董事长王健林的算法，以平均人民币 250 万元的价格买一块 AMC 屏幕是捡了一个大便宜。

此外，对于此次战略性扩张的价值，不能仅仅通过规模的扩大来衡量。万达集团并购 AMC 后将同时拥有中美两国电影市场，前者是最大的成长型市场，后者是最大的存量市场，两者相融合一定会出现新的价值。在某种意义上，此次并购交易的市场价值甚至远大于资产价值。

三、思考与启示

总的来看，万达集团收购美国 AMC 影院公司，是我国民营企业走向海外的一个标志性事件，也是中国电影产业里程碑的事件。它对万达集团的院线运营业务及其 IPO 进程有明显推动作用。关于这起并购案，有以下几点思考与启示：

（一）被并企业管理层的处置

通常情况下，对主并企业而言，企业并购的两项主要工作是资金输出和管理输出。万达集团在签署并购协议的同时，和 AMC 公司管理团队达成了长期雇佣协议，并承诺在并购后只派驻一两个代表（双方互派 1 到 2 人的高层到对方董事会任职），具体经营由 AMC 公司原管理团队负责。同时，万达集团表示会在运营中充分尊重美国市场准则和公司治理规则，尊重 AMC 公司的企业文化和管理团队，实施更有效的激励制度。这种明智态度将赢得 AMC 公司原管理层的好感。对于刚刚开启"走出去"战略的万达集团而言，保留并成功激励被并企业管理层是其适应国际化的市场和经营环境，减少并购成本内部化的关键措施。

在广受关注的"中国影片能否借助万达 AMC 并购案进入美国市场"问题的猜测和讨论中，万达集团明确表态，"并购 AMC 后，进不进中国影片、进什么影片、进多少影片，由 AMC 管理层根据美国行业规则、市场需求自行决定，万达集团不干涉"。这体现出万达集团摒除中国特色"并购即一家，家长说了算"的传统和充分尊重 AMC 公司的独立性及其管理层的决策自主性。

从整合角度看，客观而言，万达集团还有很多工作要做。美国电影市场的平均利润增长率远低于中国，市场趋于饱和，增长潜力十分有限。实际上，美国院线产业已经属于夕阳产业。美国院线产业现在的利润率非常低，是一个竞争过度的产业。万达收购 AMC 之后，必须在成本控制方面下足功夫，单靠美国现有管理团队似乎不足以完成此项艰巨任务。

（二）被并企业品牌价值不容忽视

已有近百年历史的 AMC 公司，其品牌在美国家喻户晓、深入人心。对于万达集团而言，AMC 的品牌价值自不必说。此外，从平稳过渡、安抚人心的角度，AMC 公司员工对企业的忠诚度和归属感直接体现在对品牌认可上。因此，万达集团"尊重 AMC 创立的事业、在并购后保留并尽力维护好 AMC 品牌、继续发扬和提升该品牌的影响力、完全不会考虑用万达院线品牌去替代"的公开表态是明智之举。

（三）并购交易的主体选择

在万达并购 AMC 交易中，选择万达集团而非万达院线作为交易主并方。这样就有可能在万达院线上市后，在它具备资金实力及相应管理水平、符合国内相关政策和法律法规要求的前提下，万达集团择机将 AMC 公司股权资产注入万达院线，会实现更大的资本增值。

在万达集团确定以文化产业、商业地产、零售百货 3 个产业作为战略投资方向，以海外并购和直投作为文化产业板块扩张的主要发展路线后，AMC 并购案是其在文化产业投资战略的实施，而万达院线要在未来 8 年内实现全球市场份额 20% 的目标也必然要将 AMC 纳入旗下。

（南开大学现代经济研究所所长　李亚）

参考文献：

[1] 李小晓：《美国欢迎谁》，《中国经济周刊》2012 年第 20 期。

[2] 叶小果：《万达的新游戏　王健林对影院兴趣超地产业》，《新营销》2012 年 7 月号。

[3] 牛巍：《万达：文化产业赌徒》，《新领军》2012 年第 7 期。

[4] 朱以师、于宁、张宇哲、章涛：《万达 50 亿美元收购资金何来》，《新世纪》2012 年第 23 期。

[5] 《新财富》杂志编辑部：《王健林：地产江湖最后的"隐形大佬"》，《新财富》2010 年第 5 期。

[6] 陈星星：《万达 26 亿美元并购美国 AMC 影院公司》，《人民日报》2012 年 5 月 22 日。

[7] 王松才：《31 亿美元并购美国 AMC　万达面临美国市场盈利难题》，《中国经济时报》2012 年 5 月 24 日。

[8] 丁磊、荆宝洁：《万达溢价 73% 收购高负债美国 AMC》，《21 世纪经济报道》2012 年 5 月 22 日。

[9] 陈汉辞、何天骄、陶莉莉：《万达 31 亿美元借 AMC 出海》，《第一财经日报》2012 年 5 月 22 日。

[10] 王娜、徐涛：《万达打算并购 AMC 进北美电影业　面对的困难不少》，《第一财经周刊》2012 年 5 月 18 日。

[11] Michael Cieply：《中国的好莱坞影响》，《纽约时报》2012 年 5 月 21 日。

案例四：复星集团的国际化投资

一、背景介绍

复星创建于 1992 年，其目标是成为一家全球领先的专注于中国动力的投资集团。复星先后投资复星医药、复地、豫园商城、建龙集团、南钢联、招金矿业、海南矿业、永安保险、分众传媒、Club Med、Folli Follie、复星保德信人寿等，业务从医药健康到房地产，从钢铁矿业到文化产业，品类繁多涵盖面广，以保险、产业运营、投资和资产管理为 4 个主要业务。1998 年到 2007 年，复星医药、复地以及复星国际先后在香港成功上市。由此复星正式开始它的国际化道路。

2008 年至今，复星团队充分利用手上丰富且优质的资本优势，提出要做"世界一流的投资集团"，用投资模式的定位重新梳理公司的产业脉络，让一切产品有本可循、有据可依。复星走上了将多元化和国际化相结合的道路。

在复星的发展历程中，积累了深厚的产业基础和渠道网络，并通过实践证明其核心优势是投资能力。目前，复星明确定位为投资集团。为充分发挥投资优势，未来 10 年复星的计划是要大力发展资产管理业务。同时，复星继续向以保险为核心的投资集团转型，以对接长期优质资本，将复星的投资能力与保险有效嫁接。

复星在投资领域的发展主要抓住了以下几个发展机会：

第一，产业升级：在内需驱动的大背景下，抓住中国制造向中国创造转型中的产业升级机会。

第二，消费升级：在人口老龄化加剧的大背景下，抓住健康、医疗养老行业中的消费升级机遇。

第三，现代服务：抓住大消费和城市化所带来的消费性服务业和生产性服务业的投资机会。

第四，有限资源：在政府财政刺激政策的大背景下，抓住在稀缺、不可再生以及清洁能源等有限资源领域的机会。

二、案例解析

复星进行全球化的背景是随着中国市场的日渐崛起，诸多国际品牌开始放下身段，主动向中国企业示好。而一些高端品牌始终对中国企业心存疑虑，这也给了中国的企业与国际品牌合作的机会。

复星进行国际化投资的原因有以下几点：

第一，提升管理经验：劳力短缺、人口老龄化加速都给飞速发展中的中国带来了不小压力。中国企业对美国的主流公司进行投资，能助其有效借鉴跨国公司的管理经验。同时，技能丰富的美国劳动力也能为中国企业创造更多价值。

第二，创建品牌：中国目前非常需要全球品牌。一项调研指出，大部分国外消费群体无法说出一个中国品牌。而树立国际品牌的最佳途径无疑就是投资海外企业。

第三，投资多样化：降低风险。复星经过多年的经营积累了充裕的资金，出于战略投资或是降低经营风险的考虑，收购海外企业都是不错的选择。

第四，利润的目的：从投资的角度主要利用两个机会。第一个机会就是现在大量的中国上市公司在海外上市以后，价值被低估，或者是有很好的价值投资空间。第二个机会是跟中国市场发展有协同的海外企业，一旦被引入中国就很容易得到高速的发展。

用复星总裁汪群斌的话来解释国际化投资的原因："作为中国的企业要有一种全球化的企业家精神，中国的市场之水虽然大但毕竟是有限的。从全球来看，全球的市场之水更大，作为中国的企业，作为中间的一条鱼怎么样成为更大的鱼？尤其成为在全球更有竞争力的鱼。所以首先还是要有这样一种精神，要勇于在中国市场的基础上进入全球市场的精神，这样一种梦想，这样一种激情。"

2008 年经济危机以来，受全球经济波动影响，不少国际企业和品牌的价值被低估，而近期欧洲债务危机还将持续，美国经济温和复苏，中国经济借助改革开放 30 多年的深厚积累，仍获得较快发展，正在形成巨大的内需消费市场。复星抓住这个机遇，在全球范围内寻找优质资本、品牌、技术和项目，依托复星已形成的产业基础、渠道网络和投资经验，协助这些全球企业和品牌共同拓展中国市场，分享中国高增长机会。

三、复星的国际化运营理念是"中国专家，全球能力"

"中国专家"是块磁铁，吸引了越来越多的国际企业与复星合作。它们一致非常信任并且欣赏复星在中国的投资能力、对中国市场深入且透彻的深刻理解以及它的资金储备和企业实力。复星董事梁信军说："中国专家，最重要的就是应该成为中国的消费市场尤其是升级消费市场的专家。如果不能成为这样的专家，外来的资源跟你没有什么好谈的。"梁信军认为中国专家需要具备以下能力：第一，协助扩大销售的能力；第二，知识产权的保护能力；第三，宣传和品牌塑造能力。复星在这些方面都具有很强的能力。

"全球能力"在于复星国际自身所拥有的企业实力和先进的理念。面对国际化的课题，复星集团考虑的是循序渐进。第一，跟很多企业一样，要考虑市场的国际化，着眼于国际市场的整体需求。第二，是资本来源的国际化。这一点复星起步较早，在中国市场竞争多年的复星国际，已经成就了"中国最大的综合类民营企业集团"，其核心业务包括钢铁、房地产、医药、零售、金融服务及战略投资，这些资源有些来自国内，有些来自国外，两部分都很重要。第三，是人才的全球化。优秀的人才资源可以焕发企业的活力，为企业疏通血管，使其运作得更为通畅，是性价比非常高的资本投入。第四，是整个管理治理水平标准的国际化。"如果你不能用全球听得懂的会计语言、会计师的标准，不能用他们法律认可的标准、社会责任标准，你很难和全球市场、资本、人才沟通。"

在此基础上，复星集团又提出了"中国动力嫁接全球资源"的理念，它是复星在"中国专家，全球能力"的基础上，深入探讨所得出的全球化发展道路。"拿华尔街的钱——投资欧洲的企业——助其进入中国的市场——赚中国人的钱",这是复星集团董事长郭广昌和其投资团队嫁接全球资源的基本思路。"如何把中国发展的动力和全球资源相结合呢?我们不应该扮演一个激烈的角色,而是应该跟更多的利益体,形成更多的利益共同体,把大家的利益放在一起来做。"

复星集团之所以能够成功达成诸多国际运作,关键在于"双赢"的战略思路:找到具有庞大优势的公司,跟它们讨论如何分享中国市场,因为双方谈的是增量蛋糕,很容易达成共识。

截至目前,复星公司已经投资了地中海俱乐部、复星保德信人寿、Folli Follie 和凯雷复星基金 4 家海外公司。

地中海俱乐部集团。

2010 年 6 月,复星收购法国著名旅游度假品牌地中海俱乐部集团(Club Med)7.1% 股份,从而成为该企业最大的战略投资者之一。

"地中海俱乐部"这一品牌 1950 年创立于法国,是世界上最早倡导度假休闲概念的旅游企业之一,先锋性地创立了一个全包的奢华度假理念,成为休闲度假领域的先锋者。该企业于 1966 年在巴黎上市,销售收入逾 13 亿欧元。随着全球经济进入调整期,中国经济增长方式的转变正引起全球的关注,以中国国内消费升级为重要动力的经济增长将为世界带来新一轮的商机。2010 年,地中海俱乐部制定了未来 5 年的发展战略,中国市场在其中将占有重要地位。

单就此笔投资而言,金额不过 2000 多万欧元,所获股权只有 7.1%。但此举实际上透露出了复星崭新的投资走向——国际化以及轻资产化。此次合作,也是中国上市企业首次成功收购法国上市公司股权。地中海俱乐部在中国的首战——亚布力滑雪场开业不到一个星期,客户订单已经排到两个月之后。中国的消费动力在这个项目上初显成效,2010 年地中海俱乐部全球度假村在中国的游客数量增加 9000 人,增幅达 39%。

希腊高端珠宝服饰零售商 Folli Follie。

2011 年 5 月,复星连同其关联企业以每股 13.30 欧元的价格收购希腊著名奢侈品品牌 Folli Follie 定向增发的 636 万股普通股,占稀释后 FF 集团 9.5% 的股权。Folli Follie 集团旗下主要有两个品牌,一个是 Folli Follie,全球著名的时尚少女品牌,主要生产手表、项链。第二个是 Links of London,是伦敦最大的珠宝商，在银饰品方面全球领先。2011 年底，Folli Follie 在中国大陆有超过 125 家门店。

近年来，中国人民生活水平提高，对奢侈品的消费也日益增加，且增速明显。复星正是看准了这一契机，投资 Folli Follie，迎着国人消费的热潮，开展新一轮的国际运作。另外，Folli Follie 公司的增长速度高于中国行业平均水平，这次合作能够提升复星国际自己的品牌价值和企业形象，增强国际影响力，为世界市场提供更为高质量的产品。复星希望能帮助 Folli Follie 在中国开店，同时与旗下的黄金、度假等产业实现互动。复星和 Folli Follie 得以共享媒体宣传资源，加大对中国富裕阶层消费者的覆盖率，有效地提升了公司的品牌形象。郭广昌透露，复星将利用其在商业领域的经营经验和对中国市场的全面了解，协助 Folli Follie 加速在中国的扩张。双方合作后，计划 3 年内在中国开 250 家店，覆盖全国的一二线城市。大大提高了 Folli Follie 的市场占有率和对中国消费者的熟悉程度，可以有效提高利润。

有过上次收购地中海俱乐部的经验，加上 Folli Follie 也是一家上市公司，因此本次复星的海外战略投资论证过程中，并未借助第三方中介机构或财务顾问，完全是复星自己的项目团队运作。本次 Folli Follie 的投资中，复星集团与美国寿险企业保德信金融集团联合设立的"复星—保德信中国机会基金"出资5000 万美元。该基金总资金量为 6 亿美元，复星担任负责投资决策的普通合伙人。

复星凯雷。

2010 年 2 月，复星与全球私募巨头凯雷共同设立并管理具有联合品牌的人民币基金，投资于高成长企业，其中首期基金规模为 1 亿美元，复星和凯雷亚洲增长基金各出资 5000 万美元。

郭广昌表示，与凯雷合作，可以分享凯雷的实践经验和资源，而复星则可以利用其对中国市场和企业的了解支持凯雷，双方共同投资中国机会。此举无疑是复星从 2009 年开始确定全球化战略后迈出的重要一步。凯雷在美国、欧洲、日本、澳洲强大的投资能力，可以帮助复星去甄别海外企业，降低海外投资的风险。郭广昌认为，复星全球化战略核心的基础是它已经具备的投资能力和被认可的品牌。与凯雷的这次合作恰恰在金融危机的背景下，国际资本市场低迷，资金不充足的情况下，国际著名基金对复星的认可和支持，可以加快复星国际化的进程。郭广昌表示:"与凯雷合作的新基金重点关注具有中国动力特点的企业,其中包括 3 类企业:符合中国动力特点的、未来成长性非常好的中国企业;国内企业在海外上市的企业,像分众传媒;纯海外企业中能够与中国的发展连接起来的企业,类似像地中海俱乐部这样的企业。目前打算中国企业和海外企业各投一半。"

复星保德信。

复星集团与美国保德信金融集团联合发起组建的合资保险公司,公司注册资本为 5 亿元人民币,股东双方各持有合资公司 50% 的股份。

复星集团与全球保险业巨头美国保德信集团建立战略合作伙伴的关系,始于 2011 年 1 月份。保德信有自己的打算。CEO 格里尔说:"保德信作为一家成功的典型国外保险公司,在和中国本地大的保险公司合作时的最大障碍,是中国本地大的保险公司已有自己的固定战略,而我们也有自己不同的战略,这样的合作关系很难协调。"因此,保德信与复星合作,而不与中国的保险企业合作,除了看重复星本身的企业能力,更重要的是要从最初的发展就排除上述障碍,以期在中国市场上能够减少阻碍,充分发挥自身优势。

梁信军指出,复星定位投资集团,其核心竞争力为投资能力,而进入保险业有利于进一步发挥其投资能力的优势。获批筹建复星保德信人寿,使得它成为中国唯一的民营资本与外资合资的寿险公司。"在保险业,我们的投资能力可以得到最大限度的货币化。因此,保险业是我们长期发展的领域。"

这一合作,是复星目前为止进行的最重要的国际合作。与全球最大的金融企业之一的保德信合作,将使得复星进入全球金融市场的最顶端。保德信可以帮助复星在金融领域建立一个大本营,给复星的其他资本运作提供基础,使得复星成为中国金融市场的新巨人,并逐步向国际金融业水平看齐。复星将可以借此观摩和学习国际资本市场的运作方式。

从以上内容中可以看出,复星的国际化投资策略为:

投资标的上,借助中国人迅速增长的购买力,瞄准消费市场。

投资方式上,少量参股但不控股。这不同于早先中国的一些企业并购的举动,复星的投资更加稳健务实,通过少量的持股方式来分散风险,避免控股产生的财务压力。

在国际化投资的具体操作上,复星注意以下 4 点:

第一，投资组合配比。复星公司做好了产业配比问题，如医药、零售这类弱周期行业与钢铁、矿产这类强周期行业配比。

第二，进入时机。复星国际会在行业低谷时期进入产业领域，培养核心竞争力，行业复苏过程中实现收益最大化。

第三，投资多元化。坚持主营业务运营，利用自有资本积累和主营业务上市融资进行主营产业内扩张，同时进行私募／风投投资。

第四，投资选择性。相比其他进行海外收购的企业，复星一般购入的都是急于在中国拓展业务的国外知名公司的少数股份，这样可以很快实现共赢。

四、思考与启示

复星的国际化道路是一条与以往的中国民营企业国际化道路不同的选择。它的重点不是收购国外的工厂、研发中心或品牌，不是寻找同领域的国际巨头谋求学习型合作，也不是在国外推广自己的品牌或者是自己的产品。复星的国际化道路很明确：做好中国市场，然后与想要进入中国的国际企业合作。

为什么选择这样一条道路？不妨先来看看其他几条道路的弊端。

收购国外的企业：不论是收购工厂、研发中心还是品牌，都需要重新整合国内企业与国外企业，在协同一致的情况下才能使收购之后的整个集团实现较好的发展。如果整合不当，国内企业已经建立起来的基础很容易被国外企业拖垮。而不论从人员、技术、企业文化和市场环境上，国内外的差距都非常巨大，对于刚刚进入国际市场的中国企业来说，整合的难度过大，稍有不慎就有可能前功尽弃。在这一点上，TCL、联想、吉利汽车都有深刻的体会。

与国外同领域的国际巨头进行学习型合作：首先是很难达成有效合作，中国企业很难给这些国际巨头提供对方需要的资源，而单纯出于学习目的很难获得对方帮助。其次，国外企业也不会愿意养虎为患，因此不会提供有效的支持。最后，合作双方彼此并不熟悉，很可能各怀鬼胎，从而使合作流于形式，而对企业没有实质性帮助。这样的经历，在华为、娃哈哈身上都有体现。

在国际市场上推广自身的产品与品牌：这给人的感觉是难度最大的一条路。一方面，中国迈向国际化的企业大多缺乏国际经验，想要直接在国际市场推广自身产品建立起品牌并非易事；另一方面，中国的企业发展程度落后于国际市场，中国的多数产品在国际上都是落后的，很难形成竞争优势。这种完全依托于自身企业实力的国际化方式，在中国企业国际化早期并无企业采用，最近几年随着中国企业实力增强，开始有一些企业尝试这种方式，例如波司登。

而对于复星而言，上述 3 条道路都有一个共同的问题：复星的自身优势如何体现？对于复星而言，到 2007 年准备开始国际化时，复星最大的优势是对于中国市场的深入挖掘和详细研究。而不论采取上述哪一条道路，对复星而言都意味着放弃这种优势，重新在国际市场上建立企业的定位，这无疑是最艰难也是最不理智的选择。因此复星没有走上述国际化的道路。复星选择利用自己的优势，总结起来就是"做中国最好"。这句话有两层含义：第一，复星要做中国最好的综合投资企业，然后用这个身份敲开国际市场的大门；第二，复星做跟中国市场、中国企业有关的生意是其最擅长的、最能发挥优势的方法。复星就是要利用这一点获得与国际巨头合作的机会。

复星的选择无疑是针对性强并且目标明确的。复星以此战略为指导，进行的重要国际合作都充分体现了这种思路：复星为各个领域的国际企业提供关于中国市场的信息和经验，在中国帮助这些企业开拓市场、寻找机会，而复星自身则通过参股其项目获得收益。复星以合作者的身份站在这些国际巨头的身边，在中国帮助这些企业开疆扩土，而这些企业则帮助复星搭成了通往国际市场的桥梁。

值得注意的是，复星在国际化的过程中，非常注重人才的引进。复星的国际化战略规划在 2009 年底就已经成型，但作为一家民营企业，对国际环境的不甚了解和各方面的制约，使得复星迟迟不敢在国际资本市场大展拳脚。通过研究以往的经验，公司管理认识到要想发展复星的国际化道路，首先需要的就是外援。

2010 年 1 月 29 日，约翰·斯诺，现任 Cerberus 投资管理公司董事长的美国前财政部长，接受复星集团的邀请，出任公司董事会顾问。对于被聘请为复星顾问这一举动，斯诺本人给出了这样的解释："4 年前，我就与郭广昌相识了，通过这几年了解的不断加深，我认为复星是中国民营企业的领军者，我也相信民营经济能够激发人的潜力和创造力，并创造出更多的就业机会。"

斯诺加盟以后，为复星带来了非常多的机会和远见，看了一些原来不太会看、不敢看的东西，让复星接触了很多原来接触不到的人。梁信军说："为什么我把请斯诺来这件事看作全球化的一个重要步骤？首先，你得有做海外的能力，要有明晰的海外战略，最好是正确的，弄错了就麻烦了；要有海外的眼界、眼光。你要看得多一点，广一点，不要一说海外就只有一个日本。其次，要有在某几个领域运作支持的能力。"而斯诺给复星带来的资源，正是帮助复星开阔眼界，提高眼光和能力的。这使得斯诺与复星原有团队形成了比较默契的配合。

（南开大学现代经济研究所　李亚、周娜、张正好、

常丽、陈健、王天琪）

参考文献：

[1] 周扬：《复星国际参股地中海俱乐部　拉开国际化序幕》，《21 世纪经济报道》2010 年 6 月 19 日。

[2] 黄诗韵：《复星购以国医疗器械厂》，香港《文汇报》2013 年 4 月 29 日。

[3] 陈时俊：《复制"联想模式"　复星医药详解"国际化"》，《21 世纪经济报道》2012 年 9 月 27 日。

[4] 郭广昌：《将创业理想与"中国动力"紧密相连》，《求是》2012 年第 4 期。

[5] 靳志辉：《勇敢者游戏》，《环球企业家》2011 年第 10 期。

[6] 李聪：《复星：向世界输出"中国动力"》，《中国企业家》2011 年第 18 期。

案例五：京东商城的融资之路

京东商城，即北京京东世纪贸易有限公司，2004 年 1 月成立。董事局主席兼 CEO 为刘强东，是一家以网络零售服务为主体的 B2C 公司。公司口号是要做中国最大，全球前 5 强的电子商务公司。

一、背景介绍

京东商城是一家大型综合性网购商城。自 2004 年初正式涉足电子商务领域以来，京东商城一直保持高速成长，连续 7 年增长率均超过 200%。2010 年，京东商城跃升为中国首家规模超过百亿的网络零售企业。它目前拥有遍及全国超过 6000 万注册用户，近万家供应商，在线销售家电、数码通讯、电脑、家居百货、服装服饰、母婴、图书、食品等 12 大类。

京东发展的主要过程大致如下：1998 年 6 月，刘强东在中关村创业，成立京东公司。2001 年 6 月，京东成为光磁产品领域的代理商。2004 年 1 月，京东涉足电子商务领域，京东多媒体网正式开通。2007 年 6 月，京东正式启动全新域名——360buy。2007 年 8 月，京东赢得国际著名风险投资基金——今日资本的青睐，首批融资千万美金。2007 年 10 月，京东商城在北京、上海、广州三地启用移动 POS 上门刷卡服务，开创了中国电子商务的先河。2009 年 1 月，京东商城获得来自今日资本、雄牛资本以及亚洲著名投资银行家梁伯韬先生的私人公司共计 2100 万美元的联合注资。这也是 2008 年金融危机爆发以来，中国电子商务企业获得的第一笔融资。2009 年 2 月，京东商城尝试出售特色上门服务。2010 年 12 月，京东商城"品牌直销"频道正式上线，宣告其开放平台正式运营，开放平台采取与联营商户更紧密的合作体系。2011 年 4 月，京东商城获得俄罗斯投资者数字天空技术（DST）、老虎基金等共 6 家基金和社会知名人士融资共计 15 亿美元，这是中国互联网市场迄今为止单笔金额最大的融资。2013 年 3 月，京东商城正式将原域名 360buy 更换为 jd，并同步推出名为"joy"的吉祥物形象。2013 年 4 月 23 日，京东（JD.COM）宣布注册用户突破 1 亿。

在用户和业务布局方面，京东采用网站＋物流结点，使其业务拓展到全国。京东客户定位在精准人群（以男性为主占 70%，以中青年、本科以上学历为主），校园用户消费占 10% 且客单价高于平均值，20 个城市自建配送队伍(天津、深圳、南京、苏州、杭州、无锡、宁波、济南、沈阳、青岛、武汉、重庆、西安、东莞、温州、长沙等)。

在销售地点与时间方面，京东利用网络直销正品行货，搭建消费者与厂商之间的桥梁。京东剔除中间商层层加价，利用网络直接来对接卖方、买方两个市场。京东杜绝水货。

二、案例解析

作为民营企业的京东，不可避免地面临着资金少、融资困难的窘境。为了做大做强企业，刘强东在十几年里，积极融资，走上了一条国内外融资相结合、为企业大好发展奠定基础的道路。

与其他电商企业相比，京东商城本身已具备较大的市场规模和良好的用户口碑，在国内处于领先地位，因此能够得到诸多资本公司的青睐。

（一）京东商城的 A 轮融资

2007 年 8 月 28 日，360buy 京东商城总裁刘强东与今日资本总裁徐新共同签署了融资协议，京东商城正式获得来自今日资本的千万美元投资。

今日资本是一家专注于中国市场的国际性投资基金。目前，它独立管理着 6.8 亿美元的基金，主要来自英国政府基金、世界银行等著名投资机构，为具有优秀成长性的中国企业提供发展基金。

融资原因：在过去的 3 年中，京东完成了内部信息系统、人才队伍和服务体系三方面的建设，业务效益稳步增长，拥有超过 5 万平米的总物流面积。但已有的市场规模不能满足企业自身的发展要求，需要进一步对品牌和市场进行建设和扩张。这就需要筹集足够的资金。

徐新表示，根据京东以往的表现，今日资本对其在未来的高成长性有足够的信心。在 2006—2007 年间，京东商城在未做广告的情况下，每月的营业额就从 800 万增长到 4000 万人民币左右，这使得徐新对京东的发展前景十分看好。

今日资本和京东所签订的对赌协议条款严苛：协议规定今日资本投资京东之后，京东在 5 年内必须保持至少每年 100% 的增长速度。

（二）京东商城的 B 轮融资

2009 年 1 月 12 日，360buy 京东商城向外界证实，获得来自今日资本、雄牛资本以及亚洲著名投资银行家梁伯韬先生的私人公司共计 2100 万美元的联合注资。其中雄牛资本领投 1200 万美元，今日资本跟投 800 万美元，梁伯韬先生个人投资 100 万美元。这是 2008 年金融危机之后，中国电子商务企业获得首笔融资。

雄牛资本，即雄牛资本有限公司（Bull Capital Partners Ltd.），由黄灌球先生创办，是一家直接投资基金管理公司，公司管理着"百富勤大中华资本增值基金"。公司的股东和董事在大中华地区有着很强的商业背景，在金融和消费领域尤有丰富的经验。其中两个股东是全球知名的金融机构，其合并总市值约达 520 亿美元。其投资团队的 4 个合伙人分别来自不同且互补的领域：投资银行、股票资本市场、直接投资、组合投资管理和风险管理，在大中华地区金融领域合计有超过 79 年的从业经验。这是一家成熟的，兼具本土经验和国际专业素养的风险投资公司。

梁伯韬，香港人。先在获多利有限公司企业财务部工作，后又转入万国宝通国际有限公司。1985 年转入美资万国宝通银行，帮助花旗从零起步开展投资银行业务，使之在 1987 年初具规模，这是他的第一次创业。1988 年，他与人合伙创办一家私人商人银行——百富勤投资有限公司，出任董事兼总经理。1989 年，百富勤投资 2.26 亿港元，购入广生行 30% 的股权。1990 年，又收购泰盛国际，改名为百富勤投资。短短 4 年中，百富勤由 3 亿港元股本的私人公司跃升为控有市值逾 50 亿港元的上市公司，使他因此而跻身于香港超级富豪之列。

时值金融危机，京东商城此番融资过程并不简单。刘强东表示，在经济以及资本市场均处于低迷的情况下，基金更希望选择成本控制能力强、成长路径较为明确、具备可持续发展能力的企业。京东商城的发展正符合基金的这一要求。

虽然在金融危机的逆市下京东商城艰难完成了融资，但由于资本市场的大趋势逐步冷却，融资进程比预期晚了两三个月。在公司估值方面，京东商城也作出了很大的让步。虽然较 2006 年今日资本对京东进行融资之时，京东的公司估值增长了近 10 倍，但还是比董事会作出的预期价格低了 40% 左右。

京东商城正以一种惊人的速度成长着。2008 年京东的销售收入接近 14 亿元人民币，而且现在月复合增长率仍然超过 10%。徐新说，她在第一轮融资时给刘强东的目标是年均成长速度 100%，而实际速度则为 300%。如此快速的增长，对京东的物流配送、人员结构、毛利水平等方面都是巨大的挑战。尽管京东早在第一轮融资完成后，就已经针对物流配送体系、财务体系、品牌推广、网站改版等进行了一系列改造，现在其物流体系仍然面临着很大的压力。

因此，公司作出决定，此次融资的主要目的就是改进物流体系以及扩大运营资金。

业界人士一致认为，配送及售后服务一直是电子商务发展的瓶颈所在。低价带来的高流量，对京东的服务是一个严峻的考验。2009 年春节前夕，元旦和春节的促销使得订单猛增，远远超出京东的配送能力以致出现爆仓。为解决这一问题，京东的高管不得不轮流去仓库加班到深夜，协助拣货打包。即便如此，用户依然抱怨京东货物运送的迟滞。此后，物流跟不上订单增长的例子比比皆是。

鉴于低价带来的高销售量，物流是京东竞争模式的支撑和保障。据 2011 年 8 月数据，京东商城每天要处理几百万件的订单，这直接给京东物流带来巨大的压力。物流是网购企业与消费者能直接相互接触的少量环节之一，也是直接影响用户体验和满意度的重要环节。京东商城在物流配送环节是否又快又好，成为影响其发展的一个突出问题。

此轮融资成功后，刘强东决定扩大物流团队的规模，到 2009 年将物流团队从 300 人增加到 1200 人，同时扩充天津、深圳、南京、杭州、苏州 5 个配送站。刘强东还表示，在 2009 年底会升级物流系统，将 RF 与移动 pos 机结合，增加 GPS 功能，使得消费者能够更清楚地看到自己的货品到达什么位置，以合理安排取货时间。

除了改进物流体系以及扩大运营资金外，此番融资的另一个目的是增加日常运营资金。毕竟如此高的销售收入增长率，需要日常运营资金的增加来保证和满足扩充经营产品种类的需要。

(三) 京东商城的 C1 轮融资

2010 年 1 月，京东商城又进行了第三次融资。老虎环球基金领投超 1.5 亿美元完成对京东商城的 C1 轮融资。这成为金融危机发生以来中国互联网市场金额最大的一笔融资。

老虎环球基金，是由朱利安·罗伯逊（Julian Robertson）创立于 1980 年的举世闻名的对冲基金，到 1998 年其资产由创建时的 800 万美元，迅速膨胀到 220 亿美元，以年均盈利 25% 的业绩，列全球排名第二。在对冲基金业里，老虎基金创造了极少有人能与之匹敌的业绩。老虎目前管理超过 70 亿美金的资金，旗下有数个对冲基金及私募股权基金，投资遍布世界各地，以新兴市场为重点。

老虎环球基金相关负责人表示，投资京东商城，是看到了电子商务在中国的飞速发展以及巨大的商业潜力。刘强东也表示，国际知名的老虎环球基金注资京东商城，说明投资者对京东商业模式和出色的经营业绩表示认可。京东商城公布的数据显示，该公司已经连续 5 年保持每年 300% 以上的发展，2009 年营业额达近 40 亿人民币。

对于 1.5 亿美元新融资的用途，刘强东表示其中 50% 用于仓储、配送、售后等服务能力的提升。京东将于 2010 年下半年陆续在北京、上海、成都 3 个城市兴建单位面积超过 10 万平方米的超大型物流中心，以期实现对全国所有重要城市的覆盖。

为了解决其物流问题，刘强东从 2009 年下半年开始，将所融资金的 70% 全掷在仓储和物流上。目前京东已在华北、华东、华南、西南建立了四大覆盖全国各大城市的物流中心，在天津、苏州、杭州、南京、深圳、武汉、厦门等

40 余座重点城市建立了配送站。京东还正在筹建一个叫"亚洲一号"的现代化仓库，这个仓库"有鸟巢的 8 倍那么大"。按照刘强东的整体规划，京东将要在 5 年时间内投资百亿资金来建设自有仓储物流体系。

目前京东主要有两套物流配送系统，一套是自建物流体系，另一套系统是和第三方物流合作。

京东商城在物流上的投入主要源于三轮融资。即在 2007 年 8 月取得第一轮融资后，京东商城开始在北京、上海、广州三地建立自己的配送队伍，其余地方继续采用第三方快递。在 2009 年初取得第二轮融资后，京东将融资 2100 万美元的 70% 用于成立控股物流子公司，购买新的仓储设备，配备手持 RF 扫描器，建设自有的配送队伍。在 2010 年 1 月取得第三轮融资后，京东商城又把获得的 1.5 亿美元风投的 5 成多投向了仓储、配送、售后方面。

（四）京东商城的 C2 轮融资

在京东的 C_2 轮融资中，从 2010 年底到 2011 年，刘强东一共融了 15 亿美元。最后加入的是老虎基金、DST、KPCB、红杉资本、高瓴资本以及一些个人投资者。

DST 是一家总部位于俄罗斯莫斯科的投资集团，是俄罗斯及东欧互联网市场的主要投资商，在该区域拥有众多互联网公司并占领超过 70% 的互联网市场。DST 曾先后对 Facebook 进行过 3 轮投资，DST 老板也曾以个人名义投资小米科技。DST 隶属于 Mail.ru 集团。该集团分为 Mail.ru 公司与 DST 全球基金。前者主要整合的是俄罗斯境内互联网资产，已于 2010 年 11 月在伦敦上市，后者则管理着对 Facebook、Zynga、Groupon 等海外资产的投资。后者也是中国京东商城以及阿里巴巴的股东。

KPCB（凯鹏华盈）成立于 1972 年，是美国最大的风险基金，主要承担各大名校的校产投资业务。在其所投资的风险企业中，有康柏公司、太阳微系统公司、莲花公司等电脑及软件行业的佼佼者。随着互联网的飞速发展，公司抓住这一商业机遇，将风险投资的重点放在互联网产业，先后投资美国在线公司、奋扬公司（EXICITE）、亚马逊书店。

红杉资本于 1972 年在美国硅谷成立。在成立之后的 30 多年中，红杉作为第一家机构投资人投资了如 Apple、Google、Cisco、Oracle、Yahoo 等众多创新型的领导潮流的公司。在中国，红杉资本中国团队目前管理约 20 亿美元的海外基金和近 40 亿人民币的国内基金，用于投资中国的高成长企业。红杉中国的合伙人及投资团队兼备国际经济发展视野和本土创业企业经验，从 2005 年 9 月成立至今，在科技、消费服务业、医疗健康和新能源 / 清洁技术等领域投资了众多高成长公司。

高瓴资本，即高瓴资本管理有限公司是耶鲁大学基金在中国的名字，负责管理耶鲁大学基金的投资。耶鲁大学基金这些年来业绩不俗，取得了较高的平均年回报率。高瓴资本管理有限公司在中国也屡屡出手，是国内知名社区篱笆网以及远洋地产、宝马等公司的投资人。

（五）京东商城的 D1 轮融资

2012 年 11 月，京东证实完成新一轮约 4 亿美金的融资。投资方包括安大略教师退休基金和老虎基金。安大略教师退休基金领投 2.5 亿美元，老虎基金跟投。此轮融资中京东商城的估值为 72.5 亿美元。但就融资的具体细节，京东商城方面并未详细透露。

安大略教师退休基金会，是加拿大最大的单一型专业化退休金体系，它是由安大略省政府和该省教师联合会共同创立的一家独立机构，目前的总资产高达 1170 亿加元。该省政府和教师联合会分别任命 4 名董事会成员，并共同选出一名主席。

对于此轮融资，京东商城将投入到基础设施以及自建物流上。未来 3 年，京东将投入百亿资金用于全国物流系统的建设。截至目前，京东商城自建物流已经延伸至全国 360 个城市，全国地级市覆盖率超过 70%。

尽管京东商城再度获得巨额融资，但外界资本对于投资国内电商仍然保持谨慎态度。国泰君安证券此前发布报告称，粗略测算，京东商城为支持物流建设和快速扩张，资金缺口已经达到 80 亿元人民币左右。

（六）京东商城的 D2 轮融资

2013 年 2 月 16 日，京东商城确认已完成新一轮约 7 亿美元的普通股股权融资，不过本轮融资的真实增加数额其实只是 3 亿美元。投资方包括本轮入股的新股东加拿大安大略教师退休基金和沙特王国控股公司（Kingdom Holdings

Company），京东的一些主要股东亦跟投了本轮。2012 年 11 月传闻的安大略教师退休金领投的 4 亿美元，为 D 轮第一阶段；沙特王国控股公司领投的 D 轮第二阶段为 3 亿美元。

京东商城至今已经完成 4 轮融资，总融资金额超过 22 亿美元。

关于本轮融资的详细情况，目前尚未得到进一步披露。据 2012 年下半年刘强东表示，京东最晚将在 2013 年下半年实现上市，可见 D 轮融资可能是京东商城上市之前的最后一轮融资。

三、思考与启示

长期以来，关于京东的融资一直备受关注。原因有二：其一，中国电子商务领域引人注目。这个产生了阿里巴巴、腾讯、百度等优质企业的领域能否再次迎来一个新的巨头，一直是资本市场关注的热点，众多的投资机构也在此寻找着投资机会。其二，京东的每一次融资都刷新着中国电商企业融资的纪录。到目前为止，京东已经累计融资超 20 亿美元，这一数字史无前例。而京东到目前为止却一直未能盈利，关于京东融资的合理性问题一直存在争议。

自 2007 年以来，京东已经完成了 4 轮共计超过 20 亿美元的融资。如果将后两轮融资各分成两个阶段，则一共为 6 次寻求融资，换言之，在过去 6 年时间里，每年京东都要融资。这种频繁的融资意味着什么？京东这种行为往往视为电商烧钱抢占市场份额的举动，是电子商务企业发展过程中必须经历的过程。如果京东持续亏损、找不到盈利点，其"融资—扩张—再融资—再扩张"的模式，最终会有风险。京东能不断获得融资的原因，则是原有的投资者已经被京东绑架不得不增加投资，支撑京东直到其上市，各个机构的投资才可能获利套现。其发展的线路可以表示为"低价——市场份额扩张——融资——扩大市场份额"的发展模式。这种观点目前占据了主流。

不过，真实的情况未必如此。

刘强东之前一直在打造"中国亚马逊"的概念。京东商城正面临着盈利模式和市场份额的双重挑战，这就亟须他给资本市场树立一个新概念，讲述一个新故事。而这个新概念和新故事是否能够打动资本市场，来为京东进行更为深远的融资注资，也许就要看京东如何在融资与扩张矛盾中走出一条新路。京东不断获得新投资，解决了眼下的矛盾，但亏损、物流建设等仍然是它必须面临的巨大挑战。

实际上，京东巨额的物流投入，是导致至今京东仍是亏本状态的原因之一。刘强东预计，到 2015 年第二个五年计划结束的时候，研发和物流建设大部分结束，京东商城的成本将从投资成本转向运营成本，物流仅占销售额的 4% 左右。而目前京东最大的投入是在物流和研发上，"公司每年花费中约有 70%—80% 在这个方面"。

值得注意的是，京东进行其最大规模的 C 轮融资时已经是在 2010 年末。此时京东的规模和体量都已经达到了一定级别，增长率不再高达 100%—200%，然而众多资深的投资机构仍然对京东表示出了极大兴趣，并且给出了巨额的资金支持，这显然不光是为了迅速上市套取利益。在 D 轮融资中还有新的机构投资者加入，给京东高达 7 亿美元的资金支持。因此，京东肯定还是有某些值得投资者投资并长期持有的价值的。

这种投资价值何在呢？审视京东目前的状况，经营方面、盈利方面还是持续地亏损中。用户方面 2013 年其用户数量突破了 1 亿，2012 年的销售额为 600 亿人民币，这些数字相比于阿里巴巴来说还差距很大。经营特色上，京东以家电等 3C 产品为主，但仍然不能与国美、苏宁这些线下渠道商真正竞争。应当说，在上述这些方面，京东都不具备竞争优势，不能成为其吸引如此大量的资金支持的理由。

从投资方角度看，今日资本作为最早投资京东的机构，当时看中的是京东在电子商务领域的快速成长潜力。此后 B 轮投资的雄牛资本也是看中了这一点。而随着京东的发展，到 2010 年，其体量和规模都已经达到了顶点，很难维持之前的高速成长。C、D 轮的投资机构显然很清楚这一点。但是这些投资机构并未对京东逐步走低的增长速度表示担忧。因此，很明显到这个阶段，投资者所重视的价值已经不再是以往的"高成长"。那么是什么吸引了他们呢？

根据京东商城的战略安排，A、B 轮投资主要用于公司业务发展，而 C 轮投资绝大部分用于了其物流体系的建设，D 轮投资中有 50% 以上将用于进一步完善其物流体系。换言之，京东将在物流建设上花费约 18 亿美元的投资，而这一数额还将不断上升。如此庞大的投资所建设的物流体系将非常庞大。相比于其他电商企业，在物流上花费如此多投资的恐怕只有阿里巴巴了，而就规模而言阿里巴巴比京东大得多，也就是说物流在京东的份额远远超过阿里巴巴，也超过中国电子商务领域的其他公司。物流才是京东不断吸引投资的根源所在。

早在今日资本投资京东时，京东就已经拥有 5 万平米的物流面积。而此后，京东一直在发展其物流服务的能力，并成为第一家支持 POS 机上门刷卡的电商。从这一发展路线上可以看出，物流一直是京东发展过程中的一条主线。而在持续获得巨额融资的情况下，京东更是毫不犹豫地把其资源投入到物流的建设中。到 2013 年底，京东将在全国建成 100 万平米的物流面积。这一点对于平台的交易量有很大的要求。这是刘强东一再要和苏宁、国美打价格战的原因。由于其物流成本更低，在相同价格下更具竞争力。

就京东的物流体系而言，以 2013 年底京东即将建成的 100 万平米物流面积为基础，以每平米 1 万元人民币的价值估算，京东这一物流体系的商业价值将达到 100 亿人民币。前期的投资者并不需要担心京东的价值，因为其物流体系的价值就基本可以弥补此前的投资。而且，京东取得这些资产的过程都是以初始建设成本入账，其实际价值可能随着中国整体固定资产市场的走高而进一步上升。这一点在中国目前而言，基本是一个稳定的预期。所以，京东的思路是：京东用得到的资金进行固定资产的投资和建设，而所有的投资者都明白，当前中国的固定资产投资几乎是无风险高回报的投资。京东一方面可以发展其电子商务业务，逐步成为一个以电商业务为主的渠道企业，同时占据着优质的商业、工业房地产资源，它可以成为其进一步发展的筹码。

但是，京东物流体系价值的发挥仍然要以其电子商务业务的顺利开展为前提。尤其是，京东目前如此庞大的物流体系必须要配合足够大的年销售额。京东目前的年销售额 600 亿人民币，还不能完全与这个规模的物流相适应。

为了达到合适的销售规模，京东将面临一些抉择：第一，继续与苏宁、国美等线下渠道商打价格战，进一步扩大自身市场。不过这种选择需要资本支持，京东必须有渠道进一步融资。上市将是京东最佳的选择，不过目前的资本市场仍然存在一定风险和估值不确定。第二，与其他电子商务企业合作，将物流服务能力开放给这些企业，以获得必要的流量。当然，京东除了与其他电子商务企业合作，也可以向社会开放其物流体系，与目前的快递企业展开竞争。

（南开大学现代经济研究所　李亚、陈露露、陈云、

陈敏慧、迟秀娟、王天琪）

参考文献：

[1] 袁茵：《双面京东》，《中国企业家》2011 年第 1 期。

[2] 尹生：《刘强东：下一个马云》，《福布斯》2011 年第 3 期。

[3] 肖昕、苏瑜：《电商"特卖会"》，《南方都市报》2013 年 4 月 26 日。

[4] 赵楠、刘佳：《京东 VS 苏宁：两个穷人的流血战争》，《第一财经日报》2012 年 8 月 15 日。

[5] 吴文治、王璀一：《电商巨头血拼价格战走向极致：资本背后力撑》，《北京商报》2012 年 8 月 15 日。

[6] 周玉梅：《京东 7 亿美元融资估值几何》，《投资界》2013 年 2 月 18 日。

[7] 王琛：《资金链吃紧，京东融资 4 亿美元》，《潇湘晨报》2012 年 11 月 14 日。

[8] 华靖蕾：《京东商城 C2 轮融资到账》，《第一财经日报》2010 年 12 月 3 日。

[9] 陈晓萍、王晶：《京东商城二轮融资完全解密》，《21 世纪经济报道》2009 年 1 月 19 日。

案例六：1 号店的国际并购融资

一、背景介绍

1 号店是一家电子商务型网站，由世界 500 强戴尔公司前高管于刚（全球副总裁）和刘峻岭（全球副总裁，中国和香港区总裁）联合在上海张江高科技园区创立。2008 年 7 月 11 日，"1 号店"正式上线，开创了中国电子商务行业"网上超市"模式，以家庭的需求定位。经营理念："全力满足顾客需求，追求最完美的顾客体验"。1 号店是近两年中国 B2C 电子商务领域的一匹黑马。2008 年才正式上线的 1 号店，2008 至 2011 年的销售额分别为 417 万元、4600 万元、8.05 亿元和 27.2 亿元，4 年累计增长超过 650 倍。

于刚曾担任过戴尔的全球采购副总裁。在加入戴尔之前，于刚曾任亚马逊全球供应链副总裁。他对亚马逊的供应链进行改造并取得了巨大的成功。在戴尔，他负责 180 亿美元的采购。

1 号店独立研发出多套电子商务管理系统，并在系统平台、采购、仓储、配送和客户关系管理等方面大力投入。目前主要业务包括食品饮料、美容护理、厨卫清洁、母婴玩具、数码电器、家居运动、营养保健、钟表珠宝、服装鞋帽、机票服务、品牌旗舰店等 12 大类。

1 号店利用电子商务优势，省去了很多传统商场的费用成本，主要商品价格低于传统超市。同时，消费者通过 1 号店的网站订单系统，可得送货上门之便。

1 号店创业的背景：

近年来，中国网络购物市场交易，特别是 B2C 交易规模持续高速增长。

由于网络购物需求的高速增长，以及网络渠道覆盖潜在消费者的高效率，传统零售商近年来纷纷开展电子商务的尝试。根据中国连锁经营协会的统计，在2010年中国连锁百强企业中，已经有52家开展了网络零售业务。消费者耳熟能详的传统商超企业如百联集团、家乐福、沃尔玛、欧尚超市、伊藤洋华堂、上海农工商超市等均开展了电子商务。

1号店的成长战略：

于刚认为，"从细分品类入手还是要扩张，不如直接从品类繁多的超市入手"。为了避免和几大专业类电商的直接竞争，于刚通过详尽的市场调查和分析，最终和刘峻岭合议，决定挑选与生活息息相关的快消品，也就是超市百货。对于消费者来说，就是把实际生活中的超市搬到网上，用户不需要再走出家门，搬运沉重的生活用品，只要点点鼠标，就可以买到生活中常用的"柴米油盐酱醋茶"。

怎样培养一条成熟的供应链，成为1号店良好运营的基础。一年多亚马逊副总裁的经历让于刚见识到了全球最领先的供应链管理。于刚和他的团队从公司创业之初，研究了几十套系统进行管理，从水平方向到垂直方向，从快递员、客户服务到物流、仓储，无一不是用尽了心思和想法。客户在网上下了订单之后，10分钟后仓库拣货员的手持终端上就会出现订单中的具体内容，系统会自动列出拣货的最优次序，拣货员只需要推着小车，按照推荐次序进行拣货，然后放到传送带上，通往包装员手上进行商品包装，然后就可以上路了。这种供应链管理使得1号店的供货速度比较快，让大家觉得"即使网购也不会耽误正常的生活"。

2010年8月16日，中国平安保险集团以8000万元人民币实际出资额控股收购1号店80%的股权。同时，平安保险集团和1号店创始团队签订了一份经营团队股权激励协议。其背景是：1号店由创始团队几百万资金启动，之后曾融资2000万元，这些资金支撑1号店走到2009年10月。2009年10月前后，1号店营收仍不足亿元，这时第一笔融资已经用完，后续的投资还没进来。当时1号店业务快速扩张，已出现资金短缺问题，每年都在亏损，如果得不到及时注资，整个公司资金链有可能会出现大问题。2009年底爆发金融海啸，VC已经不再投资电商。平安进入，使1号店渡过了难关。1号店与中国平安合作，除了需要平安的资金之外，更是寄希望于5000多万平安个人客户

（平安银行信用卡客户已经可以用积分购买 1 号店中的商品，并可享受一定折扣）。而平安收购 1 号店则是希望建立一个一站式生活服务平台，将网上超市、医网、药网"三网融合"，整合电子化的健康管理解决方案，构建健康产业链，并通过将平安积分万里通与 1 号店对接，打通内部循环。平安用户可使用积分到一号店购物，1 号店用户积分也可以兑换保险。这是一个新型的产业链，将医、药、信息、保险、百货等都无缝关联起来。1 号店和平安在新商业模式里能形成优势互补。

1 号店其实也是平安的一个隐性销售渠道和围绕客户而衍生的一种创新商业模式。交叉销售是平安实现"一个客户、一个账户、多个产品、一站式服务"目标的核心战略，而 1 号店或许是未来平安承载交叉销售的最理想客户窗口。在保险产品也是日用消费品的新背景下，网上超市出售保险产品并不是不可能。比如用户在 1 号店购买健康的有机食品等，可以享受平安健康险的折扣，这样就能把食品、保健品等的销售与健康险销售联动起来。

中国平安控股后，1 号店业绩的增长日渐依赖平安。中国平安的采购业务都通过 1 号店，内部的采购订单比例在 60%—70% 以上。即使 1 号店不能提供相应货品，也一律通过 1 号店走账。受资本推动和资源支持，1 号店进入快速发展时期：2010 年这一年，1 号店销售额突飞猛进，从 2009 年的 4600 万元飙升至 2010 年的 8.05 亿元。这其中主要源于平安的扶持。1 号店官方公布的数据显示，2008—2011 年，1 号店营业额分别为 417 万、4600 万、8.05 亿、27.2 亿元，呈现爆发增长状态，2011 年同比增速接近 300%。

平安拟定 2 亿元收购 1 号店 80% 股权，由于该投资为分期支付，实际出资额只有 8000 万元。仅仅合作一年，平安和 1 号店日渐拉开经营理念的差距，导致了平安不再出资，而开始转让（不是实际转让，而是通过增资扩股方式转让，从而为 1 号店的发展找到新的资金）。其结果就是沃尔玛的进入。

二、案例解析

（一）沃尔玛投资入股现状

2011 年 5 月 13 日，沃尔玛百货有限公司宣布已就购买发展迅速的中国电子商务企业 1 号店控股公司少部分股权（17.7%）达成协议。双方会在供应链、物流和自有品牌商品等多方展开合作。

2012 年 2 月 20 日，沃尔玛宣布增加对 1 号店的投资，使持股比例提高至 51%。2012 年 8 月 14 日，沃尔玛控股 1 号店获得了商务部的批准。商务部正式发布公告，附加限制性条件批准沃尔玛收购 1 号店母公司 33.6% 的股权。此次收购后，沃尔玛公司将成为 1 号店的控股方，拥有后者网上直销业务的控制权。沃尔玛以 30 多亿元的价格购买了 1 号店 33.3% 的股份，也就是说，1 号店的估值达到了 100 亿元人民币。

1 号店公司内部已经成立了与沃尔玛专门对接的部分。目前双方合作推进顺利，内容主要是资源分享，包括对采购、自有品牌、供应商以及物流配送的分享。

1 号店目前已接受沃尔玛部分自有品牌的线上销售，如家居类产品品牌"明庭"、"爱逸特选 SE"。线上商品定价一般遵循比线下低 3—5 个百分点，在保证扩大销量的同时，也不会对线下渠道产生冲击。

1 号店与沃尔玛共享部分仓库、第三方城际运输资源。仓库管理系统借鉴沃尔玛的管理经验，提高自动化程度，形成专业的流水线运作。在成本降低一倍的情况下，1 号店的平均出单时间控制在半小时左右，一个原来日订单承载量在 2 万单的仓库，目前日出单总量能达到 5 万—6 万单。

在采购方面，1 号店已经开始借助沃尔玛在英国收购的阿斯达（Asda）拓展进口食品。

（二）1 号店为何选择国际并购融资

1. 1 号店角度

一方面，1 号店主要靠"口碑"营销起家。由于主打商品品类较为特殊，1 号店早期避开了直接竞争，凭借快消品需求大、重复购买率高的优势，实现了用户规模的迅速扩大。不断膨胀的顾客数量，意味着对商品品类需求的增加。虽然到 2011 年，1 号店的商品种类已经从上线时候的 3000 多种，增加到了 12 万种，但距离满足客户需求，依然有很大距离。

另一方面，商品品类还与盈利有关。食品饮料类产品不但对供应链的要求极高，而且毛利低，依靠单一品类很难盈利。所以，增加高毛利的品类成为

1 号店的当务之急。

但是增加品类，尤其是高毛利品类并非易事，既要资金，还需要相应的采购和物流支持。于刚曾表示电商在横向与纵向上的拓展都不容易，尤其是需要拓展到不同产品种类的时候，从前台营销到后台供应链管理都面临全新挑战。要在电子商务的寒冬期实现扩张，1 号店需要从外界获得支持。

1 号店经营商品为快消品和日用消费品，其物流体系管理难度远大于经营服装、图书或者电子产品的电商平台（例如淘宝、京东、当当）。因此，沃尔玛在日用消费品上的成熟物流管理经验也是 1 号店所急需的。

另外，值得注意的是，尽管销售规模发展迅猛，但 1 号店并没有走出 B2C 不盈利的困境。电子商务不是一个短期盈利的行业，公司要实现盈利，规模是非常重要的。电子商务企业早期投入很大，包括物流设施、信息系统等，只有企业上了规模之后，才能摊薄企业成本。

2. 沃尔玛角度

中国连锁经营协会的调查显示，传统零售商开展电子商务业务存在以下劣势：

一是技术能力不足。网络零售对技术的要求更强，在网络建设、营销技术手段、消费者分析和数据挖掘技术等方面都有着与传统零售商的信息系统不同的做法。

二是缺乏专业团队。传统零售企业对于网络零售的人员投入和配备明显不够，有些企业的网络零售业务仅仅是由信息部门独立运营。

三是营销经验不足。大多数传统零售商对于网络营销的认识还没有起步。网络零售在满足消费者个性化需求上，其思维方式早已脱离了传统零售商有限的货架空间，这是传统零售商难以在短期内调整的。

尽管沃尔玛不是最早进入电子商务领域的零售商，但沃尔玛可以利用在零售领域的规模和竞争优势与该领域已有的一些成熟参与者合作。基于这些，沃尔玛寻找到了自己的捷径，在与京东合作未成功后，迅速与电子商务界的 B2C 网上购物中心 1 号店达成合作，并声称自己只参与投资不参与经营。而 1 号店在其最开始定位的时候也是将自己的目标定位为"网上沃尔玛"，并做成了与其他电商不同的综合性购网平台。

1 号店之所以能吸引沃尔玛，一是快消品占据了其接近 70% 的销售额，同沃尔玛的营收构成有相似之处；二是沃尔玛在中国本土缺乏线上运营经验，可以通过1号店的线上通路来同强大的线下渠道形成互补。作为全球最大的实体零售企业，沃尔玛已经将拓展在线业务视为战略增长点，并给予高度关注和巨大投入。

3. 二者的合作

1号店因为丰富品类而需要沃尔玛，沃尔玛也需要1号店来完成中国电商战略的布局，双方互补性强。如果沃尔玛和1号店各自单独经营，也许它们都无法靠自己的力量完成自我超越，而双方的合作则有可能实现"1+1＞2"的效果。

从深层次来看，1号店与沃尔玛建立战略合作关系，达成此次合作的主要因素，是由于它们具有非常相近的理念和价值观，那就是"只为更好的生活"，"天天最低价"，为顾客节省每一分钱。

在此基础上，它们可以借助对方优势增大自身的发展。沃尔玛在百货日杂方面的供应链管理经验，能帮助1号店扩充品类。而1号店在"最后一公里"物流方面积累的经验，也弥补了沃尔玛自营电子商务的短板。沃尔玛看重1号店的配送能力（1号店当时在北京、上海、广州、武汉、成都拥有5个仓储中心，这些仓储中心都设在城市最主要的地区，分布范围广，而且还有在建中的仓储中心。这种全国性的布局使得沃尔玛能够有效地发挥自身优势，更快地在中国拓展市场）；1号店看重沃尔玛的供应管理系统。所以对于它们之间的整合，相对比较简单。

现在，沃尔玛主导下的人事变动已经开始。1号店原财务副总郭冬东出任食品饮料副总裁，原人力资源副总梁勇出任商业道德副总裁。他们此前的职务，分别由原沃尔玛电子商务团队成员宋侑文和戴青接任。

三、思考与启示

1号店作为网络超市，其发展存在一些内在的瓶颈：

第一，商品毛利相较百货商城要低。网上超市销售的大多是油盐酱醋等日常生活快速消费品，对物流配送时效性要求比较高，配送成本也较大。网上销售单件产品运营成本高，给商家造成很大压力。举例来说，消费者在苏宁等网上商城购买一台电脑的物流成本和在网上超市购买一支牙膏的物流成本实际相差不多，但牙膏本身属于微利产品。另外，网络超市中食品类商品对于温度、仓储环境都有较高的要求，比如一些食品需要冷藏，这势必会增加仓储成本。

第二，售价缺乏优势。习惯了网购的人最喜欢网上购物的一大原因是价格便宜。然而，这恰恰是普通网上超市卖场难以做到的。如何与其他 B2C、C2C 电子商务平台在商品售价上看齐？由于网上超市有线下实体超市现成零售价格的制约，一般很难轻易改变、下调其零售商品的市场售价。这也正是沃尔玛不自己做网络超市，转而并购 1 号店的原因所在。

第三，"网超"配送成本高。由于配送成本高，网上超市交易门槛也相对较高。据悉，电子商务仅仅物流费用一项就要占到网店销售额的 6%—8%，这还不包括期间会产生的推广费用。例如，家乐福"网超"会根据每个城市的消费实力决定起送金额和送货范围。以上海为例，其网上购物的底线是 100 元起市区免费送货。而免费送货范围仅限于网站地图划分的"圈 1"，在此圈外的送货要收费。"圈 2"收费 60 元，"圈 3"收费 70 元，"圈 4"收费 80 元，"圈 5"收费 100 元。

从商业模式上看，1 号店的模式和京东相似，通过成本优势，低价竞争，健全仓储物流机制，为客户提供优质的体验。1 号店还通过和多家大型社区的嵌入式合作，使其用更小的营销成本获得更多的客户。此外，1 号店还建立了线下模式，通过虚拟超市、移动超市等方式，迅速打开市场，给客户提供更真实的体验。1 号店的 SoMoLo（社交＋本地化＋移动）模式，更是一个重要发展方向。

从盈利角度看，与线下超市一样，1 号店的利润可以分为前台毛利和后台毛利。前台毛利就是来自商品的进出差价，是超市与供应商的合作，超市赚取的是其中的佣金，而后台毛利主要靠厂家返点、上架费和促销费用等。1 号店的另一个赢利点是为供应商提供营销服务，收取广告和推广费用。这是网上超市的一个特殊功能，是线下超市无法做到的。网上超市除了具有电子商务企业的一半特征外，一个重要的特点就是能够与新媒体相结合，在主页面上竞拍供应商的广告费用，从中取得利润。

1 号店虽然发展很快，但一直处于亏损状态，成本迟迟无法收回。2010 年 1 号店曾面临资金枯竭，幸获得中国平安 8000 万元人民币的注资才解了燃眉之急。1 号店如想实现盈利，销售规模必须达到 60 亿元以上，沃尔玛的资本正可以支持其未来进一步业务扩张。然而其盈利问题未必得到解决，但其亏损问题则能得到明显的缓解。

现 1 号店正处于快速发展和扩充业务的时期，大量广告和横幅吸引了消费者眼球，营业收入毫无疑问大幅上升。但在业务量增加的同时，其各项软硬件设施都没有做好跟上的准备，无论是仓储、物流，还是客服，比起以前都出现了明显的问题，使 1 号店原有的好口碑和好形象受到了损坏。1 号店的经营者有些急于求成，还没有做好充分的准备便开始扩张自己。

这次并购，属于典型的同业相关并购。这类并购对合作双方来说，存在明显的协同效应。例如，双方的经营领域重叠度非常高，今后可以利用这一特征，实现交叉销售。沃尔玛注资 1 号店后，1 号店变成了"网上沃尔玛"，专注于提供人们日常生活的一切生活必需品。另外，1 号店于 2010 年还收购了一家连锁药店，从而拥有了一张售药的牌照，而沃尔玛则是美国最主要的非处方药销售渠道之一。这种高度重叠的经营领域有利于双方的交叉销售，从横向上又扩展了利益空间。

（南开大学现代经济研究所　李亚、董瑞文、高梅娟、

顾培钊、孙擎、王天琪）

参考文献：

[1] 杨玲莹：《1 号店：完成一百倍的跳跃之后》，《浦东发展》2012 年第 11 期。

[2] 张登辉：《1 号店大"计划"》，《中国企业家》2012 年第 13 期。

[3] 于刚：《电子商务没到寒冬期》，《经济观察报》2012 年 4 月 9 日。

[4] 李晶：《1 号店的秘密》，《经济观察报》2012 年 1 月 20 日。

[5] 王卜：《1 号店凶猛》，《环球企业家》2011 年第 6 期。

[6] 秦珊：《1 号店深度领悟用户体验》，《中国企业家》2011 年第 11 期。

[7] 郝凤苓、陈虹霖：《1 号店：速度！》，《21 世纪经济报道》2011 年 3 月 28 日。

案例七：华为国际合作

作为中国的高科技企业，华为用其自主品牌和自主创新技术的高科技产品打入了竞争激烈的欧美市场。华为进军海外市场的实践表明，中国的民营企业通过国际合作，一样可以在高附加值产品领域取得成功。

一、背景介绍

深圳市华为技术有限公司是一家大型高科技通信企业，在电信设备领域取得了明显的业绩。华为公司的所有制性质是民营。现有员工 110000 多人，50%—60% 为具有硕士、博士学位的高级技术人员与管理干部。员工中 46% 从事研究开发工作（市场营销人员占 38%，生产和行政管理人员分别占 8% 和 6% 左右）。员工的薪酬收入在业内居于前列（在公司薪酬制度中优先考虑研究开发人员提薪、晋级和奖励，表现优秀的员工可以获得华为公司的股权激励）。华为公司从 1988 年的 2 万元起家，发展为 2012 年销售收入 2202 亿（净利润 154 亿）的大型企业，原因之一就是重视研发与市场的国际合作战略。

从产业链的角度分析，华为主要处于通信设备供应商的位置，其主要产品是针对移动和固定通信网络的各类大型数据交换机和路由器，以及与此硬件相配套的服务和解决方案。与之处于产业链同样位置的竞争对手主要是思科、爱立信和中兴。而如联想、戴尔以及一些芯片和硬件制造商则是华为的设备供应商。中国移动、联通、电信以及其他国际通信运营商则是华为服务的客户。在这个产业链上还有一些终端设备供应商，如摩托罗拉、诺基亚、三星等等。

华为的崛起是中国民营企业界的一个典型故事。2013 年 4 月的文章《创业家》将华为的成功归结为三点："任正非、历史机遇、华为基本法"。关于任正非，作为一个具有军旅经历的企业家，他强调团队的执行力，他的身上充满"狼"性。他对企业发展的理解尤为深刻，对于失败他有切身的感受，每走一步都带着危机感。他曾说："很多年来我天天思考的都是失败，对成功视而不见，也没有什么荣誉感、自豪感，而是危机感，也许是这样才存活了下来。"

二、案例解析

(一) 华为开展国际合作的动因与起步 (1993—1998 年)

从创立之初，华为就梦想成为世界一流的设备供应商，它定的赶超目标就是思科。为了实现这个目标，华为需要技术、需要人才，也需要市场、需要平台、需要机会。人才和技术始终是华为的短板。要成为真正一流的设备供应商，就必须走出中国，走向世界。

早在 1993 年华为就在美国硅谷建立芯片研究所，这被视为华为开展国际合作的第一步。技术成为华为国际化战略谋求的第一个目标。1995 年，国内的电信基础设施建设大潮接近尾声，任正非很敏锐地察觉到了这一点，开始规划进入国际市场的战略布局。而这当然需要在国际市场上找到恰当的合作伙伴。

当时正值华为战略转型的重要时期。华为希望通过自己的努力，最终能够成长为世界一流的设备供应商，不是只局限于在国内市场的发展。正是华为在战略层面上的巨大转变，才打开了走向国际市场，开展国际合作的大门。华为积极探索电信设备的国际化需求，调研国际市场，将零售化小规模的营销方式转变为规模经济性、范围经济性的行为模式，产生了明显的成效。华为还致力于提高效率、销售收入和利润，提高技术水平和品牌形象，打造长期的国际市场发展之路，从而显著增加了销售收入和利润，并保障了其在国际市场上的显赫地位。

1996 年，华为在国内的销售市场上出现危机。在这种状况下，华为更需要打开国际市场，寻求国际合作，来拓展更为广阔的销售渠道。4 月，国家科委组织华为公司总裁任正非一行出访俄罗斯、罗马尼亚、保加利亚、阿塞拜疆四国。他参与了在俄的各种展会以及招待会、新闻发布会等活动。在这些会议中，任正非发现了国际关系的微妙变化以及这一变化下隐藏的商机。回国后，任正非决心以俄罗斯通信市场作为华为走出国门的第一个突破口。基于华为一贯的"农村包围城市"的战略思想，华为国际化战略也以通信发展较为落后的亚洲及前苏联地区为起点。此后，华为的国际化业务有了突破，与香港和记电信签订了 3600 万美元的合同，建立了俄罗斯代表处、白俄罗斯代表处和南斯拉夫代表处，逐步扩展在这一地区的业务。1997 年华为举办莫斯科电信展，与俄罗斯贝托公司签署合作协议，成立华为第一个国际合资公司。接着在巴西成立合资企业，设立巴西代表处。1998 年成立印度软件研究所和国际产品部。在早期的国际合作中，华为采用了以往在国内扩展业务时相类似的思路：与当地的政府、垄断企业或其他有渠道优势的企业合资，利用合资公司销售自己的产品。这一做法，在俄罗斯、东欧等地是较为成功的。

与此同时，华为也开始为国际化转型进行内部升级。升级包括硬件和软件两个方面。硬件方面，华为重点建设位于深圳龙岗的基地，力图建设国际最先进的通信产业园区，在园区内覆盖研发、实验、测试、制造、服务、培训等在内的全产业链。软件方面，与众多国际咨询公司（包括 IBM、PWC、The Hay Group 等等）合作，引入专业的企业管理软件和管理模式，改善股权激励模式，为适应国际化管理作出积极调整。华为通过与这些国际咨询公司的合作，有效地提高华为内部管理的能力和丰富对海外市场的经验，还能向海外客户证明自己的实力。

总结起来，在 1999 年之前，华为国际化布局主要是在东南亚、东欧、中东、南美和南部非洲地区，目的是为了赢得更多的市场份额和国际经验，进行资本积累，强化自身的实力。这是属于华为技术和资本的全面积累期和学习期。

华为在成立不到 10 年的时间内，就已经迈出了国际化的关键一步。当时中国改革开放不过十几年，中国国内企业都尚处在摸索时期，普遍缺乏应对国际市场的经验。此时进入国际市场的中国企业必须要经历一个学习和适应的过程，越早完成这个过程对企业的国际化越有利。华为以一种低调平稳的姿态迈出了其国际化的第一步。

（二）华为国际合作的关键进程与关键突破（1999—2008 年）

2001 年中国加入 WTO 之后，参与国际化竞争愈发成为中国民营企业发展进程中的必经之路。尤其是在 1998 年之后，诸如诺基亚、摩托罗拉的跨国公司在中国电信设备领域的市场份额越来越大。在这种情况下，华为迫切需要"走出去"。

1997年华为在俄罗斯建立了合资公司，以本地化模式开拓市场。2003年在独联体国家的销售额超过3亿美元，位居独联体市场国际大型设备供应商的前列。而后，华为在包括泰国、新加坡、马来西亚等东南亚市场，以及中东、非洲等区域拓展市场。在泰国，华为连续获得较大的移动智能网订单。在新加坡，华为与几乎所有的电信运营商都有合作关系，并为一家运营商搭建了东南亚第一个4G商业网络。华为在中东和南部非洲比较发达的国家，如沙特、南非等也取得了良好的销售业绩。东南亚、东欧、中东、南美和南部非洲地区这些华为国际化早期就进行布局的市场，到这一时期已取得新的突破。

1998年底到1999年初，华为开始了其国际化的标志性战略——进军欧美成熟市场。欧美市场与华为以往接触的市场不同。这里的通信服务非常成熟，消费者眼光挑剔，因而使得欧洲市场对企业产品质量和功能有很高很严的要求。加上老牌通信巨头在这个市场的长年盘踞，以及过去欧美对中国制造的"低端"印象，使华为作为一个新品牌获得认可难度很大。此时华为的当务之急是建立起欧洲及北美市场对其品牌的了解和信任。为此，华为作了多种尝试和努力。

第一，与外国品牌建立合资企业，借力外国公司扩大自己的影响，打开国际市场。1998年华为曾与摩托罗拉洽谈，将华为的交换机与摩托罗拉的基站设备组合以摩托罗拉的品牌在国际市场销售。2000年，与朗讯洽谈，以OEM方式为朗讯提供中低端光网络设备，以朗讯品牌在国际市场销售。2003年，与3Com洽谈成立合资公司，帮助3Com公司在中国市场销售和扩展业务，3Com公司则允许华为在国际市场上以其品牌进行销售。上述努力中，较为成功的是华为与3Com公司的合作。华为与其他世界通信巨头实力不对等，部分公司不愿合作，还有一些有远见的公司担心与之合作会"养虎为患"。而3Com公司当时正受到思科竞争，需要一个有力的合作者，最后选择了实力和地位都与其接近的华为。海外合作是华为国际化历程中的一个重要支撑。华为的思路是：不能为合作而合作，而必须从自己的需求出发，在知己知彼的基础上，选择最适合自己的合作伙伴，以迅速建立起有效的合作关系。

第二，努力让国外客户多了解国内产业的发展和华为的实力。华为专门设计了一个名为"新丝绸之路"的考察路线：邀请客人从北京入境，参观上海、深圳，再从香港出境。或反向从香港进北京出。这样能引导国际客户了解中国改革开放的变化，并让他们看到华为在中国的业务，助其建立对华为的信任。

第三，扩展海外研究中心的规模和数量。2000 年，华为建立了硅谷和达拉斯的研发中心，在世界信息技术的核心地带树立起了自己的品牌。华为通过加大技术研发投入，不断增强技术实力，以技术打动北美及欧洲成熟市场的大客户，从而进入世界一流通信运营商的供应体系中。

同时，为了建立全球协调的管理体系和统一的品牌形象，华为 2001 年对海外区域进行了重组，重组完成后建立了 8 个海外地区总部，以便利其在各个市场有效地与客户建立联系和寻求有力的合作伙伴；在 2006 年更换了商标，将"华为"、"华为技术"和"HUAWEI"等多个并行商标统一换成新的"HUAWEI"商标，以便在海外市场树立品牌。

通过与国际先进企业的合作与交流，通过自身技术水平与管理水平的不断提升，加之享有价格与性能优势，华为逐步打开了欧美市场，并取得不俗业绩。

在西欧市场，华为以 10G SDH 光网络产品进入德国为起点，与当地著名代理商合作，华为的产品成功进入德国、法国、西班牙、英国等发达国家。北美市场既是全球最大的电信设备市场，也是华为最难攻克的堡垒，华为先依赖低端产品打入市场，然后再进行主流产品的销售。2002 年在美国成立了全资子公司 FutureWei。截至 2006 年，全球 50 强运营商中，包括 Telefonica、法国电信（FT/Orange）、沃达丰、中国移动、英国电信（BT）、中国电信、中国联通和中国网通等在内的 31 家选择了华为作为合作伙伴。华为产品与解决方案广泛应用于英国、法国、德国、西班牙和荷兰等欧洲国家，并在日本和美国市场相继取得新的突破。

华为的合作意识，以及任正非"和为贵"的理念，使得华为在全球扩展过程中不断获得新的合作伙伴。华为的国际化与华为多层次、多方面的国际合作是同步进行的。在这个时期，华为的国际化战略因其国际合作的有效开展而取得了关键进展。

（三）华为国际合作的全新阶段（2008 年至今）

到 2008 年，华为的国际化战略目标已经基本实现，当年销售额达 233 亿美元，申请国际专利数排名世界第四。

随着 2008 年金融危机的爆发，世界经济格局发生了新的变化。现在，世界金融危机的后遗症尚未消除，全球经济复苏缓慢。欧美受债务危机和财政问题的困扰，分别趋于衰退和低迷，贸易和投资保护主义抬头。与此同时，移动互联网开始在世界范围内蓬勃发展。这种形势既给华为带来严重挑战，也给它带来新的机遇。为有效应对挑战，抓住新的机遇，以巩固得来不易的业绩和开辟国际化新天地，华为必须处理和解决好几个重要的突出问题。

其一，如何在那些暂时陷入困境的国际巨头中找到合作对象。金融危机爆发以来，很多公司开始走下坡路甚至倒闭，其中比较著名的有柯达、施乐、摩托罗拉和诺基亚。华为如能在这些企业当中发掘到可以帮助自身发展的对象，进行收购或合作，就能够进一步巩固和扩展自身在国际市场的地位和影响。把握好与这些走下坡路公司之间的合作关系，对华为今后的发展大有意义。

其二，随着移动互联的发展，新一轮的通信革命正在发生，华为应积极参与这一进程。移动互联的很多技术目前正处在酝酿期，很多新技术即将诞生在如同惠普当年那个旧车库一样的地方。华为宜着力去寻觅和挖掘研发新技术的公司和人才，通过合作获得相关技术，以强化自身移动互联网技术方面的实力。只有这样，才能在本轮通信技术升级中占据更多主动权以至主导权。

其三，中国劳动力成本上升后，华为需要处理其产品制造的转移问题。如何在新形势下平衡好国内工厂和国际工厂的布局，是华为必须面对和解决的新问题。这对华为的发展是一个新挑战，为应对这一挑战，华为需要寻找新的国际合作者。

其四，美国近年连续对华为设置障碍，怀疑其"窃取情报和机密"。这非常不利于华为在美国的发展。华为不能放弃美国这个世界上最重要的市场。如何在美国找到能够帮助自己的伙伴和平息这一轮带有政治色彩的打压，是华为亟须解决的一个大问题。这不但需要中国政府的帮助，更需要华为自己的努力。

三、思考与启示

(一) 华为国际合作过程中遇到的相关问题

首先是没有品牌。1999 年，华为首次踏入国际市场，无品牌的销售是异常艰难的。

其次是中西文化的难以融合。虽然华为的员工在出国之前都会在培训部门接受系统的培训，如接受两国文化之间的差异以及相关产品等课程教育，但是异国文化的差异性仍给华为员工带来难以根本消除的不适应。文化鸿沟所造成的国度之间理解和信任误区，使得对方的电信运营商难以完全相信中国的民营企业能够生产出他们所需求的产品。

第三是国外开拓市场有很多华为员工难以适应的潜规则。特别是外国人对中国产品的偏见使得华为的价格优势以及技术优势不能完全地展示出来。这给他们带来极大的困惑。

（二）华为的解决对策

为了尽快打开国际合作的道路，华为先后采取了相应的对策，并取得了一定的效果。

1. 基于电信运营商需求导向的国际技术合作

对华为公司而言，电信运营商客户一直是最重要的市场。目前，华为公司已经成为全球 45 家大型移动运营商的核心供应商之一。绑定电信运营商去创新，成为运营商的最佳伙伴，一直是华为公司最重要的技术创新目标。

华为公司坚持开放合作，向全球电信运营商提供开放的应用环境、智慧的运营平台和快速服务，以客户需求驱动产品研发流程，围绕提升客户价值进行技术、产品、解决方案及业务管理的持续创新。换言之，华为公司的技术创新是"市场驱动"。例如，2004 年底，华为公司获得荷兰 Telfort 合同的根本原因是华为的技术创新——分布式基站的解决方案，也就是说是靠技术优势而不是成本优势竞标成功。

华为公司投入 51000 多名员工（占公司总人数的 46%）进行产品与解决方案的研究开发，并在美国、德国、瑞典、俄罗斯、印度及中国等地设立了 20 个研究所。华为公司规定：每年有 5% 的研发人员去做市场，每年有 5% 的市场人员去做研发。华为公司还与德国电信、意大利电信、沃达丰、日本 NTT 等运营商成立 20 多个联合创新中心，了解合作运营商的内在需求并进行相应研发。双方的合作研究成果转化为产品后，很快就能形成竞争优势。通过基于客户需求的持续创新和敏捷开发，华为公司快速地满足了客户需求，并有效地扩大了客源。

2. 在集成创新上大力推进国际合作

在电信市场，GSM、CDMA 以及 3G 等多个技术标准都是国外的发明。于是，华为公司选择了集成创新战略，强调应用方向上的创新。

华为公司十分重视与国外开展合作研发，这是集成创新的基础之一。举世公认印度软件开发水平高，华为公司就与之合作，并在印度班加罗尔联合创办软件研究所。俄罗斯射频（无线电波频率）研究水平高，华为公司就在莫斯科与之联合建立射频研究所。华为公司自主开发出的亚微米级芯片国内暂无厂家能生产，就在美国委托硅谷厂家加工制造。

3. 在知识产权方面大力进行国际合作

华为公司在主流国际标准上积极行动。截至 2012 年底，华为公司加入全球 123 个行业标准组织，并向这些标准组织提交提案累计超过 23000 件，担任了 OMA、CCSA、ETSI、ATIS 和 WiMAX 论坛等权威组织的董事会成员，在任 180 多个职位。

（南开大学现代经济研究所　李亚、王天琪）

参考文献：

[1] 王荣、张琨：《华为：在国际化中翱翔》，《深圳商报》2012 年 10 月 31 日。

[2] 马晓芳：《华为中兴"激战"专利欧洲市场》，《第一财经日报》2013 年 3 月 19 日。

[3] 程东升：《华为的国际化怪圈如何破解?》，《21 世纪经济报道》2011 年 3 月 24 日。

[4] 赵雷：《华为中兴国际化之路"注定"坎坷曲折》，《中华工商时报》2012 年 10 月 28 日。

[5] 吴建国、黄瀚：《华为诞生 20 年　如何成为国际化企业》，《中欧商业评论》2008 年第 7 期。

[6] 谢永新、严永怡：《华为公司国际化战略分析》，《国际经贸探索》2010 年第 9 期。

[7] 潘宏毅、彭晶晶、甘璐：《华为技术有限公司国际化战略分析》，《科教创新》2012 年第 5 期。

案例八：联想的国际化团队

一、背景介绍

联想集团于 1984 年在中国北京成立，目前已经发展成为全球 PC 企业第二名（全球市场份额 12.9%），由联想集团和原 IBM 个人电脑事业部组合而成。2012 年 7 月，联想集团进入世界 500 强，排名 370 位。

从 2004 年收购 IBM PCD 开始，联想就开始大规模地推进着国际化发展。2008 年后，开始广泛地在全球市场寻求发展机会，采取包括收购、合资、战略合作、海外建厂等多种方式进行拓展。在联想国际化过程中，建立国际化的管理团队是其工作的重中之重。

2009 年联想成立最高决策团队 LEC（Lenovo Executive Committee，联想集团执行委员会），它就是联想的核心管理团队。2011 年 11 月 2 日柳传志宣布卸任联想集团董事局主席，当月 9 日联想公布了新的 LEC 团队，该团队由 8 人组成，包括：联想集团董事局主席兼 CEO 杨元庆；联想集团高级副总裁、成熟市场集团总裁 Milko Van Dujil；联想集团高级副总裁、移动互联和数字家庭业务集团总裁刘军；联想集团高级副总裁、产品集团总裁 Peter Hortensius；联想集团高级副总裁、CFO 黄伟明；联想集团高级副总裁、主管人力资源的乔健；联想集团高级副总裁、CTO 贺志强；联想集团高级副总裁、主管全球供应链的 Gerry Smith。

以下是联想 LEC 8 位成员的简要介绍：

杨元庆（现任联想集团董事局主席兼 CEO）：1989 年从中国科学技术大学研究生毕业进入联想，2000 年起担任联想集团 CEO。2003 年 4 月联想在他

的主导下实现"换标"，开始走向国际化。2004 年 12 月杨元庆推动联想收购
IBM PC 业务，同年柳传志卸任董事长，杨元庆担任联想集团董事长。2005 年
他带领 IBM PC 业务扭亏为盈，帮助联想成为全球三大 PC 制造商之一。

刘军（现任联想 Lenovo 业务总裁）：1993 年从清华大学自动控制专业毕
业进入联想集团。历任联想电脑公司研发部总经理、台式电脑事业部总经理、
消费 IT 业务群主管高级副总裁、集团运作系统主管高级副总裁等职务。期间
主持了多款联想 PC 的研发工作，创立了台式 PC 业务的成本核算体系和供应
链模型。

黄伟明（现任联想集团 CFO）：Victoria University of Manchester 管理科学
学士，特许会计师。20 世纪 90 年代供职于汇丰旗下投资银行部，90 年代末离
开汇丰加盟光大融资成为董事。此后先后加盟过中银国际、泛华、林麦等公
司，在投资银行界有 15 年工作经历。

乔健（现任联想集团 CHO）：1990 年从上海复旦大学毕业后进入联想集团。
在入职的第一个 10 年里一手建立起了联想的市场推广和品牌宣传体系，是联
想品牌最重要的建立者之一。此后在联想多个部门任职，经历丰富，了解公司
各部门情况。目前在联想集团主管人力资源战略规划和管理。

贺志强（现任联想集团 CTO、联想研究院院长）：1986 年研究生毕业加入
联想，一直从事研究开发和项目管理工作。担任过联想 PC 机、主板、掌上电
脑等项目的研发主管。2005 年联想完成收购 IBM PC 部之后，开始跨越中美
同时领导联想与 IBM 的研究团队，为联想收购后的团队融合作出了巨大努力。

Peter Hortensius（现任联想 Think 业务总裁）：1988 年获加拿大曼尼托巴
大学电气工程博士学位后进入 IBM 工作。此后担任过 IBM 个人电脑服务器部
门的开发主管和首席技术官等职位，在 IBM 任职长达 17 年。2005 年联想收
购 IBM PC 部后，加入联想，担任全球产品开发高级副总裁，继续主管 Think
系列产品，包括笔记本、台式电脑、服务器、工作站等。2013 年，联想集团
正式将公司业务分为 Think 业务和 Lenovo 业务两大集团后，被任命为 Think
业务总裁。

Milko Van Dujil（现任联想成熟市场总裁）：University of Rotterdam 博士
毕业后加入 IBM。在 IBM 任职长达 16 年，帮助 IBM PCD 在欧洲、中东和非
洲地区实现了业务重大转变，增加了市场份额。在 2005 年加入联想，此后一

直担任联想集团成熟市场总裁。

Gerry Smith（现任联想全球供应链高级副总裁）：1987—1993 年在主板公司 Definicon 从事销售。1993—2006 年担任戴尔显示器产品线副总裁并负责戴尔全球运营。2006 年加入联想之后帮助联想建立全球供应链，一直主管全球供应链的规划运行。

除上述 8 人团队之外，联想集团的高层管理团队还包括以下几位重要人物：

陈旭东（现任联想中国区总经理）：1992 年北京大学硕士毕业后加入联想。历任大区销售经理、西北区总经理、销售商务部总经理、渠道销售部总经理、副总裁等职务。2008 年之后开始负责亚太及俄罗斯区、新兴市场的战略及运营工作。

Gianfranco Lanci（现任联想 EMEA 区域总裁）：1981 年在 Texas Instruments 开始职业生涯。1997 年公司被宏碁收购后加入宏碁，历任宏碁多个区域的总经理，2005 年成为宏碁总裁，2008 年成为宏碁 CEO。2012 年 4 月，正式出任联想 EMEA 区域总裁。

王晓岩（现任联想 CIO）：北京理工大学硕士毕业，1994 年加入联想。1999 年作为助理总裁开始兼任联想 ERP 项目总监，全力推动集团的信息化管理。从 2000 年开始担任联想集团 CIO。2009 年联想调整组织架构取消三大区设置，再次任命王晓岩为 CIO。

David Roman（现任联想 CMO）：Queensland University of Technology（Australia）毕业，先后在 Apple、NVIDIA 和 HP 从事市场营销工作，经验非常丰富，在上述 3 家公司的全球多个分部都担任过重要职位，是品牌推广和市场开发方面的专家。

上述 12 人就是目前联想对外公布的最核心管理团队。从上述简介中可以清晰地看到，除杨元庆之外的 11 人，特点突出，风格迥异，具有极强的互补性。其中乔健和王晓岩作为联想资深高管，主管内部管理和企业文化建设。David Roman、Gianfranco Lanci、Milko Van Dujil、陈旭东市场销售经验丰富，分管各个重要市场。贺志强和 Gerry Smith 保障联想的技术、生产、供应的产品线。刘军和 Peter Hortensius 则与杨元庆组成联想战略决策的"三人组"，共同制定联想的中长期战略。

联想的管理团队有以下特点：第一，国际化程度明显提高，在各个国际市场都由熟悉当地市场的高级管理者进行直接管理，如 Gianfranco Lanci 就是中东市场的专家。第二，复合性明显改善，拥有行业内多家企业工作经验的管理者增多，不再单纯完全依靠联想自己培养的管理者，如 David Roman 和 Gerry Smith 都曾在另外的计算机巨头企业任过职。

二、案例解析

（一）国际化管理团队打造过程中的主要困难

1. 困难一：本土团队被迫应变

2005 年联想完成对 IBM PC 业务的收购，开始迈出联想国际化的第一步。虽然管理层对此也做了一定的准备，但是当它变为现实的时候，联想和它的管理者并没有完全准备好。

在相当一段时间内，包括杨元庆在内的联想高层都没能完全适应国际化带来的重大改变。最直接的改变就是英语能力的不足和时差调整的身体压力。成为国际化企业之后，联想的会议变成了国际会议的形式，通常是通过视频电话，语言用英文，时间通常在北京时间晚上 7 点——11 点（因为这个时间对亚洲、欧洲、美国的管理层都比较合适），与会者来自不同的国家和地区，有的甚至没有见过面。这样的改变所造成的沟通难度可想而知。从 2005 年开始，联想先后收购了美国 IBM、日本 NEC、德国 Medion、美国 EMC 旗下 Iomega、巴西 CCE。在不断扩张的背后，是不断增加的文化差异和沟通成本。

2. 困难二：不同文化背后的信任难题

收购 IBM 之后，联想任命的第一任国际 CEO 是斯蒂芬·沃德。这位联想 CEO 曾表示："我们不会走大众商品化市场。联想公司的总部位于纽约，高层管理团队将在这个地方，包括我自己，还有非管理职位的董事长杨元庆。"沃德认为杨元庆担任的是一个非管理职位。其暗含的意思是：如果杨元庆过多地插手战略性工作，试图主导董事会，是不恰当的。同时，沃德关于"不会走大众市场"的表态，也与杨元庆一直重视的交易性业务存在冲突。2005 年 12 月 21 日，联想宣布由来自戴尔的阿梅里奥取代沃德担任 CEO。沃德的离职实际上表明了联想和杨元庆对 IBM 业务整合的不顺畅性。

如果说沃德是联想收购 IBM 后被动选择的管理层，阿梅里奥则是联想根据自身需求在行业内主动挖来的职业经理人。阿梅里奥的强势性格、美国背景和职业经理人特质都和联想及杨元庆的设想格格不入。阿梅里奥进入联想之后，从戴尔带来了自己的班底，联想全球有包括刘军在内的 5 名高层管理者都被戴尔的人替换。此举在联想内部形成了 3 个派系：中国派、IBM 派和戴尔派。三足鼎立并没有给联想带来和谐的发展景象，三派间展开的拉锯战造成内耗、矛盾和隔膜不断加深。这种状况延缓了联想的发展，增加了沟通决策的成本，成为不利于联想发展的负面因素。同时，杨元庆事必躬亲的态度引起了阿梅里奥的不满，在两人意见相左或集团战略受阻时，杨元庆往往选择自己说了算。阿梅里奥和杨元庆的矛盾很快出现，并在董事会中全面公开化。高层矛盾、派系相争加上金融危机导致了联想业务的下滑，2009 年 2 月联想单季度巨额亏损 9700 万美元，全财年亏损 2.26 亿美元。这一结果直接导致了柳传志复出、阿梅里奥离职、杨元庆退居 CEO。

纵观杨元庆与两任 CEO 的冲突，文化背景和性格特质的差别是根本因素，加之相互间没有太多有效的沟通和包容性不强，彼此之间的信任就很难建立起来。信任是问题的关键所在。在联想作为本土企业发展时，这个问题不突出。下属是自己一手培养起来的，容易配合，同事都是一起打江山的老臣，彼此有感情，工作同心同德，即使有了分歧，总会找到办法平衡利益关系。国际化之后的联想在内部关系上发生了复杂变化，这时候如何在短期内建立起内部的沟通机制和信任关系就成了一个难题。刚刚走向国际化的联想，在这方面显然缺乏经验。

3．困难三：话语权归属

在 2000 年以前，联想的领导团队里柳传志是绝对的核心，是最终决策者。2000 年以后柳传志逐步向杨元庆移交权力，话语权也渐渐过渡到杨元庆。由于柳传志的威望和杨元庆在联想团队中的优异表现，这一过渡并没有太多的变数。然而，当联想收购 IBM，迈出自身国际化的步伐时，问题才开始凸显。

作为一宗"蛇吞象"的交易，联想的管理团队相比 IBM 的管理团队，显然是弱势的一方。除了由于出资收购而带来的股权上的主导权，联想团队作为国际市场上的新进入者，无论是在国际经验、管理水平和技术掌握方面都明显不如 IBM 的团队。让联想自身团队领导 IBM 的团队基本上是不现实的，IBM 团队也不太可能心甘情愿接受联想的领导。

在并购后的联想董事会中有 3 家外资投资机构代表，联想和 IBM 各占 4 人，共 11 人。外资投资机构代表更倾向于支持 IBM 方，这使联想内部的权力格局发生了重大变化。过去柳传志领导联想时，他有绝对权威，在很多争论不休的问题上可以拍板。现在新的董事会结构导致杨元庆话语权弱化，其意见往往得不到决定性的认可，甚至会被其他董事会的成员否定。他虽然是董事会主席但却失去了完全主导局面的能力。杨元庆与两任 CEO 的矛盾就是在这样的背景下产生的。

领导层的混乱局面使得联想的决策和执行力下降，战略目标迟迟无法达成。其中最具代表性的就是杨元庆接任董事长时设定的 3 年规划最终未能实现，反而换来了 2009 年的巨亏。

（二）联想的解决对策

面对着这些困难，联想选择了迎头而上，主动变革，推动公司实现真正的国际化。领导这一变革，解决这些难题的，最终还是联想集团的创始人柳传志。2009 年，联想单季度亏损 9700 万美元，全财年亏损 2.26 亿美元，此时，柳传志复出。

有人对此做了一个比喻，如果把联想比喻成一辆轿车的话，2004 年柳传志留给杨元庆的是一辆手动挡轿车，让杨元庆来操作，快慢、挡位都是由杨元庆来掌握。柳传志还有一个想法，就是能够让杨元庆成为这部车的主人，替代自己。没有想到的是，柳传志给杨元庆配备的这部国产和进口零部件混装的车，杨元庆有些不适应。由于零部件磨合很费劲，且耐磨程度不一致，部分零件还不配套，整部汽车车况出现问题，杨元庆开起来有些摇晃，难以正常行驶。于是，柳传志重新当司机。

柳传志此时的使命，是利用自身的极高威望和丰富经验解决内部管理的混乱，构造出一个新的适应当时国际环境和企业内部需要的管理体系。同时帮助杨元庆积攒足够的经验，以便今后继续由杨元庆领导联想走向国际化。

为实现上述目标，2009 年 3 月 25 日，联想集团进行了全球组织架构调整，取消此前以地理范围划分的大区（美洲区、EMEA、亚太区），重组为"新兴市场"与"成熟市场"两个大区。新的成熟市场集团覆盖澳大利亚、新西兰、加拿大、以色列、日本、美国、西欧等地以及全球大客户，而新兴市场集团覆盖中国大陆、中国香港、中国澳门、中国台湾、韩国、东盟、印度、土耳其、东欧、中东、巴基斯坦、埃及、非洲、俄罗斯及中亚。

为了匹配新的组织架构，联想集团同时进行了人事调整。柳传志复出之后主导成立最高决策团队 LEC（Lenovo Executive Committee，联想集团执行委员会），改变联想的管理架构。在新的决策体系下，以往主要由 CEO 下达指令的方式被取代，转而变成集体决策。柳传志说："我们做任何决定的时候，这些人都在全球各地，不过每个月这个团队里的人要在一个地方共同讨论 3 天。在这 3 天里充分交流相互了解性格，反复地磨，由虚到实界定。这几个人有重要岗位，他们有充分的发言权，这种情况下制定的全是反复务虚之后的战略，这种方式制定的战略执行力比以前大大增强，因为每个人都各管一个部分，哪做得不好这个人就要负责。"这一改变对当时的联想大有裨益。好处在于：第一，使得联想高管团队得以有效地充分沟通。以前联想高层管理团队有 20 多人，语言不通背景不同，在一起讨论时非常困难。而经过精简，LEC 主要由 8 人构成，各自职责明确，分工清晰，互相平衡又相互交融。第二，CEO 的责任被削弱。由以往的垂直单线管理变为两横两纵的矩阵式管理，并且以业务类型为架构，建立多层次的领导体系。这一做法更好地发挥了各个部门间的协调效应，每个负责人的作用也可以得到最大限度发挥。第三，冲破思想牢笼，建立创新体制。这一架构设计与西方传统的经理人模式不同，但又不矛盾。经理人可以在这一体系下充分体现自身的价值，而联想自身培养的老团队则重新找到了对企业熟悉的归属感。管理团队采用的是"决策集体讨论，执行分块负责"的模式，使责任划分更为明确。柳传志对于联想新的组织结构的设计，对董事会保持了应有尊重，管理层仍然可以由董事会选择，而杨元庆通过其股东和 CEO 身份可以在董事会之中发挥沟通协调的作用。

管理架构变化之后，联想开始摆脱之前的问题，走上快速发展的上升通道。在团队方面，Gerry Smith、Gianfranco Lanci、David Roman 等重量外援先后加入，并且与联想团队实现了良好融合，这给了联想以管理保障，使联想在国际化的道路上安全稳健地发展。尤其是 Lanci 的加入，这位前任宏碁 CEO 无疑是联想获得的最具重要性的行业专家，他能够帮助联想在新一轮的业务扩展上找到好的投资和优质的增长点。联想自身团队中刘军、乔健、王晓岩等则重新回到了重要岗位，继续为联想的发展出力，进一步稳固了联想的中国市场。最为重要的是，董事长兼 CEO 杨元庆已经在这个过程中磨练了 10 年，由最初的摸着石头过河，到现在的认清方向，对于国际化发展积累了足够的经验，在处理国际化进程中遇到的问题时更加进退得当。

上述组织架构的成型和核心团队的稳定使联想具备了成为国际 PC 巨头的雏形。更为重要的是，联想这一稳固的内部结构具有了面对变化的应变能力和兼并新公司的消化能力。这一点，在联想近期的连续收购中可见一斑：联想最近 3 年完成了 4 笔大宗收购，而其内部运行和市场战略执行都保持了高度一致和稳定，并购之后的整合比较顺畅，远不是当年收购 IBM PCD 之后的艰难。联想国际团队的形成和融合使得联想的竞争力大幅提高，杨元庆提出的"PC+"战略依赖于现有团队的高度执行力将更具实现的可能。

与管理团队建设对应的，是中西方企业文化融合问题。柳传志重新出山后，最担心的就是这个问题。"过去联想集团的最高层，都是把联想当作一个事业来做。不仅是我，杨元庆，大家都一样，都为它拼命工作。当联想好了以后，我们再得到我们应该得到的东西。但让国际员工这么做是不现实的。怎么能够在国际员工中，一步步让大家更有责任心，怎么通过文化，通过激励，通过各种方式提高大家对公司的热爱，这些问题我们都需要研究。""核心价值观在联想里面定义为企业利益为第一位。然后求实进取以人为本。我们把企业列在第一位，CEO 他们不把企业利益放在第一，企业状况就会出问题。"

在 2009 年 2 月初柳传志复出担任董事长之后，重点抓的工作是文化整合，基本思路是传播联想的企业文化。他重新梳理了联想的"4P 文化"：Plan—想清楚再承诺；Perform—承诺就要兑现；Prioritize—公司利益至上；Practice—每一年、每一天我们都在进步。其基本思路还是原来的联想文化（企业利益第一、求实进取、以人为本）。同时设定了联想新时期的文化和核心价值观，称之为联想之道，也就是说到做到、尽心尽力。说到做到，就是要求或者希望每个员工想清楚了再去承诺，承诺了一定要兑现。尽心尽力，是说所有的人都要把企业利益放在第一位，要把个人的发展融入企业发展之中，组织的利益、小团队的利益及个人的利益都一定要放在后面，公司利益为上。还有就是每一年每一天都要去持续地改善、持续地进步。

与阿梅里奥时期不同，柳传志此时亲自到各主要地区去宣讲文化。并且在宣讲文化中强调 3 个原则，"第一，领导人以身作则；第二，高层得一致、统一；第三，要从上到下宣讲。"柳传志巡讲的效果就是实现"说到做到、建班子、复盘"等联想文化逐渐被外籍员工接受。对于外籍高管，柳传志则有更高的要求——他们每个人也都必须具有"主人翁精神"。

柳传志表示，"联想明明是个以中国人为主的企业，你要他成为公司的主人，这可能有点超过别人的想象，所以要让这些人深刻体会到尊重。元庆就得有更宽广的胸怀，对国际团队有更好，甚至多过中国员工的关注。"杨元庆作为组织者，也以各种方式促进团队之间的融合与信任。

三、思考与启示

我们认为，从联想的国际化管理团队的案例中，最大的启示是联想走过的弯路，它对于其他中国企业有很高的借鉴价值。

联想并购 IBM PC 事业部之后，在初期采取稳健策略，不过分追求急功近利，强调先以外国人才为主进行过渡整合，而后再将联想人逐步注入其中。这种稳健而谦和的做法有正负面作用，正作用是为其实现初步的成功并购打下了重要基础，副作用是为其后期的管理团队冲突埋下了引子。

柳传志认为："开始，西方人都相对强势，认为他们对企业的管理和运营，水平要比中国人高很多。但我觉得他们对企业的理解深度，比如供应链怎么起作用，可能还不如联想团队。"这其实反映了并购初期管理团队建设的难度。

2005 年底，经过一年的过渡期之后，来自 IBM 的 CEO 被来自戴尔公司的阿梅里奥取代。联想集团董事长杨元庆对于自己与 CEO 的合作有着自己的希望："一方面我希望我们是 Two in One Box（双重管理，两人配合），另一方面我们有很好的分工。"这种表达不难感受到他的态度。柳传志对此的评论很含蓄："过去我跟杨元庆配合，以相互的高度信任为基础，强势和弱势都根据需要来定，我这个董事长随时可以被元庆拉去做演员，帮他做很具体的工作。这也该是我们新的董事长跟 CEO 发展的方向。"

并购 IBM PCD 之前，杨元庆更强的是业务管理能力。销售出身的他，做事雷厉风行，对认定的事具有接近偏执的自信。这也引发了他和董事会以及第二任 CEO 阿梅里奥之间的种种冲突。

性格强势的阿梅里奥首先调整是联想的供应链团队。2006 年 8 月，短短半个月时间内，他将在联想全球 5 名高管换为来自戴尔的人。当时联想集团全球最高管理架构的 18 人中，有 10 人是由阿梅里奥引进的空降兵。

董事长杨元庆沉不住气，他和阿梅里奥的矛盾很快就公开化了。后来冲突不仅发生在人事任命方面，还发生在业务层面。杨元庆看到阿梅里奥出于职业经理人的考虑作出的短期决策时，就会作出激烈反应。

"杨元庆开始经常冲在前面，看起来像实际意义的 CEO。"杨元庆看到欧洲交易模式推广不顺畅，就直接到欧洲去亲自领导。虽然半年之后，欧洲业务有了起色，但这并没有理顺董事会中的各种关系。欧洲试点成功后，杨元庆有了信心，也有了证据证明现有董事会和 CEO 的决策失误。冲突已经达到董事会层面。在董事会面前，他对出现的问题及失误直言不讳、态度强硬。

柳传志认为杨元庆的做法不妥，甚至是错误的。他认为杨元庆作为董事长正确的做法是："CEO 的业务策略并没有马上出问题，而且在金融危机前还不错。我们看清的问题国际董事并没有看到，这种时候就要坚决不沾手业务，让董事会去了解情况。他们发现他不行，一定会撤换。但一纠缠进业务，就说不清了。"

同时，高管团队的意见不一，导致联想集团重大战略决策也时有失误。据柳传志事后总结，联想集团并购后出现巨大亏损的原因是战略制定问题。"我们认为是国际 CEO 最高管理层中有明显的短期行为，国际的 CEO 第二任我们是从戴尔挖到的常务副总裁。他到联想工作的重要原因就是觉得如果他能把一个中国企业带到很高的高度。那么，他作为一个职业经理人的生涯一定是贴了一层金，当初签了 5 年合同，如果 5 年内他离开，人们会认为中国企业不可能做成那样。第一，薪金激励中有很大一部分是跟股价有关。在这种思想指导下对未来必须要做的研发投入、品牌投入就不肯投钱了。在我们这个行业里，这两年出现了明显的规律。大家都能感受到，不仅在中国，在全世界消费类客户用电脑的增长高于了企业类的增长，就是以前大家用电脑最多最快是企业，而现在老百姓用电脑多了。所以这是块很大的市场。我们并购 IBM PC 以后进入全球市场，IBM PC 主要的品牌是一个高档产品，主要是供给企业用的，跟戴尔作战很合适，但是如果不把民用的消费类的电脑补上的话，我们的市场份额高不了。而要补上这一块非常重要的就是除了要研发消费类市场产品以外，要建立一个强大的 IT 系统。电脑内部管理建设一定要跟上，在我们这个行业里供应链是极其重要的。大家都知道电脑随时在减价，库存长的话，成本会大幅度提高，这块的投资，当时我们测算，董事会认为应该要 3 年投 7 亿美元，但是 CEO 和他的班子不肯投这个钱。当然利润就显得很高，刚才我们看到并购以后金融危机之前我们利润又从 1.4 亿美元涨到 4.8 亿美元。那是虚高，该投的钱你不往下投，后面一定要投。第二，利润中心一直在中国。市场的销售量在全球铺开了，挣钱的地方在中国，其他地方是贴着赔钱。所以你在海外不做品牌投入是根本不行的。原来的 CEO 也是不肯做的，这里面涉及他的短期行为问题，实际上也是文化冲突问题。是不是把企业利益放在第一位？怎么考虑这个问题？文化冲突的时候发生最大的问题是杨元庆先生对应该怎么打仗、怎么制定战略这套非常熟悉，但是真出国以后不能让他去当 CEO，因为中国积累的经验到海外未必成功，海外有很多不同的地方。如果照搬就可能打败仗。那时候董事会不能由我控制，因为是国际董事会，所以很可能就砍人了，如果那样的话，是我们巨大的损失。而在当时，杨元庆更适宜于企业运作，他当董事长的时候发现 CEO 做的不对，于是对 CEO 本身提出了建议，而 CEO 又是一个个性非常强的人，于是就发生了矛盾，而 CEO 后面也有他的后台，因为他是被董事会里面国际的董事聘请来的。"

（南开大学现代经济研究所　李亚、王天琪）

参考文献：

[1] 李鸿谷：《联想全球拓展史》，《三联周刊》2009 年 9 月 10 日。

[2] 杨轩：《联想这三年》，《第一财经周刊》2012 年 2 月 10 日。

[3] 秦姗：《联想：最带劲的时刻》，《中国企业家》2012 年第 10 期。

[4] 张亮：《新联想成人礼》，《环球企业家》2006 年第 1 期。

[5] 杨娇：《让世界一起联想——关于联想集团企业文化的联想》，《企业家信息》2008 年第 4 期。

[6] 戚闽粤、金克成：《联想的人才战略》，《财会月刊》2000 年第 21 期。

[7] 郜振国：《浅析联想的裁员艺术》，《人才资源开发》2004 年第 12 期。

　　[8]　侯雪莲：《柳传志：2011 联想过坎》，《中国经营报》2011 年 9 月 17 日。

　　[9]　陈未临、谢晓萍：《联想 2009 年销售额 166 亿美元　柳传志将留任》，《每日经济新闻》2010 年 5 月 28 日。

　　[10]　王然：《柳传志：我是这样做企业的》，《经济观察报》2009 年 8 月 4 日。

　　[11]　陆绮雯：《柳传志卸任联想董事长》，《解放日报》2011 年 11 月 3 日。

　　[12]　张邦松：《柳传志在最合适的时间卸任》，《经济观察报》2011 年 11 月 5 日。

案例九：新东方海外融资风波

一、背景介绍

1993 年北京出现了第一家新东方学校，其主要业务是做英语培训，对象是准备出国留学的大学生，授课内容主要是 GRE 应试培训。1996 年，开设了新东方出国留学咨询服务中心。在 2001 年新东方集团化之后这一中心逐步转变为新东方前途出国咨询公司。此后随着国内留学形势的变化，新东方成立了国内考试部、雅思考试部来丰富自身业务。

2000 年，新东方开始在全国进行扩张，成立了上海新东方培训学校和广州新东方培训学校。2001 年随着新东方业务发展的成熟以及多元化，为了整合公司业务、规范管理，公司管理层对公司结构进行了调整，新东方教育集团成立，俞敏洪任董事长兼总裁。不过，俞敏洪此举引起了另外两位创始人王强和徐小平的不满，两人随后离开新东方。

新东方集团成立之后，集团内部的首要任务是整合和调整，以形成一套层次鲜明、针对性强的教育培训和服务体系。为此，新东方经历了一段痛苦的转型期。其中，2002 年，新东方 IT 培训创始人周怀军离开，创办新科海。2003 年，杜子华离开新东方，副董事长"中国雅思第一人"胡敏辞职并创办新航道。早期创始人的大批离职给新东方带来了一定的冲击，使得集团内部经历了一个阵痛期。

2004 年新东方已经形成一套覆盖初级到高级的系统培训体系：初级（少儿英语培训班、高考英语培训班、美国口语初级班等），中级（英语四级班、美国口语班、英文写作强化班等），中高级（英语六级班、高级口译班、托福培训班、雅思培训班等），高级（GRE 培训班、BEC 商务英语培训班、高级美国口语班等）。还开发了英语培训以外的多元培训课程和服务：新东方优能培训（针对中高考学生的家教辅导），新东方私立学校（目前从初等教育开始），留学咨询服务（帮助学生申请国外学校），新东方在线（涵盖集团所有培训内容的在线服务），大愚文化（出版发行各类培训书籍），多语种培训（目前已经开发出德语、日语培训课程），企业培训（根据企业需求设计专门课程培训企业员工）。到这一阶段，新东方集团化的发展模式已经基本成型，业务类型由早期的单一高端英语培训，拓展到多层次、多方向的教育服务。

在模式基本确定之后，新东方开始寻求规模的扩张，这需要得到资金的支持。为此，新东方开始在国际范围内寻找投资者。到 2006 年上市之前，新东方获得了美国老虎基金在内的 4 家投资机构的支持，股权结构为管理层占股47.15%，余下部分为投资机构占股。在获得了这些机构的资金支持后，新东方快速发展，规模大幅度提升。

二、案例解析

（一）上市与"VIE"结构

2006 年 9 月 7 日，新东方在纽约证券交易所上市，上市发行价每股为 15美元，开盘价为 22 美元。新东方此次上市融资额达到 1.125 亿美元。

关于此次上市，备受关注的是新东方的上市方式。新东方采取的是红筹模式，即以 VIE 协议控制方式上市。具体来说，这一模式需要首先在开曼群岛成立一个壳公司——新东方以控股方式获得国内公司的股权，成为国内公司的股东，到此持有壳公司股份的股东间接成为了国内实体公司的股东。这一模式就是 VIE 协议控制模式。当然在这一模式中，还有一个重要环节，就是寻找合适的人员代持股份。这是因为目前我国还是不允许外资公司随意持有国内企业的股份。为了绕开监管，外资公司往往与某些个人签署协议，由这些个人持有国内公司的股份，而这些个人根据协议必须听从外资公司的指令来处置这些股份。新东方也是采取这种方式，最初由开曼群岛的新东方教育科技集团与国内的 11 人签署协议代持股份，形成 VIE 结构，此后经过调整 11 人变为俞敏洪 1 人。

VIE 结构是中国资本管制而导致的一个特殊产物，在一定时期内帮助中国企业绕开了法律的限制获得了大量的海外融资，其作用是明显的。包括新东方、阿里巴巴、新浪、百度、腾讯在内的众多中国民营企业都曾采用过这一模式。对国内企业而言，VIE 的意义在于拓宽了融资渠道，尤其是在目前中国银行信贷对象限制过高的情况下，VIE 所带来的融资对于民营企业的促进作用非常明显。对国外企业而言，VIE 使得其有可能间接投资一些中国未对外资开放的行业和领域。

VIE 结构在中国的尴尬在于，一方面，国内目前尚无法律对其进行规定和约束，相关主体在协议控制的过程中都有可能受到利益侵害而无法得到法律保障。很多企业家对这一结构尚处在观望状态中。另一方面，通常采用 VIE 结构的公司，都会将象征性控制权交给国内个人或第三方审计机构，以表示对国外投资者的尊重。然而中国创业者往往对企业有控制欲，因此在很多 VIE 上市案例中，中国企业创始人都保留了控制权。对于这一点负责上市的机构和审计机构也往往默认。但这种做法存在隐患。

关于 VIE 结构的风险，最典型的案例就是阿里巴巴"支付宝事件"。马云利用协议控制的漏洞，单方面将支付宝转让给了自己成立的内资公司，然后通知软银和雅虎协商赔偿事宜。这一事件引起了各方对 VIE 结构漏洞与风险的极大关注。新东方因为同样采取这一方式赴美上市，因此也受到了怀疑与审查。可以说，新东方选择 VIE 结构，为其后来的融资风波埋下了伏笔。

需要补充说明的是，在媒体大量讨论协议控制之后，中国政府出台了相应的监管政策。2011 年 8 月 25 日，商务部发布了《商务部实施外国投资者并购境内企业安全审查制度的规定》，正式将协议控制纳入监管范围。《规定》一共包含 12 条，其中第九条尤其受到关注："对于外国投资者并购境内企业，应从交易的实质内容和实际影响来判断并购交易是否属于并购安全审查的范围；外国投资者不得以任何方式实质规避并购安全审查，包括但不限于代持、信托、多层次再投资、租赁、贷款、协议控制、境外交易等方式。"该条款将"协议控制"纳入监管范围，对 VIE 模式有了一个明确的规定。2011 年 9 月 1 日，该规定正式开始实施。

（二）怀疑与调查

上文提到 VIE 结构的问题。进一步详细来说，新东方在美上市的主体是开曼群岛的新东方教育科技集团，而运营实体是北京新东方集团，因此属于典型的 VIE 结构。在"支付宝事件"之后，这一结构的风险得到了美国证券交易委员会（SEC）和美国投资者的广泛关注。同样采用这一结构的新东方在此时也受到了质疑。原因是，新东方上市时的 11 个代持股东有 10 人已经离职，不再参与新东方的管理，2012 年 7 月 11 日，新东方的控制权 100% 转移到俞敏洪手中。

出于对上述问题的担心，2012 年 7 月 17 日，美国证券交易委员会（SEC）向新东方发出调查函，要求调查其股权变动的情况。消息一出，新东方股价应声下跌，单日跌幅达 34.32%。

7 月 18 日，美国著名做空机构浑水机构（Muddy Warters Research）发布报告称新东方披露的财务报告在多个方面存在欺诈行为，主要问题是虚增收入，虚增比例高达 60%，新东方股价再次应声下跌。截至 7 月 18 日收盘，新东方股价为 9.50 美元，比 7 月 16 日收盘时的 22.26 美元下跌了约 57%。

几乎同时，美国律所 Glancy Binkow Goldberg LLP 对新东方发起诉讼，指控新东方作出了虚假和误导性声明。该律师事务所代表的是 2009 年 7 月 21 日至 2012 年 7 月 17 日买入新东方美国存托凭证的所有个人或实体。

其实上述质疑并不是新东方遭遇的第一次质疑。早在 2011 年 11 月 OLP Global 就曾发布报告，指出新东方的审计报告未能剔除公司内部的交易，因此夸大了营业收入。报告还质疑新东方将特许加盟费掩饰成了加盟公司的现金和合并收入。对于这一质疑，新东方当时只是给出了简单回应。

面对如此严重的怀疑，新东方的情况非常不乐观。浑水机构曾做空过 4 家中概股，包括绿诺科技、中国高速频道、多元环球水务以及嘉汉林业，这 4 家公司股票或大幅下跌，或被迫退市。

（三）问题的根源

除了上述 VIE 结构自身的固有风险引发了此次风波之外，新东方所面临的问题实际上比这一点严峻得多。

首要问题是高管接连离职。在新东方上市时，11 位创始人都是股东，而到了 2012 年 11 人中除俞敏洪外，其余 10 人全部离职，不再参与公司管理。这本身就预示着公司内部巨大的不稳定。其实早在新东方上市之前，胡敏、周怀军、杜子华、江博等元老就相继离职。到 2010 年，俞敏洪甚至召开股东大会，罢免徐小平董事职位。新东方内部的混乱可见一斑。

追根溯源，新东方高层的混乱来源于其管理制度。俞敏洪早期请包凡一、王强、徐小平等海归回国加盟新东方的时候，采用的是分封制，即每人各管一块地盘，公司借给个人开办费，业务百分之百属于个人，盈利上缴 15% 作为管理费，其余都归各人。此后，新东方在各地扩张过程中也都是采取类似的方式。然而，随着公司规模的不断扩大，利益边界被不断混淆，出现了严重的重叠，内部管理的混乱在此时开始凸显，问题越积越多。

2004 年离开新东方的胡敏坦言，高管接连离开，多位创始人放弃管理，这说明新东方的问题已经不是个人的问题，而是环境和管理制度的缺陷导致的。俞敏洪在 2012 年清退离职股东，集中控制权，可以看作对内部混乱作出调整的标志。不过，不幸的是这一行为在一开始，就遇到了资本市场的阻力。

另一个问题是特许加盟问题。这是做空机构关注的重点所在。争议的焦点是，新东方到底有多少特许加盟的培训学校，有多少自身拥有的培训学校；新东方有没有正确地披露这些情况；对于加盟学校的现金和收入是否有计入新东方集团的报表……

对于新东方来说，特许加盟无疑是一种实现快速扩张的好方法。这种方式可以帮助新东方在尚无培训学校和中心的地区开展业务，新东方只需要输出培训团队即可，在资产上不需有太大投入。然而同时，特许加盟意味着新东方必须让出一部分利益给加盟学校。根据情况的不同，不同的加盟学校在账务上也就有着不同的处理方式。例如，有些学校提供的是场地，由新东方派人去开班授课，只需给学校缴纳场地费即可。这样的学校在账务上收入应该全部属于新东方，只需减去一定的场地费。有些学校是拥有场地和人员，只需新东方对老师进行统一培训，这类学校在账务上收入不属于新东方，只给新东方缴纳培训费和加盟费。新东方与不同机构和学校的合作形式多种多样，在其账务上也就相应有着多种处理，这增加了公司管理的复杂性。对于审计机构来说，则很难处理相关的账目审计。业务的复杂性既增加了审计的难度和披露的难度，又降低了审计检验的准确性。

（四）应对危机

面对资本市场的质疑，新东方首先采取的是最直接的方式作出回应。2012年7月20日，新东方宣布，董事会主席兼 CEO 俞敏洪、CFO 谢东萤、董事兼执行副总裁周成刚、执行总裁陈向东、高级副总裁沙云龙，计划使用其个人资金在未来3个月内在公开市场回购价值总计5000万美元美国存托股份（ADS）。在这一消息的刺激下，新东方股价企稳回升，截至当周收盘，收盘价为12.91美元，比最低点的9.50美元回升了约36%，说明新东方的回应效果明显。

同时，新东方还宣布成立针对浑水报告进行调查的独立特殊委员会。新东方表示，独立特殊委员会将组织调查浑水报告中所提出的种种质疑，以保证公司信息对于股民的透明度。据悉，该委员会由新东方3位独立董事李廷斌、李彦宏及杨壮组成。根据2012年10月1日《证券时报》披露的消息，该委员会聘请美国盛信律师事务所作为独立律师协助其对浑水报告中所提到的一些指控进行独立评估。美国盛信律师事务所随后聘请了安永国际会计公司和通商律师事务所协助调查。当日报纸刊载公开调查报告结论如下：

此次独立调查，特别委员会和美国盛信律师事务所主要针对浑水报告中提到的3个核心指控，概括如下：（1）指控新东方的一些或者全部学校实际上是特许加盟（franchises-in-disguise），因此，新东方报告了不实的学校数目和总收入；（2）指控新东方的财务报表没有准确反映北京海淀学校缴纳的企业所得税；（3）指控新东方不适当地将不同利益实体及其子公司（总称"VIE 可变利益实体"）的财务数据并入公司的报表，因为根据美国一般公认会计准则（U.S.GAAP），新东方对这些 VIE 可变利益实体没有足够的控制权，不能将其财务数据并入公司报表。特别委员会的调查范围没有包括浑水报告中没有具体证据的泛泛指控。

经调查，特别委员会在"特许加盟"问题上没有发现任何明显证据支持浑水的上述指控。特别委员会收集的证据表明，新东方对其55家学校及其相关学习中心拥有所有权。新东方与21家第三方进行的品牌"合作协议"是完全不同的商业安排，没有实质影响，而且也已经在公司财务报表中合适地体现出来。

在税务问题上，特别委员会在独立调查中没有发现任何明显的证据支持浑水的上述指控。

特别委员会了解美国证券交易委员会的公司财务部正在评估新东方将 VIE 可变利益实体的财务数据并入公司财务报表的情况。因此，特别委员会对这一情况的调查也将持续。

新东方将在关于 VIE 可变利益实体的问题上继续配合美国证券交易委员会的工作。同时，新东方将向美国证券交易委员会提交 12b—25 表格，以根据美国 1934 年证券交易法自动延缓提交新东方按 20—F 表格准备的 2012 财年年报（新东方的财年于 5 月 31 日结束）。

至此，新东方基本度过了此次"卖空"危机。

三、思考与启示

（一）中美企业理念冲突

新东方此次面临的资本市场风波是一个非常有特点的案例。本质上，此次风波的出现，是做空机构对新东方的一次狙击，而这一案例本身兼具负面的环境共性和企业特性。

负面的环境共性在于：第一，采用中国企业赴美上市的通用结构——VIE 结构，而这一结构在此时正受到广大投资者和监管机构的质疑，尤其是"支付宝事件"集中暴露了这一结构的风险和弊端。在这种情况下同样采用这一模式的其他中国企业也会在国际市场上受到质疑。第二，中概股的光环褪色。在一定的时期内，由于海外资本无法直接进入中国这一高速成长的市场，中概股依托广大的中国市场，成为了海外资本市场的一道风景，众多希冀在中国经济高速成长中分一杯羹的金融资本借助中概股融入了中国市场，拥有了中国国内的投资机会。而随着金融危机爆发特别是 2009 年中国的刺激政策结束之后，中国市场的环境急剧恶化，海外投资者对中国市场的兴趣大不如前，中概股身上的吸引力出现了下降。第三，中国上市公司的审计漏洞频出。在近几年的中国资本市场上，审计报告和财务报告有问题的情况一再出现，财务造假似乎成为了中国企业的一种潮流。市场对中国企业的财务数据均出现了一定程度的怀疑，中国企业的形象大打折扣，对于赴美上市的中国企业则更加明显。正是基于这三点负面环境共性，美国及国际投资者都在做空中国企业。以本次事件中的浑水机构为例，在新东方之前，它已经做空了4家中国赴美上市企业，并且效果显著，使得这4家企业或大跌或退市。

新东方负面的企业特点在于：第一，自身管理团队出现一定程度混乱。从2004年到2012年的8年时间内，新东方内部高层有十几位离职，其中包括10名创始人，以及胡敏、周怀军等骨干成员。胡敏创办的新航道、周怀军创办的新科海如今都成为了新东方的直接竞争对手。第二，业务发展模式出现模糊。在对于特许加盟的问题上，新东方的态度尚不明朗，也没有清晰的发展战略。这一领域的战略规划并不清晰，尚处于试验阶段。第三，传统业务出现下滑。根据市场调研数据显示，新东方的基础培训业务相对于学大、学而思等机构并无品牌溢价，只能依靠更低廉的价格吸引消费者。在新东方以往的优势业务如GRE培训上，由于网络课程和相关书籍资料的丰富，已无以往的增长态势。而托福、雅思培训则由于存在环球雅思、新航道的直接竞争而不得不大力打折促销，降低了毛利率。正是由于上述问题的存在，做空机构认定新东方的盈利能力出现了下滑，企业投资价值下降，才敢于大力做空新东方。

从结果来看，在这场"做空"与"反做空"的博弈中，新东方并没有获胜。原因有几个方面：第一，新东方的股价在遭遇做空机构狙击时出现了高达57%的下跌。这一跌幅足够让做空机构从中获利。之所以出现如此大的跌幅是因为做空机构抓住了新东方的弱点，而新东方并没有发现这些隐患而及早向市场作出表态和反应，直到做空机构行动后才被迫还击。第二，新东方的股价虽然此后有所回升，但还是低于其上市时的发行价，并在此后接近一年的时间内都没有上升到做空前的原有价位。这些说明新东方的市场价值确实如做空机构所预测的那样远低于当时的股价。第三，新东方的高管投入了5000万美元来保住其股价，而新东方在美国上市时的全部融资不过1.125亿美元（考虑发行折扣为1亿美元），因此可以说新东方为了渡过此次做空危机，将其融资成果的近一半都损失了，大大降低了其在国际市场融资的效果。

对这一案例的解读，最后的关键在于明白新东方失误在何处。在企业的经营过程中，首先应当尽力保持企业运营过程的平稳良好，以规避这种风险。毫无疑问，新东方首先在企业经营的层面有一些失误才引发了做空机构对其的攻击。然而，还必须认识到上述经营问题并不直接导致本次危机。直接引发本次危机的，其实是新东方对国际资本市场游戏规则的不熟悉。当新东方出现一些经营问题的时候，无法借力资本市场帮助自身进一步完善和发展，反而是资本市场阻碍了其企业的内部整合和整体提升。

（二）做空机制与应对"恶意做空"

做空是国际资本市场上的一种常见投资方式。简单说，就是先卖后买。投资方预期某股票或大宗商品价格将下跌，就在市场上借入股票或商品并约定偿还周期，之后将股票或商品以当前价格卖出。随后在偿还日期到来时在市场上以新的市场价买入原有数量的股票或商品偿还给借方。若市场价格确实按照预期价格下跌，则投资方可以在两次交易之中赚取一定差价，从而获利。

做空机制的存在使得一个市场的活力得以更持久地保持。原因在于，一个不允许做空的市场中，投资者想要获利就必须不断低买高卖，换言之价格越高且增长越快投资者越能获利，因此普遍存在投机动机去推高价格造成泡沫，之后必然带来暴跌而使市场陷入停滞，从而失去活力。而存在做空机制时，市场中一旦出现泡沫化倾向，自然有投资者开始对虚高的价格进行做空，做空动力与泡沫程度反向相关，起到抑制泡沫的作用，既可以使理性的投资者获利也可以保持市场的正常运行，从而使市场更长久地保持活跃。同时，做空机制实际上是要求投资者对市场存在一个较为理性的预期，以选择正确的操作方向进行投资，对投资者预期的管理能更加深入有效。

当然，与做多一样，做空也会被滥用，从而引发一些问题。为了盈利，专职做空的机构往往费尽心机挖掘目标企业的漏洞和丑闻，以达到影响股价、做空企业从而盈利的目的。

作为国际资本市场的一个基本投资方式，做空机制已经存在了相当长的时间。对于新东方这样试图进入国际资本市场、借力国际金融实现融资和自身发展的中国企业，必须对这一规则非常熟悉，了解其中的技巧和规则，从而利用这一市场和规则帮助企业发展。

关于做空机制的基本内容、基本操作方法，前文已经提到。而做空的影响则是在不同程度上引起股价下跌。股价的下跌对于创始股东而言意味着名义财富的减少，对于投资股东而言意味着短期账面亏损。因此，对于一家经营状况良好而平稳的企业来说，做空造成的股价下跌对于股东的直接利益影响有限，因为这样的企业股东都是长期投资，关键是经营利润所带来的分红利益。而对于投机性的投资者或股东则不同，做空会直接导致其面临的市场估值下降，从而难以在高位脱手其股权投资。在这一点上，做空对投机者的影响远大于长期投资者。

不过，做空带来的股价下跌对企业本身的经营还会造成影响。资本市场是企业融资的重要平台，而股价则反映着企业的融资能力。以新东方为例，新东方2006年在美国上市时，发行价为15美元，这一价格帮助新东方融资1.125亿美元，而新东方的开盘价则达到了22美元。说明此时市场对新东方集团非常看好，新东方若需要继续发行股票融资，价格将超过15美元，有可能达到22美元，这可以使其融资能力上升，融资成本下降。而由于机构做空，2012年7月18日新东方的收盘价仅为9.50美元，大幅低于了其之前的发行价。若新东方此后需要在美国市场融资，则其融资能力低于之前，融资成本上升。

应对恶意做空，中国企业需要做的事情主要在4个方面：第一，审视企业内部的经营状况。若有经营失误和发展问题应集中精力解决，不要由于资本市场牵制阻碍了企业发展，不能让经营问题成为做空机构进一步攻击企业的把柄。第二，关注企业现金流情况。管理层应综合考虑企业和各个股东个人的融资能力，客观审视对资本市场融资的需求。若中短期内无融资需求，则不必过于在意资本市场的反应，若有融资需求，则应积极组织材料进行企业信息公开，尽快获得投资者再度认可。第三，当前做空机构往往采用联合的方式影响市场，同时其报告的企业缺陷往往很难于具体回应。此时中国企业应当积极联系可以合作的国际金融机构，通过B2B的方式获得机构认可，从而获得资金支持维持股价或获得声援稳定市场信心。第四，对于有能力的管理层可以利用回购的方式稳定股价和市场预期。

反观此次新东方对于国际做空机构的回应，我们发现新东方采取的方式主要是最后一种：管理层以个人名义回购股份，稳定市场。在这一点上，新东方的行动非常果断，其股价也因此而迅速稳定下来。不过，在其他方面，新东方并未采取有效的措施。首先，虽然成立独立特别委员会进行内部调查，但是由于浑水机构的报告本身就很模糊，委员会也无法作出有力的反击。这一调查基本上只具有形式上的作用。而对于制约企业发展的主要问题，新东方并未及时投入力量进行解决，目前为止其业务下滑仍在继续，内部管理的混乱也无太大改观，换言之经营问题仍然存在，新东方面临被二次做空的风险。其次，由于其内部经营战略的不清晰，导致了其在自身融资需求方面判断的不清晰。新东方并不知道其是否需要继续在美保持上市，是否需要进一步股市融资。新东方本次虽然稳定了股价，但仅仅是被动地采取了一些措施，并未从自身发展战略出发思考上述问题。在与国际金融机构合作方面，新东方此次并未获得新的金融机构的投资和认可，这导致了新东方目前股价的持续低迷。

（南开大学现代经济研究所　李亚、王天琪）

参考文献：

[1] 闫江：《对新东方教育集团上市融资的反思》，《石家庄理工职业学院学术研究》2009 年 4 月。

[2] 于建：《新东方遭 SEC 调查》，《北京晚报》2012 年 7 月 18 日。

[3] 徐志凤：《俞敏洪昨回应浑水狙击新东方》，《上海商报》2012 年 7 月 20 日。

[4] 肖昕、王涛、刘寅杉：《浑水指新东方"账目欺诈"》，《南方都市报》2012 年 7 月 20 日。

[5] 肖昕：《新东方暴跌　中概股遇灭顶风险》，《南方都市报》2012 年 7 月 19 日。

[6] 莫利加：《新东方国际化教育模式案例分析》，《对外经贸实务》2009 年第 5 期。

[7] 文方儒：《新东方的"新东方"》，《环球企业家》2010 年第 9 期。

[8] 马钺、林默：《谁能看住俞敏洪》，《中国企业家》2012 年第 23 期。

案例十：德恒律师参与中国企业重大海外并购

——并购主体及相关内容介绍

一、关于中材国际

中国中材国际工程股份有限公司（以下简称"中材国际"）是国资委所属中国中材集团旗下的上市公司。公司拥有完整的水泥工程产业链，具有自主知识产权的新型干法水泥技术达到国际先进水平。下属单位包括：中材国际（天津）、中材国际（南京）、成都院有限、中材装备集团有限公司等多家专业设计研究院、工程公司和装备制造公司。员工10000余人（其中管理及技术研发人员占40%），目前是全球最大的水泥工程系统集成服务商之一。

2005年前后，公司以EPC和EP总承包模式迅速走向了国际舞台，目前海外业务占到公司业务量的70%以上，公司已完成和正在建设的国外水泥生产线120余条，累计涉及美国、西班牙、意大利、俄罗斯、法国、沙特、埃及、阿联酋、印度、巴西等70多个国家和地区，基本完成了国际市场分布，成为国际水泥技术装备、工程市场的主要服务商，国际市场连续五年居全球首位。SINOMA品牌成为国际知名品牌。

二、本次收购目的

在进一步提高水泥工程主业发展水平的同时，中材国际正不断强化内外部资源利用，加快新业务发展步伐。中材国际曾明确表示，将以获取技术、研发能力、品牌、渠道等为目的，通过并购、购买、合作等途径提高外部资源利用层次，以增量协同带动存量经营性资产利用效率的提升，加快推进装备业务在矿业、冶金、化工和电力行业用设备等方面的专业化发展水平。

而在金融危机的大背景下，海外资产价格下跌及业主资金紧张为中材国际进行海外投资提供了较好的时机，中材国际以适宜价格可获取的外部资源增多，也为中材国际新业务发展及资源配置提供了更多机会。

2013 年 1 月底，为了开拓印度水泥工程市场，中材国际以 1.5 亿元通过股权收购与增资的方式控股印度 LNVT，促进中材国际在印度市场取得突破、增强在印度市场影响力、加快实现印度市场的战略目标。

依托中材国际的水泥工程资源，通过强化组织、人员保障，积极获取外部信息，努力寻求外部合作，中材国际正加快推进工程多元化业务发展。而作为加快多元化工程业务发展的重要举措，中材国际海外并购明显提速。

本次收购标的 Hazemag & EPR GmbH（简称"Hazemag"）作为一家全球知名的以破碎机研发制造为主的德国公司，是全球破碎机设计与控制技术领域的领头羊，拥有较强的破碎铁矿、金矿和 CR 矿等硬质物料的研发能力及技术、产品与全球营销渠道，在国际矿山机械领域具有很高的影响力，其下属的印度和南非等公司在矿业领域具有的工程设计、研发与管理、设备成套供货、安装综合能力和在物料行业装备方面的突出优势，与中材国际拥有的水泥工程业 EPC 项目管理资源有着很强的互补性，可产生明显的协同效应。通过对 Hazemag 的并购及后续协同效应的发挥，有利于中材国际加快扩展矿业装备和矿业工程领域的业务，进一步提升中材国际现有装备业务的技术水平和制造水平，提升中材国际现有装备业务的全球化水平，塑造全球知名装备品牌，提高中材国际核心竞争力及持续发展能力。

三、本次交易相对方及交易标的情况简介

（一）交易相对方情况简介

出售方 SK 公司为有限责任公司，注册地为德国伍珀塔尔市，公司地址：Hauptstr.123，42555 Velbert，法定代表人：Herr Dr. Hans-Caspar Glinz，注册资本：200 万欧元，主营业务：获得、持有和出售参股的其他公司以及管理

Schmidt, Kranz & Co.GmbH（注：从事企业的管理服务）所有的资产。股东为 Alexander Glinz、Dr. Hans-Caspar Glinz 等 24 位自然人。SK 及其股东与中材国际不存在关联关系。

SK 业务涵盖地下矿产采掘、矿物物料处理、隧道掘进及建设、工业自动化处理、高压系统、气动系统及相关服务等。最近三年业务稳步发展，收入快速增长，2010—2012 年度经审计合并报表显示，其 2010 年、2011 年、2012 年销售收入分别为 2.00 亿欧元、2.63 亿欧元、3.11 亿欧元，净利润分别为 1201 万欧元、1579 万欧元、1371 万欧元，总资产分别为 1.95 亿欧元、2.33 亿欧元、2.58 亿欧元，净资产分别为 8158 万欧元、9313 万欧元、1 亿欧元。

（二）交易标的情况简介

交易标的公司 Hazemag（原名称为 Schmidt,Kranz&Co.Beteiligungs GmbH，1999 年 10 月 29 日变更为现名称）是 SK 的全资子公司，成立于 1992 年 9 月 23 日（历史可追溯至 1842 年），Hazemag 注册地址为德国 Brokweg 75，48249 Dülmen，注册资本 600 万欧元，主要从事的业务为：生产、销售和维修生产加工所需的部件和设备及各种加工技术；用于地下煤矿的钻孔、装载和巷道掘进机，在这些领域，该公司享有较高的全球知名度。

Hazemag 2012 年度未经审计合并报表显示，其主营收入约 1.34 亿欧元，净利润为 767.62 万欧元（其中归属于母公司股东的净利润为 592.54 万欧元）。2012 年 12 月 31 日，Hazemag 总资产 9945.44 万欧元，净资产 3763.26 万欧元（其中归属于母公司股东的净资产 3333.44 万欧元）。

Hazemag 2013 年 1—6 月未经审计的合并报表显示，其主营收入约 6517.55 万欧元，净利润为 349.99 万欧元（其中归属于母公司股东的净利润为 327.68 万欧元），总资产 9275.94 万欧元，净资产 3957.22 万欧元（其中归属于母公司股东的净资产 3524.52 万欧元）。

四、交易定价依据及资金来源

本次交易作价乃中材国际参考 Hazemag 估值报告后，经双方谈判公平磋商确定。该估值报告由中材国际为本次交易所聘用的独立财务顾问中信证券所出具。根据估值报告，Hazemag 在交易基准日 2012 年 12 月 31 日的 100% 股权价值估值区间为 1.49 亿欧元至 1.66 亿欧元之间，中间值为 1.56 亿欧元。经谈判，交易双方确定 Hazemag 100% 股权价值为 1.56 亿欧元，每股价值 26 欧元。中材国际本次交易的资金主要来自于自有资金及银行贷款等方面。

五、本次收购的内容及履约安排

2013 年 8 月 30 日，中材国际与 SK 公司签订股权收购协议。根据协议，本次交易分两步进行。第一步，于 2014 年 3 月 31 日之前收购 Hazemag 1,230,770 股股份，每股价格 26 欧元，收购对价 32,000,020.00 欧元；交割当日以 19,999,980.00 欧元现金向 Hazemag 增资获得 769,230 股股份（每股价格 26 欧元）。上述股份交割及增资完成后，中材国际持有 Hazemag 29.55% 的股份。第二步，于 2014 年 11 月 30 日至 2015 年 2 月 28 日期间再行收购 200 万股 Hazemag 股份，收购对价 52,000,000.00 欧元（每股 26 欧元）。上述两次交割及增资后，中材国际持有 Hazemag 总股份为 400 万股，股权比例为 59.09%，总交易对价为 1.04 亿欧元（按照协议签署日汇率折合人民币约 8.48 亿元）。

六、交易相关留存收益的安排

经双方协议确定，交易完成后，中材国际将按照在 Hazemag 的最终持股比例（59.09%）享有 Hazemag 截至 2012 年 12 月 31 日之前的所有留存收益，以及 Hazemag 自 2013 年 1 月 1 日至第二期交割日之间所有累计的留存收益。

七、协议对生效条件及争议解决的约定

（一）协议生效条款

根据协议，以下条件成就时，协议方为生效：

1. 出售方股东会已经同意本协议；
2. 本交易及本协议已经过收购方及其控股股东董事会或股东大会的批准；

3. 本次交易和本协议已经由收购方向中国的国有资产监督管理委员会备案，以及本次交易在国有企业资金政策方面的核准；

4. 中国国家发展和改革委员会已经核准了本次交易和本协议；

5. 中国商务部已经核准了本次交易和本协议；

6. 本次交易已经由收购方向中国国家外汇管理局备案。

（二）协议争议的解决

协议规定，协议适用德国法律，关于协议的任何争议，包括任何关于本协议有效性的争议应提交仲裁，仲裁应在瑞士苏黎世进行。

八、中国律师在本次收购中起到的作用

由于本次并购的标的为德国公司，需要对德国当地的法律法规进行一定的掌握，在收购过程中，也需要与德国当地律师共同合作，为中国公司提供更加全面综合的法律服务。德恒全球的律师对此并购案进行了全过程参与，在理解公司动向的基础上，与其他法律服务机构沟通，及时向公司反馈法律意见及建议，具体来说，包括以下事项：

1. 帮助公司选择合适的当地律师事务所。作为主要的协调联系人，中国律师需要在理解公司需求的基础上，为公司选择符合公司要求、能够更好地为公司服务的外国律师事务所。这要求中国律师自身首先必须充分了解公司的需要，结合本次项目的实际情况，为公司推荐符合的德国律师事务所。

2. 及时与公司联络，掌握公司在项目进行过程中的需求。在整个并购进行的过程中，随着形势的变化，公司会随时调整项目进行过程中的思路，继而改变原先预定的计划，适应新的情况。因此，中国律师在项目进行的整个过程中，必须及时与公司沟通，及时了解公司的计划，为公司提供合适的架构，更好地满足公司的需求。

3. 及时联系德国律所，使德国律所能够理解公司在项目中的整体计划及思路。由于文化背景的差异，公司在与外国律所的交流当中经常存在理解上的差异，如果交流不慎，可能对项目的进行造成不利的影响。因此，作为主要的协调人，中国律师在与外国律所合作的过程中，需要准确传达中国公司的整体计划及思路，避免理解上的差异，推进整个项目的进行。

在项目进行的各个阶段，中国律师的工作具体分为以下内容：

1. 在项目合作前期，中国律师的主要工作包括：

1）根据公司对本项目的规划，为公司提供整体的交易架构，供公司参考；

2）为公司选择适合本项目的德国律师事务所；

3）审阅前期法律文件，在与德国律师充分沟通后，为公司提出重要的交易风险点；

4）帮助公司了解德国当地特殊的法律法规。

2. 在项目调查阶段，中国律师的主要工作包括：

1）为公司的尽职调查提供相应的计划。由于本次德国项目标的公司在多个国家地区存在分公司、子公司或合资公司，因此，中国律师需要向公司提供适宜该情况的尽调计划，以便公司能够尽快完成尽调工作。

2）联系当地律所，为公司提供适应各地具体情况的尽职调查清单。由于涉及多个国家地区，且各个国家地区的规定不同，因此要求中国律师在与各地律师联络后，确定不同国家地区的调查范围及调查内容，以便公司能够得到针对各地不同情况出具的更加具体的调查报告。

3）汇总各个国家地区的尽职调查报告，向公司进行汇报。由于各地习惯不同，各个律所出具的尽职调查报告形式、内容及侧重点也不尽相同，因此中国律所需要汇总外国律所的尽职调查报告，以便于以公司理解的形式向公司汇报尽职调查的内容。

3. 在项目谈判阶段，中国律师的工作包括：

1）审阅项目法律文件，为客户提示法律风险及法律问题。对股权收购协议、股东协议等重要法律文件进行审阅，按照客户的需求修改交易文件，向客户提示重要的法律风险及法律问题。

2）及时联系德国律所，向德国律所传达公司对项目的意见，确保德国律所将公司的意志在德国法律允许的范围内反映在合同中。

3）参与项目谈判，及时为公司提供法律意见，并提示可能存在的法律问题。

4. 交易合同签署后，中国律师的工作包括：

1）在公司报相应政府审批阶段，在公司的要求下，为公司整理相应的报批材料，以便公司能够及时向主要审批机关提交所需材料；

2）当公司在合同履行过程中遇到问题时，及时帮助公司解答相应的法律问题，并帮助公司审查相应的法律文件，为公司解决实际履行中遇到的困难；

3）除上述内容以外，在需要的时候，为公司提供反垄断方面的法律意见，并在需要的情况下，为公司准备相应的材料，应对各国或各地的政府审查。

由上述内容可以看出，中国律师在德国并购项目进行过程中，发挥着不可替代的重要作用，为项目的顺利进行提供了必要的支持。

特别感谢德恒全球的涉外律师团队对本案例的整理！

（德恒律师事务所创作团队）

参考资料：

[1] 上海证券交易所：《中材国际工程股份有限责任公司公告》，http://static.sse.com.cn/disclosure/listedinfo/announcement/c/2013-10-30/600970_ 20131031_4.pdf，http://static.sse.com.cn/disclosure/listedinfo/announcement/c/2013-09-02/600970_ 20130903_2.pdf。

[2] 中国证券网：《1.04 亿欧元收购 Hazemag59.09% 股权   中材国际海外并购提速》，http://www.cnstock.com/v_company/scp_ggjd/tjd_bbdj/201309/2723673.htm。

[3] 腾讯财经：《中材国际：收购德国 Hazemag，长期影响正面》，http://finance.qq.com/a/20130904/010485.htm。

[4] *Reuters*，"Sinoma International Engineering Co. Ltd. to Acquire Stake in Hazemag & EPR GmbH"，http://www.reuters.com/finance/stocks/600970.SS/key-developments/article/2825615.

案例十一：红豆集团的国际化战略

红豆集团是一家以纺织服装、橡胶轮胎、生物制药、置业为主要产业的跨地区、跨国界的大型民营企业集团。现有 10 家子公司，其中 1 家为上市公司，员工约 22000 人，2012 年实现产销 402 亿元，争取到 2017 年实现"千亿红豆"的蓝图。

多年来，为始终保持平稳较快的发展态势，红豆集团积极探索转型升级，大力实施国际化战略。从 2002 年起，红豆集团分别在美国洛杉矶、纽约和日本东京建立了外贸公司。这些设在境外的外贸公司，成为了企业的"境外据点"，加强了与客户的关系，握准了当地市场行情，提高外贸出口总量和经济效益。

2007 年，红豆集团抓住国家"走出去"机遇，联合无锡三家民营企业和一家柬埔寨企业在柬埔寨西哈努克市投资建设总面积 11.13 平方公里的西哈努克港经济特区（以下简称"西港特区"），实现了由"境外据点"到"境外园区"的根本性转变。

一、建设背景

西港特区是中国商务部首批 8 个境外经贸合作区之一。2007 年 4 月，红豆集团为顺应经济全球化发展趋势，响应国家"走出去"发展战略，联合无锡光明集团、益多集团、华泰公司共同打造西港特区。为提高经营效率，减少摩擦，西港特区实行由中方控股股东——红豆集团全权负责组建经营管理班子及园区日常经营管理。

红豆集团之所以选择在柬埔寨建设经济特区，主要基于柬埔寨良好的发展前景。作为东盟国家之一的柬埔寨，是我国的友好近邻，中柬两国有着悠久的传统友谊，历史上没有发生过主权争端和民族矛盾。柬埔寨虽然是一个不发达国家，但商机无限，国内政局稳定，市场自由度高，政府鼓励外商投资，且劳动力资源丰富，成本较低。同时，柬埔寨还可享受欧美等发达国家给予的特殊贸易优惠政策及额外的关税减免优惠。

西港特区的建立一方面为中国企业搭建了集群式投资贸易发展平台，帮助企业充分利用"两个市场，两种资源"，有效实现国内优势产业的转移。另一方面也是红豆集团实施国际化战略的内在发展需要。通过设立境外特区，可以充分利用当地优惠的劳动力、土地、环境、原材料资源，以及宽松的进出口政策，绕开国际贸易壁垒，建立稳固的出口基地。

二、特区概况

西港特区位于柬埔寨唯一的国际港口城市——西哈努克市郊。项目地紧邻4号国道，距港口12公里，距西哈努克机场仅3公里，海陆空交通便利。尤其对"两头在外"开展加工贸易的企业而言，货物进出距离较近，通关便利。

西港特区是柬埔寨王国政府批准的柬国最大的经济特区，总体规划面积11.13平方公里，首期开发面积5.28平方公里，以纺织服装、五金机械、轻工家电等为主要发展产业，同时集出口加工区、商贸区、生活区于一体。

西港特区项目得到了柬埔寨政府的大力支持，根据柬埔寨王国投资法和特区管理法的规定，进入特区的企业可享受一系列税收优惠政策：

（1）企业用于投资建厂所进口的生产设备、建材、零配件及用于生产的原材料等均百分百免征进口关税；

（2）根据产品种类入区企业可享受6—9年盈利税的免税期；

（3）产品出口免征出口税；

（4）生产设备、建筑材料免征增值税；服务于出口市场的产业，原材料免征增值税；服务于内销市场的产业，原材料增值税率为10%。

三、发展成果

建设境外园区是一项系统工程，尤其是在柬埔寨这样一个基础设施条件相对落后的国家。2007 年 4 月，由西港特区公司总经理戴月娥带领的首批先遣队伍就开始在一片荒芜之地上开疆拓土。

西港特区原始地块是一片荒芜山丘，最高与最低落差达 70 米。加上柬埔寨属于热带季风气候，每年 5—10 月为雨季，这些都给施工造成了一定的困扰。针对这一现象，西港特区采取局部启动开发，分步实施基础建设的策略，同时，及时调整施工方案，旱季抢抓室外土建施工，雨季则重点进行室内装潢、管线安装，最大限度避免因天气状况拖延工程进展。

在全体员工的努力下，西港特区逐步进入正轨，于 2009 年 7 月，顺利通过商务部、财政部考核确认，成为首批通过确认的 6 个境外经贸合作区之一。

目前，西港特区 3 平方公里区域内已基本实现通路、通电、通水、通讯、排污（五通）和平地（一平）。供水方面，在完成三期水库建设的基础上，引进当地自来水公司，进一步扩大供水能力；供电方面，自备 4500KW 发电机组，建设 12500KVA 高压变电站，接入西哈努克省电网，构成供电系统双重保障。特区还自建 15 余万平米厂房供入区企业租赁过渡，建设集办公、居住、餐饮和文化娱乐等多种服务功能于一体的综合服务中心大楼、柬籍员工宿舍及集贸市场，不断完善生产、生活配套设施和条件。现已成为柬埔寨当地生产、生活配套环境最完善的工业园区之一。

同时，为营造良好的亲商、安商环境，西港特区不断加快服务环境的跟进，制定了一系列周到而全面的配套服务：

（1）自建水厂、电厂，并与市政水、电并网，保证企业 24 小时水电供应；

（2）引入了由柬埔寨发展理事会、商业部、海关、商检、劳工局、西哈努克省政府代表组成的"一站式"行政服务窗口，为入区企业提供投资申请、登记注册、报关、商检、核发原产地证明等服务；

（3）建设酒店、宿舍、集贸市场，引入物流清关公司、船运货代公司及柬埔寨加华银行等服务性机构，完善区内生产、生活配套环境；

（4）联手中国无锡商业职业技术学院共同建设西港特区培训中心，根据入区企业人力资源需求，提供语言培训及技能培训；

（5）建立专业安保队伍，引进当地警察署，确保区内企业的人员及财产安全。

特区现已引入包括工业、服务业在内的企业54家，其中31家已生产经营，区内从业人数约9000人。

四、建设体会

在"走出去"建设西港特区的实践中，该企业具有以下几点体会：

1. 遵从所在国法律法规，规范操作是合作区健康运营的前提。在柬埔寨投资建设合作区，企业从一开始就聘请了当地律师作为法律顾问，常年提供法律支持。从购买土地、办理相关手续到园区的经营管理，完全按照当地法律办事，一切手续都符合法律程序。

2. 健全风险防范机制是实现良性发展的基本保证。为有效防范各项投资、经济、政治风险，处理各类突发事件，西港特区建立了风险防范机制，制定了突发事件应急预案及相关安全管理规范。同时，采取以下措施增强风险防范能力。第一，与中国出口信用保险公司建立合作关系，投保海外投资险，有效规避国家征收、战争、汇兑限制等政治风险；第二，与驻柬使馆、经商处建立联络机制，定期向他们汇报工作。

3. 国际化的招商格局为合作区的持续、健康发展系上了安全带。目前入驻特区的54家企业中除中国企业外，还有来自欧美、日本等国家和地区的企业，其中中资企业42家，柬埔寨当地企业3家，第三国企业7家，合资企业2家。入区企业的国际化一方面扩大了西港特区的国际影响力；另一方面也进一步增强了西港特区的抗风险能力，通过引进国际企业，构筑国际大家庭，使西港特区不仅成为中国企业抱团"走出去"的平台，更成为世界企业跨国发展的平台，获得来自国际社会的保护。

4. 树立服务意识，及时为入区企业排忧解难是合作区成功的关键。入区企业的成功是合作区成功的基石，两者唇齿相依，只有赢得入区企业的良好口碑，才能构筑起国际样板园区的历史丰碑。西港特区时刻谨记这一点，从一开始就树立"合作共赢、和谐繁荣"的特区文化，想企业所想，急企业所急。从办理注册手续到协助招工到协调处理劳资纠纷等，全程提供"一条龙"服务。

5. 主动履行社会责任，融入当地文化是实现可持续发展不可忽略的重要因素。在外投资建设，必须积极融入当地文化，主动履行社会责任，在实现自身发展的同时，实现与当地人民、社会的和谐发展，树立企业自身乃至中华文化在国际上的良好形象，西港特区始终奉行这一原则。第一，安排职工利用空余时间为附近小学义务授课，同时通过开展助学、帮困、联欢等多种形式的献爱心活动，密切与园区周边学校师生和社区民众的关系，加深与当地人民的友谊。第二，指导区内企业做负责任的国际企业，严格安全生产保障措施，保障职工合法权益。第三，积极参加各种公益慈善活动，造福当地百姓。2008 年捐资 25.4 万美元为当地修建学校；连续 4 年向柬埔寨红十字会累计捐款 13.5 万美元；专门出资用于改善社区交通设施、公共活动场所和卫生环境条件。

6. 积极培养储备人才资源是合作区成功的有力支撑。西港特区高度重视培养储备人才资源。第一，针对国内柬语人才稀缺现状，专门委托红豆大学开办柬语大专班，培养具备柬语特长、具有国际经贸知识和相应工作能力、综合素质较高的专业人才。第二，多渠道"请进来"，为西港特区培养本土人才。西港特区通过省、市商务部门积极向商务部争取以援外项目邀请柬埔寨相关政府部门官员赴华学习，还捐助柬籍优秀青年赴中国学习深造。第三，联合无锡商业职业技术学院开办西港特区培训中心，为入区企业搭建职工培训平台，同时推进柬埔寨农民实现向现代产业工人的转变。

7. 双边政府支持推动是合作区成功的政治和政策保障。西港特区的发展得到了中柬两国政府首脑，中国商务部、中国财政部、柬埔寨发展理事会等国家部委，中国驻柬使馆、经商处，江苏省、无锡市以及柬埔寨西哈努克省（市）等各级政府部门的关心和支持。几年来，双边政府不断为西港特区发展创造良好的运营环境。2010 年 12 月 13 日，在时任总理温家宝与柬埔寨首相洪森的见证下，中柬两国政府签订了《中华人民共和国政府和柬埔寨王国政府关于西哈努克港经济特区的协定》，明确了西港特区的法律地位。2012 年 6 月 13 日，洪森首相与时任中共中央政治局常委、中央纪委书记贺国强共同为西港特区揭牌，增强了西港特区的国际影响力。2012 年 12 月 4 日，时任中国商务部副部长陈健、柬埔寨发展理事会秘书长索庆达共同主持召开西港特区协调委员会第一次会议，建立了双边政府支持推动西港特区发展的长效机制。

　　建设中的西港特区以创建一个生态环境良好的工业化新城镇，一个投资环境优越的国际样板园区，一个充满活力的国际上市公司为战略目标，不仅要努力为中国企业打造"投资东盟、辐射世界"的绝佳投资平台，更要为缓解柬埔寨当地就业，促进柬埔寨社会经济的发展作出应有的贡献。

（江苏太湖柬埔寨国际经济合作区投资

有限公司品牌文化科科长　周蜜）

中国民营
经济国际合作商会大事记

2011 年 2 月—3 月，商会（筹）先后拜访印度驻华大使馆经商处和日本贸易振兴机构，就双方合作进行交流；商会分别接待了来访的意大利中国经济工业贸易合作协会、美国巴顿—博格律师事务所。

2011 年 3 月 30 日，商会在富成金鼎俱乐部举办"媒体与公共事务策略沙龙"活动。

2011 年 4 月 2 日，在全国工商联会员部指导下，商会（筹）完成申报文件准备与提交工作，民政部正式受理商会申请材料。

2011 年 4 月 2 日，全国工商联收到商务部合作司就商会名称补充征求意见的同意回函，同意商会名称为"中国民营经济国际合作商会"（商合综函 [2011] 62 号）。

2011 年 4 月 16 日，商会（筹）参加国家外国专家局主办的"北京外籍人才招聘会"。代表 7 家会员发布招聘职位，面试了约 400 名应聘者。

2011 年 4 月，商会（筹）承办全国工商联"民营经济资源领域境外投资专题调研"，科瑞集团和中川矿业具体承办。调研组走访了北京、天津、河北、浙江、上海、福建等省市，考察了 20 多家民营企业并座谈。

2011 年 4 月 28 日，商会（筹）举办"民营经济资源领域境外投资专家座谈会"。全国工商联、国家发改委、商务部、国土资源部、中国地质调查局、中国进出口银行、中非发展基金、会员企业、兄弟商会、律所等参加会议。

2011 年 5 月 31 日，商会（筹）承办了由中国—东盟矿业合作论坛、大湄公河次区域工商论坛在南宁举办的"中缅矿业投资合作洽谈会"，并与缅甸工商总会签署了合作备忘录。

2011 年 6 月 22 日，前突尼斯驻华大使 Mr.Mongi Lahbib、D.D.D 发展基金会主席等一行拜访了商会（筹），双方希望通过加强合作为两国的经贸往来搭建新的平台。

2011 年 6 月 29 日，商会（筹）在富成金鼎俱乐部与日本三菱商事株式会社举行座谈会，4 家会员企业派代表出席。

2011 年 6 月 30 日，商会申报材料通过民政部部务会审议。

2011 年 6 月 30 日，英国雅各布·罗斯柴尔德资本合伙公司（RIT）在富成金鼎俱乐部与会员企业、兄弟商会举行座谈会。

2011 年 7 月 8 日，商会筹备资源专门委员会首届"海外矿业项目研讨暨推介会"在富成金鼎俱乐部举办。业内专家、英国驻华使馆、RIT 公司、毕马威会计师事务所、会员企业和律师事务所参加。

2011 年 7 月 18 日，商会（筹）与雅各布·罗斯柴尔德资本合伙公司在人民大会堂举办"中国成长与全球投资机会融合"晚宴，全国工商联主席黄孟复和来自政府部门、金融机构和民营企业家近百人出席。

2011 年 8 月 3 日，由全国工商联经济部、中国投资有限责任公司私募股权投资部、商会（筹）联合召开"2011 年重点企业（民营企业）境外投资座谈会"在新保利大厦举行，共有 34 家民营企业参加。

2011 年 8 月 4 日，商会申报材料由民政部正式上报国务院。

2011 年 11 月 24 日，首家服务民营企业的中国民营经济国际商会在北京成立。全国政协副主席、全国工商联主席黄孟复出席会议并发表讲话。科瑞集团董事局主席郑跃文当选中国民营经济国际合作商会首届会长。首届中国民营经济国际合作商会会员包括联想、三一重工、力帆、吉利等 128 家企业，分别来自全国 28 个省、市、自治区，行业分布广泛，其中 7 家位列"2011 中国民营企业 500 强"前 10 位。

2011 年 12 月 10 日，商会会长办公（扩大）会研讨商会发展战略。

2012 年 1 月 5 日，商务部合作司及全国工商联经济部举办"走出去"小型座谈会。会员部邀请商会 23 家会员企业出席了会议，企业家就"走出去"遇到的问题、困难及政策建议做了研讨。

2012 年 1 月 17 日，联航通用集团与商会会员企业能新实业集团公司建立合作关系签字仪式在商会举行。

2012 年 2 月 8 日，商会参加由中贸国际商务交流中心主办、北京外国问题研究会和国际商报协办的首届"外交官经济论坛"，并与参会的外国使馆和企业交流。

2012 年 2 月 13 日，日本三菱商事东亚地区总裁助理小山雅久一行拜访商会。

2012 年 2 月 24 日，伦敦发展促进署国别经理高鸿雁到访，探讨与商会开展相关合作事宜。

2012 年 2 月 27 日，民政部批复中国民营经济国际合作商会成立和注册登记。

2012 年 3 月 1 日，信息部开始在互联网上搜索，收集"走出去"相关政策法规。计划在 4 月份基本完成"走出去"政策法规的收集工作，并汇编成册（电子文档），5 月基本完成"走出去"政策法规数据库的开发工作。

2012 年 3 月 5 日，瑞士大苏黎世地区亚洲区主管 LUKAS HUBER 到访商会。

2012 年 3 月 6 日，雅各布·罗斯柴尔德科瑞基金负责人 Graham Thomas 先生一行到访商会，与商会会员企业举行座谈。

2012 年 3 月 14 日，商会领导拜访立陶宛驻华使馆商务处。

2012 年 3 月 15 日，商会领导接待到访的加拿大安大略省和艾伯塔省驻北京代表处的代表。

2012 年 3 月 21 日，商会完成注册登记手续，领取社会团体法人登记证书。

2012 年 3 月 24 日，商会副会长王燕国接见到访的西荷兰投资局代表团。

2012 年 3 月 28 日，找矿突破战略行动民营企业座谈会在京召开，中国民营经济国际合作商会会长郑跃文在找矿突破战略行动民营企业座谈会上发言。

2012 年 4 月 7 日，商会与驻泰中资企业商会签署合作备忘录。

2012 年 4 月 7 日，参加国家外专局信息中心在北京举办的外籍人才招聘会。

2012 年 4 月 9 日上午，副会长兼秘书长王燕国参加了全联对台投资与经贸工作座谈会，就开发海东及金门自由贸易港区等项目做了介绍。

2012 年 4 月 9 日下午，副会长兼秘书长王燕国、副秘书长张弛在商会会见了全美亚裔共和党联盟全国主席、美国 AEPA 建筑设计工程公司总裁刘熙。

2012 年 4 月 10 日，立陶宛共和国驻华大使 Lina Antanaviciene 到访商会。

2012 年 4 月 18 日，全联黄小祥副主席带队到商会调研并指导工作。

2012 年 4 月 20 日，商会以通讯方式召开一届三次会长办公会议。会议研究并确定了商会近期几项重要工作事项：增加会员 9 家；增补理事 6 名；增补主席团主席 1 名；增补常务理事 2 名；提名副会长候选人 2 名；通过办公室新址搬迁有关事宜。

2012 年 4 月 20 日，在召开会长办公会通过相关议题之后，以通讯方式召开一届二次理事会议，并向商会理事提报并通过以下议题：吸纳会员 9 家；增补理事 6 名；增补常务理事 2 名；增选 10 位副会长。

2012 年 4 月 26 日，哥伦比亚驻华大使馆商务参赞 Alejandro Ossa Cardenas 到访商会。

2012 年 5 月 7 日，商会正式下发《关于成立中国民营经济国际合作商会信息工作领导小组的通知》，同时颁布《中国民营经济国际合作商会信息工作管理办法（试行）》。

2012 年 5 月 8 日，王燕国副会长兼秘书长在商会会见哥伦比亚—中国商会会长 Ricardo Duarte 先生及哥政府投资机构官员一行。

2012 年 5 月 10 日，商会举办金门自由贸易港区项目推介会。

2012 年 5 月 11 日，王燕国副会长兼秘书长会见大韩贸易投资振兴公社中国总部总代表朴晋亨先生。

2012 年 5 月 14 日，王燕国副会长兼秘书长会见澳大利亚贸易委员会商务专员吴珍妮女士。

2012 年 5 月 17，王燕国副会长兼秘书长接待到访的欧美资源金融访华小组。

2012 年 5 月 24 日，泰国 SMC 公司总裁 Churairat E.Bonython 一行访问商会。

2012 年 6 月 6 日，商会监事会以通讯方式召开了监事会（通讯）会议，主要内容是提出监事会工作的总体要求和设想，审议通过商会监事会 2012 年工作计划。

2012 年 6 月 12 日，商会举办首期国际经济合作大讲堂，外交部部长助理乐玉成作题为《当前国际形势和"走出去"战略》的专题报告，会员企业、工商联领导和机关代表及相关商协会代表共约 300 人参加了报告会。

2012 年 6 月 20 日，王燕国副会长兼秘书长拜访商务部投资促进事务局。

2012 年 6 月 21 日，商会搬迁至办公新址世茂国际中心。

2012 年 6 月 28 日，中国民营经济国际合作商会海外联谊招待酒会在北京举办。

2012 年 7 月 1 日，商会开始正式发布商会 CICCPS 手机报信息服务。

2012 年 7 月 4 日，全联第一副主席、党组书记全哲洙率团出访非洲，商会会长郑跃文及部分会员企业领导参团出访。

2012 年 7 月 6 日，王燕国副会长兼秘书长会见东盟国际贸易投资商会代表团。

2012 年 7 月 12 日，商会以通讯方式召开一届四次会长办公会议。会议研究并确定了商会近期两项重要工作事项：决定商会参加今年 9 月 8 日至 11 日在中国厦门举办的中国国际投资贸易洽谈会；决定商会在投洽会期间，召开一届三次理事会，讨论理事会工作报告，并研究商会发展规划。

2012 年 7 月 18 日，商会领导参加"2012 东盟（曼谷）中国进出口商品博览会"及"第四届中国东盟经贸论坛暨中泰投融资项目洽谈会"。

2012 年 7 月 24 日，郑跃文会长主持科瑞基金和商会秘书处领导见面会，并研究确定成立金融委员会事宜。

2012 年 7 月 25 日，王燕国副会长兼秘书长走访北京经久能源投资有限公司。

2012 年 7 月 31 日，正式发布实施商会三项制度：《商会考勤制度》、《财务报销办法》、《办公区域使用管理规定》。

2012 年 8 月 2 日，商会召开争创"五 A"商会活动动员会。

2012 年 8 月 10 日，创办并发行《国际商讯播报》第 1 期，每半月一期。发给会员企业、有关政府部门、科瑞集团、全联直属商会、全国性商会、金融机构、各省市自治区工商联。

2012 年 8 月 14 日上午，国家开发银行客户服务中心邢军副局长率各业务处长一行 6 人莅临商会，与商会副会长兼秘书长王燕国、副秘书长王晓勇及各业务部门负责人座谈，研讨国开行与商会合作服务民营企业"走出去"问题。

2012 年 8 月 17 日，商会批准成立青年委员会、工会、妇女工作委员会。

2012 年 8 月 20 日，鼓励和引导民营企业积极开展境外投资座谈会，发改委外资司孔令龙司长作报告，19 家会员企业参会。

2012 年 9 月 3 日，王燕国副会长兼秘书长会见到访的立陶宛共和国经济部长。

2012 年 9 月 5 日，王燕国副会长兼秘书长会见到访的加拿大中国工商联合会副主席洪绮景。

2012 年 9 月 7 日，商会举办金融服务—国际投贷基金发展座谈会。

2012 年 9 月 7 日，商会第一届理事会第五次会长办公（扩大）会暨第三次理事会会议在厦门召开。

2012 年 9 月 7 日，商会在厦门举办金融服务·国际投贷基金发展座谈会。

2012 年 9 月 8 日，中国民营经济国际合作商会首次亮相第 16 届"国际投资贸易投洽会"。商会和商务部投促局举办首届中国民营企业"走出去"发展论坛。

2012 年 9 月 8 日，中国民营经济国际合作商会会长郑跃文在第 16 届"国际投资贸易洽谈会"上接受多家媒体采访。

2012 年 9 月 8 日，商会在厦门成功举办"走出去——中国民营企业风采展"。同时，参加了组委会举办的"投资项目对接会"。

2012 年 9 月 10 日，王燕国副会长兼秘书长参加 2012 年全国工商联"质量月"倡议活动并在倡议书上签名。

2012 年 9 月 11 日，王燕国副会长兼秘书长参加全国工商联商会建设座谈会。

2012 年 9 月 17 日，王燕国副会长兼秘书长会见西班牙企业家代表团。

2012 年 9 月 24 日，王燕国副会长兼秘书长及部分会员企业领导陪同商务部陈德铭部长访问加拿大。

2012 年 9 月 25 日，王燕国副会长兼秘书长向陈德铭部长汇报商会工作。

2012 年 9 月 27 日，王燕国副会长兼秘书长一行会见古巴共和国商会会长。

2012 年 9 月 28 日，由中华全国工商联、大湄公河次区域工商论坛联合主办，中国民营经济国际合作商会与广西自治区工商联以及广西有色金属集团有限公司联合承办的大湄公河次区域资源合作开发与可持续发展研讨会在南宁举行。

2012 年 9 月 28 日，商务部贸促团抵厄瓜多尔访问，王燕国副会长兼秘书长与厄投资官员就双方企业合作问题洽谈。

2012 年 9 月 24 日至 10 月 3 日，郑跃文会长陪同全国工商联主席黄孟复出访美国和古巴。

2012 年 10 月，信息部会同项目部正式启动商会会员信息管理系统的开发工作。

2012 年 10 月 12 日，甘肃省"垄上行"专项行动领导小组拜访商会，洽谈合作事项。

2012 年 10 月 14 日，商会在北京召开一届六次会长办公（扩大）会议。

2012 年 10 月 17 日，罗斯柴尔德—科瑞基金和罗斯柴尔德资本管理有限公司到访商会。

2012 年 11 月 2 日，王燕国副会长接见到访的以乌干达总统府顾问理查德先生率领的乌干达政府代表团一行 4 人，商务部投资促进事务局孟令春处长、经久能源公司林玉周总经理、商会副秘书长王晓勇等参加了会见。

2012 年 11 月 3 日，"中国民营企业资源领域跨境投融资圆桌会议"在天津梅江会展中心举行，该会由中国民营经济国际合作商会和商务部投资促进事务局共同主办，会议主题为"民营企业资源领域跨国投资，引领国际矿业复苏和繁荣的新生力量"。

2012 年 11 月 5 日，接待加拿大育空区政府经济发展部副部长一行到访与商会领导举行会谈。

2012 年 11 月 9 日，王燕国副会长会见挪威王国驻华大使馆客人。

2012 年 11 月 13 日，捷中友好合作协会会长、捷克前外交部长 Jan Kohout 先生一行 3 人拜访商会，探讨在商会协助下成立捷克企业家协会的可能性。王燕国副会长兼秘书长、王文副监事长接见并介绍了商会愿意帮助捷克在华商人成立商会并建立与商会的合作关系。

2012 年 11 月 15 日，中国民营经济国际合作商会与中非民间商会联合举办"中国民营企业走出去风险防范座谈会"。王丽副会长主持，王燕国副会长兼秘书长到会讲话。

2012 年 11 月 16 日，商会举办"信息及项目工作专题座谈会"。

2012 年 11 月 23 日，商会举办认真学好十八大文件精神，隆重庆祝商会成立一周年交流会及演讲比赛。

2012 年 11 月 24 日，商会举办"学习贯彻十八大　加快实施走出去——中国民营经济国际合作商会成立周年笔会"。全国工商联副主席庄聪生出席并讲话，祝贺商会成立一周年。中国民营经济国际合作商会会长郑跃文出席并讲话，他简要回顾了商会一年来的工作，并强调商会要认真学习贯彻十八大精神，为民营企业"走出去"做好服务。

2012 年 12 月 2 日，英国前首相布莱尔在北京会见中国民营经济国际合作商会副会长兼秘书长王燕国，王燕国介绍了中国民营企业海外发展情况，布莱尔表示愿意同商会进行合作，并提供工作协助。

2012年12月4日，王燕国副会长兼秘书长会见了由伊朗商务部投资局局长Soleimani先生率领的代表团一行。

2012年12月5日，中国民营经济国际合作商会实行副会长轮值办公制度以来，继王丽、王能新副会长首期轮值后，第二期轮值会长是副会长吴一坚、周汉生。郑跃文会长主持召开了全体员工大会，欢迎到任的轮值会长吴一坚。商会副会长轮值制度进入正规化。

2012年12月7日，中国民营经济国际合作商会副会长兼秘书长王燕国拜会了尼日利亚驻华大使阿米努·巴希尔。

2012年12月10日，中国民营经济国际合作商会副会长兼秘书长王燕国会见了中国美国商会会长孟克文先生，王燕国要求美国商会向美国政府转达我会对三一事件的态度。王文副监事长、中美商会副会长王晓平参加了会见。

2012年12月11日下午，商会驻会副会长兼秘书长王燕国会见了到访的英国贸易投资总署全球投资总裁Gavin Little先生和伦敦发展促进署国际贸易与投资总裁David Slater先生一行。

2012年12月11日，中国民营经济国际合作商会驻会副会长兼秘书长王燕国到访美国驻华使馆，与使馆公使衔商务参赞蔡瑞德（William M.Zarit）举行了会谈。并请美国使馆向美国政府转达我会对三一事件的关切。

2012年12月12日，商会驻会副会长兼秘书长王燕国与哥斯达黎加驻华使馆商务参赞玛利亚内拉·彼德拉举行会谈。

2012年12月17日，王燕国副会长兼秘书长收到汤加王国驻华大使馆发来的贺电，祝贺中国民营经济国际合作商会成立一周年。

2012年12月18日，商会副会长兼秘书长王燕国到访中国产业海外发展和规划协会（CIODPA），与该会秘书长胡卫平进行工作交流。

2012年12月18日，开启办理"国际经济合作大讲堂"商标注册工作。

2012年12月20日，商会驻会副会长兼秘书长王燕国前往中国—意大利商会，就两会合作问题与该会副会长萨拉女士、秘书长茱莉亚女士进行了会谈。

2012年12月25日，商会举行2012年年终考核述职大会。

政策汇编

第一篇　综　合

国务院关于鼓励支持和引导个体私营等
非公有制经济发展的若干意见

国发〔2005〕3号

各省、自治区、直辖市人民政府，国务院各部委、各直属机构：

公有制为主体、多种所有制经济共同发展是我国社会主义初级阶段的基本经济制度。毫不动摇地巩固和发展公有制经济，毫不动摇地鼓励、支持和引导非公有制经济发展，使两者在社会主义现代化进程中相互促进，共同发展，是必须长期坚持的基本方针，是完善社会主义市场经济体制、建设中国特色社会主义的必然要求。改革开放以来，我国个体、私营等非公有制经济不断发展壮大，已经成为社会主义市场经济的重要组成部分和促进社会生产力发展的重要力量。积极发展个体、私营等非公有制经济，有利于繁荣城乡经济、增加财政收入，有利于扩大社会就业、改善人民生活，有利于优化经济结构、促进经济发展，对全面建设小康社会和加快社会主义现代化进程具有重大的战略意义。

鼓励、支持和引导非公有制经济发展，要以邓小平理论和"三个代表"重要思想为指导，全面落实科学发展观，认真贯彻中央确定的方针政策，进一步解放思想，深化改革，消除影响非公有制经济发展的体制性障碍，确立平等的市场主体地位，实现公平竞争；进一步完善国家法律法规和政策，依法保护非公有制企业和职工的合法权益；进一步加强和改进政府监督管理和服务，为非公有制经济发展创造良好环境；进一步引导非公有制企业依法经营、诚实守信、健全管理，不断提高自身素质，促进非公有制经济持续健康发展。为此，现提出以下意见：

一、放宽非公有制经济市场准入

（一）贯彻平等准入、公平待遇原则。允许非公有资本进入法律法规未禁入的行业和领域。允许外资进入的行业和领域，也允许国内非公有资本进入，并放宽股权比例限制等方面的条件。在投资核准、融资服务、财税政策、土地使用、对外贸易和经济技术合作等方面，对非公有制企业与其他所有制企业一视同仁，实行同等待遇。对需要审批、核准和备案的事项，政府部门必须公开相应的制度、条件和程序。国家有关部门与地方人民政府要尽快完成清理和修订限制非公有制经济市场准入的法规、规章和政策性规定工作。外商投资企业依照有关法律法规的规定执行。

（二）允许非公有资本进入垄断行业和领域。加快垄断行业改革，在电力、电信、铁路、民航、石油等行业和领域，进一步引入市场竞争机制。对其中的自然垄断业务，积极推进投资主体多元化，非公有资本可以参股等方式进入；对其他业务，非公有资本可以独资、合资、合作、项目融资等方式进入。在国家统一规划的前提下，除国家法律法规等另有规定的外，允许具备资质的非公有制企业依法平等取得矿产资源的探矿权、采矿权，鼓励非公有资本进行商业性矿产资源的勘查开发。

（三）允许非公有资本进入公用事业和基础设施领域。加快完善政府特许经营制度，规范招投标行为，支持非公有资本积极参与城镇供水、供气、供热、公共交通、污水垃圾处理等市政公用事业和基础设施的投资、建设与运营。在规范转让行为的前提下，具备条件的公用事业和基础设施项目，可向非公有制企业转让产权或经营权。鼓励非公有制企业参与市政公用企业、事业单位的产权制度和经营方式改革。

（四）允许非公有资本进入社会事业领域。支持、引导和规范非公有资本投资教育、科研、卫生、文化、体育等社会事业的非营利性和营利性领域。在放开市场准入的同时，加强政府和社会监管，维护公众利益。支持非公有制经济参与公有制社会事业单位的改组改制。通过税收等相关政策，鼓励非公有制经济捐资捐赠社会事业。

（五）允许非公有资本进入金融服务业。在加强立法、规范准入、严格监管、有效防范金融风险的前提下，允许非公有资本进入区域性股份制银行和合作性金融机构。符合条件的非公有制企业可以发起设立金融中介服务机构。允许符合条件的非公有制企业参与银行、证券、保险等金融机构的改组改制。

（六）允许非公有资本进入国防科技工业建设领域。坚持军民结合、寓军于民的方针，发挥市场机制的作用，允许非公有制企业按有关规定参与军工科研生产任务的竞争以及军工企业的改组改制。鼓励非公有制企业参与军民两用高技术开发及其产业化。

（七）鼓励非公有制经济参与国有经济结构调整和国有企业重组。大力发展国有资本、集体资本和非公有资本等参股的混合所有制经济。鼓励非公有制企业通过并购和控股、参股等多种形式，参与国有企业和集体企业的改组改制改造。非公有制企业并购国有企业，参与其分离办社会职能和辅业改制，在资产处置、债务处理、职工安置和社会保障等方面，参照执行国有企业改革的相应政策。鼓励非公有制企业并购集体企业，有关部门要抓紧研究制定相应政策。

（八）鼓励、支持非公有制经济参与西部大开发、东北地区等老工业基地振兴和中部地区崛起。西部地区、东北地区等老工业基地和中部地区要采取切实有效的政策措施，大力发展非公有制经济，积极吸引非公有制企业投资建设和参与国有企业重组。东部沿海地区也要继续鼓励、支持非公有制经济发展壮大。

二、加大对非公有制经济的财税金融支持

（九）加大财税支持力度。逐步扩大国家有关促进中小企业发展专项资金规模，省级人民政府及有条件的市、县应在本级财政预算中设立相应的专项资金。加快设立国家中小企业发展基金。研究完善有关税收扶持政策。

（十）加大信贷支持力度。有效发挥贷款利率浮动政策的作用，引导和鼓励各金融机构从非公有制经济特点出发，开展金融产品创新，完善金融服务，切实发挥银行内设中小企业信贷部门的作用，改进信贷考核和奖惩管理方式，提高对非公有制企业的贷款比重。城市商业银行和城市信用社要积极吸引非公有资本入股；农村信用社要积极吸引农民、个体工商户和中小企业入股，增强资本实力。政策性银行要研究改进服务方式，扩大为非公有制企业服务的范围，提供有效的金融产品和服务。鼓励政策性银行依托地方商业银行等中小金融机构和担保机构，开展以非公有制中小企业为主要服务对象的转贷款、担保贷款等业务。

（十一）拓宽直接融资渠道。非公有制企业在资本市场发行上市与国有企业一视同仁。在加快完善中小企业板块和推进制度创新的基础上，分步推进创业板市场，健全证券公司代办股份转让系统的功能，为非公有制企业利用资本市场创造条件。鼓励符合条件的非公有制企业到境外上市。规范和发展产权交易市场，推动各类资本的流动和重组。鼓励非公有制经济以股权融资、项目融资等方式筹集资金。建立健全创业投资机制，支持中小投资公司的发展。允许符合条件的非公有制企业依照国家有关规定发行企业债券。

（十二）鼓励金融服务创新。改进对非公有制企业的资信评估制度，对符合条件的企业发放信用贷款。对符合有关规定的企业，经批准可开展工业产权和非专利技术等无形资产的质押贷款试点。鼓励金融机构开办融资租赁、公司理财和账户托管等业务。改进保险机构服务方式和手段，开展面向非公有制企业的产品和服务创新。支持非公有制企业依照有关规定吸引国际金融组织投资。

（十三）建立健全信用担保体系。支持非公有制经济设立商业性或互助性信用担保机构。鼓励有条件的地区建立中小企业信用担保基金和区域性信用再担保机构。建立和完善信用担保的行业准入、风险控制和补偿机制，加强对信用担保机构的监管。建立健全担保业自律性组织。

三、完善对非公有制经济的社会服务

（十四）大力发展社会中介服务。各级政府要加大对中介服务机构的支持力度，坚持社会化、专业化、市场化原则，不断完善社会服务体系。支持发展创业辅导、筹资融资、市场开拓、技术支持、认证认可、信息服务、管理咨询、人才培训等各类社会中介服务机构。按照市场化原则，规范和发展各类行业协会、商会等自律性组织。整顿中介服务市场秩序，规范中介服务行为，为非公有制经济营造良好的服务环境。

（十五）积极开展创业服务。进一步落实国家就业和再就业政策，加大对自主创业的政策扶持，鼓励下岗失业人员、退役士兵、大学毕业生和归国留学生等各类人员创办小企业，开发新岗位，以创业促就业。各级政府要支持建立创业服务机构，鼓励为初创小企业提供各类创业服务和政策支持。对初创小企业，可按照行业特点降低公司注册资本限额，允许注册资金分期到位，减免登记注册费用。

（十六）支持开展企业经营者和员工培训。根据非公有制经济的不同需求，开展多种形式的培训。整合社会资源，创新培训方式，形成政府引导、社会支持和企业自主相结合的培训机制。依托大专院校、各类培训机构和企业，重点开展法律法规、产业政策、经营管理、职业技能和技术应用等方面的培训，各级政府应给予适当补贴和资助。企业应定期对职工进行专业技能培训和安全知识培训。

（十七）加强科技创新服务。要加大对非公有制企业科技创新活动的支持，加快建立适合非公有制中小企业特点的信息和共性技术服务平台，推进非公有制企业的信息化建设。大力培育技术市场，促进科技成果转化和技术转让。科技中介服务机构要积极为非公有制企业提供科技咨询、技术推广等专业化服务。引导和支持科研院所、高等院校与非公有制企业开展多种形式的产学研联合。鼓励国有科研机构向非公有制企业开放试验室，充分利用现有科技资源。支持非公有资本创办科技型中小企业和科研开发机构。鼓励有专长的离退休人员为非公有制企业提供技术服务。切实保护单位和个人知识产权。

（十八）支持企业开拓国内外市场。改进政府采购办法，在政府采购中非公有制企业与其他企业享受同等待遇。推动信息网络建设，积极为非公有制企业提供国内外市场信息。鼓励和支持非公有制企业扩大出口和"走出去"，到境外投资兴业，在对外投资、进出口信贷、出口信用保险等方面与其他企业享受同等待遇。鼓励非公有制企业在境外申报知识产权。发挥行业协会、商会等中介组织作用，利用好国家中小企业国际市场开拓资金，支持非公有制企业开拓国际市场。

（十九）推进企业信用制度建设。加快建立适合非公有制中小企业特点的信用征集体系、评级发布制度以及失信惩戒机制，推进建立企业信用档案试点工作，建立和完善非公有制企业信用档案数据库。对资信等级较高的企业，有关登记审核机构应简化年检、备案等手续。要强化企业信用意识，健全企业信用制度，建立企业信用自律机制。

四、维护非公有制企业和职工的合法权益

（二十）完善私有财产保护制度。要严格执行保护合法私有财产的法律法规和行政规章，任何单位和个人不得侵犯非公有制企业的合法财产，不得非法改变非公有制企业财产的权属关系。按照宪法修正案规定，加快清理、修订和完善与保护合法私有财产有关的法律法规和行政规章。

（二十一）维护企业合法权益。非公有制企业依法进行的生产经营活动，任何单位和个人不得干预。依法保护企业主的名誉、人身和财产等各项合法权益。非公有制企业合法权益受到侵害时提出的行政复议等，政府部门必须及时受理，公平对待，限时答复。

（二十二）保障职工合法权益。非公有制企业要尊重和维护职工的各项合法权益，要依照《中华人民共和国劳动法》等法律法规，在平等协商的基础上与职工签订规范的劳动合同，并健全集体合同制度，保证双方权利与义务对等；必须依法按时足额支付职工工资，工资标准不得低于或变相低于当地政府规定的最低工资标准，逐步建立职工工资正常增长机制；必须尊重和保障职工依照国家规定享有的休息休假权利，不得强制或变相强制职工超时工作，加班或延长工时必须依法支付加班工资或给予补休；必须加强劳动保护和职业病防治，按照《中华人民共和国安全生产法》等法律法规要求，切实做好安全生产与作业场所职业危害防治工作，改善劳动条件，加强劳动保护。要保障女职工合法权益和特殊利益，禁止使用童工。

（二十三）推进社会保障制度建设。非公有制企业及其职工要按照国家有关规定，参加养老、失业、医疗、工伤、生育等社会保险，缴纳社会保险费。按照国家规定建立住房公积金制度。有关部门要根据非公有制企业量大面广、用工灵活、员工流动性大等特点，积极探索建立健全职工社会保障制度。

（二十四）建立健全企业工会组织。非公有制企业要保障职工依法参加和组建工会的权利。企业工会组织实行民主管理，依法代表和维护职工合法权益。企业必须为工会正常开展工作创造必要条件，依法拨付工会经费，不得干预工会事务。

五、引导非公有制企业提高自身素质

（二十五）贯彻执行国家法律法规和政策规定。非公有制企业要贯彻执行国家法律法规，依法经营，照章纳税。服从国家的宏观调控，严格执行有关技术法规，自觉遵守环境保护和安全生产等有关规定，主动调整和优化产业、产品结构，加快技术进步，提高产品质量，降低资源消耗，减少环境污染。国家支持非公有制经济投资高新技术产业、现代服务业和现代农业，鼓励发展就业容量大的加工贸易、社区服务、农产品加工等劳动密集型产业。

（二十六）规范企业经营管理行为。非公有制企业从事生产经营活动，必须依法获得安全生产、环保、卫生、质量、土地使用、资源开采等方面的相应资格和许可。企业要强化生产、营销、质量等管理，完善各项规章制度。建立安全、环保、卫生、劳动保护等责任制度，并保证必要的投入。建立健全会计核算制度，如实编制财务报表。企业必须依法报送统计信息。加快研究改进和完善个体工商户、小企业的会计、税收、统计等管理制度。

（二十七）完善企业组织制度。企业要按照法律法规的规定，建立规范的个人独资企业、合伙企业和公司制企业。公司制企业要按照《中华人民共和国公司法》要求，完善法人治理结构。探索建立有利于个体工商户、小企业发展的组织制度。

（二十八）提高企业经营管理者素质。非公有制企业出资人和经营管理人员要自觉学习国家法律法规和方针政策，学习现代科学技术和经营管理知识，增强法制观念、诚信意识和社会公德，努力提高自身素质。引导非公有制企业积极开展扶贫开发、社会救济和"光彩事业"等社会公益性活动，增强社会责任感。各级政府要重视非公有制经济的人才队伍建设，在人事管理、教育培训、职称评定和政府奖励等方面，与公有制企业实行同等政策。建立职业经理人测评与推荐制度，加快企业经营管理人才职业化、市场化进程。

（二十九）鼓励有条件的企业做强做大。国家支持有条件的非公有制企业通过兼并、收购、联合等方式，进一步壮大实力，发展成为主业突出、市场竞争力强的大公司大集团，有条件的可向跨国公司发展。鼓励非公有制企业实施品牌发展战略，争创名牌产品。支持发展非公有制高新技术企业，鼓励其加大科技创新和新产品开发力度，努力提高自主创新能力，形成自主知识产权。国家关于企业技术改造、科技进步、对外贸易以及其他方面的扶持政策，对非公有制企业同样适用。

（三十）推进专业化协作和产业集群发展。引导和支持企业从事专业化生产和特色经营，向"专、精、特、新"方向发展。鼓励中小企业与大企业开展多种形式的经济技术合作，建立稳定的供应、生产、销售、技术开发等协作关系。通过提高专业化协作水平，培育骨干企业和知名品牌，发展专业化市场，创新市场组织形式，推进公共资源共享，促进以中小企业集聚为特征的产业集群健康发展。

六、改进政府对非公有制企业的监管

（三十一）改进监管方式。各级人民政府要根据非公有制企业生产经营特点，完善相关制度，依法履行监督和管理职能。各有关监管部门要改进监管办法，公开监管制度，规范监管行为，提高监管水平。加强监管队伍建设，提高监管人员素质。及时向社会公布有关监管信息，发挥社会监督作用。

（三十二）加强劳动监察和劳动关系协调。各级劳动保障等部门要高度重视非公有制企业劳动关系问题，加强对非公有制企业执行劳动合同、工资报酬、劳动保护和社会保险等法规、政策的监督检查。建立和完善非公有制企业劳动关系协调机制，健全劳动争议处理制度，及时化解劳动争议，促进劳动关系和谐，维护社会稳定。

（三十三）规范国家行政机关和事业单位收费行为。进一步清理现有行政机关和事业单位收费，除国家法律法规和国务院财政、价格主管部门规定的收费项目外，任何部门和单位无权向非公有制企业强制收取任何费用，无权以任何理由强行要求企业提供各种赞助费或接受有偿服务。要严格执行收费公示制度和收支两条线的管理规定，企业有权拒绝和举报无证收费和不合法收费行为。各级人民政府要加强对各类收费的监督检查，严肃查处乱收费、乱罚款及各种摊派行为。

七、加强对发展非公有制经济的指导和政策协调

（三十四）加强对非公有制经济发展的指导。各级人民政府要根据非公有制经济发展的需要，强化服务意识，改进服务方式，创新服务手段。要将非公

有制经济发展纳入国民经济和社会发展规划，加强对非公有制经济发展动态的监测和分析，及时向社会公布有关产业政策、发展规划、投资重点和市场需求等方面的信息。建立促进非公有制经济发展的工作协调机制和部门联席会议制度，加强部门之间配合，形成促进非公有制经济健康发展的合力。要充分发挥各级工商联在政府管理非公有制企业方面的助手作用。统计部门要改进和完善现行统计制度，及时准确反映非公有制经济发展状况。

（三十五）营造良好的舆论氛围。大力宣传党和国家鼓励、支持和引导非公有制经济发展的方针政策与法律法规，宣传非公有制经济在社会主义现代化建设中的重要地位和作用，宣传和表彰非公有制经济中涌现出的先进典型，形成有利于非公有制经济发展的良好社会舆论环境。

（三十六）认真做好贯彻落实工作。各地区、各部门要加强调查研究，抓紧制订和完善促进非公有制经济发展的具体措施及配套办法，认真解决非公有制经济发展中遇到的新问题，确保党和国家的方针政策落到实处，促进非公有制经济健康发展。

国务院

二〇〇五年二月十九日

国务院关于鼓励和引导
民间投资健康发展的若干意见

国发〔2010〕13号

各省、自治区、直辖市人民政府，国务院各部委、各直属机构：

改革开放以来，我国民间投资不断发展壮大，已经成为促进经济发展、调整产业结构、繁荣城乡市场、扩大社会就业的重要力量。在毫不动摇地巩固和发展公有制经济的同时，毫不动摇地鼓励、支持和引导非公有制经济发展，进一步鼓励和引导民间投资，有利于坚持和完善我国社会主义初级阶段基本经济制度，以现代产权制度为基础发展混合所有制经济，推动各种所有制经济平等竞争、共同发展；有利于完善社会主义市场经济体制，充分发挥市场配置资源的基础性作用，建立公平竞争的市场环境；有利于激发经济增长的内生动力，稳固可持续发展的基础，促进经济长期平稳较快发展；有利于扩大社会就业，增加居民收入，拉动国内消费，促进社会和谐稳定。为此，提出以下意见：

一、进一步拓宽民间投资的领域和范围

（一）深入贯彻落实《国务院关于鼓励支持和引导个体私营等非公有制经济发展的若干意见》（国发〔2005〕3号）等一系列政策措施，鼓励和引导民间资本进入法律法规未明确禁止准入的行业和领域。规范设置投资准入门槛，创造公平竞争、平等准入的市场环境。市场准入标准和优惠扶持政策要公开透明，对各类投资主体同等对待，不得单对民间资本设置附加条件。

（二）明确界定政府投资范围。政府投资主要用于关系国家安全、市场不能有效配置资源的经济和社会领域。对于可以实行市场化运作的基础设施、市政工程和其他公共服务领域，应鼓励和支持民间资本进入。

（三）进一步调整国有经济布局和结构。国有资本要把投资重点放在不断加强和巩固关系国民经济命脉的重要行业和关键领域，在一般竞争性领域，要为民间资本营造更广阔的市场空间。

（四）积极推进医疗、教育等社会事业领域改革。将民办社会事业作为社会公共事业发展的重要补充，统筹规划，合理布局，加快培育形成政府投入为主、民间投资为辅的公共服务体系。

二、鼓励和引导民间资本进入基础产业和基础设施领域

（五）鼓励民间资本参与交通运输建设。鼓励民间资本以独资、控股、参股等方式投资建设公路、水运、港口码头、民用机场、通用航空设施等项目。抓紧研究制定铁路体制改革方案，引入市场竞争，推进投资主体多元化，鼓励民间资本参与铁路干线、铁路支线、铁路轮渡以及站场设施的建设，允许民间资本参股建设煤运通道、客运专线、城际轨道交通等项目。探索建立铁路产业投资基金，积极支持铁路企业加快股改上市，拓宽民间资本进入铁路建设领域的渠道和途径。

（六）鼓励民间资本参与水利工程建设。建立收费补偿机制，实行政府补贴，通过业主招标、承包租赁等方式，吸引民间资本投资建设农田水利、跨流域调水、水资源综合利用、水土保持等水利项目。

（七）鼓励民间资本参与电力建设。鼓励民间资本参与风能、太阳能、地热能、生物质能等新能源产业建设。支持民间资本以独资、控股或参股形式参与水电站、火电站建设，参股建设核电站。进一步放开电力市场，积极推进电价改革，加快推行竞价上网，推行项目业主招标，完善电力监管制度，为民营发电企业平等参与竞争创造良好环境。

（八）鼓励民间资本参与石油天然气建设。支持民间资本进入油气勘探开发领域，与国有石油企业合作开展油气勘探开发。支持民间资本参股建设原油、天然气、成品油的储运和管道输送设施及网络。

（九）鼓励民间资本参与电信建设。鼓励民间资本以参股方式进入基础电信运营市场。支持民间资本开展增值电信业务。加强对电信领域垄断和不正当竞争行为的监管，促进公平竞争，推动资源共享。

（十）鼓励民间资本参与土地整治和矿产资源勘探开发。积极引导民间资本通过招标投标形式参与土地整理、复垦等工程建设，鼓励和引导民间资本投资矿山地质环境恢复治理，坚持矿业权市场全面向民间资本开放。

三、鼓励和引导民间资本进入市政公用事业和政策性住房建设领域

（十一）鼓励民间资本参与市政公用事业建设。支持民间资本进入城市供水、供气、供热、污水和垃圾处理、公共交通、城市园林绿化等领域。鼓励民间资本积极参与市政公用企事业单位的改组改制，具备条件的市政公用事业项目可以采取市场化的经营方式，向民间资本转让产权或经营权。

（十二）进一步深化市政公用事业体制改革。积极引入市场竞争机制，大力推行市政公用事业的投资主体、运营主体招标制度，建立健全市政公用事业特许经营制度。改进和完善政府采购制度，建立规范的政府监管和财政补贴机制，加快推进市政公用产品价格和收费制度改革，为鼓励和引导民间资本进入市政公用事业领域创造良好的制度环境。

（十三）鼓励民间资本参与政策性住房建设。支持和引导民间资本投资建设经济适用住房、公共租赁住房等政策性住房，参与棚户区改造，享受相应的政策性住房建设政策。

四、鼓励和引导民间资本进入社会事业领域

（十四）鼓励民间资本参与发展医疗事业。支持民间资本兴办各类医院、社区卫生服务机构、疗养院、门诊部、诊所、卫生所（室）等医疗机构，参与公立医院转制改组。支持民营医疗机构承担公共卫生服务、基本医疗服务和医疗保险定点服务。切实落实非营利性医疗机构的税收政策。鼓励医疗人才资源向民营医疗机构合理流动，确保民营医疗机构在人才引进、职称评定、科研课题等方面与公立医院享受平等待遇。从医疗质量、医疗行为、收费标准等方面对各类医疗机构加强监管，促进民营医疗机构健康发展。

（十五）鼓励民间资本参与发展教育和社会培训事业。支持民间资本兴办高等学校、中小学校、幼儿园、职业教育等各类教育和社会培训机构。修改完善《中华人民共和国民办教育促进法实施条例》，落实对民办学校的人才鼓励政策和公共财政资助政策，加快制定和完善促进民办教育发展的金融、产权和社保等政策，研究建立民办学校的退出机制。

（十六）鼓励民间资本参与发展社会福利事业。通过用地保障、信贷支持和政府采购等多种形式，鼓励民间资本投资建设专业化的服务设施，兴办养（托）老服务和残疾人康复、托养服务等各类社会福利机构。

（十七）鼓励民间资本参与发展文化、旅游和体育产业。鼓励民间资本从事广告、印刷、演艺、娱乐、文化创意、文化会展、影视制作、网络文化、动漫游戏、出版物发行、文化产品数字制作与相关服务等活动，建设博物馆、图书馆、文化馆、电影院等文化设施。鼓励民间资本合理开发旅游资源，建设旅游设施，从事各种旅游休闲活动。鼓励民间资本投资生产体育用品，建设各类体育场馆及健身设施，从事体育健身、竞赛表演等活动。

五、鼓励和引导民间资本进入金融服务领域

（十八）允许民间资本兴办金融机构。在加强有效监管、促进规范经营、防范金融风险的前提下，放宽对金融机构的股比限制。支持民间资本以入股方式参与商业银行的增资扩股，参与农村信用社、城市信用社的改制工作。鼓励民间资本发起或参与设立村镇银行、贷款公司、农村资金互助社等金融机构，放宽村镇银行或社区银行中法人银行最低出资比例的限制。落实中小企业贷款税前全额拨备损失准备金政策，简化中小金融机构呆账核销审核程序。适当放宽小额贷款公司单一投资者持股比例限制，对小额贷款公司的涉农业务实行与村镇银行同等的财政补贴政策。支持民间资本发起设立信用担保公司，完善信用担保公司的风险补偿机制和风险分担机制。鼓励民间资本发起设立金融中介服务机构，参与证券、保险等金融机构的改组改制。

六、鼓励和引导民间资本进入商贸流通领域

（十九）鼓励民间资本进入商品批发零售、现代物流领域。支持民营批发、零售企业发展，鼓励民间资本投资连锁经营、电子商务等新型流通业态。引导民间资本投资第三方物流服务领域，为民营物流企业承接传统制造业、商贸业的物流业务外包创造条件，支持中小型民营商贸流通企业协作发展共同配送。加快物流业管理体制改革，鼓励物流基础设施的资源整合和充分利用，促进物流企业网络化经营，搭建便捷高效的融资平台，创造公平、规范的市场竞争环境，推进物流服务的社会化和资源利用的市场化。

七、鼓励和引导民间资本进入国防科技工业领域

（二十）鼓励民间资本进入国防科技工业投资建设领域。引导和支持民营企业有序参与军工企业的改组改制，鼓励民营企业参与军民两用高技术开发和产业化，允许民营企业按有关规定参与承担军工生产和科研任务。

八、鼓励和引导民间资本重组联合和参与国有企业改革

（二十一）引导和鼓励民营企业利用产权市场组合民间资本，促进产权合理流动，开展跨地区、跨行业兼并重组。鼓励和支持民间资本在国内合理流动，实现产业有序梯度转移，参与西部大开发、东北地区等老工业基地振兴、中部地区崛起以及新农村建设和扶贫开发。支持有条件的民营企业通过联合重组等方式做大做强，发展成为特色突出、市场竞争力强的集团化公司。

（二十二）鼓励和引导民营企业通过参股、控股、资产收购等多种形式，参与国有企业的改制重组。合理降低国有控股企业中的国有资本比例。民营企业在参与国有企业改制重组过程中，要认真执行国家有关资产处置、债务处理和社会保障等方面的政策要求，依法妥善安置职工，保证企业职工的正当

权益。

九、推动民营企业加强自主创新和转型升级

（二十三）贯彻落实鼓励企业增加研发投入的税收优惠政策，鼓励民营企业增加研发投入，提高自主创新能力，掌握拥有自主知识产权的核心技术。帮助民营企业建立工程技术研究中心、技术开发中心，增加技术储备，搞好技术人才培训。支持民营企业参与国家重大科技计划项目和技术攻关，不断提高企业技术水平和研发能力。

（二十四）加快实施促进科技成果转化的鼓励政策，积极发展技术市场，完善科技成果登记制度，方便民营企业转让和购买先进技术。加快分析测试、检验检测、创业孵化、科技评估、科技咨询等科技服务机构的建设和机制创新，为民营企业的自主创新提供服务平台。积极推动信息服务外包、知识产权、技术转移和成果转化等高技术服务领域的市场竞争，支持民营企业开展技术服务活动。

（二十五）鼓励民营企业加大新产品开发力度，实现产品更新换代。开发新产品发生的研究开发费用可按规定享受加计扣除优惠政策。鼓励民营企业实施品牌发展战略，争创名牌产品，提高产品质量和服务水平。通过加速固定资产折旧等方式鼓励民营企业进行技术改造，淘汰落后产能，加快技术升级。

（二十六）鼓励和引导民营企业发展战略性新兴产业。广泛应用信息技术等高新技术改造提升传统产业，大力发展循环经济、绿色经济，投资建设节能减排、节水降耗、生物医药、信息网络、新能源、新材料、环境保护、资源综合利用等具有发展潜力的新兴产业。

十、鼓励和引导民营企业积极参与国际竞争

（二十七）鼓励民营企业"走出去"，积极参与国际竞争。支持民营企业在研发、生产、营销等方面开展国际化经营，开发战略资源，建立国际销售网络。支持民营企业利用自有品牌、自主知识产权和自主营销，开拓国际市场，加快培育跨国企业和国际知名品牌。支持民营企业之间、民营企业与国有企业之间组成联合体，发挥各自优势，共同开展多种形式的境外投资。

（二十八）完善境外投资促进和保障体系。与有关国家建立鼓励和促进民

间资本国际流动的政策磋商机制，开展多种形式的对话交流，发展长期稳定、互惠互利的合作关系。通过签订双边民间投资合作协定、利用多边协定体系等，为民营企业"走出去"争取有利的投资、贸易环境和更多优惠政策。健全和完善境外投资鼓励政策，在资金支持、金融保险、外汇管理、质检通关等方面，民营企业与其他企业享受同等待遇。

十一、为民间投资创造良好环境

（二十九）清理和修改不利于民间投资发展的法规政策规定，切实保护民间投资的合法权益，培育和维护平等竞争的投资环境。在制订涉及民间投资的法律、法规和政策时，要听取有关商会和民营企业的意见和建议，充分反映民营企业的合理要求。

（三十）各级人民政府有关部门安排的政府性资金，包括财政预算内投资、专项建设资金、创业投资引导资金，以及国际金融组织贷款和外国政府贷款等，要明确规则、统一标准，对包括民间投资在内的各类投资主体同等对待。支持民营企业的产品和服务进入政府采购目录。

（三十一）各类金融机构要在防范风险的基础上，创新和灵活运用多种金融工具，加大对民间投资的融资支持，加强对民间投资的金融服务。各级人民政府及有关监管部门要不断完善民间投资的融资担保制度，健全创业投资机制，发展股权投资基金，继续支持民营企业通过股票、债券市场进行融资。

（三十二）全面清理整合涉及民间投资管理的行政审批事项，简化环节、缩短时限，进一步推动管理内容、标准和程序的公开化、规范化，提高行政服务效率。进一步清理和规范涉企收费，切实减轻民营企业负担。

十二、加强对民间投资的服务、指导和规范管理

（三十三）统计部门要加强对民间投资的统计工作，准确反映民间投资的进展和分布情况。投资主管部门、行业管理部门及行业协会要切实做好民间投资的监测和分析工作，及时把握民间投资动态，合理引导民间投资。要加强投资信息平台建设，及时向社会公开发布国家产业政策、发展建设规划、市场准入标准、国内外行业动态等信息，引导民间投资者正确判断形势，减少盲目投资。

（三十四）建立健全民间投资服务体系。充分发挥商会、行业协会等自律性组织的作用，积极培育和发展为民间投资提供法律、政策、咨询、财务、金融、技术、管理和市场信息等服务的中介组织。

（三十五）在放宽市场准入的同时，切实加强监管。各级人民政府有关部门要依照有关法律法规要求，切实督促民间投资主体履行投资建设手续，严格遵守国家产业政策和环保、用地、节能以及质量、安全等规定。要建立完善企业信用体系，指导民营企业建立规范的产权、财务、用工等制度，依法经营。民间投资主体要不断提高自身素质和能力，树立诚信意识和责任意识，积极创造条件满足市场准入要求，并主动承担相应的社会责任。

（三十六）营造有利于民间投资健康发展的良好舆论氛围。大力宣传党中央、国务院关于鼓励、支持和引导非公有制经济发展的方针、政策和措施。客观、公正宣传报道民间投资在促进经济发展、调整产业结构、繁荣城乡市场和扩大社会就业等方面的积极作用。积极宣传依法经营、诚实守信、认真履行社会责任、积极参与社会公益事业的民营企业家的先进事迹。

各地区、各部门要把鼓励和引导民间投资健康发展工作摆在更加重要的位置，进一步解放思想，转变观念，深化改革，创新求实，根据本意见要求，抓紧研究制定具体实施办法，尽快将有关政策措施落到实处，努力营造有利于民间投资健康发展的政策环境和舆论氛围，切实促进民间投资持续健康发展，促进投资合理增长、结构优化、效益提高和经济社会又好又快发展。

国务院

二〇一〇年五月七日

关于印发鼓励和引导民营企业
积极开展境外投资的实施意见的通知

发改外资〔2012〕1905 号

国务院有关部门、直属机构，全国工商联，各省、自治区、直辖市及计划单列市、副省级省会城市、新疆生产建设兵团发展改革委、外事办公室、工业和信息化厅（局）、财政厅（局）、商务厅（局）、人民银行分行、各地海关、工商行政管理局（市场监督管理局）、质检局、银监局、证监局、保监局、外汇局：

为贯彻落实《国务院关于鼓励和引导民间投资健康发展的若干意见》（国发〔2010〕13号），充分发挥民营企业在境外投资中的重要作用，鼓励和引导民营企业积极开展境外投资，我们研究制定了《关于鼓励和引导民营企业积极开展境外投资的实施意见》，现印发你们，请在工作中认真贯彻执行。

附件：《关于鼓励和引导民营企业积极开展境外投资的实施意见》

国家发展改革委

外　交　部

工业和信息化部

财　政　部

商　务　部

人　民　银　行

海　关　总　署

工　商　总　局

质　检　总　局

银　监　会

证　监　会

保　监　会

外　汇　局

二〇一二年六月二十九日

关于鼓励和引导民营企业
积极开展境外投资的实施意见

当前我国正处于民营企业境外投资加快发展的重要阶段。为贯彻落实《国务院关于鼓励和引导民间投资健康发展的若干意见》（国发〔2010〕13号），充分发挥民营企业在境外投资中的重要作用，引导民营企业更好地利用"两个市场、两种资源"，加快提升国际化经营水平，推进形成我国民间资本参与国际合作竞争的新优势，推动民营企业境外投资又好又快发展，现提出以下实施意见：

一、大力加强对民营企业境外投资的宏观指导

（一）加强规划指导和统筹协调。充分发挥民营企业在境外投资中的重要作用，结合贯彻落实"十二五"规划和国务院办公厅转发发展改革委等部门关于加快培育国际合作竞争新优势的指导意见，引导民营企业有重点、有步骤地开展境外投资。加强跨部门的沟通协调，对民营企业开展境外投资进行专题研究，协调解决民营企业开展境外投资的重大问题。

（二）做好境外投资的投向引导。完善境外投资产业和国别导向政策，支持国内有条件的民营企业通过多种方式到具备条件的国家和地区开展境外能源资源开发，加强民营企业境外高新技术和先进制造业投资，促进国内战略性新兴产业发展，推动国内产业转型升级和结构调整。支持有实力的民营企业积极开展境外基础设施、农业和服务业投资合作。支持有条件的民营企业"走出去"建立海外分销中心、展示中心等营销网络和物流服务网络，鼓励和引导民营企业利用国际营销网络、使用自有品牌加快开拓国际市场。

（三）促进企业提高自主决策水平。引导民营企业根据国家经济发展需要和自身发展战略，按照商业原则和国际通行规则开展优势互补、互利共赢的境外投资活动。指导民营企业认真做好境外投资风险防范工作，积极稳妥开展境外投资。

（四）指导民营企业规范境外经营行为。加强民营企业境外投资企业文化建设，引导境外投资企业遵守当地法律法规，注重环境资源保护，尊重当地社会习俗，保障当地员工的合法权益，履行必要的社会责任。鼓励民营企业积极开展公共外交活动，加强对外沟通交流，树立中国企业依法经营、重信守诺、服务社会的良好形象。引导企业加强境外投资的协调合作，避免无序竞争和恶意竞争。

二、切实完善对民营企业境外投资的政策支持

（五）落实和完善财税支持政策。充分发挥现行专项政策的作用，加大对民营企业的支持力度。积极落实好企业境外缴纳所得税税额抵免政策，鼓励民营企业开展境外投资。

（六）加大金融保险支持力度。鼓励国内银行为民营企业境外投资提供流动资金贷款、银团贷款、出口信贷、并购贷款等多种方式信贷支持，积极探索以境外股权、资产等为抵（质）押提供项目融资。推动保险机构积极为民营企

业境外投资项目提供保险服务，创新业务品种，提高服务水平。拓展民营企业境外投资的融资渠道，支持重点企业在境外发行人民币和外币债券，鼓励符合条件的企业在境内外资本市场上市融资，指导和推动有条件的企业和机构成立涉外股权投资基金，发挥股权投资基金对促进企业境外投资的积极作用。

（七）深化海关通关制度改革。推动建立以企业分类管理和风险处置为基础的通关作业新模式，对符合条件的高资信民营企业的货物办理快速验放手续。深入推进区域通关一体化建设，研究扩大"属地申报，口岸验放"通关模式适用范围。调整海关相关作业制度和作业流程，推动监管证件联网核查，逐步建立起口岸部门间信息共享、联合监管的合作机制，启动通关作业无纸化改革试点工作。

三、简化和规范对民营企业境外投资的管理

（八）健全境外投资法规制度。根据境外投资形势需要，抓紧研究制定境外投资领域专门法规，完善现行有关境外投资管理的部门规章，加强部门规章的统筹与协调，积极引导民营企业开展境外投资，继续扩大人民币在企业境外投资中的使用。

（九）简化和改善境外投资管理。根据国务院关于投资体制改革的精神，结合民营企业境外投资发展新情况、新形势，简化审核程序，进一步推进境外投资便利化。

（十）改进和完善外汇管理政策。采取综合措施提升境外投资外汇汇出便利化水平。取消境外放款购付汇核准，企业办理相关登记手续后直接在银行办理资金购付汇。实行境外直接投资中债权投资与股权投资分类登记，为民营企业债权投资资金回流提供方便。为便于民营企业的境外关联公司获得融资，在境内机构提供对外担保时，允许与担保当事人存在直接利益关系的境内个人为该笔担保项下债务提供共同担保。

四、全面做好民营企业境外投资的服务保障

（十一）提升经济外交服务水平。加强外交工作为民营企业境外投资的服务和保障，积极利用多双边高层交往和对话磋商机制，创造民营企业境外投资有利的政治环境。驻外机构要加强与国内主管部门的沟通与配合，加强对当地中资企业的信息服务、风险预警和领事保护，积极帮助企业解决境外投资中遇到的困难和问题。继续推进与有关国家的领事磋商和领事条约谈判，进一步商签便利企业人员往来的签证协定，促进民营企业境外投资相关人员出入境便利化。

（十二）健全多双边投资保障机制。充分发挥好目前我国与有关国家和地区已签署的双边投资保护协定、避免双重征税协定以及其他投资促进和保障协定作用，进一步扩大商签双边投资保护协定和避免双重征税协定的国家范围，为民营企业境外投资合作营造稳定、透明的外部环境。加强与有关重点国家的投资合作和对话机制建设，积极为民营企业境外投资创造有利条件和解决实际问题。指导民营企业应对海外反垄断审查和诉讼。

（十三）提高境外投资通关服务水平。研究引入专业担保公司、机构参与提供海关税费担保，减轻民营企业融资困难。积极推广和优化全国海关税费电子支付系统，为民营企业提供准确、快捷、方便的税费网上缴纳和纳税期限内14天的银行担保服务。继续加大出口绿色通道和直通放行制度推广力度，使更多的民营企业享受绿色通道和直通放行制度带来的便利。全面推进检验检疫信息化建设和检验检疫窗口标准化建设，进一步提高办事效率和服务水平。

（十四）全面提升信息和中介等服务。有关部门定期发布对外投资合作国别（地区）投资环境和产业指引，帮助民营企业了解投资目标国的政治、经济、法律、社会和人文环境及相关政策。以现有各类工业园区、产业集聚区和国家新型工业化产业示范基地等为依托，充分发挥现有各类公共服务平台的作用，强化为民营企业境外投资合作的综合服务。支持行业商（协）会积极发挥境外投资服务和促进作用。积极发挥境外中介机构作用，大力培育和支持国内中介机构。鼓励国内各类勘测、设计、施工、装备企业和认证认可机构为民营企业境外投资提供技术服务和支持。

（十五）引导民营企业实施商标国际化战略。引导民营企业通过品牌培育争创驰名商标、著名商标，切实加强对商标专用权的保护。加强对民营企业马德里国际商标注册的指导、宣传和培训，引导民营企业增强商标国际注册和保护意识，开展国际认证。建立健全海外商标维权机制，畅通海外维权投诉和救助渠道。加强商标国际注册统计工作，建立商标国际注册和维权数据库。

五、加强风险防范，保障境外人员和资产安全

（十六）健全境外企业管理机制。境内投资主体要加强对境外投资企业的监督和管理，健全内部风险防控制度，加强对境外企业在资金调拨、融资、股

权和其他权益转让、再投资及担保等方面的约束和监督，加强对境外员工的安全教育和所在国法律法规、文化风俗等知识培训，防范境外经营和安全风险。

（十七）完善重大风险防范机制。有关部门进一步建立健全国别重大风险评估和预警机制，加强动态信息收集和反馈，及时警示和通报有关国家政治、经济和社会重大风险，提出应对预案，采取有效措施化解风险。在境外民营企业遭受重大损失时，通过法律、经济、外交等手段切实维护合法权益。

（十八）强化境外人员和财产安全保障。发挥境外中国公民和机构安全保护工作部际联席会议机制的作用，完善境外安全风险预警机制和突发安全事件应急处理机制，及时妥善解决和处置各类安全问题。提高民营企业安全意识和保障能力。加强境外安全生产监管工作。

以上实施意见自发布之日起施行。

国务院办公厅关于鼓励和引导民间投资健康发展重点工作分工的通知

国办函〔2010〕120号

各省、自治区、直辖市人民政府，国务院有关部门：

为贯彻落实《国务院关于鼓励和引导民间投资健康发展的若干意见》（国发〔2010〕13号，以下简称《意见》）提出的各项政策措施，需要进一步明确部门和地方的主要工作任务，研究提出具体实施办法。经国务院同意，现将有关事项通知如下：

一、工作分工

（一）鼓励和引导民间资本进入基础产业和基础设施领域。

1.鼓励民间资本以独资、控股、参股等方式投资建设公路、水运、港口码头、民用机场、通用航空设施等项目。（交通运输部、民航局、发展改革委、财政部负责。列在首位的为牵头部门或单位，有关部门和单位按职责分工负责，下同）

2.抓紧研究制定铁路体制改革方案。（先由铁道部提出改革方案，发展改

革委会同中央编办、铁道部、交通运输部、财政部提出意见报国务院）

3. 引入市场竞争，推进投资主体多元化，鼓励民间资本参与铁路干线、铁路支线、铁路轮渡以及站场设施的建设，允许民间资本参股建设煤运通道、客运专线、城际轨道交通等项目。（铁道部、发展改革委负责）

4. 探索建立铁路产业投资基金。（发展改革委、铁道部负责）

5. 积极支持铁路企业加快股改上市，拓宽民间资本进入铁路建设领域的渠道和途径。（铁道部、证监会、发展改革委负责）

6. 鼓励民间资本参与水利工程建设。建立收费补偿机制，实行政府补贴，通过业主招标、承包租赁等方式，吸引民间资本投资建设农田水利、跨流域调水、水资源综合利用、水土保持等水利项目。（水利部、发展改革委、财政部负责）

7. 鼓励民间资本参与电力建设。鼓励民间资本参与风能、太阳能、地热能、生物质能等新能源产业建设。支持民间资本以独资、控股或参股形式参与水电站、火电站建设，参股建设核电站。进一步放开电力市场，积极推进电价改革，加快推行竞价上网，推行项目业主招标，完善电力监管制度。（能源局、发展改革委、财政部、水利部、国土资源部、电监会、国资委负责）

8. 鼓励民间资本参与石油天然气建设。支持民间资本进入油气勘探开发领域，与国有石油企业合作开展油气勘探开发。支持民间资本参股建设原油、天然气、成品油的储运和管道输送设施及网络。（能源局、发展改革委、国土资源部、国资委负责）

9. 鼓励民间资本参与电信建设。鼓励民间资本以参股方式进入基础电信运营市场。支持民间资本开展增值电信业务。加强对电信领域垄断和不正当竞争行为的监管。（工业和信息化部、发展改革委、国资委、商务部负责）

10. 鼓励民间资本参与土地整治和矿产资源勘探开发。积极引导民间资本通过招标投标形式参与土地整理、复垦等工程建设，鼓励和引导民间资本投资矿山地质环境恢复治理，坚持矿业权市场全面向民间资本开放。（国土资源部、发展改革委负责）

（二）鼓励和引导民间资本进入市政公用事业和政策性住房建设领域。

11. 鼓励民间资本参与市政公用事业建设。支持民间资本进入城市供水、供气、供热、污水和垃圾处理、公共交通、城市园林绿化等领域。鼓励民间资本积极参与市政公用企事业单位的改组改制，具备条件的市政公用事业项目可以采取市场化的经营方式，向民间资本转让产权或经营权。（住房城乡建设部、发展改革委负责）

12.进一步深化市政公用事业体制改革。积极引入市场竞争机制，大力推行市政公用事业的投资主体、运营主体招标制度，建立健全市政公用事业特许经营制度。改进和完善政府采购制度，建立规范的政府监管和财政补贴机制，加快推进市政公用产品价格和收费制度改革。（住房城乡建设部、发展改革委、财政部负责）

13.鼓励民间资本参与政策性住房建设。支持和引导民间资本投资建设经济适用住房、公共租赁住房等政策性住房，参与棚户区改造，享受相应的政策性住房建设政策。（住房城乡建设部、发展改革委负责）

（三）鼓励和引导民间资本进入社会事业领域。

14.鼓励民间资本参与发展医疗事业。支持民间资本兴办各类医院、社区卫生服务机构、疗养院、门诊部、诊所、卫生所（室）等医疗机构，参与公立医院转制改组。支持民营医疗机构承担公共卫生服务、基本医疗服务和医疗保险定点服务。切实落实非营利性医疗机构的税收政策。鼓励医疗人才资源向民营医疗机构合理流动，确保民营医疗机构在人才引进、职称评定、科研课题等方面与公立医院享受平等待遇。从医疗质量、医疗行为、收费标准等方面对各类医疗机构加强监管。（发展改革委、卫生部、民政部、财政部、人力资源社会保障部、科技部、税务总局、保监会负责）

15.鼓励民间资本参与发展教育和社会培训事业。支持民间资本兴办高等学校、中小学校、幼儿园、职业教育等各类教育和社会培训机构。修改完善《中华人民共和国民办教育促进法实施条例》，落实对民办学校的人才鼓励政策和公共财政资助政策，加快制定和完善促进民办教育发展的金融、产权和社保等政策，研究建立民办学校的退出机制。（教育部、发展改革委、财政部、人力资源社会保障部、民政部、银监会、法制办负责）

16.鼓励民间资本参与发展社会福利事业。通过用地保障、信贷支持和政府采购等多种形式，鼓励民间资本投资建设专业化的服务设施，兴办养（托）老服务和残疾人康复、托养服务等各类社会福利机构。（民政部、发展改革委、中国残联、财政部、国土资源部、银监会负责）

17. 鼓励民间资本从事广告、印刷、演艺、娱乐、文化创意、文化会展、影视制作、网络文化、动漫游戏、出版物发行、文化产品数字制作与相关服务等活动，建设博物馆、图书馆、文化馆、电影院等文化设施。（文化部、广电总局、新闻出版总署、发展改革委、财政部负责）

18. 鼓励民间资本合理开发旅游资源，建设旅游设施，从事各种旅游休闲活动。（旅游局、发展改革委负责）

19. 鼓励民间资本投资生产体育用品，建设各类体育场馆及健身设施，从事体育健身、竞赛表演等活动。（体育总局、发展改革委、财政部负责）

（四）鼓励和引导民间资本进入金融服务领域。

20. 允许民间资本兴办金融机构。在加强有效监管、促进规范经营、防范金融风险的前提下，放宽对金融机构的股比限制。支持民间资本以入股方式参与商业银行的增资扩股，参与农村信用社、城市信用社的改制工作。鼓励民间资本发起或参与设立村镇银行、贷款公司、农村资金互助社等金融机构，放宽村镇银行或社区银行中法人银行最低出资比例的限制。落实中小企业贷款税前全额拨备损失准备金政策，简化中小金融机构呆账核销审核程序。适当放宽小额贷款公司单一投资者持股比例限制，对小额贷款公司的涉农业务实行与村镇银行同等的财政补贴政策。支持民间资本发起设立信用担保公司，完善信用担保公司的风险补偿机制和风险分担机制。鼓励民间资本发起设立金融中介服务机构，参与证券、保险等金融机构的改组改制。（银监会、人民银行、发展改革委、财政部、税务总局、工业和信息化部、证监会、保监会负责）

（五）鼓励和引导民间资本进入商贸流通领域。

21. 鼓励民间资本进入商品批发零售、现代物流领域。支持民营批发、零售企业发展，鼓励民间资本投资连锁经营、电子商务等新型流通业态。引导民间资本投资第三方物流服务领域，为民营物流企业承接传统制造业、商贸业的物流业务外包创造条件，支持中小型民营商贸流通企业协作发展共同配送。加快物流业管理体制改革，鼓励物流基础设施的资源整合和充分利用，促进物流企业网络化经营，搭建便捷高效的融资平台。（商务部、发展改革委、银监会负责）

（六）鼓励和引导民间资本进入国防科技工业领域。

22. 鼓励民间资本进入国防科技工业投资建设领域。引导和支持民营企业有序参与军工企业的改组改制，鼓励民营企业参与军民两用高技术开发和产业化，允许民营企业按有关规定参与承担军工生产和科研任务。（国防科工局、工业和信息化部、财政部、国资委、总装备部负责）

（七）鼓励和引导民间资本重组联合和参与国有企业改革。

23.引导和鼓励民营企业利用产权市场组合民间资本，促进产权合理流动，开展跨地区、跨行业兼并重组。鼓励和支持民间资本在国内合理流动，实现产业有序梯度转移，参与西部大开发、东北地区等老工业基地振兴、中部地区崛起以及新农村建设和扶贫开发。支持有条件的民营企业通过联合重组等方式做大做强，发展成为特色突出、市场竞争力强的集团化公司。（各省、自治区、直辖市人民政府负责）

24.鼓励和引导民营企业通过参股、控股、资产收购等多种形式，参与国有企业的改制重组。合理降低国有控股企业中的国有资本比例。民营企业在参与国有企业改制重组过程中，要认真执行国家有关资产处置、债务处理和社会保障等方面的政策要求，依法妥善安置职工，保证企业职工的正当权益。（国资委、人力资源社会保障部、银监会负责）

（八）推动民营企业加强自主创新和转型升级。

25.落实鼓励企业增加研发投入的税收优惠政策，鼓励民营企业增加研发投入，提高自主创新能力，掌握拥有自主知识产权的核心技术。（财政部、发展改革委、科技部、税务总局、知识产权局负责）

26.帮助民营企业建立工程技术研究中心、技术开发中心，增加技术储备，搞好技术人才培训。（发展改革委、科技部负责）

27.支持民营企业参与国家重大科技计划项目和技术攻关。（科技部负责）

28.加快实施促进科技成果转化的鼓励政策，积极发展技术市场，完善科技成果登记制度，方便民营企业转让和购买先进技术。加快分析测试、检验检测、创业孵化、科技评估、科技咨询等科技服务机构的建设和机制创新，为民营企业的自主创新提供服务平台。积极推动信息服务外包、知识产权、技术转移和成果转化等高技术服务领域的市场竞争，支持民营企业开展技术服务活动。（科技部、工业和信息化部、商务部、知识产权局负责）

29.鼓励民营企业加大新产品开发力度，实现产品更新换代。开发新产品发生的研究开发费用可按规定享受加计扣除优惠政策。鼓励民营企业实施品牌发展战略，争创名牌产品。通过加速固定资产折旧等方式鼓励民营企业进行技术改造，淘汰落后产能，加快技术升级。（科技部、工业和信息化部、财政部、工商总局、质检总局负责）

30. 鼓励和引导民营企业发展战略性新兴产业。广泛应用信息技术等高新技术改造提升传统产业，大力发展循环经济、绿色经济，投资建设节能减排、节水降耗、生物医药、信息网络、新能源、新材料、环境保护、资源综合利用等具有发展潜力的新兴产业。（发展改革委、财政部、工业和信息化部、科技部、环境保护部、水利部、卫生部、商务部、能源局负责）

（九）鼓励和引导民营企业积极参与国际竞争。

31. 鼓励民营企业"走出去"，积极参与国际竞争。支持民营企业在研发、生产、营销等方面开展国际化经营，开发战略资源，建立国际销售网络。支持民营企业利用自有品牌、自主知识产权和自主营销，开拓国际市场，加快培育跨国企业和国际知名品牌。支持民营企业之间、民营企业与国有企业之间组成联合体，发挥各自优势，共同开展多种形式的境外投资。（发展改革委、商务部、工业和信息化部、外交部、工商总局负责）

32. 完善境外投资促进和保障体系。与有关国家建立鼓励和促进民间资本国际流动的政策磋商机制，开展多种形式的对话交流，发展长期稳定、互惠互利的合作关系。通过签订双边民间投资合作协定、利用多边协定体系等，为民营企业"走出去"争取有利的投资、贸易环境和更多优惠政策。健全和完善境外投资鼓励政策，在资金支持、金融保险、外汇管理、质检通关等方面，民营企业与其他企业享受同等待遇。（发展改革委、商务部、外交部、财政部、人民银行、海关总署、质检总局、外汇局、银监会、保监会负责）

（十）为民间投资创造良好环境。

33. 清理和修改不利于民间投资发展的法规政策规定，切实保护民间投资的合法权益，培育和维护平等竞争的投资环境。在制订涉及民间投资的法律、法规和政策时，要听取有关商会和民营企业的意见和建议，充分反映民营企业的合理要求。（法制办负责）

34. 各级人民政府有关部门安排的政府性资金，包括财政预算内投资、专项建设资金、创业投资引导资金，以及国际金融组织贷款和外国政府贷款等，要明确规则、统一标准，对包括民间投资在内的各类投资主体同等对待。（发展改革委、财政部、交通运输部、铁道部、水利部、工业和信息化部、科技部、民航局、国防科工局和各省、自治区、直辖市人民政府负责）

35. 各类金融机构要在防范风险的基础上，创新和灵活运用多种金融工具，加大对民间投资的融资支持，加强对民间投资的金融服务。各级人民政府及有关监管部门要不断完善民间投资的融资担保制度，健全创业投资机制，发展股权投资基金，继续支持民营企业通过股票、债券市场进行融资。（银监会、人民银行、证监会、发展改革委和各省、自治区、直辖市人民政府负责）

36. 全面清理整合涉及民间投资管理的行政审批事项，简化环节、缩短时限，进一步推动管理内容、标准和程序的公开化、规范化。（监察部负责）

37. 进一步清理和规范涉企收费，切实减轻民营企业负担。（发展改革委、财政部、工业和信息化部负责）

（十一）加强对民间投资的服务、指导和规范管理。

38. 统计部门要加强对民间投资的统计工作，准确反映民间投资的进展和分布情况。（统计局负责）

39. 投资主管部门、行业管理部门及行业协会要切实做好民间投资的监测和分析工作，及时把握民间投资动态，合理引导民间投资。要加强投资信息平台建设，及时向社会公开发布国家产业政策、发展建设规划、市场准入标准、国内外行业动态等信息，引导民间投资者正确判断形势，减少盲目投资。（发展改革委、统计局、工业和信息化部、交通运输部、铁道部、水利部、农业部、商务部、文化部、卫生部、住房城乡建设部、能源局负责）

40. 建立健全民间投资服务体系。充分发挥商会、行业协会等自律性组织的作用，积极培育和发展为民间投资提供法律、政策、咨询、财务、金融、技术、管理和市场信息等服务的中介组织。（发展改革委等有关部门和各省、自治区、直辖市人民政府负责）

二、工作要求

（一）明确责任，加强领导。各地区、各有关部门要认真贯彻落实《意见》精神，按照上述任务分工，对涉及本地区、本部门的工作进一步分解细化，制定具体措施，认真抓好落实。

（二）密切配合，团结协作。对贯彻落实中涉及多个部门的工作，部门间要密切协作，牵头部门要加强协调，其他相关部门应当积极支持和配合。各地区在贯彻落实工作中要做好与有关部门的衔接沟通工作。

（三）督促检查，跟踪落实。发展改革委要认真做好统筹协调工作，及时跟踪各项工作的具体落实，并按年度将工作完成情况汇总报国务院。国务院办公厅将对政策措施的落实情况适时开展督促检查。

国务院办公厅

二〇一〇年七月二十二日

第二篇　对外投资合作

财政部　国土资源部关于印发《国外矿产资源风险勘查专项资金管理暂行办法》的通知

财建〔2010〕173号

中央有关部门，有关中央企业，各省、自治区、直辖市、计划单列市财政厅（局）、国土资源厅（局）：

为了规范国外矿产资源风险勘查专项资金管理，提高资金使用效益，我们制定了《国外矿产资源风险勘查专项资金管理办法》，现印发给你们，请遵照执行。

附件：国外矿产资源风险勘查专项资金管理办法

二〇一〇年五月十四日

国外矿产资源风险勘查专项资金管理办法

第一章　总　则

第一条　为了加强国外矿产资源风险勘查专项资金（以下简称专项资金）管理，提高资金使用效益，制定本办法。

第二条　专项资金由中央财政设立，主要用于鼓励和引导地勘单位和矿业企业到国外勘查开发矿产资源，具体包括：

（一）为获取矿业权而开展的前期地质矿产调查与评价，以及综合研究、信息服务和管理；

（二）已取得矿业权的矿产资源预查、普查和详查（以下简称矿产资源勘查）；

（三）矿产资源勘探和矿山建设（以下简称矿产资源开发）。

第三条　专项资金重点支持地勘单位和矿业企业在国外开展国内短缺、国民经济发展急需的矿产资源（不含石油、天然气）勘查、开发项目。

第四条　专项资金由财政部、国土资源部共同管理。财政部、国土资源部委托国土资源部所属机构负责具体工作。

第五条　专项资金实行项目管理，专款专用，不得截留、挤占和挪用。

第二章　支持条件和方式

第六条　申请专项资金的项目应符合以下基本条件：

（一）符合国家法律法规和产业政策，不危害国家主权、安全和公共利益；

（二）符合项目所在国法律与国际法准则；

（三）项目实施具备保障条件，包括原材料、燃料、动力、主要设备及交通运输等；

（四）项目所在地具有较好的内外部条件，项目实施具有较好的社会或经济效益；

（五）财政部和国土资源部要求的其他条件。

第七条　开展前期地质矿产调查与评价的项目应具备以下条件：

（一）属于我国与合作国政府地质矿产合作谅解备忘录或合作协议框架下的国际合作项目；

（二）项目已获得所在国矿产资源主管部门许可，或与所在国有关单位签订合同（协议）。

第八条　矿产资源勘查、开发项目应同时具备以下条件：

（一）境外投资开办的矿业企业已经国家有关部门核准，矿产资源勘查、开发项目已经国家有关部门批准（核准或备案）；

（二）项目单位单独持有或与国外合资、合作单位共同持有项目矿业权；

（三）取得具有开发价值成果的矿产资源勘查项目，其成果应转让国内企业或由申请单位独立或联合国内企业开发。

第九条 专项资金支持方式：

（一）对前期地质矿产调查与评价，以及综合研究、信息服务和管理项目，专项资金给予一定额度的经费支持；

（二）对矿产资源勘查项目，专项资金以无偿补助的方式予以支持，补助额度不超过项目中方总投资的 50%；

（三）对矿产资源开发项目，专项资金以贷款贴息的方式予以支持。贴息资金根据国内银行中长期贷款实际到位数、合同约定利息率以及实际支付利息数确定，贴息年限 1—3 年，年贴息率最高不超过 3%。

第十条 专项资金对项目单位与国内其他机构共同投资的矿产资源勘查项目给予优先支持。

第十一条 专项资金不支持企业之间并购等重组性质的项目及单纯购买矿业权的项目。

第三章 项目审核及预算管理

第十二条 国土资源部会同财政部根据国家关于"走出去"战略的有关要求，发布专项资金项目申报指南。

申请专项资金的项目单位，按照项目申报指南要求，编制项目申报材料。

第十三条 归口中央有关部门和中央企业管理的单位申报项目，由归口的主管部门（企业）对申报项目进行审核汇总后报送财政部、国土资源部。

非中央所属单位申报项目，按属地管理原则，由省级财政部门会同国土资源管理部门对申报项目进行审核汇总后报送财政部、国土资源部。

第十四条 除特殊情况外，专项资金申报材料受理时限为每年 1 月 4 日至 5 月 31 日。

第十五条 财政部、国土资源部组织专家对申报项目进行审核论证。

第十六条 财政部商国土资源部根据项目审核论证结果确定项目预算，并按照预算管理程序下达预算。

第十七条 专项资金拨付按照财政国库管理制度有关规定执行。

第十八条 专项资金按照国内项目承担单位执行的财务会计制度和项目所在国的有关规定进行财务核算。

第四章　监督管理

第十九条　财政部、国土资源部组织对专项资金使用情况进行监督检查，并对专项资金项目实行绩效考评。

第二十条　中央有关部门和中央企业、省级财政部门和国土资源部门要加强专项资金监督管理，建立专项资金使用的约束机制。重大事项要及时向财政部和国土资源部报告。

第二十一条　项目承担单位应严格遵守国家有关财务会计制度，并积极配合有关部门开展监督检查。

第二十二条　项目承担单位应按要求编报项目进展情况和资金使用情况报告，分别于当年 7 月 10 日前、次年 1 月 10 日前报送财政部、国土资源部，同时抄送归口管理的中央主管部门（企业）或省级财政部门和国土资源部门。

第二十三条　前期地质矿产调查与评价项目和矿产资源勘查项目结束后，项目承担单位应及时向国土资源部提交项目成果报告，并参照《地质资料管理条例》规定的地质资料汇交范围向全国地质资料馆汇交地质资料。

第二十四条　违反本办法规定，截留、挤占、挪用专项资金或造成专项资金流失的，依照《财政违法行为处罚处分条例》的规定处理。涉嫌犯罪的，移送司法机关处理。

第五章　附　则

第二十五条　本办法所称地勘单位，是指具有甲级地质勘查资质的企事业单位。

本办法所称矿业企业，是指在工商部门注册登记的经营范围以矿产品开发利用、矿产资源勘查、采矿、选矿等为主营业务的企业。

第二十六条　本办法自 2010 年 6 月 1 日起施行。2005 年 10 月 31 日财政部发布的《国外矿产资源风险勘查专项资金管理暂行办法》（财建〔2005〕637号）同时废止。

中小企业国际市场开拓资金管理办法

财企〔2010〕87号

各省、自治区、直辖市、计划单列市财政厅（局）、商务主管部门，新疆生产建设兵团财务局、商务局：

为支持中小企业发展，落实中央加大力度支持中小企业开拓国际市场精神，进一步加强中小企业国际市场开拓资金的管理，提高资金使用效益，我们制定了《中小企业国际市场开拓资金管理办法》，现印发你们，请遵照执行。

财政部　商务部

二〇一〇年五月二十四日

附件：

中小企业国际市场开拓资金管理办法

第一章　总　则

第一条　为加强对中小企业国际市场开拓资金(以下简称"市场开拓资金")的管理，支持中小企业开拓国际市场，制定本办法。

第二条　本办法所称市场开拓资金是指中央财政设立的用于支持中小企业开拓国际市场各项业务的专项资金。

第三条　市场开拓资金的管理遵循公开透明、突出重点、专款专用、注重实效的原则。

第四条　市场开拓资金由财政部门和商务部门共同管理。

商务部门负责市场开拓资金的业务管理，提出市场开拓资金的支持重点、年度预算及资金安排建议，会同财政部门组织项目的申报和评审。

财政部门负责市场开拓资金的预算管理，审核资金的支持重点和年度预算建议，确定资金安排方案，办理资金拨付，会同商务部门对市场开拓资金的使用情况进行监督检查。

第二章　支持对象

第五条　中小企业独立开拓国际市场的项目为企业项目；企、事业单位和社会团体（以下简称"项目组织单位"）组织中小企业开拓国际市场的项目为团体项目。

第六条　申请企业项目的中小企业应符合下列条件：

1. 在中华人民共和国关境内注册，依法取得进出口经营资格的或依法办理对外贸易经营者备案登记的企业法人，上年度海关统计进出口额在 4500 万美元以下；

2. 近三年在外经贸业务管理、财务管理、税收管理、外汇管理、海关管理等方面无违法、违规行为；

3. 具有从事国际市场开拓的专业人员，对开拓国际市场有明确的工作安排和市场开拓计划；

4. 未拖欠应缴还的财政性资金。

第七条　申请团体项目的项目组织单位应符合下列条件：

1. 具有组织全国、行业或地方企业赴境外参加或举办经济贸易展览会资格；

2. 通过管理部门审核具有组织中小企业培训资格；

3. 申请的团体项目应以支持中小企业开拓国际市场和提高中小企业国际竞争力为目的；

4. 未拖欠应缴还的财政性资金。

第八条　已批准支持的团体项目，参加该项目的中小企业不得以企业项目名义重复申请同一项目或内容的市场开拓资金支持。

第三章　支持内容

第九条　市场开拓资金主要支持内容包括：境外展览会；企业管理体系认证；各类产品认证；境外专利申请；国际市场宣传推介；电子商务；境外广告和商标注册；国际市场考察；境外投（议）标；企业培训；境外收购技术和品牌等。

第十条　市场开拓资金优先支持下列活动：

1. 面向拉美、非洲、中东、东欧、东南亚、中亚等新兴国际市场的拓展；

2. 取得质量管理体系认证、环境管理体系认证和产品认证等国际认证。

第四章 资金管理

第十一条 市场开拓资金由财政部会同商务部采取因素法等方式进行分配。地方财政、商务部门结合本地区实际情况，研究确定支持重点和支持额度。

第十二条 市场开拓资金对符合本办法第九条规定且支出大于 1 万元的项目予以支持，支持金额原则上不超过项目支持内容所需金额的 50%。对中、西部地区和东北老工业基地的中小企业，以及符合本办法第十条第一项的支持比例可提高到 70%。

第十三条 财政部将市场开拓资金拨付至省级财政部门。

第十四条 中央项目组织单位组织中小企业（3 省市及以上）参加境外经济贸易展览会或进行培训，可按规定向商务部和财政部提出项目申请。商务部、财政部按规定审核后，由财政部按照国库管理要求拨付资金。

第十五条 企业项目及地方项目组织单位组织本地区中小企业参加境外经济贸易展览会或进行培训，按规定向地方商务和财政部门提出项目申请。地方商务、财政部门按规定审核后，由地方财政部门按照国库管理要求拨付资金。

第十六条 中小企业获得的项目资金，应按国家相关规定进行财务处理。

第十七条 根据市场开拓资金管理工作需要，可在市场开拓资金中列支相关管理性支出，用于聘请承办单位、项目的评审、论证、审计等，支出比例不超过资金总额的 3%，并予严格控制，厉行节约。

第十八条 任何单位和个人不得以任何形式骗取、挪用和截留市场开拓资金，对违反规定的，按照《财政违法行为处罚处分条例》予以处理。

第五章 附 则

第十九条 中小企业或项目组织单位组织中小企业开拓香港、澳门、台湾地区市场参照本办法执行。

第二十条 省级财政部门和商务部门可根据本办法，结合工作实际制定本地区市场开拓资金的具体实施办法，报财政部和商务部备案。各地每年应对中小企业国际市场开拓资金的执行情况进行总结和效益评价分析，并于次年的 3

月底将总结报告联合上报财政部、商务部。各管理部门对中小企业和项目组织单位申报的书面材料，保存期限不少于 3 年。

第二十一条　本办法由财政部会同商务部解释。

第二十二条　本办法自发布之日起实施。财政部、原外经贸部《关于印发〈中小企业国际市场开拓资金管理（试行）办法〉的通知》（财企 [2000] 467 号），原外经贸部、财政部《关于印发〈中小企业国际市场开拓资金管理办法实施细则（暂行）〉的通知》（外经贸计财发 [2001] 270 号）同时废止。

国家发展改革委　中国进出口银行
关于对国家鼓励的境外投资重点项目
给予信贷支持政策的通知
发改外资 [2004] 2345 号

各省、自治区、直辖市及计划单列市、副省级省会城市人民政府，新疆生产建设兵团，国务院各部门、各直属机构，各中央管理的企业：

自国家发展改革委、中国进出口银行下发《关于对国家鼓励的境外投资重点项目给予信贷支持有关问题的通知》（发改外资 [2003] 226 号）以来，为国内企业对外投资提供了信贷支持，有效地鼓励和促进了企业"走出去"，取得了良好成果。根据《国务院关于投资体制改革的决定》（国发 [2004] 20 号）和《境外投资项目核准暂行管理办法》（发展改革委令第 21 号），对发改外资 [2003] 226 号文件有关内容需进行适当调整，现就有关事项通知如下：

一、国家发展改革委和中国进出口银行共同建立境外投资信贷支持机制。根据国家境外投资发展规划，中国进出口银行在每年的出口信贷计划中，专门安排一定规模的信贷资金（以下称"境外投资专项贷款"）用于支持国家鼓励的境外投资重点项目。境外投资专项贷款享受中国进出口银行出口信贷优惠利率。

二、境外投资专项贷款主要用于支持下列境外投资重点项目：

（一）能弥补国内资源相对不足的境外资源开发类项目；

（二）能带动国内技术、产品、设备等出口和劳务输出的境外生产型项目和基础设施项目；

（三）能利用国际先进技术、管理经验和专业人才的境外研发中心项目；

（四）能提高企业国际竞争力、加快开拓国际市场的境外企业收购和兼并项目。

三、拟申请使用境外投资专项贷款的项目，须按《国务院关于投资体制改革的决定》和《境外投资项目核准暂行管理办法》的规定获得核准，并由中国进出口银行遵循独立审贷的原则对项目的贷款条件进行审查。

四、申请使用境外投资专项贷款的程序如下：

（一）在中华人民共和国境内注册的企业法人（以下称"境内投资主体"）按规定向国家发展改革委或省级发展改革部门上报项目申请报告，并抄送中国进出口银行总行及相应的营业性分支机构。同时，境内投资主体向中国进出口银行提出贷款申请；

（二）中国进出口银行就项目使用境外投资专项贷款问题出具意见函，作为国家发展改革委或省级发展改革部门审核项目申请报告的参考依据；

（三）国家发展改革委或省级发展改革部门对项目进行审核，并将审核意见抄送中国进出口银行。项目获得核准后，由中国进出口银行对项目的贷款条件进行最终确定。

对国别风险较大的项目，要求境内投资主体充分利用现有的境外投资保险机制，办理有关投保手续，积极规避境外投资风险。

五、国家发展改革委对符合使用境外投资专项贷款条件的项目，加强政策指导，强化必要协调，加快核准进度。同时，促成有关单位完善境外投资风险保障机制，进一步做好境外投资保险工作。

六、中国进出口银行对境外投资专项贷款依照有关规定加快贷款审查速度，并视具体情况提供以下便利：

（一）根据贷款企业信用等级和境外投资项目的经济效益情况授予一定的信用放款额度；

（二）对风险小、投资收益稳定且效益较好的项目，可考虑直接对境外项目公司提供贷款，由项目的境内投资主体提供担保和／或以项目形成的资产或其他权益作为抵押；

（三）对一些投资期较长的战略性项目，可视情况适当延长贷款期限。

七、中国进出口银行还将对拟使用境外投资专项贷款的项目，提供与项目相关的投标保函、履约保函、预付款保函、质量保函以及国际结算等方面的金融服务，并根据境内投资主体和项目情况在反担保和保证金方面给予一定优惠。

八、本通知由国家发展改革委和中国进出口银行负责解释，自发布之日起执行。国家发展改革委的发改外资〔2003〕226号文件自本通知发布之日起失效。

国家发展和改革委员会

中国进出口银行

二〇〇四年十月二十七日

国家发展改革委　国家开发银行
关于进一步加强对境外投资重点项目
融资支持有关问题的通知

发改外资〔2005〕1838号

各省、自治区、直辖市及计划单列市、副省级省会城市人民政府、新疆生产建设兵团发展改革委、经委（经贸委），国务院各部门、各直属机构，各中央管理的企业：

为贯彻党的十六大关于加快实施"走出去"战略的精神，落实中央有关"加大对境外投资的金融支持"的指示，鼓励和支持国内企业进一步提高融资能力，发挥各自优势，积极参与境外重点项目的投资活动，现就有关事项通知如下：

一、根据国家境外投资发展规划，国家发展改革委和国家开发银行拟定年度境外投资重点项目融资支持计划，并由国家开发银行在每年的股本贷款规模中，专门安排一定的贷款资金（以下称"境外投资股本贷款"）用于支持国家鼓励的境外投资重点项目扩大资本金，提高融资能力。

二、境外投资股本贷款主要用于支持下列境外投资重点项目：

（一）能弥补国内资源相对不足的境外资源开发类项目；

（二）能带动国内技术、产品、设备等出口和劳务输出的境外生产型项目和基础设施项目；

（三）能利用国际先进技术、管理经验和专业人才的境外研发中心项目；

（四）能提高企业国际竞争力、加快开拓国际市场的境外企业收购和兼并项目。

三、在中华人民共和国境内注册的企业法人（以下称"境内投资主体"）均可申请境外投资股本贷款，具体程序如下：

（一）境内投资主体向国家开发银行提出股本贷款申请，由国家开发银行根据其与国家发展改革委共同拟定的年度境外投资重点项目融资支持计划，经独立审核，出具股本贷款承诺函；

（二）境内投资主体按规定向国家发展改革委或省级发展改革部门上报项目申请报告或项目备案申请，并附国家开发银行股本贷款承诺函；

（三）国家发展改革委或省级发展改革部门对项目进行审核，并将项目核准文件或备案证明文件抄送国家开发银行，国家开发银行据此就项目股本贷款条件进行最终确定。

四、国家发展改革委对获得境外投资股本贷款支持的重点项目将加强政策指导，强化必要协调，推动项目成功实施，并取得良好的经济和社会效益。

五、国家开发银行将依照有关规定，对境外投资重点项目加快贷款审查速度，并在遵循风险定价原则，使贷款利率尽可能覆盖信用风险、市场风险及国家风险等的基础上，视具体项目情况给予一定的利率优惠。

六、国家开发银行对境外投资重点项目还提供如下支持和服务：

（一）为境外投资重点项目提供大额、稳定的中长期非股本贷款支持。

（二）加强与国际金融组织或跨国公司合作，组织国际银团贷款、境外贷款等，协助落实融资方案；

（三）提供基础设施、基础产业、支柱产业领域的行业分析、风险评估等服务；

（四）提供与项目相关的信用证及国际结算等方面的配套金融服务；

（五）提供汇率、利率风险管理等金融衍生工具服务。

国家发展改革委　国家开发银行

二○○五年九月二十五日

国家发展改革委关于完善
境外投资项目管理有关问题的通知

发改外资［2009］1479号

各省、自治区、直辖市及计划单列市、新疆生产建设兵团发展改革委，各中央管理企业：

近年来，在国家关于实施"走出去"战略的统一部署下，我国企业对外投资发展较快，特别是大型境外收购和竞标项目明显增加。为适应新形势发展的需要，促进我国对外投资健康有序发展，依据《境外投资项目核准暂行管理办法》（国家发展改革委第21号令），现就完善境外投资项目管理有关问题通知如下：

一、本通知所涉及境外投资项目，是指《政府核准的投资项目目录》规定由国家发展改革委核准或由国家发展改革委审核后报国务院核准的下列项目：

（一）境外收购项目，即国内企业直接或通过在境外设立的子公司或控股公司以协议、要约等方式收购境外企业全部或者部分股权、资产或其它权益的项目。

（二）境外竞标项目，即国内企业直接或通过在境外设立的子公司或控股公司参与境外公开或不公开的竞争性招标，以投资获得境外企业全部或者部分股权、资产或其它权益的项目。

上述项目以外的境外投资项目，仍按《境外投资项目核准暂行管理办法》的具体规定执行。

二、国内企业开展境外收购和竞标项目，要遵守国家法律法规、产业政策和境外投资管理规定，结合国家战略规划、企业发展战略和自身实力，在充分进行前期论证和尽职调查的基础上，科学决策，并且综合考虑各方面复杂因素，制定完善的工作方案和计划，稳步实施，有效防范投资风险。

三、有关企业在项目对外开展实质性工作之前，即境外收购项目在对外签署约束性协议、提出约束性报价及向对方国家（地区）政府审查部门提出申请之前，境外竞标项目在对外正式投标之前，应向国家发展改革委报送项目信息报告，并抄报国务院行业管理部门。

四、项目信息报告应说明投资主体基本情况、项目投资背景情况、收购或竞标目标情况、对外工作和尽职调查情况、收购或竞标的基本方案和时间安排等。项目信息报告的格式见附件一，可在国家发展改革委网站（www.ndrc.gov.cn）"外资利用"栏目下载。

五、中央管理企业可直接向国家发展改革委报送项目信息报告并抄报国务院行业管理部门，地方企业通过省级发展改革部门报送项目信息报告。

已有境外投资项目经国家核准的地方企业，可直接向国家发展改革委报送项目信息报告并抄报国务院行业管理部门，同时抄报省级发展改革部门。

六、国家发展改革委收到项目信息报告后，对于报告内容符合第四条要求的项目，在7个工作日内向报送单位出具确认函（格式见附件二），并抄送有关部门和机构；对于报告内容不符合第四条要求的项目，将及时通知报送单位补充和完善。

七、如果发现项目存在明显的重大不利因素，国家发展改革委将在确认函中作出特别备注，进行风险提示。

对于此类项目，国家发展改革委在项目核准时将严格审查，有关企业和金融机构应慎重决策。

八、确认函将标明一定的有效期。有关企业可在有效期内对外开展实质性工作，如在此期间未能完成，应根据情况办理确认函延期，或者重新报送项目信息报告。

九、确认函是有关企业向国家发展改革委报送项目申请报告的必备附件。

十、有关企业在对外完成实质性工作以及项目必要前期工作后，应按照《境外投资项目核准暂行管理办法》的规定向国家发展改革委报送项目申请报告，履行境外投资项目核准手续。

十一、对于违反本通知规定的国内企业，国家发展改革委将予以批评或通报批评，并责令纠正；对于性质严重、给国家和企业利益造成严重损害的，国家发展改革委将会同有关部门依法进行处罚，并追究有关领导和责任人的责任。

十二、国内金融机构要认真执行国家境外投资项目管理的有关规定，在进行充分风险评估和合规性审查的基础上，为国内企业境外投资项目提供金融支持，不得向违规项目发放贷款。

十三、各地方发展改革部门、各中央企业要认真贯彻国家境外投资管理的各项规定，指导有关企业扎实开展对外投资工作，提高对外投资的科学性和效益，有效维护对外投资秩序，促进我国对外投资稳步有序健康发展。

国家发展改革委
二〇〇九年六月八日

"走出去"企业涉及的税收政策

国家税务总局

一、营业税政策问答

（一）出口信用保险业务是否征收营业税

中国境内的保险机构和中国进出口银行为出口货物提供出口信用保险取得的收入，不作为境内提供保险，为非应税劳务，不征收营业税。（【1994】财税字第 15 号、财税字【1996】2 号、财税【2002】157 号）

（二）境外运费是否可以扣除

运输企业自中国境内运输旅客或货物出境，在境外改由其他运输企业承运乘客或货物的，以全程运费减去付给转运企业的运费后的余额为营业额，计征营业税。（营业税暂行条例第五条）

（三）境外旅游费是否可以扣除

旅游企业组织旅游团到中国境外旅游，在境外改由其他旅游企业接团的，以全程旅游费减去付给接团企业的旅游费后的余额为营业额，计征营业税。（营业税暂行条例第五条）

二、出口退税政策问答

（一）"走出去"企业允许出口的退税的项目范围包括什么

对出口产品在国内已纳增值税实行退税政策，是国际上通行的做法，有利于增加出口产品的国际竞争力。为鼓励国内企业实施"走出去"战略，现行出口退税政策规定，对企业以对外承包工程、实物投资、境外带料加工转配等业务方式出口的设备、原材料、零部件等，实行出口退税政策。退税率按国家统一规定执行。

（二）运出境外的货物是否可以享受出口退税

对外承包工程公司运出境外用于对外承包项目的货物，以及企业在国内采购并运往境外作为在国外投资的货物，在货物报关出口并在财务上做销售后，凭有关凭证报送所在地国家税务局批准退还或免征其增值税和消费税。（国税发【1994】31 号）

（三）出境设备、原材料和散件是否可以享受出口退税

对境外带料加工转配业务所使用（含实物性投资）的出境设备、原材料和散件，实行出口退税。退税率按国家统一规定的退税率执行。（国税发【1994】76 号）

（四）企业以实物投资出境的设备及零部件是否可以享受出口退税

企业以实物投资出境的设备和零部件（包括实行扩大增值税抵扣范围政策的企业在实行扩大增值税抵扣范围政策以前购进的设备），实行出口退（免）税政策。实行扩大增值税抵扣范围政策的企业以实物投资出境的，在实行扩大增值税抵扣范围政策以后购进的设备及零部件，不实行单项退税政策，实行免、抵、退税的政策。（国税发【2006】102 号）

（五）出口旧设备是否可以享受出口退税

对于出口旧设备实行退（免）税政策。（国税发【2008】16 号）

（六）出口退税是否还要退还已交纳的城市维护建设税

出口产品退还产品税、增值税的，不退还已纳的城市维护建设税。对由于减免产品税、增值税、营业税而发生的退税，同时退还已纳的城市维护建设税。（【85】财税字第 143 号）

三、企业所得税问答

新企业所得税法自今年 1 月 1 日实施后，基于原企业所得税法的境外所得抵免政策和征管规定均已废止，新税法框架下的境外所得税抵免政策和征管规定目前正处在研究、制订阶段，待正式下发后再予提供，现摘录新企业所得税法及其实施条例部分条款供参考。

（一）企业所得税法部分条款

第二十三条 企业取得的下列所得已在境外缴纳的所得税税额，可以从其当期应纳税额中抵免，抵免限额为该项所得依照本法规定计算的应纳税额；超过抵免限额的部分，可以在以后 5 个年度内，用每年度抵免限额抵免当年应抵额税后的余额进行抵补：

1）居民企业来源于中国境外的应税所得；

2）非居民企业在中国境内设立机构、场所，取得发生在中国境外但与该机构、场所有实际联系的应税所得。

第二十四条 居民企业从其直接或者间接控制的外国企业分得的来源于中国境外的股息、红利等权益性投资收益，外国企业在境外实际缴纳的所得税税额中属于该项所得负担的部分，可以作为该居民企业的可抵免境外所得税税额，在本法第二十三条规定的抵免额限内抵免。

（二）企业所得税法实施条例部分条款

第七十七条 企业所得税法第二十三条所称已在境外缴纳的所得税税额，是指企业来源于中国境外的所得依照中国境外税收法律以及相关规定应当缴纳并已经实际缴纳的企业所得税性质的税款。

第七十八条 企业所得税法第二十三条所称抵免限额，是指企业来源于中国境外的所得，依照企业所得税法和本条例的规定计算的应纳税额。除国务院财政、税务主管部门另有规定外，该抵免限额应当分国（地区）不分项计算，计算公式如下：

抵免限额＝中国境内、境外所得依照企业所得税法和本条例的规定计算的应纳税总额 × 来源于某国（地区）的应纳税所得额 ÷ 中国境内、境外应纳税所得总额

第七十九条 企业所得税法第二十三条所称 5 个年度，是指从企业取得的来源于中国境外的所得，已经在中国境外缴纳的企业所得税性质的税额超过抵免限额的当年的次年起连续 5 个纳税年度。

第八十条 企业所得税法第二十四条所称直接控制，是指居民企业直接持有外国企业 20 %以上股份。

企业所得税法第二十四条所称间接控制，是指居民企业以间接持股方式持有外国企业 20 %以上股份，具体认定办法由国务院财政、税务主管部门另行

制定。

第八十一条　企业依照企业所得税法第二十三条、第二十四条的规定抵免企业所得税税额时，应当提供中国境外税务机关出具的税款所属年度的有关纳税凭证。

四、税收协定问答

（一）我国目前税收协定签署情况如何

截至 2008 年 9 月，我国正式签署了 90 个避免双重征税协定，其中生效执行的协定为 86 个，与尼日利亚、尼泊尔和卡塔尔协定尚未生效。此外，《内地与香港对所得避免双重征税的安排》以及《内地与澳门对所得避免双重征税的安排》均已生效执行。

（二）税收协定适用范围是什么

包括两个方面：一个是人的范围。税收协定适用于缔约国（地区）双方的居民，居民定义一般与各国（地区）国内法规定一致。二是税种的范围。在我国通常适用个人所得税和企业所得税，在其他国家适用于相当于所得税的税种，具体名称请见各协定的具体规定。

（三）中国居民享受税收协定待遇有何规定

对于中国居民取得的经营所得，来源国仅在构成常设机构的情况下予以征税。对于中国居民取得的投资所得，如股息、利息和特许权使用费，可依各双边协定享受优惠税率，协定税率通常低于国内法税率。

（四）与我国签订协定的国家（地区）以及适用税种的情况如何

与我国签订协定的国家（地区）以及适用税种一览表

1	日本	所得税；法人税；居民税
2	美国	根据国内收入法征收的联邦所得税
3	法国	所得税；公司税；包括为上述各种税的源泉扣缴和预扣款
4	英国	所得税；公司税；财产收益税
5	比利时	自然人税；公司税；法人税；非居民税；视同自然人税的特别捐助；包括预扣税，上述税收和预扣税的附加税以及自然人税的附加税
6	德国 （联邦）	个人所得税；公司所得税；财产税和营业税

7	马来西亚	所得税和超额利润税；补充所得税，即锡利润税、开发税和木材利润税；石油所得税
8	挪威	对所得征收的国家税；对所得征收的郡的市政税；对所得征收的市政税；国家平衡基金税；对财产征收的国家税；对财产征收的市政税；按照石油税收法令对所得和财产征收的国家税；对非居民艺术家报酬征收的国家税；海员税
9	丹麦	国家所得税；市政所得税；县政所得税；老年养老金捐助；海员税；特别所得税；教会税；股息税；对疾病每日基金捐助；碳氢化合物税
10	新加坡	所得税
11	芬兰	国家所得税；公司所得税；公共税；教会税；对居民取得的利息源泉扣缴的税收；对非居民所得源泉扣缴的税。（议定书，1998 年 4 月 10 日生效）国家所得税；公共税；教会税；对非居民所得源泉扣缴的税（原协定）
12	加拿大	加拿大政府征收的所得税
13	瑞典	国家所得税，包括对股息征收的预提税；非居民所得税；非居民艺术家和运动员所得税；市政所得税；扩大经营目的税（附加议定书，2000 年 6 月 11 日生效）国家所得税，包括海员税和息票税；对公众表演家征收的税收；公共所得税；利润分享税（原协定）
14	新西兰	所得税（第二议定书，适用于 1991 年 7 月 1 日取得的所得）所得税；超额留存税（原协定）
15	泰国	所得税；石油所得税
16	意大利	个人所得税；公司所得税；地方所得税；无论这些税是否通过源泉扣缴征收
17	荷兰	所得税；工资税；公司税（包括开发自然资源净利润中的政府股份）；股息税
18	原捷克	利润税；工资税；文学艺术活动税；农业利润税；人口所得税；房屋租金税
19	波兰	所得税；工资薪金税；平衡税；不动产税；农业税
20	澳大利亚	澳大利亚税收
21	保加利亚	个人所得税；企业所得税；财产税；最终年度税（议定书，2003 年 1 月 2 日生效）总所得税；独身男女、鳏夫、离婚者和无子女者所得税；利润税；房产税（原协定）
22	巴基斯坦	所得税；特别税；附加税
23	科威特	公司所得税；控股公司应向"科威特科学发展基金会"支付的净利润的百分之五（KFAS）；财产税（The Zakat）
24	瑞士	联邦、州和镇：1. 对所得（全部所得、薪金所得、财产所得、工商利润、财产收益和其他所得）征收的税收；2. 对财产（全部财产、动产和不动产、营业财产、实收股本、准备金和其他财产）征收的税收

25	塞浦路斯	所得税；财产收益税；特别捐税（用于共和国防务）；不动产税
26	西班牙	个人所得税；公司税；财产税；地方对所得和财产征收的税收
27	罗马尼亚	1.对个人和法人团体取得的所得征收的税收；2.对外国代表机构和按照罗马尼亚法律建立的有外国资本参与的公司取得的利润征收的税收；3.对从事农业活动实现的所得征收的税收
28	奥地利	所得税；公司税；董事税；财产税；替代遗产财产税；工商企业税，包括对工资总额征收的税收；土地税；农林企业税；闲置土地价值税
29	巴西	联邦所得税，不包括追加所得税和对次要活动征收的税收
30	蒙古	个人所得税；外商投资企业所得税；外国企业所得税；地方所得税
31	匈牙利	个人所得税；利润税
32	马耳他	所得税
33	阿联酋	所得税；公司税；附加税
34	卢森堡	个人所得税；公司税；对公司董事费征收的税收；财产税；地区贸易税
35	韩国	所得税；公司税；居民税（原协定） 协定第二条韩国方面的税种应理解为包括韩国在所得税或者公司税的税基上直接或者间接附加征收的农村发展特别税（第二议定书，2006年7月4日生效）
36	俄罗斯	企业及团体利润税；个人所得税法
37	巴新	根据巴布亚新几内亚法律征收的所得税
38	印度	所得税及其附加
39	毛里求斯	所得税
40	克罗地亚	所得税；利润税
41	白俄罗斯	法人所得和利润税；个人所得税；不动产税
42	斯洛文尼亚	1.对法人利润，包括对斯洛文尼亚共和国境内设有代理机构的外国人从事运输服务的所得征收的税收； 2.对个人所得，包括工资和薪金、农业活动所得、经营所得、财产收益、特许权使用费及不动产和动产所得征收的税收。
43	以色列	所得税（包括公司税和财产收益税）；根据土地增值税法对不动产转让收益征收的税收；根据财产税法对不动产征收的税收
44	越南	个人所得税；利润税；利润汇出税；
45	土耳其	所得税；公司税；对所得税和公司税征收的税收
46	乌克兰	对企业的利润征收的税收；公民所得税
47	亚美尼亚	利润税；所得税；财产税

48	牙买加	所得税；有关财产收益的转让税
49	冰岛	国民所得税；特别国民所得税；市政所得税；对银行机构取得的所得征收的税收
50	立陶宛	对法人利润征收的税收；对自然人所得征收的税收；对使用国有资产的企业征收的税收；不动产税
51	拉脱维亚	企业所得税；个人所得税；财产税
52	乌兹别克	1. 企业、协会及社团组织所得税； 2. 乌兹别克斯坦共和国公民、外籍个人及无国籍人员个人所得税
53	孟加拉	所得税
54	塞黑	公司利润税；公民所得税；财产税；对从事国际运输活动取得的收入征收的税收
55	苏丹	所得税；财产收益税
56	马其顿	个人所得税；利润税；财产税
57	埃及	不动产所得税（包括农业土地税和建筑税）；统一的个人所得税；公司利润税；国家金融资源开发税；对上述各税按百分比例征收的附加税
58	葡萄牙	个人所得税；公司所得税；公司所得税地方附加
59	爱沙尼亚	所得税；地方所得税
60	老挝	企业利润（所得）税；个人所得税
61	塞舌尔	营业税；石油所得税
62	菲律宾	对个人、公司、产业和信托征收的所得税；股票交易税
63	爱尔兰	所得税；公司税；财产权益税
64	南非	标准税；附加公司所得税
65	巴巴多斯	所得税；公司税（包括分支机构利润税和保险费所得税）；石油经营收益税
66	摩尔多瓦	所得税
67	卡塔尔	所得税
68	古巴	利润税；个人所得税
69	委内瑞拉	公司所得税；营业财产税
70	尼泊尔	按照所得税法征收的所得税
71	哈萨克斯坦	法人所得税；个人所得税
72	印度尼西亚	按照一九八四年所得税法征收的所得税（根据一九八三年第七号法修订）
73	阿曼	根据皇家修订法令第 47/1981 号征收的公司所得税； 根据皇家修订法令第 77/1989 号征收的商业和工业利润税
74	尼日利亚	个人所得税；公司所得税；石油利润税；财产收益税；教育税
75	伊朗	所得税

76	突尼斯	所得税；公司税
77	巴林	所得税（所得税法第 22/1979 号）
78	希腊	个人所得税；法人所得税
79	吉尔吉斯	对法人利润及其它收入征收的税；个人所得税
80	摩洛哥	一般所得税；公司税
81	斯里兰卡	所得税，包括对投资委员会颁发许可证的企业营业额征收的所得税
82	特立尼达和多巴哥	所得税；公司税；石油利润税；附加石油税；失业税
83	阿尔巴尼亚	所得税（包括公司利润税和个人所得税）；小规模经营活动税；财产税
84	文莱	根据所得税法征收的所得税（第 35 号）；根据所得税（石油）法征收的石油利润税（第 119 号）
85	阿塞拜疆	法人利润税；个人所得税
86	格鲁吉亚	企业利润税；企业财产税；个人所得税；个人财产税
87	墨西哥	联邦所得税
88	沙特阿拉伯	扎卡特税；所得税，包括天然气投资税
89	阿尔及利亚	全球所得税；公司所得税；职业行为税；财产税、矿区使用费
90	香港	利得税；薪俸税；物业税
91	澳门	职业税；所得补充税；凭单印花税；房屋税

（五）在哪里能够查到税收协定

税收协定除在上述股息、利息、特许权使用费条款上有优惠税率的规定外，在资本类所得，如股份转让收益，特殊行业所得如教师、研究人员的相关活动，政府间文化交流项目及退休金、养老金等所得项目都有不同的优惠规定。由于不同的协定规定各不相同，在此不一一列举，纳税人登录国家税务总局网站，在"税收协定"一栏下，可查阅所有已经生效执行的 86 个税收协定、两个安排及其协定书。

五、税务登记问答

企业"走出去"，在境外设立分支机构的，在税务登记管理上有什么规定？

按照《税务登记管理办法》（国家税务总局 7 号令）第十八条规定："纳税人税务登记内容发生变化的，应当向原税务登记机关申报办理变更税务登记。"

纳税人在办理税务登记时，需要填写税务登记表，如实填写分支机构和资本构成等有关情况。当纳税人在境外设立分支机构，税务登记表和税务登记证副本中的分支机构和资本构成等情况发生了改变，纳税人应按照规定办理变更税务登记，向税务机关反映其境外分支机构的有关情况。税务登记表和税务登记证的内容按照《国家税务总局关于换发税务登记证件的通知》（国税发【2006】38 号）附件的规定执行。

六、税收证明问答

（一）个人向境外转移资产需要向外汇管理部门提供相关资产的完税凭证或者完税证明吗

个人向境外转移资产需要向外汇管理部门提供相关资产的完税凭证或者完税证明。2005 年 2 月 2 日，国家税务总局、国家外汇管理局联合下发了《关于个人财产对外转移提交税收证明或者完税凭证有关问题的通知》（国税发【2005】13 号），明确了个人财产对外转移时，纳税人如何向税务机关申请领取税收证明以及税务机关如何开具税收证明等问题。

（二）什么是拟转移资产的完税凭证？什么是税收证明

完税凭证是在纳税人缴纳税款时，税务机关开具的税款交纳凭证。税收证明是当纳税人对已经纳税的资产不能提供完税凭证，或者该资产是免税的，无法提供完税凭证时，由税务机关依法为纳税人出具税收管理的证明，供纳税人提供给外汇管理机关。

（三）拟转移资产的完税凭证或者税收证明的用途是什么

纳税人准备转移的资产，按照有关税种的规定，已经缴纳了税收，并且取得了税务机关开具的完税凭证的，可以直接将完税凭证提供给外汇管理部门，不需要再开具税收证明。

纳税人拟转移的财产无法直接向外汇管理部门提供完税凭证的，可以提供税务机关开具的税收证明。

（四）对需要开具税收证明的资产有何规定

纳税人拟转移的财产总价值在人民币 15 万元以下的，可不需向税务机关申请税收证明。超过 15 万元的资产，不能提供完税凭证的，应向税务机关申请开具税收证明。

（五）如何取得税收证明

纳税人需要税务机关开具税收证明的，应向税务机关提出申请，由税务机关依法开具。

首先，纳税人向税务机关申请开具税收证明，同时，提供相应的资料。应当提交的资料分为：代扣代缴单位报送的含有申请人明细资料的《扣缴个人所得税报告表》复印件，《个体工商户所得税年度申请表》、《个人承包承租经营所得税年度申报表》原件，有关合同、协议原件，取得有关所得的凭证，以及税务机关要求报送的其他有关资料。

其次，税务机关对申请人缴纳税款情况进行证明。税务机关在为申请人开具税收证明时，应当按其收入或财产不同类别、来源，由收入来源地或者财产所在地国家税务局、地方税务局分别开具。

国家税务总局关于做好我国企业境外投资税收服务与管理工作的意见

国税发〔2007〕32号

各省、自治区、直辖市和计划单列市国家税务局、地方税务局：

为贯彻落实党中央、国务院关于鼓励和规范我国企业境外投资的指示精神，发挥税收的职能作用，现就做好我国企业境外投资税收服务与管理工作提出以下意见：

一、充分认识税收在鼓励和规范我国企业境外投资中的重要作用

实施"走出去"战略，鼓励和规范我国企业境外投资，是党中央国务院根据对外开放新形势、从我国经济发展全局做出的重大战略举措，有利于充分利用国际、国内两种资源和两个市场，拓展国民经济发展空间和我国企业在激烈的国际竞争中发展壮大，促进国民经济持续快速发展。税收作为组织收入、调节经济和调节分配的重要手段，对鼓励和规范我国企业境外投资具有重要的促进作用。

近年来，为配合"走出去"战略的实施，我国不断完善税收政策，制定实施境外所得计征所得税暂行办法，初步形成了我国企业境外投资税收管理制度；加快税收协定谈签和执行力度，建立税收情报交换机制，规范相互协商程

序，为我国境外投资企业解决税务纠纷，提供良好的税收服务，较好地维护了企业利益。但是，与鼓励和规范我国企业境外投资的需求和科学化、精细化税收管理的要求相比，我国企业境外投资的税收服务与管理工作还有一定差距，尚需进一步完善和规范。

因此，各级税务机关应进一步提高对做好我国企业境外投资税收服务与管理工作重要性的认识，按照优化服务、完善政策、规范管理和加强合作的要求，加强组织领导，明确工作职责，采取切实措施，做好相关工作。

二、为我国企业境外投资提供优质税收服务

我国实施"走出去"战略尚处于起步阶段，我国企业境外投资和抗风险能力较弱，各级税务机关应本着在服务中实施管理和在管理中体现服务的原则，根据境外投资企业税收服务方面的需要，为其提供优良税收环境，使税收工作服从和服务于我国"走出去"战略的大局。

（一）制定统一规范的我国企业境外投资税收服务指南。这对鼓励和规范我国企业境外投资，具有重要的引导作用。其主要内容应包括：我国与外国政府签订的税收协定及释义、我国现行境外投资与提供劳务税收政策和税收管理规定、外国税收制度与征管法规，重点提供企业境外投资与劳务发生税务争议时的应对措施、境外所得计征所得税的抵扣办法、境外税收减免的处理方法以及境外业务盈亏弥补的方法，等等。税务总局负责制定统一规范的我国企业境外投资税收服务指南，各地可根据本地实际参照制定更具针对性的服务指南。

（二）畅通我国企业境外投资税收宣传和咨询渠道。税务总局在门户网站上，已经开设我国企业境外投资税收宣传专栏，公布规范的税收服务指南；各省国、地税局应在门户网站上设立相应的宣传和咨询专栏，帮助我国企业及时了解和掌握境外投资税收法律法规和征管措施，对其境外投资提供税收指引；境外投资企业数量较多的地区，可在办税服务厅的综合服务类窗口中设置专门的咨询席，为企业提供快捷、方便、专业的税收咨询业务。

（三）加强对我国境外投资企业的税收辅导。各级税务机关应开展多种形式的税收辅导，定期举办专门的税收培训或召开专门的政策咨询会议，解答境外投资企业关心的税收问题，为企业提供更具针对性的税收服务。企业主管税务机关税收管理员应定期走访企业，了解并解答其境外投资过程中的税收

问题。

三、落实和完善我国企业境外投资税收政策

落实和完善我国企业境外投资税收政策，是鼓励和规范我国企业境外投资的重要保障措施，应重点做好以下两方面工作：

（一）加大我国企业境外投资税收政策的执行力度。各地要按照《外商投资企业和外国企业所得税法》及其实施细则、《企业所得税暂行条例》及其实施细则、税收协定以及境外所得计征所得税的相关规定，对我国企业境外投资相关税收政策执行情况开展一次检查，认真落实境外所得计算、亏损弥补、应纳税额计算、境外税款抵扣以及境外税收减免的处理等政策，解决好不执行或执行不力的问题；对于境外投资企业国内采购并运往境外作为投资的货物，各地应按现行出口退税规定及时为企业办理出口退税。

（二）加大调研力度，完善相关税收政策。各地要加大对现行境外投资税收政策执行情况的调研力度，包括企业的境外投资经营情况、相关税收政策执行情况特别是执行中的问题，分析问题的成因，提出解决问题的意见和建议，并及时向税务总局报告。

四、规范和加强我国企业境外投资的税收管理

对于我国境外投资企业，各地要在控管好其境内税源的同时，采取措施加强对其境外税源的管理，制定和实施规范的税收管理制度和操作规程。

（一）制定我国企业境外所得税收征管操作规程。税务总局将根据现行境外所得税收政策和管理方面的要求，结合境外所得发生的特点，制定境外所得税收征管操作规程，指导基层税务机关开展工作。各地也应结合实际，制定具体落实措施。

（二）规范和加强户籍管理。按照规定，企业发生境外投资行为时应按时到其所在地主管税务机关办理税务变更登记；各地应在税务登记证全面换证的基础上，开展对境外投资企业办理税务登记情况的检查，准确掌握企业境外投资状况，杜绝漏征漏管现象。

（三）规范和加强境外所得申报。我国境外投资企业取得的境外营业利润、股息、利息、特许权使用费、财产收益及其他所得，应在年度纳税申报中准确

反映；企业应在所得税年度申报的同时，向其所在地主管税务机关报送境外投资的组织结构和经营状况、财会制度和财务报表以及境外投资所在国公证会计师的查账报告。各地应督促企业及时履行相关资料报告和纳税申报义务。

（四）规范和加强境外所得的税务检查。针对企业境外投资税收管理的主要内容和特点，各地应规范境外所得纳税评估和税务检查操作程序，及时发现和处理企业境外投资的税收风险；同时，要加大对境外投资企业的反避税力度，重点审计其来源于避税港及境外受控子公司的所得。

五、加强与各方面的协调与合作

我国企业境外投资税收服务与管理工作，涉及税务机关内部多个部门的协调与配合，也离不开各级政府相关部门的关心和支持，还需要得到世界各国税务当局和有关国际组织的支持和配合。加强部门合作乃至国际合作是做好我国企业境外投资税收服务与管理工作的重要方面。

（一）加强税务机关内部合作。我国企业境外投资税收服务与管理工作，涉及税务机关内部多个部门。各级税务机关领导要高度重视，统筹兼顾，合理分工，明确职责，由国际税务管理部门牵头，充分发挥各部门的职能作用，形成各相关部门通力合作、齐抓共管的工作局面。

（二）加强与政府各部门的合作。各级税务机关应建立与商务、外汇、发改、海关、贸促会等相关部门的信息沟通机制，定期交换我国企业境外投资信息，协调加强部门合作事宜。

（三）加强国际税务合作。税务总局将进一步加强与外国税务当局合作，积极与我国企业投资所在国税务当局开展情报交换；与我国境外投资较多的国家建立税收征管互助机制，通过授权代表访问和同期税务检查对我国企业境外投资行为开展税务调查和取证工作；还将加强与 UNDP、OECD 等国际组织的合作，充分发挥我国参加的 SGATAR 会议、10 国税务局长会议等国际会议和机制的作用。各地应及时向税务总局提供税收情报资料，提交国际税务合作的业务需求，并按照税务总局的统一要求，做好国际税务合作的各项工作。

各地将执行情况于 2007 年 10 月底前报告税务总局（国际税务司）。

2007 年 3 月 20 日

境外注册中资控股居民企业所得税
管理办法（试行）

国家税务总局公告 2011 年第 45 号

为规范和加强对依据实际管理机构标准被认定为居民企业的境外注册中资控股企业的所得税管理，国家税务总局制定了《境外注册中资控股居民企业所得税管理办法（试行)》，现予以发布，自 2011 年 9 月 1 日起施行。

特此公告。

国家税务总局

二〇一一年七月二十七日

境外注册中资控股居民企业所得税管理办法（试行）

第一章 总 则

第一条 为规范和加强境外注册中资控股居民企业的所得税税收管理，根据《中华人民共和国企业所得税法》（以下简称企业所得税法）及其实施条例、《中华人民共和国税收征收管理法》（以下简称税收征管法）及其实施细则、中国政府对外签署的避免双重征税协定（含与香港、澳门特别行政区签署的税收安排，以下简称税收协定)、《国家税务总局关于境外注册中资控股企业依据实际管理机构标准认定为居民企业有关问题的通知》（国税发〔2009〕82 号，以下简称《通知》）和其他有关规定，制定本办法。

第二条 本办法所称境外注册中资控股企业（以下简称境外中资企业）是指由中国内地企业或者企业集团作为主要控股投资者，在中国内地以外国家或地区（含香港、澳门、台湾）注册成立的企业。

第三条 本办法所称境外注册中资控股居民企业（以下简称非境内注册居民企业）是指因实际管理机构在中国境内而被认定为中国居民企业的境外注册中资控股企业。

第四条 非境内注册居民企业应当按照企业所得税法及其实施条例和相关

管理规定的要求，履行居民企业所得税纳税义务，并在向非居民企业支付企业所得税法第三条第三款规定的款项时，依法代扣代缴企业所得税。

第五条　本办法所称主管税务机关包括：

（一）非境内注册居民企业的实际管理机构所在地与境内主要控股投资者所在地一致的，为境内主要控股投资者的企业所得税主管税务机关。

（二）非境内注册居民企业的实际管理机构所在地与境内主要控股投资者所在地不一致的，为实际管理机构所在地的国税局主管机关；经共同的上级税务机关批准，企业也可以选择境内主要控股投资者的企业所得税主管税务机关为其主管税务机关。

（三）非境内注册居民企业存在多个实际管理机构所在地的，由相关税务机关报共同的上级税务机关确定。

主管税务机关确定后，不得随意变更；确需变更的，应当层报税务总局批准。

第二章　居民身份认定管理

第六条　境外中资企业居民身份的认定，采用企业自行判定提请税务机关认定和税务机关调查发现予以认定两种形式。

第七条　境外中资企业应当根据生产经营和管理的实际情况，自行判定实际管理机构是否设立在中国境内。如其判定符合《通知》第二条规定的居民企业条件，应当向其主管税务机关书面提出居民身份认定申请，同时提供以下资料：

（一）企业法律身份证明文件；

（二）企业集团组织结构说明及生产经营概况；

（三）企业上一个纳税年度的公证会计师审计报告；

（四）负责企业生产经营等事项的高层管理机构履行职责场所的地址证明；

（五）企业上一年度及当年度董事及高层管理人员在中国境内居住的记录；

（六）企业上一年度及当年度重大事项的董事会决议及会议记录；

（七）主管税务机关要求提供的其他资料。

第八条　主管税务机关发现境外中资企业符合《通知》第二条规定但未申请成为中国居民企业的，可以对该境外中资企业的实际管理机构所在地情况进行调查，并要求境外中资企业提供本办法第七条规定的资料。调查过程中，主管税务机关有权要求该企业的境内投资者提供相关资料。

第九条　主管税务机关依法对企业提供的相关资料进行审核，提出初步认定意见，将据以做出初步认定的相关事实（资料）、认定理由和结果层报税务总局确认。

税务总局认定境外中资企业居民身份的，应当将相关认定结果同时书面告知境内投资者、境内被投资者的主管税务机关。

第十条　非境内注册居民企业的主管税务机关收到税务总局关于境外中资企业居民身份的认定结果后，应当在 10 日内向该企业下达《境外注册中资控股企业居民身份认定书》（见附件 1），通知其从企业居民身份确认年度开始按照我国居民企业所得税管理规定及本办法规定办理有关税收事项。

第十一条　非境内注册居民企业发生下列重大变化情形之一的，应当自变化之日起 15 日内报告主管税务机关，主管税务机关应当按照本办法规定层报税务总局确定是否取消其居民身份。

（一）企业实际管理机构所在地变更为中国境外的；

（二）中方控股投资者转让企业股权，导致中资控股地位发生变化的。

第十二条　税务总局认定终止非境内注册居民企业居民身份的，应当将相关认定结果同时书面告知境内投资者、境内被投资者的主管税务机关。企业应当自主管税务机关书面告知之日起停止履行中国居民企业的所得税纳税义务与扣缴义务，同时停止享受中国居民企业税收待遇。上述主管税务机关应当依法做好减免税款追缴等后续管理工作。

第三章　税务登记管理

第十三条　非境内注册居民企业应当自收到居民身份认定书之日起 30 日内向主管税务机关提供以下资料申报办理税务登记，主管税务机关核发临时税务登记证及副本：

（一）居民身份认定书；

（二）境外注册登记证件；

（三）税务机关要求提供的其他资料。

第十四条　非境内注册居民企业经税务总局确认终止居民身份的，应当自收到主管税务机关书面通知之日起 15 日内向主管税务机关申报办理注销税务登记。

第十五条 发生本办法第四条扣缴义务的非境内注册居民企业应当自扣缴义务发生之日起 30 日内，向主管税务机关申报办理扣缴税款登记。

第四章　账簿凭证管理

第十六条 非境内注册居民企业应当按照中国有关法律、法规和国务院财政、税务主管部门的规定，编制财务、会计报表，并在领取税务登记证件之日起 15 日内将企业的财务、会计制度或者财务会计、处理办法及有关资料报送主管税务机关备案。

第十七条 非境内注册居民企业存放在中国境内的会计账簿和境内税务机关要求提供的报表等资料，应当使用中文。

第十八条 发生扣缴义务的非境内注册居民企业应当设立代扣代缴税款账簿和合同资料档案，准确记录扣缴企业所得税情况。

第十九条 非境内注册居民企业与境内单位或者个人发生交易的，应当按照发票管理办法规定使用发票，发票存根应当保存在中国境内，以备税务机关查验。

第五章　申报征收管理

第二十条 非境内注册居民企业按照分季预缴、年度汇算清缴方法申报缴纳所得税。

第二十一条 非境内注册居民企业发生终止生产经营或者居民身份变化情形的，应当自停止生产经营之日或者税务总局取消其居民企业之日起 60 日内，向其主管税务机关办理当期企业所得税汇算清缴。

非境内注册居民企业需要申报办理注销税务登记的，应在注销税务登记前，就其清算所得向主管税务机关申报缴纳企业所得税。

第二十二条 非境内注册居民企业应当以人民币计算缴纳企业所得税；所得以人民币以外的货币计算的，应当按照企业所得税法及其实施条例有关规定折合成人民币计算并缴纳企业所得税。

第二十三条 对非境内注册居民企业未依法履行居民企业所得税纳税义务

的，主管税务机关应依据税收征管法及其实施细则的有关规定追缴税款、加收滞纳金，并处罚款。

主管税务机关应当在非境内注册居民企业年度申报和汇算清缴结束后两个月内，判定其构成居民身份的条件是否发生实质性变化。对实际管理机构转移至境外或者企业中资控股地位发生变化的，主管税务机关应层报税务总局终止其居民身份。

对于境外中资企业频繁转换企业身份，又无正当理由的，主管税务机关应层报国家税务总局核准后追回其已按居民企业享受的股息免税待遇。

第二十四条　主管税务机关应按季度核查非境内注册居民企业向非居民企业支付股息、利息、租金、特许权使用费、转让财产收入及其他收入依法扣缴企业所得税的情况，发现该企业未依法履行相关扣缴义务的，应按照税收征管法及其实施细则和企业所得税法及其实施条例等有关规定对其进行处罚，并向非居民企业追缴税款。

第六章　特定事项管理

第二十五条　非境内注册居民企业取得来源于中国境内的股息、红利等权益性投资收益和利息、租金、特许权使用费所得、转让财产所得以及其他所得，应当向相关支付方出具本企业的《境外注册中资控股企业居民身份认定书》复印件。

相关支付方凭上述复印件不予履行该所得的税款扣缴义务，并在对外支付上述外汇资金时凭该复印件向主管税务机关申请开具相关税务证明。其中涉及个人所得税、营业税等其他税种纳税事项的，仍按对外支付税务证明开具的有关规定办理。

第二十六条　非居民企业转让非境内注册居民企业股权所得，属于来源于中国境内所得，被转让的非境内注册居民企业应当自股权转让协议签订之日起30日内，向其主管税务机关报告并提供股权转让合同及相关资料。

第二十七条　非境内注册居民企业应当按照企业所得税法及其实施条例以及《特别纳税调整实施办法（试行）》（国税发〔2009〕2号）的相关规定，履行关联申报及同期资料准备等义务。

第二十八条　非境内注册居民企业同时被我国与其注册所在国家（地区）

税务当局确认为税收居民的，应当按照双方签订的税收协定的有关规定确定其居民身份；如经确认为我国税收居民，可适用我国与其他国家（地区）签订的税收协定，并按照有关规定办理享受税收协定优惠待遇手续；需要证明其中国税收居民身份的，可向其主管税务机关申请开具《中国税收居民身份证明》，主管税务机关应在受理申请之日起 10 个工作日内办结。

第二十九条　境外税务当局拒绝给予非境内注册居民企业税收协定待遇，或者将其认定为所在国家（地区）税收居民的，该企业可按有关规定书面申请启动税务相互协商程序。

主管税务机关受理企业提请协商的申请后，应当及时将申请及有关资料层报税务总局，由税务总局与有关国家（地区）税务当局进行协商。

第七章　附　则

第三十条　主管税务机关应当做好非境内注册居民企业所得税管理情况汇总统计工作，于每年 8 月 15 日前向税务总局层报《境外注册中资控股居民企业所得税管理情况汇总表》（见附件 2）。税务总局不定期对各地相关管理工作进行检查，并将检查情况通报各地。

第三十一条　本办法由税务总局负责解释。各省、自治区、直辖市和计划单列市国家税务局、地方税务局可根据本办法制定具体操作规程。

第三十二条　本办法自 2011 年 9 月 1 日起施行。此前根据《通知》规定已经被认定为非境内注册居民企业的，适用本办法相关规定处理。

分送：各省、自治区、直辖市和计划单列市国家税务局、地方税务局

国家外汇管理局关于发布《境内机构
境外直接投资外汇管理规定》的通知

汇发［2009］30 号

国家外汇管理局各省、自治区、直辖市分局、外汇管理部，深圳、大连、青岛、厦门、宁波市分局：

为贯彻落实"走出去"发展战略，促进境内机构境外直接投资的健康发展，

对跨境资本流动实行均衡管理，维护我国国际收支基本平衡，根据《中华人民共和国外汇管理条例》等相关法规，国家外汇管理局制定了《境内机构境外直接投资外汇管理规定》（以下简称《规定》），现予以发布。《规定》自 2009 年 8 月 1 日起施行，请遵照执行。

各分局、外汇管理部接到本通知后，应及时转发辖内各分支机构、城市商业银行、农村商业银行、外资银行；各中资外汇指定银行应及时转发所辖分支机构。

外汇局

二〇〇九年七月十三日

境内机构境外直接投资外汇管理规定

第一章　总　则

第一条　为促进和便利境内机构境外直接投资活动，规范境外直接投资外汇管理，促进我国国际收支基本平衡，根据《中华人民共和国外汇管理条例》等相关法规，制定本规定。

第二条　本规定所称境外直接投资是指境内机构经境外直接投资主管部门核准，通过设立（独资、合资、合作）、并购、参股等方式在境外设立或取得既有企业或项目所有权、控制权或经营管理权等权益的行为。

第三条　国家外汇管理局及其分支机构（以下简称外汇局）对境内机构境外直接投资的外汇收支、外汇登记实施监督管理。

第四条　境内机构可以使用自有外汇资金、符合规定的国内外汇贷款、人民币购汇或实物、无形资产及经外汇局核准的其他外汇资产来源等进行境外直接投资。境内机构境外直接投资所得利润也可留存境外用于其境外直接投资。

上款所称自有外汇资金包括：经常项目外汇账户、外商投资企业资本金账户等账户内的外汇资金。

第五条　国家外汇管理局可以根据我国国际收支形势和境外直接投资情况，对境内机构境外直接投资外汇资金来源范围、管理方式及其境外直接投资所得利润留存境外的相关政策进行调整。

第二章 境外直接投资外汇登记和资金汇出

第六条 外汇局对境内机构境外直接投资及其形成的资产、相关权益实行外汇登记及备案制度。

境内机构在向所在地外汇局办理境外直接投资外汇登记时，应说明其境外投资外汇资金来源情况。

第七条 境内机构境外直接投资获得境外直接投资主管部门核准后，持下列材料到所在地外汇局办理境外直接投资外汇登记：

（一）书面申请并填写《境外直接投资外汇登记申请表》（格式见附件1）；

（二）外汇资金来源情况的说明材料；

（三）境内机构有效的营业执照或注册登记证明及组织机构代码证；

（四）境外直接投资主管部门对该项投资的核准文件或证书；

（五）如果发生前期费用汇出的，提供相关说明文件及汇出凭证；

（六）外汇局要求的其他材料。

外汇局审核上述材料无误后，在相关业务系统中登记有关情况，并向境内机构颁发境外直接投资外汇登记证。境内机构应凭其办理境外直接投资项下的外汇收支业务。

多个境内机构共同实施一项境外直接投资的，由境内机构所在地外汇局分别向相关境内机构颁发境外直接投资外汇登记证，并在相关业务系统中登记有关情况。

第八条 境内机构应凭境外直接投资主管部门的核准文件和境外直接投资外汇登记证，在外汇指定银行办理境外直接投资资金汇出手续。外汇指定银行进行真实性审核后为其办理。

外汇指定银行为境内机构办理境外直接投资资金汇出的累计金额，不得超过该境内机构事先已经外汇局在相关业务系统中登记的境外直接投资外汇资金总额。

第九条 境内机构应在如下情况发生之日起60天内，持境外直接投资外汇登记证、境外直接投资主管部门的核准或者备案文件及相关真实性证明材料到所在地外汇局办理境外直接投资外汇登记、变更或备案手续：

（一）境内机构将其境外直接投资所得利润以及其所投资境外企业减资、

转股、清算等所得资本项下外汇收入留存境外，用于设立、并购或参股未登记的境外企业的，应就上述直接投资活动办理境外直接投资外汇登记手续；

（二）已登记境外企业发生名称、经营期限、合资合作伙伴及合资合作方式等基本信息变更，或发生增资、减资、股权转让或置换、合并或分立等情况，境内机构应就上述变更情况办理境外直接投资外汇登记变更手续；

（三）已登记境外企业发生长期股权或债权投资、对外担保等不涉及资本变动的重大事项的，境内机构应就上述重大事项办理境外直接投资外汇备案手续。

第十条 境内机构持有的境外企业股权因转股、破产、解散、清算、经营期满等原因注销的，境内机构应在取得境外直接投资主管部门相关证明材料之日起 60 天内，凭相关材料到所在地外汇局办理注销境外直接投资外汇登记手续。

第十一条 境内机构可以按照《中华人民共和国外汇管理条例》和其他相关规定，向境外直接投资企业提供商业贷款或融资性对外担保。

第十二条 境内机构在外汇管制国家或地区投资的，可按规定在其他非外汇管制国家或地区开立专用外汇账户，用于与该项投资相关外汇资金的收付。

第三章 境外直接投资前期费用汇出

第十三条 境外直接投资前期费用是指境内机构在境外投资设立项目或企业前，需要向境外支付的与境外直接投资有关的费用，包括但不限于：

（一）收购境外企业股权或境外资产权益，按项目所在地法律规定或出让方要求需缴纳的保证金；

（二）在境外项目招投标过程中，需支付的投标保证金；

（三）进行境外直接投资前，进行市场调查、租用办公场地和设备、聘用人员，以及聘请境外中介机构提供服务所需的费用。

第十四条 境内机构向境外汇出的前期费用，一般不得超过境内机构已向境外直接投资主管部门申请的境外直接投资总额（以下简称境外直接投资总额）的 15%（含），并持下列材料向所在地外汇局申请：

（一）书面申请（包括境外直接投资总额、各方出资额、出资方式，以及所需前期费用金额、用途和资金来源说明等）；

（二）境内机构有效的营业执照或注册登记证明及组织机构代码证；

（三）境内机构参与投标、并购或合资合作项目的相关文件（包括中外方签署的意向书、备忘录或框架协议等）；

（四）境内机构已向境外直接投资主管部门报送的书面申请；

（五）境内机构出具的前期费用使用书面承诺函；

（六）外汇局要求的其他相关材料。

对于汇出的境外直接投资前期费用确需超过境外直接投资总额 15% 的，境内机构应当持上述材料向所在地国家外汇管理局分局（含外汇管理部）提出申请。

外汇指定银行凭外汇局出具的核准件为境内机构办理购付汇手续，并及时向外汇局反馈有关信息。

第十五条 境内机构已汇出境外的前期费用，应列入境内机构境外直接投资总额。外汇指定银行在办理境内机构境外直接投资资金汇出时，应扣减已汇出的前期费用金额。

第十六条 境内机构自汇出前期费用之日起 6 个月内仍未完成境外直接投资项目核准程序的，应将境外账户剩余资金调回原汇出资金的境内外汇账户。所汇回的外汇资金如属人民币购汇的，可持原购汇凭证，到外汇指定银行办理结汇。

所在地外汇局负责监督境内机构调回剩余的前期费用。如确因前期工作需要，经原作出核准的外汇局核准，上述 6 个月的期限可适当延长，但最长不超过 12 个月。

第四章 境外直接投资项下资金汇入及结汇

第十七条 境内机构将其所得的境外直接投资利润汇回境内的，可以保存在其经常项目外汇账户或办理结汇。

外汇指定银行在审核境内机构的境外直接投资外汇登记证、境外企业的相关财务报表及其利润处置决定、上年度年检报告书等相关材料无误后，为境内机构办理境外直接投资利润入账或结汇手续。

第十八条 境内机构因所设境外企业减资、转股、清算等所得资本项下外汇收入，通过资产变现专用外汇账户办理入账，或经外汇局批准留存境外。资产变现专用外汇账户的开立及入账经所在地外汇局按照相关规定核准，账户内资金的结汇，按照有关规定直接向外汇指定银行申请办理。

第十九条　境内机构将其境外直接投资的企业股权全部或者部分转让给其他境内机构的，相关资金应在境内以人民币支付。股权出让方应到所在地外汇局办理境外直接投资外汇登记的变更或注销手续，股权受让方应到所在地外汇局办理受让股权的境外直接投资外汇登记手续。

第五章　附　则

第二十条　境内机构（金融机构除外）应按照境外投资联合年检的相关规定参加年检。多个境内机构共同实施一项境外直接投资的，应分别到所在地外汇局参加外汇年检。

第二十一条　境内机构在香港特别行政区、澳门特别行政区和台湾地区进行直接投资的，参照本规定进行管理。

第二十二条　境内金融机构境外直接投资外汇管理，参照本规定执行。相关监管部门对境内金融机构境外直接投资的资金运用另有规定的，从其规定。

第二十三条　境内机构办理境外直接投资项下外汇收支及外汇登记等业务，应按相关规定通过相关业务系统办理。

外汇指定银行应将境外直接投资项下外汇收支信息通过相关业务系统向外汇局反馈。

第二十四条　境内机构违反本规定的，外汇局根据《中华人民共和国外汇管理条例》及其他相关规定进行处罚；构成犯罪的，依法追究刑事责任。

第二十五条　本规定由国家外汇管理局负责解释。

第二十六条　本规定自 2009 年 8 月 1 日起施行。附件 2 所列其他规范性文件同时废止。以前规定与本规定不一致的，按本规定执行。

附件：1. 境外直接投资外汇登记申请表（略）

　　　　2. 废止文件目录（略）

国家外汇管理局关于边境地区境外投资
外汇管理有关问题的通知

汇发〔2005〕14号

国家外汇管理局各省、自治区、直辖市分局、外汇管理部，深圳、大连、青岛、厦门、宁波市分局：

为了进一步落实"走出去"发展战略，促进与毗邻国家的经贸往来，现就边境地区境外投资外汇管理有关问题通知如下：

一、本通知所称的边境地区是指我国内陆边界线以内、与毗邻国家接壤的地级市、民族自治州等地区。

边境地区境外投资是指在我国边境地区登记注册的企业、公司或者其他经济组织（包括个体工商户）（以下简称边境地区投资主体），在毗邻国家设立各类企业或购股、参股，从事生产、经营活动。

二、国家外汇管理局各有关分局可以在自身权限范围内扩大所辖边境地区外汇中心支局境外投资外汇资金来源的审核权限，并将授权情况报总局备案。

对于边境地区投资主体使用自有外汇、国内外汇贷款或购汇进行境外投资的项目，边境地区外汇中心支局可在上述授权范围内直接出具外汇资金来源审查意见。

三、边境地区境外投资应根据境外投资有关管理规定办理境外投资登记手续。

边境地区投资主体以人民币进行境外投资的，可以持本通知第四条所列材料，到所在地外汇局办理境外投资登记手续。

四、对于在本通知生效前已经发生的边境地区境外投资（包括未办理境外投资外汇资金来源审查和境外投资外汇登记的，以及已办理境外投资外汇资金来源审查、未办理境外投资外汇登记的），其投资主体可持以下材料到所在地外汇局补办境外投资外汇登记手续：

（一）边境地区投资主体关于补登记的申请（包括境外投资企业设立的时间、地点、经营情况、企业类型等）；

（二）所投资境外企业在所在国投资（或工商）管理部门注册登记的证明

材料；

（三）境外企业上一年度经过审验的资产负债表（边境地区投资主体为个体工商户的无须提供）；

（四）境外合资合作企业另需提供合资合作合同或章程；

（五）外汇局要求提供的其他材料。

五、边境地区投资主体以实物进行境外投资的，在实物投资出境后，凭出口收汇核销单、出口货物报关单和《境外投资外汇登记证》正本及复印件到外汇局办理出口不收汇差额核销手续。外汇局在为企业办理核销手续时，应在《境外投资外汇登记证》上注明实际核销的金额、币种和日期。

六、边境地区外汇局应加强对境外投资管理有关法规和政策的宣传工作，积极鼓励企业按照有关规定开展境外投资。

七、本通知自 2005 年 4 月 1 日起实施。

国家外汇管理局关于鼓励和引导
民间投资健康发展有关外汇管理问题的通知

汇发〔2012〕33 号

国家外汇管理局各省、自治区、直辖市分局、外汇管理部，深圳、大连、青岛、厦门、宁波市分局：

为进一步贯彻落实《国务院关于鼓励和引导民间投资健康发展的若干意见》（国发〔2010〕13 号），鼓励和引导民间资本境外投资健康发展，现就完善境外投资促进和保障体系所涉外汇管理有关问题通知如下：

一、简化境外直接投资资金汇回管理

境内企业已汇出投资总额与注册资本差额部分的对外直接投资资金，经所在地外汇局登记后，可以直接汇回境内，无需办理减资、撤资登记手续。

二、简化境外放款外汇管理

放宽境外放款资金来源，允许境内企业使用境内外汇贷款进行境外放款。

取消境外放款资金购付汇及汇回入账核准，境内企业开展境外放款业务，经所在地国家外汇管理局分局、外汇管理部核准放款额度并办理相关登记手续后，可直接到外汇指定银行办理境外放款专用账户资金收付。

三、适当放宽个人对外担保管理

为支持企业"走出去"，境内企业为境外投资企业境外融资提供对外担保时，允许境内个人作为共同担保人，以保证、抵押、质押及担保法规允许的其他方式，为同一笔债务提供担保。

境内个人应当委托同时提供担保的境内企业，向境内企业所在地外汇局提出担保申请。若外汇局按规定程序批准境内企业为此笔债务提供对外担保，则可在为企业办理对外担保登记的同时，为境内个人的对外担保办理登记。外汇局不对境内个人的资格条件、对外担保方式和担保财产范围等具体内容进行实质性审核。

外汇局在为境内企业办理对外担保登记时，可在该企业对外担保登记证明中同时注明境内个人为同一笔债务提供对外担保的情况。境内个人办理对外担保履约时，所在地外汇局凭履行债务的相关证明文件办理。

本通知自 2012 年 7 月 1 日起实施。《国家外汇管理局关于境内企业境外放款外汇管理有关问题的通知》（汇发［2009］24 号）、《国家外汇管理局关于发布〈境内机构境外直接投资外汇管理规定〉的通知》（汇发［2009］30 号）中相关规定与本通知不一致的，以本通知为准。

二〇一二年六月十一日

科学技术部关于印发《中国海外
科技创业园试点工作指导意见》的通知

国科发字［2003］316 号

各省、自治区、直辖市、计划单列市科技厅（委、局），各国家高新技术产业开发区管委会：

为贯彻落实党中央、国务院关于坚持"引进来"和"走出去"相结合的发展战略，加强对创建中国海外科技园及其运行工作的规范化管理，推动其健康发展，我部制定了《中国海外科技创业园试点工作指导意见》，现印发给你们，请贯彻实施。

附件：《中国海外科技创业园试点工作指导意见》

二〇〇三年九月二十四日

附件：

中国海外科技创业园试点工作指导意见

为贯彻党中央、国务院关于坚持"引进来"和"走出去"相结合的发展战略，推动我国高新技术产业的国际化发展，现就中国海外科技创业园组建、运行和规范化管理的试点工作，提出如下意见。

一、中国海外科技创业园是根据我国与外国政府签定的科技合作文件的相关内容，由我国相关的科技主管部门、高新技术产业开发区或其他创业服务机构和企业组建，并经科技部批准，依照有关法律和政策规定的程序在相关国家设立的科技创业服务性机构。

二、科技部管理和指导中国海外科技创业园的工作，具体工作由科技部火炬高技术产业开发中心（以下简称火炬中心）承担。中国海外科技创业园的工作机构，应接受我国驻所在国使（领）馆科技处（组）的指导。

三、中国海外科技创业园通过为入驻园区创业与发展的企业提供全面、高效的服务和保障，推动我国高新技术产业的国际化。

四、中国海外科技创业园的创建与运行，须根据我国高新技术企业的现状、特点及其发展需求，结合所在国的创业环境和资源状况，坚持政府引导、社会出资和企业化运行的基本原则。

五、中国海外科技创业园的主要职责

（一）为我国高新技术企业到所在国的创业与发展提供入驻咨询、相关代理或委托代理服务；

（二）协助企业解决在境外创业与发展中出现的各种困难，提供科研、商务和工作、生活等方面的咨询与援助；

（三）吸收海外留学人员到科技园创办企业，并为他们回国创业或为国服务搭建平台、提供咨询服务；

（四）为推动我国高新技术企业的产品出口以及引进境外先进技术、人才、资金等，搭建国际化服务平台。

六、设立中国海外科技创业园的基本条件

（一）科技部与所在国政府相应部门签定了包含建立中国海外科技创业园内容的科技合作文件；

（二）所在国对于我国企业的技术进步、产品的市场开拓、资金和人才的引进以及高新技术产业发展，具有战略地位；

（三）所在国对于我国企业的入驻，能够提供良好的创业环境、相应的政策与服务；

（四）能够为我国入驻企业提供价格合理的工作、生活场所和方便快捷的资讯、交通以及相关保障；

（五）海外科技创业园的主要管理人员，熟悉我国高新技术产业的有关政策和发展状况，并具有良好的文化和专业素质；

（六）有完善的运行方案、科学的管理体制和运行机制。

七、中国海外科技创业园的设立程序

（一）在科技部与相关国家签定建立海外科技创业园的科技合作文件基础上，由符合本文规定的单位就在该国组织和创建中国海外科技创业园的事宜，向科技部提出书面申请；

（二）对符合条件的，由科技部审核批准，并通报我驻有关国家的使（领）馆科技处（组）；

（三）有关涉外事宜，由申请单位按照国家的相关规定和程序办理，科技部有关部门和驻外使（领）馆将予以协助。

八、企业入驻中国海外科技创业园的条件

（一）已登记注册并依法经营、纳税的企业或其他合法机构；

（二）具有高新技术企业资格或正在从事高新技术项目开发的机构；

（三）具有境外创业的资金实力和相应人才；

（四）具有可实施的境外创业与发展规划。

九、企业入驻中国海外科技创业园的程序

（一）符合入驻条件的企业，直接向有关国家的中国海外科技创业园管理机构提出申请，并提交相关的申请资料；

（二）由所在国的中国海外科技创业园管理机构进行审核。凡批准的，送达《同意入驻通知书》，并报科技部火炬中心和我驻有关国家的使（领）馆科技处（组）备案；

（三）被批准入驻的企业及其人员，需按照有关法律和政策规定的条件及程序办理涉外手续，科技部有关部门将予以协助。

十、被派往境外的工作人员必须办理境外医疗、人身意外伤害以及适用于紧急救助的保险等事宜。

十一、为创建中国海外科技创业园而设立的境内机构属于企业性质的，可以按照有关规定被认定为高新技术企业，享受相应的税收和其他优惠政策。

十二、科技部会同有关部门和地方政府，努力开辟多种资金渠道，对起步阶段的中国海外科技创业园和国内入驻的科技型中小企业在办公费用、业务开拓费用等方面予以适当资助。

十三、入驻中国海外科技创业园的境内母公司，申请科技型中小企业创新基金和科技兴贸计划项目时，在同等条件下可优先支持。

十四、中国海外科技创业园对于直接从事的有偿服务项目，其收费标准、范围和方式等，能体现出明显的政策优惠，并报科技部火炬中心备案。

十五、科技部火炬中心对中国海外科技创业园的工作，实行年度考核与验收。考核与验收的主要内容包括：

（一）为入驻企业的服务情况；

（二）境外先进技术、人才、资金的引进情况；

（三）境内高新技术产品对境外市场的拓展情况；

（四）与境外机构及相关人士的合作情况；

（五）制度建设与运行管理情况。

十六、有关考核与验收标准以及鼓励、扶持科技型企业到境外创业的具体政策和办法，另行规定。

十七、经考核和验收，对一年内未能达标的中国海外科技创业园，予以告戒；对连续两年未达标的，取消其相应资格及政策待遇。对能够达标的，予以表彰与奖励。

十八、未经科技部审核批准在境外设立的中国海外科技创业园或其他类似机构，不属于本意见的指导范围。

十九、中外机构合作或合资申请建立的中国海外科技创业园，参照本意见的有关内容执行。

二十、本意见由科技部火炬中心负责解释，自发布之日起实施。

跨境贸易人民币结算试点管理办法

中国人民银行　财政部　商务部　海关总署
国家税务总局　中国银行业监督管理委员会公告
［2009］第 10 号

中国人民银行、财政部、商务部、海关总署、税务总局、银监会共同制定了《跨境贸易人民币结算试点管理办法》，现予以公布实施。

中国人民银行　财政部
商务部　海关总署
国家税务总局　银监会
二〇〇九年七月一日

跨境贸易人民币结算试点管理办法

第一条　为促进贸易便利化，保障跨境贸易人民币结算试点工作的顺利进行，规范试点企业和商业银行的行为，防范相关业务风险，根据《中华人民共和国中国人民银行法》等法律、行政法规，制定本办法。

第二条　国家允许指定的、有条件的企业在自愿的基础上以人民币进行跨境贸易的结算，支持商业银行为企业提供跨境贸易人民币结算服务。

第三条　国务院批准试点地区的跨境贸易人民币结算，适用本办法。

第四条　试点地区的省级人民政府负责协调当地有关部门推荐跨境贸易人民币结算的试点企业，由中国人民银行会同财政部、商务部、海关总署、税务总局、银监会等有关部门进行审核，最终确定试点企业名单。在推荐试点企业时，要核实试点企业及其法定代表人的真实身份，确保试点企业登记注册实名制，并遵守跨境贸易人民币结算的各项规定。试点企业违反国家有关规定的，依法处罚，取消其试点资格。

第五条　中国人民银行可根据宏观调控、防范系统性风险的需要，对跨境贸易人民币结算试点进行总量调控。

第六条　试点企业与境外企业以人民币结算的进出口贸易，可以通过香港、澳门地区人民币业务清算行进行人民币资金的跨境结算和清算，也可以通过境内商业银行代理境外商业银行进行人民币资金的跨境结算和清算。

第七条　经中国人民银行和香港金融管理局、澳门金融管理局认可，已加入中国人民银行大额支付系统并进行港澳人民币清算业务的商业银行，可以作为港澳人民币清算行，提供跨境贸易人民币结算和清算服务。

第八条　试点地区内具备国际结算业务能力的商业银行（以下简称境内结算银行），遵守跨境贸易人民币结算的有关规定，可以为试点企业提供跨境贸易人民币结算服务。

第九条　试点地区内具备国际结算业务能力的商业银行（以下简称境内代理银行），可以与跨境贸易人民币结算境外参加银行（以下简称境外参加银行）签订人民币代理结算协议，为其开立人民币同业往来账户，代理境外参加银行进行跨境贸易人民币支付。境内代理银行应当按照规定将人民币代理结算协议和人民币同业往来账户报中国人民银行当地分支机构备案。

第十条　境内代理银行可以对境外参加银行开立的账户设定铺底资金要求，并可以为境外参加银行提供铺底资金兑换服务。

第十一条　境内代理银行可以依境外参加银行的要求在限额内购售人民币，购售限额由中国人民银行确定。

第十二条　境内代理银行可以为在其开有人民币同业往来账户的境外参加银行提供人民币账户融资，用于满足账户头寸临时性需求，融资额度与期限由中国人民银行确定。

第十三条　港澳人民币清算行可以按照中国人民银行的有关规定从境内银行间外汇市场、银行间同业拆借市场兑换人民币和拆借资金，兑换人民币和拆借限额、期限等由中国人民银行确定。

第十四条　境内结算银行可以按照有关规定逐步提供人民币贸易融资服务。

第十五条 人民币跨境收支应当具有真实、合法的交易基础。境内结算银行应当按照中国人民银行的规定，对交易单证的真实性及其与人民币收支的一致性进行合理审查。

第十六条 境内结算银行和境内代理银行应当按照反洗钱和反恐融资的有关规定，采取有效措施，了解客户及其交易目的和交易性质，了解实际控制客户的自然人和交易的实际受益人，妥善保存客户身份资料和交易记录，确保能足以重现每项交易的具体情况。

第十七条 使用人民币结算的出口贸易，按照有关规定享受出口货物退（免）税政策。具体出口货物退（免）税管理办法由国务院税务主管部门制定。

第十八条 试点企业的跨境贸易人民币结算不纳入外汇核销管理，办理报关和出口货物退（免）税时不需要提供外汇核销单。境内结算银行和境内代理银行应当按照税务部门的要求，依法向税务部门提供试点企业有关跨境贸易人民币结算的数据、资料。

第十九条 试点企业应当确保跨境贸易人民币结算的贸易真实性，应当建立跨境贸易人民币结算台账，准确记录进出口报关信息和人民币资金收付信息。

第二十条 对于跨境贸易人民币结算项下涉及的国际收支交易，试点企业和境内结算银行应当按照有关规定办理国际收支统计申报。境内代理银行办理购售人民币业务，应当按照规定进行购售人民币统计。

第二十一条 跨境贸易项下涉及的居民对非居民的人民币负债，暂按外债统计监测的有关规定办理登记。

第二十二条 中国人民银行建立人民币跨境收付信息管理系统，逐笔收集并长期保存试点企业与人民币跨境贸易结算有关的各类信息，按日总量匹配核对，对人民币跨境收付情况进行统计、分析、监测。境内结算银行和境内代理银行应当按中国人民银行的相关要求接入人民币跨境收付信息管理系统并报送人民币跨境收付信息。

第二十三条 至货物出口后210天时，试点企业仍未将人民币货款收回境内的，应当在5个工作日内通过其境内结算银行向人民币跨境收付信息管理系统报送该笔货物的未收回货款的金额及对应的出口报关单号，并向其境内结算银行提供相关资料。

试点企业拟将出口人民币收入存放境外的，应通过其境内结算银行向中国人民银行当地分支机构备案，并向人民币跨境收付信息管理系统报送存放境外的人民币资金金额、开户银行、账号、用途及对应的出口报关单号等信息。

试点企业应当选择一家境内结算银行作为其跨境贸易人民币结算的主报告银行。试点企业的主报告银行负责提示该试点企业履行上述信息报送和备案义务。

第二十四条 中国人民银行对境内结算银行、境内代理银行、试点企业开展跨境贸易人民币结算业务的情况进行检查监督。发现境内结算银行、境内代理银行、试点企业违反有关规定的，依法进行处罚。

试点企业有关跨境贸易人民币结算的违法违规信息，应当准确、完整、及时地录入中国人民银行企业信用信息基础数据库，并与海关、税务等部门共享。

第二十五条 中国人民银行与港澳人民币清算行协商修改《关于人民币业务的清算协议》，明确港澳人民币清算行提供跨境贸易人民币结算和清算服务的有关内容。

中国人民银行可以与香港金融管理局、澳门金融管理局签订合作备忘录，在各自职责范围内对港澳人民币清算行办理跨境贸易人民币结算和清算业务进行监管。

第二十六条 中国人民银行与财政部、商务部、海关总署、税务总局、银监会、外汇局等相关部门建立必要的信息共享和管理机制，加大事后检查力度，以形成对跨境贸易人民币结算试点工作的有效监管。

第二十七条 本办法自公布之日起施行。

商务部　科技部联合发布
《关于鼓励技术出口的若干意见》

商服贸发［2009］第 584 号

改革开放以来，我国产业技术通过自主创新、对引进技术的消化吸收再创新，以及对传统工业的技术改造，现已形成较为完整的工业体系，拥有大量成熟的产业化技术，技术出口配套能力大大增强。上世纪 90 年代以来，我国已成功实现电力、通讯、建材生产、石油勘探、汽车制造、化工和冶金技术出口并带动大量成套设备出口，对提高产业技术水平，推动出口结构优化，促进经济社会发展发挥了重要作用。但是，由于我国技术出口起步较晚，与发达国家还存在较大差距。多年来，我国技术出口金额远低于进口金额，进出口逆差约200亿美元。

为保持对外贸易稳定增长，优化出口结构，推动技术出口快速增长，提高技术出口在技术贸易中的比例，现提出以下意见：

一、深刻认识技术出口的重要意义。随着经济全球化的深入发展，科学技术发展日新月异，服务业的跨国转移已成为经济全球化的新趋势。作为服务贸易的重要组成部分，技术进出口在提高自主创新能力、转变经济发展方式、推动对外贸易稳步增长等方面发挥着重要作用。鼓励技术出口，有利于科技成果的产业化和商品化，实现资源的有效配置，有利于引导高新技术、先进适用技术和成熟配套技术进入国际市场，带动成套设备、产品和服务出口，推动国内产业结构升级和发展方式转变。

二、积极鼓励成熟的产业化技术出口。支持企业通过贸易、投资或者经济技术合作的方式出口技术（指未列入《中国禁止出口限制出口目录》的技术），包括专利权转让、专利申请权转让、专利实施许可、技术秘密许可、技术服务、技术咨询等。

三、落实好现行支持技术出口的财税政策。落实好现行支持技术出口的财税政策，充分运用相关外经贸支持政策，支持技术出口。居民企业通过技术出口实现的技术转让所得，按照税法有关规定享受免征或减征企业所得税优惠。

四、积极提供金融保险支持。研究制订符合技术出口企业特点和实际需要的信贷产品和保险险种，拓宽企业融资渠道，扩大融资能力。支持技术出口企业开展知识产权质押贷款业务，建立知识产权质押融资服务机制，解决企业尤其是科技型中小企业融资困难，利用质押贷款贴息专项资金，降低企业融资成本。鼓励保险公司为技术出口特别是附带成套设备的技术出口提供收汇保障、商账追收服务和保险项下的贸易融资便利，简化理赔手续，加快理赔速度，化解企业收汇风险，加快企业资金周转速度。

五、支持科研机构承接境外研发业务。进一步鼓励跨国公司在华设立研发机构及委托其在华研发机构研发技术。鼓励大学和科研机构通过承接境外研发业务，培养科技人才，提高研发能力，开拓国际市场。鼓励企业加强与境外企业、大学或科研机构的联系，支持其进行联合研究开发。

六、鼓励科技型企业"走出去"。鼓励和支持科技型企业通过对外投资、承包工程、技术与知识产权入股等方式开展对外合作业务，鼓励科技型企业并购境外高新技术企业、设立境外研发机构，带动我技术及服务出口。发挥驻外经济商务、教育、科技等机构的作用，引导企业"走出去"，开展合作研发，建立海外研发基地和产业化基地。

七、推动服务贸易领域自主创新，提高服务出口的技术含量。建立以企业为主体、市场为导向的服务贸易领域技术创新体制。鼓励服务贸易企业增强自主创新能力，充分发挥科技对服务贸易的支撑和引领作用，推动信息管理、数据处理、技术研发、工业设计等高技术含量的服务出口。

八、加强国际技术合作。发挥全球和区域经济合作、多双边会议和磋商机制等方面的作用，将多双边技术合作与援外、对外投资、境外承包工程等工作结合起来，在推进与发达国家合作的同时，加强与发展中国家合作，进一步推动国际技术合作。

九、加大对我成熟产业化技术、自主知识产权产品技术的宣传力度。鼓励中介组织和贸易促进机构组织企业赴我技术出口重点国家和地区举办技术出口推介和洽谈会。依托国内外著名展会平台对我优势技术进行宣传，推动技术出口发展。

十、加强技术出口服务体系建设。建立技术出口服务平台，通过信息收集、政策咨询、发布技术资源和技术供给，帮助企业获取国际技术市场信息。鼓励和支持相关中介机构的发展，为企业技术出口提供人才信息、法律咨询、翻译、报关、专利申报、展会服务、培训等综合服务。

十一、加强对知识产权的管理和保护。健全知识产权管理和保护制度，建立技术出口企业知识产权辅导服务机制，建立知识产权数据库和公共信息服务体系，支持技术出口企业境外知识产权维权，增强技术出口企业解决海外知识产权争端的能力。

十二、完善技术出口统计体系。商务、科技部门应与相关部门加强协作，建立全口径技术出口统计分析系统和相关数据联网核查管理系统。

十三、进一步完善法律法规和管理体系，提高技术出口管理效率。适时修订《技术进出口管理条例》，完善技术出口法律法规。建立各部门密切配合的技术出口管理和服务体系，商务等相关部门加强协作，为企业技术出口提供便利。充分利用信息化手段，推行政务公开，探索网上申报、网上领证业务，方便企业在线办理登记手续，鼓励在机构、人员、信息化等方面具备条件的省（市），进一步下放技术出口管理权限。

商务部　财政部　人民银行　全国工商联
关于鼓励支持和引导非公有制企业
对外投资合作的若干意见

商合发［2007］94号

各省、自治区、直辖市、计划单列市及新疆生产建设兵团商务主管部门、财政厅（局），中国人民银行上海总部，各分行、营业管理部、各省会（首府）城市中心支行，大连、青岛、宁波、厦门、深圳市中心支行，各省、自治区、直辖市、副省级城市及新疆生产建设兵团工商联：

个体、私营等非公有制企业对外投资合作已进入快速发展时期。为充分发挥非公有制企业在实施"走出去"战略的作用，根据党中央、国务院关于鼓励支持和引导非公有制企业发展的精神，现提出以下意见：

一、充分认识非公有制企业对外投资合作的重要意义

鼓励支持和引导非公有制企业通过对外投资、对外承包工程、对外劳务合作等多种形式，积极参与国际竞争与合作，形成一批有较强国际竞争能力的跨国企业，对于落实科学发展观、推动经济增长方式转变和结构调整、促进我国国民经济持续健康发展、实现全面建设小康社会和构建社会主义和谐社会的宏伟目标，具有重大意义。

非公有制企业对外投资合作，有利于充分发挥其产权、机制、成本和创业精神等方面的优势，更好地参与国际市场竞争，提高利用"两个市场、两种资源"的能力；有利于充分发挥非公有制企业在竞争性行业的比较优势，提升以中小企业为主的产业集群在国际产业链中的地位；有利于充分发挥非公有制企业灵活性和民间性的特点，通过互利合作，加强民间经济交往，促进我国对外

关系的发展。

经过改革开放二十多年的发展，非公有制企业在生产技术与装备水平、科技研发能力、企业管理水平以及员工整体素质等方面有了较大提高，相当一部分企业具备了"走出去"的条件。近几年，非公有制企业对外投资合作的愿望日益强烈，涌现出一批投资规模较大、"走出去"取得成功的企业，出现了大企业带动中小企业的集群式、规模化发展的态势。但目前非公有制企业"走出去"仍遇到一些体制性障碍和实际困难，必须采取有力措施加以解决。

因此，要从我国经济与社会全面发展和对外开放全局的高度，充分认识鼓励支持和引导非公有制企业对外投资合作的重要性，紧紧抓住本世纪头二十年的重要战略机遇期，统筹国内发展与对外开放，加大力度支持非公有制企业"走出去"。

二、深化行政体制改革，推进非公有制企业"走出去"便利化

深化行政审批制度改革，建立以促进、服务和保障为主的管理模式。减少审批环节，提高审批效率，大力推进非公有制企业"走出去"便利化。强化企业的市场主体地位，贯彻平等准入、公平待遇原则，在对外投资核准、对外承包工程和对外劳务合作等经营资格核准等方面，对非公有制企业与其他所有制企业一视同仁，实行同等待遇。支持符合条件的非公有制企业开展对外承包工程等业务，充分发挥非公有制企业开展对外投资合作的积极性。

鼓励和支持轻工、纺织、服装、家电、机械、建材、通讯、医药等行业的非公有制企业，通过独资、合资、联营、并购等方式，到有条件的国家和地区特别是周边国家和发展中国家投资建厂，建立海外生产基地和营销网络。支持有实力的非公有制企业在境外科技资源密集的地区投资设立研发中心和研发型企业。支持具备条件的非公有制企业单独或与国内外企业联合，通过国际通行方式开展对外承包工程，努力承揽附加值高的工程项目。推动具备条件的非公有制企业到境外从事贸易分销、金融服务、信息咨询、物流航运、文化旅游等服务业。

针对非公有制企业特点，完善外事、人员出入境、货物通关等管理制度，便利非公有制企业经营管理人员到境外开展业务。

三、加强政策支持，促进非公有制企业对外投资合作

进一步完善各部门现行支持政策，确保非公有制企业在"走出去"的过程中，在财税、融资、外汇、保险等各项政策方面可以享受到与其他所有制企业同等待遇。

发挥财税政策支持作用。符合条件的非公有制企业，可享受境外加工贸易贷款贴息资金、中小企业国际市场开拓资金以及援外合资合作项目基金、对外承包工程保函风险专项资金、对外承包工程项目贷款财政贴息资金和对外经济技术合作专项资金等的支持。对非公有制企业以对外承包工程带动出口和以设备及零配件等实物形式对外投资的，按现行政策予以出口退税。

加大融资支持力度。发挥国家政策性金融机构的作用，根据国家有关政策法规，对符合条件的非公有制企业从事国家鼓励的境外投资、资源开发和工程承包业务，可以积极提供信贷支持。加强金融服务，国内商业银行及其境外分支机构要在充分评估和有效控制风险的基础上，为非公有制企业开拓国际市场提供融资便利。支持符合条件的非公有制企业采取在境外上市、发行债券、项目融资等多种方式筹资。非公有制企业经批准可为其所办境外企业提供融资担保。

进一步完善外汇政策支持体系。非公有制企业进行境外投资，可使用自有外汇，也可申请国内外汇贷款或购汇解决。非公有制企业投资的境外企业所得利润，可以用于该境外企业的增资或者在境外再投资。对国家鼓励项目带动的出口，在外汇核销上提供便利。允许符合条件的非公有制企业经核准后以境外放款的方式解决境外企业资金周转需求，以鼓励有实力的非公有制企业扩大境外投资。

加强保险服务。充分发挥出口信用保险的作用，针对非公有制企业的特点提供出口信用保险产品，协助非公有制企业建立风险保障机制，增强抗风险的能力。

四、加强引导与服务，为非公有制企业对外投资合作创造条件

要加强部门间协调配合，完善国别产业导向政策，加强境外投资国别障碍调查，正确引导非公有制企业对外投资合作。各级地方政府主管部门要根据当

地实际情况，积极采取措施，鼓励支持和引导本地具备条件的非公有制企业开展跨国经营，促进当地外向型经济的发展。

强化信息和促进服务。完善并充分发挥现有信息系统的作用，为非公有制企业提供国外的市场环境和法律法规、资源状况、贸易投资及经济合作项目等信息服务。发展社会中介组织，为非公有制企业"走出去"提供法律、仲裁、财务、咨询、知识产权和认证等服务。建立健全相关促进机制，积极引导和组织非公有制企业参加商业和非商业性对外投资贸易促进活动。利用各种多双边政府经贸合作机制，为非公有制企业加强与发展中国家企业的合作创造条件。

引导非公有制企业加快现代企业制度建设，完善内部机构，增强国际竞争力，在"走出去"中做强做大，着力培育一批具有较强国际竞争能力的民营跨国企业。鼓励非公有制企业在"走出去"过程中实施品牌战略，加大科技创新力度，努力提高自主创新能力。引导中小企业与大企业开展专业化协作和产业集群发展，建立稳定的供应、生产、销售、技术开发等协作关系，实现优势互补、资源共享。非公有制企业对外投资合作要遵循市场经济规则，量力而行，循序渐进，科学论证，审慎决策，努力规避风险，提高成功率。

加快人才培养，提高非公有制企业经营管理者素质。加大对非公有制企业出资人和经营管理人员的培训，普及国际化经营和国际商务知识，增强法制观念与诚信意识，提高跨国经营管理能力，造就一批精通业务、熟悉国际规则、熟练掌握外语、工作能力强的复合型人才。加快企业人才市场的国际化，为非公有制企业提供人力资源国际交流服务。

发挥驻外使（领）馆的作用。帮助非公有制企业了解驻在国情况，积极为企业牵线搭桥，排忧解难；指导中资企业守法经营；组建境外中资企业商会并吸纳非公有制企业参加；加强与驻在国政府的磋商与交涉，推动解决中资企业人员在部分国家开展商务活动遇到的出入境障碍和办理签证难等问题；加强领事保护和司法协助，维护境外中资企业和人员的合法权益，指导企业制定安全防范措施，提高应对突发事件的能力，保障人员及财产安全。非公有制企业应主动与驻外使（领）馆沟通并报告情况，接受使（领）馆的指导。

五、加强协调监管，保障非公有制企业对外投资合作有序进行

将非公有制企业开展对外投资合作纳入国家统一监管体系，完善监管制

度，改进监管办法，规范监管行为，提高监管水平。非公有制企业应自觉遵守国家有关法律法规，接受政府相关部门的监管，并按要求报送有关业务统计资料。

加强政府、行业组织、中介机构间的沟通与合作，按照国际通行规则和相关法律法规，努力化解非公有制企业在"走出去"过程中遇到的矛盾与冲突。规范非公有制企业市场行为，有效维护国家利益和企业的整体利益。非公有制企业在对外交往中，应树立大局观念和社会责任意识，自觉维护国家和企业的形象，遵守驻在国的法律法规，尊重当地风俗习惯，处理好与当地各方面的利益关系，通过互利合作实现共同发展。

完善并强化相关协调机制与措施，发挥行业商（协）会及境外中资企业商会的作用，加强行业自律，维护良好的经营秩序，避免恶性竞争。对不服从协调造成国家利益受损的，要依照有关法律和行政法规追究责任。

2007 年 5 月 10 日

商务部　外交部　文化部等发布
《文化产品和服务出口指导目录》

商务部、中宣部、外交部、财政部、文化部、
海关总署、税务总局、广电总局、新闻出版总署、
国务院新闻办公告 2012 年第 3 号

为支持我国文化产品和服务出口，商务部、中宣部、外交部、财政部、文化部、海关总署、税务总局、广电总局、新闻出版总署、国务院新闻办共同修订了《文化产品和服务出口指导目录》，现予公布。《文化产品和服务出口指导目录》（商务部、外交部、文化部、广电总局、新闻出版总署、国务院新闻办 2007 年第 27 号公告）同时废止。

商务部

中宣部

外交部

财政部

文化部

海关总署

税务总局

广电总局

新闻出版总署

国务院新闻办

二〇一二年二月一日

文化产品和服务出口指导目录

为增强中华文化的国际影响力，鼓励和支持文化企业积极开拓国际文化市场，提高文化企业国际竞争力，推动我国文化产品和服务出口快速发展，商务部会同中宣部、外交部、财政部、文化部、海关总署、税务总局、广电总局、新闻出版总署、国务院新闻办等部门，共同制定《文化产品和服务出口指导目录》，并负责解释和调整。

各部门将在列入本目录的项目中认定一批有利于弘扬中华民族优秀传统文化、有利于维护国家统一和民族团结、有利于发展中国同世界各国人民友谊、具有比较优势和鲜明民族特色的国家文化出口重点项目；在符合本目录要求的企业中认定一批具备较强国际市场竞争力、守法经营、信誉良好的国家文化出口重点企业。各部门、各地区依据有关规定在市场开拓、技术创新、海关通关等方面创造条件予以支持。

一、新闻出版类

01. 期刊数据库服务

重点企业标准：

1. 年出口额 50 万美元以上；

2. 具有国际市场开发和营销潜力。

02. 电子书出口

重点企业标准：

1. 年出口额 50 万美元以上；

2. 产品体现中华文化特色，具有国际市场开发潜力。

说明：

电子书出口是指数字出版物的境外销售，出口企业需经国务院出版行政管理部门批准，具有电子书出版、复制、发行资质或具有互联网出版资质。

03. 传统出版物境外发行

重点企业标准：

1. 出版单位境外发行年营业额 10 万美元以上，发行单位、进出口企业境外发行年营业额 50 万美元以上；

2. 具有国际市场开发和营销能力，产品体现中华文化特色。

说明：

传统出版物包括图书、报纸、期刊、音像制品以及中华文化内容的电子出版物（数码光盘）等。

04. 出版单位版权输出

重点企业标准：

1. 年出口额 3 万美元以上或版权输出种类达到 30 种；

2. 产品体现中华文化特色，具有国际市场开发潜力。

说明：

版权输出包括出版单位出版的图书、报纸（含刊登的文章、图片）、期刊（含刊登的文章、图片）、音像制品、电子出版物、数字出版物等通过向境外出版单位授权在境外出版（刊登）。

05. 出版单位合作出版

重点企业标准：

1. 年出口额 2 万美元以上；

2. 产品体现中华文化特色，具有国际市场开发潜力。

说明：

合作出版是指中方与境外出版机构共同投资、共同策划、共同分享收益并承担风险的出版业务；由中方出资策划、与境外出版机构联合出版，并由外方负责在境外开拓市场；外方出资策划、中方提供内容，体现中华文化特色并面向国际市场的重大出版项目。合作出版产品包括图书、报纸（含版面、专栏）、期刊（含版面、专栏）、音像制品、电子出版物、数字出版物等。

06. 版权输出代理服务

重点企业标准：

1. 年出口额 10 万美元以上；

2. 产品体现中华文化特色，具有国际市场开发潜力。

说明：

版权输出代理服务包括版权代理机构、民营企业向境外出版单位授权出版中国作者的作品。

07. 新闻出版产品营销服务

重点企业标准：

1. 年出口额 10 万美元以上；

2. 服务具备较高专业化水平，具有持续创新和国际营销能力。

说明：

新闻出版产品营销服务包括为境外客户提供新闻出版产品采购服务；外向型新闻出版产品选题策划服务；出版物衍生产品设计、制作、营销服务等。

08. 印刷服务

重点企业标准：

1. 年服务出口额 100 万美元以上；

2. 独立设计能力较强，印刷技术水平居世界前列；

3. 有成熟的国际合作渠道；

4. 印刷内容反映中华文化。

说明：

印刷服务包括印前的各种外包性的服务，如包装品设计、排版等。

二、广播影视类

09. 电影

重点企业标准：

1. 年出口金额 50 万美元以上；

2. 具有良好发展潜质，在提升电影文化产品的生产、发行、播映和后产品开发能力等方面成绩突出；

3. 积极与国外广播影视机构合作，拥有较为成熟的境外销售网络，境外宣传和推广活动效果突出。

说明：

电影产品出口包括电影完成片、宣传片、素材及其版权的出口。

10. 电视

重点企业标准：

1. 年出口金额 50 万美元以上；

2. 具有良好发展潜质，在提升电视文化产品的生产、发行、播映和后产品开发能力等方面成绩突出；

3. 积极与国外广播影视机构合作，拥有较为成熟的境外销售网络，境外宣传和推广活动效果突出。

说明：

电视产品出口包括电视完成片、宣传片、素材及其版权的出口。

11. 中外合作制作电影、电视节目服务

重点企业标准：

1. 年出口额 10 万美元以上；

2. 积极与国外影视制作机构合作，针对国际市场开发的有良好市场潜力的影视文化产品和服务；

3. 进入国际主流销售渠道，境外宣传和推广活动效果突出；

4. 拥有自主知识产权或与外方共享知识产权的原创产品，弘扬我国优秀传统文化，对加深世界各国对中国的了解具有积极意义。

说明：

中外合作制作电影、电视节目服务包括：

1. 中外合作制作电影是指依法取得《摄制电影许可证》或《摄制电影片许可证（单片）》的境内电影制片者与境外电影制片者在中国境内外联合摄制、协作摄制、委托摄制的电影；

2. 中外合作制作电视剧是指境内依法取得资质的广播电视节目制作机构与外国法人及自然人合作制作电视剧（含电视动画片、纪录片）的活动；

3. 其他中外合作制作电影电视节目服务是指与电影电视业务相关的演出、制作、采编、传输、销售等服务；

4. 含上述电影、电视产品版权的输出。

12. 广播电视节目境外落地的集成、播出服务

重点企业标准：

1. 年出口额 50 万美元以上；

2. 已实施具有国际影响力的成功案例，在业内具有较高知名度；

3. 对树立我良好国际形象具有积极作用。

13. 广播影视对外工程承包服务

重点企业标准：

1. 年出口额 50 万美元以上；

2. 具有对外承包工程资格，已实施具有国际影响力的成功案例，在业内具有较高知名度；

3. 对树立我良好国际形象具有积极作用。

14. 广播影视对外设计、咨询、勘察、监理服务

重点企业标准：

1. 年出口额 50 万美元以上；

2. 具有对外承包工程资格，已实施具有国际影响力的成功案例，在业内具有较高知名度；

3. 对树立我良好国际形象具有积极作用。

三、文化艺术类

15. 演艺及相关服务

重点企业标准：

1. 年出口额在 10 万美元以上；

2. 具有一定国际市场开发和营销能力；

3. 体现中华文化特色，拥有自主知识产权，具有较高的艺术水平和国际市场开发前景。

说明：

演艺服务类包括文艺创作和表演、文艺演出经纪等。

16. 商业艺术展览

重点企业标准：

1. 年出口额在 10 万美元以上；

2. 拥有 1 个（含）以上展览品牌的境外经营代理权；

3. 展览体现中国主流艺术价值，具有较高的艺术水平和国际市场开发前景。

说明：

商业艺术展览是指在境外专门从事某种文化艺术的展览展示和节庆活动，并获取服务费用或门票收入的商业活动，具体展览和节庆服务内容包括传统艺术、现代艺术、民俗艺术等。

17. 艺术品创作及相关服务

重点企业标准

1. 境外市场规模在业界位于前列，国际化程度较高；

2. 拥有自主知识产权；

3. 产品代表中华文化，具有原创性和较高艺术水平。

说明：

艺术品是指原创的绘画作品、书法篆刻作品、雕塑雕刻作品、艺术摄影作品、装置艺术作品及有上述作品授权的有限复制品，文物有限仿复品，利用传统技艺手工制作的装饰性物品等。艺术品创作和相关服务指上述产品的设计创作、经营销售、艺术授权、经纪代理、修复管理、评估担保、拍卖鉴定等。

18. 工艺美术品创意设计及相关服务

重点企业标准：

1. 境外市场规模在业界位于前列，国际化程度较高；

2. 拥有自主知识产权和自有品牌，工艺不存在知识产权问题；

3. 产品体现中华文化特色，具有较高艺术水平；

4. 保持较高的研发设计、品牌建设投入，具有持续创新和国际营销能力；

5. 重点支持类别：具有显著民族特色的工艺品，或属于经过认定的国家级非物质文化遗产。

说明：

工艺美术通常是指美化生活用品和生活环境的造型艺术，突出特点是物质生产与文化内涵相结合，以实用物品或装饰用品为载体，同时具有审美性和艺术性，体现文化价值，包括设计创作、生产营销、品牌授权、经纪代理等。

19. 文化休闲娱乐服务出口

重点企业标准：

1. 年出口金额在 50 万美元以上；

2. 经营活动具有民族特色，健康向上，科技含量高。

说明：

文化休闲娱乐服务出口包括大型文化主题公园建设、大型商业文化活动经营。

四、综合服务类

20. 游戏

重点企业标准：

1. 年出口额在 50 万美元以上，或版权输出金额 10 万美元以上，或游戏衍生产品出口金额 100 万美元以上；

2. 拥有自主知识产权的原创游戏形象和内容，或核心技术；

3. 内容主题积极、健康，体现中华文化特色，具有国际市场开发潜力。

说明：

游戏包括网络游戏（含通过互联网、移动通信网、有线电视网等信息网络提供的游戏产品和服务）、电子游戏机游戏、家用视频游戏、桌面游戏以及依托新兴技术传播的游戏新种类等游戏产品及其衍生品。

21. 动漫

重点企业标准：

1. 年出口金额在 50 万美元以上，或版权输出金额 10 万美元以上，或动漫衍生产品出口金额 100 万美元以上；

2. 拥有自主知识产权的原创动漫形象或核心技术；

3. 内容主题积极、健康，体现中华文化特色，具备国际市场开发潜力。

说明：

动漫产品是指以创意为核心，以动画、漫画为表现形式，包含动漫图书、报刊、电影、电视、音像制品、舞台剧、软件和基于现代信息技术传播手段的动漫新品种等动漫产品及其衍生品。

22. 境外文化机构的新设、并购和合作

重点企业标准：

1. 在境外通过新设、收购、合作等方式，成功在境外投资设立分支机构，并经营良好；

2. 境外分支机构年营业额 50 万美元以上；

3. 对树立我良好国际形象具有积极作用；

4. 财务状况优良，信誉良好。

说明：

境外文化机构的新设、并购和合作指企业依法通过新设、收购、合作等方式投资境外文化领域，包括投资出版社、报刊社以及出版、印刷、发行服务机构，广播电视网、影视节目制作或销售机构、电视节目演播室、电影院线，剧场、演艺经纪公司、艺术品经营机构以及建设境外文化产业园区等行为。

23. 网络文化服务

重点企业标准：

1. 年出口金额 50 万美元以上；

2. 以国际传播和产品与服务出口为导向，产品拥有自主知识产权，有一定的品牌效应和国际影响力；

3. 主题积极、健康，体现中华文化特色，具有国际市场开发潜力。

说明：

网络文化服务包括网络新闻、网络音乐、网络文学、网络艺术品、网络视频等网络内容产品的创意、制作、传输、技术研发、生产经营、传输及营销推广等，以及网络文化传播服务的开发与建设，包括技术研发平台，专业文化网站，及其他新兴传播服务形式等。

24. 专业文化产品的设计、调试等相关服务

重点企业标准：

1. 境外市场规模在业界位于前列，国际化程度较高；

2. 拥有自主知识产权和自主品牌；

3. 具备较高的文化附加值和科技含量，保持较高的研发设计投入，具有持续创新和国际营销能力；

4. 服务具备较高专业化水平，在业内有较强影响力，处于行业领先地位。

说明：

专业文化产品和设备包括乐器、舞台灯光音响等演艺设备、印刷设备、专业影视器材等为开展文化活动所必须的文化用品和设备。

25. 文化产品数字制作及相关服务

重点企业标准：

1. 年出口金额 50 万美元以上；

2. 核心技术拥有自主知识产权，服务具备较高专业化水平；

3. 主题积极、健康，体现中华文化特色，具有国际市场开发潜力。

说明：

文化产品数字制作与相关服务类指采用数字技术制作对舞台剧目、音乐、美术、文物、非物质文化遗产、文献资源等文化内容以及各种出版物进行数字化转化和开发，为各种显示终端提供内容，以及采用数字技术传播、经营文化产品。

26. 创意设计服务

重点企业标准：

1. 创意设计服务年出口额 50 万美元以上；

2. 拥有自主知识产权，体现较高的文化附加值；

3. 保持较高的研发设计、品牌建设投入，具有持续创新和国际营销能力。

说明：

创意设计服务主要包括广告设计、平面设计、工业设计、视觉设计等，特别是能够增加产品附加值的文化创意设计。

27. 节目模式出口

重点企业标准：

1. 单个项目年出口金额 10 万美元以上；

2. 具有原创性，体现中华文化特色；

3. 拥有较为成熟的创意研发团队和国际销售网络。

说明：

节目模式指节目概念、创意、制作指导蓝本等。

28. 文化产品的对外翻译制作服务

重点企业标准：

1. 年出口额 10 万美元以上；

2. 具有良好的译制资质，从事中华文化产品的外语译制出版工作；

3. 使用外语发行到境外，或在境外进行本土化发行和传播。

29. 文化相关会展服务

重点企业标准：

1. 展会直接收入以外汇结算部分每届在 50 万美元以上；

2.每年至少举办 2 个以上专业性文化展会，或 1 个以上综合性文化展会；

3.所举办的展览有固定举办的届次，在业内有一定的规模和知名度。

说明：

文化相关会展是指通过举办各类会议、展览、展销、推介、比赛等活动及提供相关配套服务，推动文化投资交易与交流发展，直接或间接地创造社会效益和经济效益。

境外投资管理办法

商务部令［2009］第 5 号

第一章　总　则

第一条　为促进和规范境外投资，根据《国务院对确需保留的行政审批项目设定行政许可的决定》，制定本办法。

第二条　本办法所称境外投资，是指在我国依法设立的企业（以下简称企业）通过新设、并购等方式在境外设立非金融企业或取得既有非金融企业的所有权、控制权、经营管理权等权益的行为。

第三条　企业开展境外投资应当认真了解并遵守境内外相关法律法规、规章和政策，遵循"互利共赢"原则。

第四条　商务部负责对境外投资实施管理和监督，省、自治区、直辖市、计划单列市及新疆生产建设兵团商务主管部门（以下简称省级商务主管部门）负责对本行政区域内境外投资实施管理和监督。

第二章　核　准

第五条　商务部和省级商务主管部门对企业境外投资实行核准。商务部建立"境外投资管理系统"（以下简称"系统"）。对予以核准的企业，颁发《企业境外投资证书》（以下简称《证书》，样式见附件一）。《证书》由商务部统一印制，实行统一编码管理。

第六条　企业开展以下情形境外投资应当按本办法第十二条的规定提交申

请材料，并按本办法第十三条的规定报商务部核准：

（一）在与我国未建交国家的境外投资；

（二）特定国家或地区的境外投资（具体名单由商务部会同外交部等有关部门确定）；

（三）中方投资额 1 亿美元及以上的境外投资；

（四）涉及多国（地区）利益的境外投资；

（五）设立境外特殊目的公司。

第七条 地方企业开展以下情形的境外投资应当按照本办法第十二条要求提交申请材料，并按第十四条的规定报省级商务主管部门核准：

（一）中方投资额 1000 万美元及以上、1 亿美元以下的境外投资；

（二）能源、矿产类境外投资；

（三）需在国内招商的境外投资。

第八条 企业开展本办法第六条、第七条规定情形以外的境外投资，须提交《境外投资申请表》（以下简称申请表，样式见附件二），并按第十六条规定办理核准。

第九条 企业境外投资有以下情形之一的，商务部和省级商务主管部门不予核准：

（一）危害我国国家主权、安全和社会公共利益，或违反我国法律法规；

（二）损害我与有关国家（地区）关系；

（三）可能违反我国对外缔结的国际条约；

（四）涉及我国禁止出口的技术和货物。

境外投资经济技术可行性由企业自行负责。

第十条 商务部核准第六条规定的境外投资应当征求我驻外使（领）馆（经商处室）意见。涉及中央企业的，由商务部征求意见；涉及地方企业的，由省级商务主管部门征求意见。

省级商务主管部门核准第七条第二款规定的境外投资应当征求驻外使（领）馆（经商处室）意见；其他情形的境外投资核准，省级商务主管部门可视情征求驻外使（领）馆（经商处室）意见。

第十一条 商务部和省级商务主管部门征求意见时应当向驻外使（领）馆（经商处室）提供投资事项基本情况等相关信息。

驻外使（领）馆（经商处室）主要从东道国安全状况、对双边政治和经贸关系影响等方面提出意见，并自收到征求意见函之日起10个工作日内予以回复。

第十二条 企业开展本办法第六条、第七条规定情形的境外投资须提交以下材料：

（一）申请书，主要内容包括境外企业的名称、注册资本、投资金额、经营范围、经营期限、投资资金来源情况的说明、投资的具体内容、股权结构、投资环境分析评价以及对不涉及本办法第九条所列情形的说明等；

（二）企业营业执照复印件；

（三）境外企业章程及相关协议或者合同；

（四）国家有关部门的核准或备案文件；

（五）并购类境外投资须提交《境外并购事项前期报告表》(样式见附件三)；

（六）主管部门要求的其他文件。

第十三条 企业开展第六条规定的境外投资，中央企业向商务部提出申请，地方企业通过所在地省级商务主管部门向商务部提出申请。

收到申请后，省级商务主管部门应当于10个工作日内（不含征求驻外使（领）馆（经商处室）的时间）对企业申报材料真实性及是否涉及本办法第九条所列情形进行初审，同意后将初审意见和全部申请材料报送商务部。

商务部收到省级商务主管部门或中央企业的申请后，于5个工作日内决定是否受理。申请材料不齐全或者不符合法定形式的，应当在5个工作日内一次告之申请人；受理后，应当于15个工作日内（不含征求驻外使（领）馆（经商处室）的时间）做出是否予以核准的决定。

第十四条 企业开展第七条规定的境外投资，向省级商务主管部门提出申请。

收到申请后，省级商务主管部门应当于5个工作日内决定是否受理。申请材料不齐全或者不符合法定形式的，应当在5个工作日内一次告之申请人；受理后，应当于15个工作日内（不含征求驻外使（领）馆（经商处室）意见的时间）做出是否予以核准的决定。

第十五条 对予以核准的第六条、第七条规定的境外投资，商务部和省级商务主管部门应当出具书面核准决定并颁发《证书》；不予核准的，应当书面通知申请企业并说明理由，告知其享有依法申请行政复议或者提起行政诉讼的权利。

第十六条　企业开展第八条规定的境外投资按以下程序办理核准：

中央企业总部通过"系统"按要求填写打印申请表，报商务部核准。地方企业通过"系统"按要求填写打印申请表，报省级商务主管部门核准。

商务部和省级商务主管部门收到申请表后，于3个工作日内进行审查，申请表填写完整且符合法定形式的即予颁发《证书》。

第十七条　两个以上企业共同投资设立境外企业，应当由相对最大股东在征求其他投资方书面同意后负责办理核准手续。商务部或相对最大股东所在地省级商务主管部门应将相关核准文件抄送其他投资方所在地省级商务主管部门。

第十八条　商务部或省级商务主管部门核准矿产资源勘查开发类境外投资应当征求国内有关商会、协会的意见，以作为核准时的参考。

第三章　变更和终止

第十九条　核准后，原境外投资申请事项发生变更，企业应参照第二章的规定向原核准机关申请办理变更核准手续。企业之间转让境外企业股份，由受让方负责申请办理变更手续，商务部或受让方所在地省级商务主管部门应当把相关核准文件抄送其他股东所在地省级商务主管部门。

第二十条　企业终止经核准的境外投资应向原核准机关备案，交回《证书》。原核准机关出具备案函，企业据此向外汇管理等部门办理相关手续。企业及其所属境外企业应当按当地法律办理注销手续。

终止是指原经核准的境外企业不再存续或我国企业均不再拥有原经核准的境外企业的股权等任何权益。

第四章　境外投资行为规范

第二十一条　企业应当客观评估自身条件、能力和东道国（地区）投资环境，积极稳妥开展境外投资。境内外法律法规和规章对资格资质有要求的，应当取得相关证明文件。

第二十二条　企业对其投资设立的境外企业冠名应当符合境内外法律法规

和政策规定。未按国家有关规定获得批准的企业，其境外企业名称不得冠以"中国"、"中华"、"国家"等字样。境外企业外文名称可在申请核准前在东道国（地区）进行预先注册。

第二十三条 企业应当落实各项人员和财产安全防范措施，建立突发事件预警机制和应急预案，并接受驻外使（领）馆在突发事件防范、人员安全保护等方面的指导。

在境外发生突发事件时，企业应当及时、妥善处理，并立即向驻外使(领)馆和国内有关主管部门报告。

第二十四条 企业应当要求境外企业中方负责人当面或以信函、传真、电子邮件等书面方式及时向驻外使（领）馆（经商处室）报到登记。

第二十五条 企业应向原核准机关报告境外投资业务情况和统计资料，确保报送情况和数据真实准确。

第二十六条 企业应当在其对外签署的与境外投资相关的合同或协议生效前，取得有关政府主管部门的核准。

第五章 管理和服务

第二十七条 商务部负责对省级商务主管部门及中央企业总部的境外投资管理情况进行检查和指导。

第二十八条 商务部会同有关部门建立健全境外投资引导、促进和服务体系，强化公共服务。

商务部发布《对外投资合作国别（地区）指南》，帮助企业了解东道国（地区）投资环境。

商务部会同有关部门发布《对外投资国别产业导向目录》，引导企业有针对性地到东道国（地区）开展境外投资。

商务部通过政府间多双边经贸或投资合作机制等协助企业解决困难和问题。

商务部建立对外投资与合作信息服务系统，为企业开展境外投资提供统计、投资机会、投资障碍、预警等信息服务。

第二十九条 企业境外投资获得核准后，持《证书》办理外汇、银行、海关、外事等相关手续，并享受国家有关政策支持。

第三十条　企业自领取《证书》之日起 2 年内，未在东道国（地区）完成有关法律手续或未办理本办法第二十九条所列境内有关部门手续，原核准文件和《证书》自动失效，《证书》应交回原核准机关。如需再开展境外投资，须按本办法规定重新办理核准。

第三十一条　《证书》不得伪造、涂改、出租、转借或以任何形式转让。已变更、失效或注销的《证书》应当交回发证机关。

第六章　罚　　则

第三十二条　企业提供虚假申请材料或不如实填报申请表的，商务部和省级商务主管部门不予受理或不予核准，并给予警告，且可在一年内不受理该企业任何境外投资核准申请；企业以提供虚假材料等不正当手段取得境外投资核准的，商务部及省级商务主管部门应当撤销相关文件，并可在三年内不受理该企业任何境外投资核准申请。

第三十三条　违反本办法规定的企业三年内不得享受国家有关境外投资政策支持。

第三十四条　省级商务主管部门未按本办法规定进行核准和履行管理监督职责的，商务部责令改正并提出批评。

第三十五条　商务主管部门有关工作人员不依本办法规定履行职责，或者滥用职权的，依法给予行政处分。

第七章　附　　则

第三十六条　省级商务主管部门可依照本规定制定相应的管理办法。

第三十七条　本办法所称特殊目的公司系指企业为实现其实际拥有的境内公司权益在境外上市而直接或间接控制的境外公司。

第三十八条　事业单位法人开展境外投资、企业在境外设立非企业法人适用本办法。企业赴香港、澳门及台湾地区投资参照本办法执行。

第三十九条　企业控股的境外企业的境外再投资，在完成法律手续后一个月内，应当由企业报商务主管部门备案。企业为地方企业的，须通过"系统"填报相关信息，打印备案表（样式见附件四）并加盖本企业公章后向省级商务主管部门备案；企业为中央企业的，中央企业总部通过"系统"填报相关信息，打印备案表并加盖公章后向商务部备案。企业递交备案表后即完成备案。

第四十条 本办法由商务部负责解释。

第四十一条 本办法自 2009 年 5 月 1 日起施行。《关于境外投资开办企业核准事项的规定》（商务部 2004 年 16 号令）和《商务部、国务院港澳办关于印发〈关于内地企业赴香港、澳门特别行政区投资开办企业核准事项的规定〉的通知》（商合发〔2004〕452 号）同时废止。此前有关规定与本办法不符的，以本办法为准。

商务部　中央外宣办　外交部　发展改革委　国资委　预防腐败局　全国工商联关于印发《中国境外企业文化建设若干意见》的通知

商政发〔2012〕104 号

各省、自治区、直辖市、计划单列市及新疆生产建设兵团商务主管部门、外宣部门、外事办公室、发展改革部门、国有资产监督管理部门、预防腐败机构、工商联，各中央企业，各驻外使（领）馆：

为鼓励和支持我国企业更好地适应实施"走出去"战略面临的新形势，内凝核心价值、外塑良好形象，在实施互利共赢开放战略和建设和谐世界中发挥更大作用，实现我国企业在境外的健康可持续发展，现制定《中国境外企业文化建设若干意见》，现予印发，请遵照执行。

中华人民共和国商务部

中共中央对外宣传办公室

中华人民共和国外交部

国家发展和改革委员会

国务院国有资产监督管理委员会

国家预防腐败局

中华全国工商业联合会

二〇一二年四月九日

附件：

中国境外企业文化建设若干意见

为鼓励和支持我国企业更好地适应实施"走出去"战略面临的新形势，内凝核心价值、外塑良好形象，在实施互利共赢开放战略和建设和谐世界中发挥更大作用，实现企业在境外的健康可持续发展，现提出中国境外企业文化建设意见如下：

一、境外企业文化建设的总体要求

（一）充分认识重要意义。随着"走出去"战略的深入实施，我国企业对外投资合作已经进入快速发展期。截至 2011 年底，我国对外直接投资累计超过 3800 亿美元，境外企业数量达 1.8 万家，分布在全球 178 个国家（地区），形成海外资产近 1.6 万亿美元。随着越来越多的企业加入到"走出去"的行列中，中国企业在境外的各种经济活动越来越活跃，影响日益扩大，国际社会对中国企业的关注度也进一步提高。积极引导境外企业加强文化建设，提高竞争力和影响力，有利于企业坚定"走出去"步伐，加速与当地社会融合，占据舆论和道德高地，发挥正面感召力，树立在国际上的良好形象，从而为中国企业在境外长期发展奠定良好基础。加强境外企业文化建设，是我国加快转变"走出去"发展方式的迫切需要，提高中华文化影响力和软实力的重要途径，推进和平发展的重要保证。

（二）指导思想。以邓小平理论和"三个代表"重要思想为指导，深入贯彻落实科学发展观，奉行互利共赢的开放战略，在弘扬中华民族优秀传统文化和继承我国企业优良传统的基础上，积极吸收借鉴国内外现代管理和企业社会化发展的先进经验，以和谐发展为宗旨，以诚信经营为基石，以学习创新为动力，努力建设符合国际国内经济社会可持续发展需要的，具有鲜明时代特征、丰富管理内涵和各具特色的境外企业文化，为企业"走出去"发展不断注入新的动力和活力，实现境外企业与当地社会的深度融合和共同发展。

（三）基本目标。通过积极倡导和组织实施，营造崇尚先进、学习先进的氛围，推动境外企业逐步建立起符合我国经济发展要求和对外战略目标、适应世界发展潮流、遵循企业国际化发展规律、符合企业发展战略、反映企业特色的企业文化。通过不断提升境外企业的思想道德建设水平，提高企业核心竞争力，实现企业文化与企业发展战略和当地社会发展的和谐统一，为中国企业的可持续发展提供强有力的思想和行动支撑。

二、境外企业文化建设的基本内容

（四）树立使命意识。境外企业文化建设的首要任务是树立使命意识、责任意识和大局意识。境外企业文化建设关系到企业自身的生存与发展，关系到我国"走出去"战略的顺利实施，关系到国家形象的塑造和国家软实力的提升。境外企业要牢记使命，坚持和平发展、互利共赢的主旋律和价值观，展示中国企业的历史文化底蕴，为弘扬中华民族优秀文化、增强文化软实力作出积极贡献。

（五）坚持合法合规。严格遵守驻在国和地区的法律法规，是境外企业文化建设的重要内容。境外企业要认真研究和熟悉当地法律法规，做到依法求生存，依法求发展。严格履行合同规定，主动依法纳税，自觉保护劳工合法权利，认真执行环境法规，确保国际化经营合法、合规。坚持公平竞争，坚决抵制商业贿赂，严格禁止向当地公职人员、国际组织官员和关联企业相关人员行贿，不得借助围标、串标等违法手段谋取商业利益。

（六）强化道德规范。企业道德是企业文化的集中体现。"小胜于智，大胜于德。"境外企业要树立"以德兴企"的观念。加强对员工的道德意识教育，弘扬传统美德，增强荣辱观念，养成良好的道德品质。深刻认识见利忘义、唯利是图、损害消费者利益等不道德行为的危害性。坚持义利并重，将道德感、伦理观渗透到企业经营和管理的全过程。

（七）恪守诚信经营。境外企业文化建设的本源是诚信。要把诚信融入企业精神和行为规范中，建立健全规章制度，严格规范企业经营管理行为和员工行为，对内造就一支员工可信、技术可信、产品可信、实力可信的优秀团队，对外树立中国企业诚实、守信的形象。

（八）履行社会责任。境外企业要认真履行社会责任，造福当地社会和人民，树立中国企业负责任的形象。努力为当地社会提供最好的商品和服务，促进驻在国家和地区的社会繁荣。及时向社会公布企业信息，保证经营活动公开透明。积极参与当地公益事业，为当地社会排忧解难。做好环境保护，注重资源节约，将企业生产经营活动对环境的污染和损害降到最低程度。积极为当地培养管理和技术人才，促进当地就业。

（九）加强与当地融合。将企业经营管理与当地社会发展结合起来，持续优化和丰富企业价值内涵。努力适应所在国（地区）当地社会环境，尊重当地宗教和风俗习惯，积极开展中外文化交流，相互借鉴、增进理解，与当地人民和谐相处。探索适应国际化经营需要的跨文化、信仰、生活习俗的管理理念，积极推进经营思维、管理模式、雇佣人才、处理方式的"本土化"，注重增进当地员工对中资企业的了解和理解，最大限度地降低跨国经营中的价值观冲突。

（十）加强风险规避。境外企业要充分认识国际经济活动的复杂性，时刻保持清醒头脑，居安思危，未雨绸缪。强化风险评估和防范意识，克服侥幸心理，建立科学的风险管理体系，做好规避、控制、转移和分散风险的准备，有效防范国际化经营中的各种风险。在经营理念和实际操作上，要追求科学决策、稳健经营，避免盲目和冲动。

（十一）严抓质量考核。质量是企业的生命。境外企业要把质量当成创业之本，立企之基。通过不断强化质量意识，培育和建设符合自身实际的企业质量考核体系，形成严格的质量管理体系和规范，不断提高产品和服务的质量，增强企业的核心竞争力。

（十二）创新经营特色。境外企业要将文化建设纳入企业发展整体战略，渗透到企业经营管理的各个环节，将企业文化与企业经营管理紧密融合，形成具有企业自身特色的国际化经营管理机制。在企业运营中，要运用各种手段塑造企业形象，展示企业文化，打造企业品牌，实现宣传企业、宣传产品与经营理念相统一，不断提高企业的知名度和美誉度。

三、加强境外企业文化建设的实施和保障

（十三）强化对企业的引导和服务。与时俱进，对不同类型企业进行分类指导。加强对境外企业文化建设的总结，认真探索企业文化建设的客观规律和操作方法，不断提升实践水平。加强境外企业之间、境外企业与其他国家企业之间的交流学习，做好信息共享和服务平台建设。强化境外企业人员出国前的培训，着力培育一支素质优良的企业建设与管理人才队伍。

（十四）建立评价体系和激励机制。建立科学评价体系，对境外企业的文化建设，实行科学引导、有效监督和合理评价。适时评选境外企业管理建设成效突出的优秀企业，将其经验和案例汇编成书，以扩大交流，共同提高。对企业文化建设表现优异、具有示范效应的骨干企业，可给予一定的鼓励和支持。对不注重企业内部建设、缺乏道德规范、损害中国企业整体形象的境外企业，要采取有效措施，予以曝光、警示和约束。

（十五）开展试点工作。根据境外企业的地域和行业分布，结合企业管理建设中存在的突出共性问题，选择一批不同类型的境外企业作为文化建设试点（如在拉美建立"和谐劳资关系建设"试点基地，在中东、北非建立"风险管控"试点基地，在撒哈拉以南非洲建立"和谐劳资关系建设"和"社会责任履行与服务"试点基地，在东南亚建立"社会责任履行与服务"试点基地等）。对试点进行密切跟踪和分类指导，充分发挥中央企业的骨干带头作用，着力提升民营企业的文化建设水平，有效解决中小企业在当地发展中的突出问题。通过总结经验，及时推广，充分发挥试点企业的示范、带头作用，推动境外企业文化建设水平的全面提升。

（十六）加强和改进宣传工作。加大对中国境外企业的宣传力度，有效利用境内外各种传播媒体，积极宣传我国企业的核心价值观、企业精神、和谐包容等理念，大力宣传境外中国企业与当地社会合作的积极成果。要重视对驻在国（地区）的友好工作，开展好公共外交。密切跟踪舆情变化，及时妥善处理危机事件。要积极推广境外企业的先进经验，重点报道和表彰境外企业文化建设工作中的先进人物、先进集体和先进事迹，鼓励广大境外企业人员为国争光，共同维护"中国企业"、"中国投资"的品牌，增加中国企业员工的自豪感和国际社会对中国企业的认同感。

（十七）强化组织领导。在党中央、国务院的统一领导下，相关部门要加强协作，形成合力，积极推进境外企业文化建设。地方各级党委、人民政府要强化引导和鼓励措施。驻外使（领）馆要加强与国内有关方面的配合，提供信息和服务。

商务部　外交部　发展改革委　财政部　建设部
铁道部　交通部　信产部　水利部　人民银行　国资委
海关总署　民航总局　安监总局　外汇局关于印发
《进一步规范对外承包工程业务发展的规定》的通知

商合发〔2007〕103 号

各省、自治区、直辖市、计划单列市及新疆生产建设兵团商务主管部门，各有关企业，中国进出口银行，国家开发银行，各商业银行，中国出口信用保险公司，机电商会，承包商会，各驻外使（领）馆：

对外承包工程是我国实施"走出去"战略最主要形式之一，在促进国民经济发展、扩大对外开放及提升我与有关国家政治经贸关系方面发挥着日益重要的作用。随着我国综合国力的不断增强、各项促进政策和措施的相继出台及企业参与国际竞争与合作能力的日渐提高，此项业务近年来增长迅猛。2001 至 2005 年，营业额年均增长 24%；2006 年底，完成营业额 300 亿美元，新签合同额达 660 亿美元，分别比上年同期增长 37.9% 和 123%。

在对外承包工程步入快速发展轨道的同时，业务的总体发展水平和质量尚待进一步提高的问题也日渐突出，涉及增长方式转变、经营秩序规范、安全保障体系完善以及经济和社会效益并重等方面的一些深层次问题也逐步凸显，特别是个别企业由于自身经营管理水平不高及片面追求经济效益，在承揽和实施对外承包工程项目的过程中有章不循的情况还时有发生，对内对外均造成了一些不良影响，损害了国家利益和中国企业的整体形象，甚至对我与有关国家的经贸关系造成了一定的负面影响。为规范企业的经营行为，商务部会同相关部门多次重申对外承包工程的有关管理规定，并针对新形势下的新问题，进一步完善了相关管理政策和措施，取得了一定效果，但尚未能完全杜绝上述违规行为的发生。

为维护国家利益和企业的整体形象，保持对外承包工程快速发展的良好势头，提高发展的质量和水平，商务部、外交部、发展改革委、财政部、建设部、铁道部、交通部、信息产业部、水利部、人民银行、国资委、海关总署、民航总局、安全监管总局和外汇局共同制定了《关于进一步规范对外承包工程业务发展的规定》（以下简称《规定》）。现将《规定》印发给你们，请转发本地区相关部门和企业认真执行。执行过程中有何问题和建议，请及时报告。

特此通知

二〇〇七年三月二十八日

附件：

关于进一步规范对外承包工程业务发展的规定

第一条　为加强对对外承包工程的管理，规范经营秩序，提高对外承包工程的质量和水平，根据《中华人民共和国对外贸易法》、《中华人民共和国建筑法》等有关法律法规，制定本规定。

第二条　开展对外承包工程的企业（以下简称经营企业）须取得商务部核发的《对外承包工程经营资格证书》，并在经营资格证书载明的业务范围内开展对外承包工程业务。

勘察设计、施工企业从事对外承包工程还应当依法取得建设行政主管部门颁发的资质证书。施工企业需取得建设行政主管部门颁发的安全生产许可证。

第三条　取得对外承包工程经营资格的企业还应当办理对外贸易经营者备案手续，并到海关办理注册登记。

第四条　经营企业首次或重新进入某国（地区）开展对外承包工程业务，应依据有关规定，征求我驻该国（地区）使（领）馆的意见，并定期报告业务开展情况。

经营企业到与我无外交关系或敏感的国家（地区）开展对外承包工程业务，应严格执行商务部和外交部的有关规定。

第五条　经营企业在追踪承揽项目过程中应首先结合自身资金实力和技术管理水平，本着能力可及、技术可行、风险可控和效益有保障的原则，对项目内容、背景、技术、安全生产和环保要求及规范、资金来源和落实情况、项目建设对当地的影响和预期社会经济效益及项目所在国的政治、经济、社会、法律环境和治安状况、恐怖威胁等进行全面了解和深入分析，在此基础上对项目的技术和经济可行性及可能发生的各种风险进行综合评估，做到科学决策。

第六条　经营企业对资金来源不明确或融资方案难以落实、存在重大设计缺陷、缺乏技术可行性的项目，应要求业主澄清资金来源或调整融资方案，说服业主变更设计和修改技术方案，否则不应承揽。

第七条　经营企业追踪承揽拟使用中国金融机构信贷的带资项目的，在未取得有关金融和保险机构出具承贷、承保意向函前，不得擅自对外承诺为项目融资。

经营企业追踪承揽拟使用我国对外提供的具有一定优惠条件的信贷项目的，不得以任何方式对外承诺融资，也不得主动建议外方向中国政府提出融资要求或对外承诺协助取得中国政府的优惠出口信贷支持。

第八条　对申请使用中国金融机构信贷的带资项目，有关金融机构和出口信用保险机构应在坚持市场原则，分类管理、分账核算的基础上对借款人和担保人的资信情况、经营企业的可行性研究报告进行严格评审。对不符合条件的经营企业，不予提供信贷和信用保险支持。

第九条　对合同额在1亿美元以上（含1亿美元）、且需我金融机构提供出口信贷和出口信用保险的大型和成套设备出口项目及对外承包工程项目，经营企业须按照《关于大型出口信贷及出口信用保险项目的报批程序》的有关规定履行报批手续。

第十条　经营企业承揽合同额超过500万美元（含500万美元）的项目，须按照《对外承包工程项目投（议）标许可暂行办法》及其补充规定，办理对外承包工程投（议）标许可；参加由外国政府招（议）标的政府间合作项目（含使用中国进出口银行优惠出口买方信贷的项目），应严格执行有关规定。

第十一条　经营企业应坚持诚信经营，严禁通过商业贿赂等不法手段获取项目；严禁与国外中间商串通，以不存在或无法落实的项目名义从国内企业骗取佣金。

第十二条　2家以上经营企业参与同一项目竞标的，有关经营企业不得以不正当的低价竞标，不得捏造、散布虚假事实，损害他人商业信誉。

第十三条　经营企业在项目实施过程中，应加强工程质量和安全的管理，严格执行对外承包工程生产质量安全管理的有关标准和规定。

第十四条　经营企业应根据项目施工进展情况，及时调整施工方案，合理安排人员、资金和机械设备的投入，加强同项目所在国政府部门、业主和咨询公司的沟通与协调，保证项目在合同规定的工期内完成。

如项目出现一个月以上的拖期，经营企业应在 7 日内将拖期情况及赶工计划和措施向我驻当地使领馆书面报告，并抄报商务部和建设部；之后每月报告项目最新进展情况，直至拖期问题解决。

第十五条 经营企业应严格按照《对外承包工程项下外派劳务管理暂行办法》的有关规定，加强工程项下劳务人员的派出和管理工作，加强对外派劳务人员的劳动保护，建立健全劳务纠纷和突发性事件的防范和快速反应机制。

第十六条 经营企业在项目实施过程中，应高度重视安全防范工作，落实安全责任，保证安全投入，配备足够的安全管理人员；建立健全安全管理制度和各项防范措施，狠抓工作落实，在我驻当地使领馆的领导下，建立突发事件应急处置机制。

第十七条 经营企业应遵守项目所在国法律法规，尊重当地风俗习惯，重视环境保护，维护当地劳工权益，积极参与当地公益事业，依法履行应承担的社会责任。

第十八条 经营企业应增强知识产权保护意识，根据有关国际公约和项目所在国相关法律规定，做好自身商标、专利等知识产权的保护工作，同时不得侵犯其他单位或个人的知识产权。

第十九条 经营企业在开立外汇账户、办理进出口核销手续以及工程款等相关外汇收支手续时，应遵守国家外汇管理相关规定。

第二十条 国有经营企业应严格按照《境外国有资产管理暂行办法》的有关规定，保障境外国有资产的安全完整和保值增值。

对违反上述规定，导致国有资产损坏和流失的国有经营企业，我驻外使（领）馆应及时将有关情况报告其国有资产出资人代表机构或公司所在地省级国有资产管理部门，并抄报商务部。

第二十一条 经营企业在承揽和实施项目过程中，应实事求是地介绍自身实力和项目情况，严禁不负责任的虚假宣传；如在当地开展宣传活动和接受媒体采访，应事先征求我驻当地使（领）馆的意见。

对经营企业利用当地媒体对项目进行虚假宣传的行为，我驻当地使（领）馆应及时予以制止和纠正；对造成不良后果的，应及时将有关情况报告外交部和商务部；经营企业属国有企业的，应同时将有关情况报告国务院国有资产监督管理委员会或公司所在地省级国有资产管理部门。

第二十二条　各地方商务、建设主管部门及安全生产监管部门应加强对本地区对外承包工程企业的监管工作，随时跟踪相关企业在境外承揽、实施的有关项目的进展情况，督促有关企业严格执行本规定，对违反本规定的经营企业提出处理意见，并及时将有关情况和处理意见报商务部、建设部和安全监管总局等有关部门。

第二十三条　对违反本规定的经营企业，商务部将会同外交部、发展改革委、财政部、建设部、铁道部、交通部、信息产业部、水利部、人民银行、国资委、安全监管总局等有关部门视情依法给予相应处罚。

第二十四条　境内企业在香港特别行政区、澳门特别行政区、台湾地区开展承包工程业务的，参照本规定执行。

第二十五条　本规定由商务部负责解释。

第二十六条　本规定自公布之日起 30 天后施行。

关于加快推进民营企业研发机构建设的实施意见

发改高技〔2011〕1901 号

为深入贯彻落实《国务院关于鼓励和引导民间投资健康发展的若干意见》（国发〔2010〕13 号），进一步发挥民营企业在推进经济发展方式转变中的重要作用，围绕推进民营企业建立技术（开发）中心，承担或参与工程（技术）研究中心、工程实验室、重点实验室建设，以及建立和完善服务于民营企业的技术创新服务机构（以上统称"研发机构"），增强民营企业技术创新能力，提出如下实施意见。

一、积极推进大型民营企业发展高水平研发机构

（一）国家和省（市）认定企业技术中心要加大向大型民营企业的倾斜力度。要积极推进大型民营企业建立专业化的技术（开发）中心。对于已建技术（开发）中心并具备条件的大型民营企业，要按照地方认定企业技术中心的有

关规定，积极支持申报省市级企业技术中心。对于大型骨干民营企业的省市级技术中心，要按照国家发展改革委、科技部、财政部、海关总署、国家税务总局等部门联合发布的《国家认定企业技术中心管理办法》有关要求，鼓励申报国家认定企业技术中心。对于符合条件的民营企业国家认定企业技术中心，要按照财政部、海关总署、国家税务总局等部门联合发布的《科技开发用品免征进口税收暂行规定》积极落实相关优惠政策。

（二）引导大型民营企业参与产业关键共性技术创新平台的建设。国家和地方布局建设工程（技术）研究中心、工程实验室、重点实验室等产业关键共性技术创新平台，要鼓励和引导有条件的行业大型骨干民营企业承担或参与建设任务，充分发挥其在推进产业技术进步方面的重要作用。有关具体要求和规定按照《国家工程研究中心管理办法》、《国家工程技术研究中心暂行管理办法》、《国家重点实验室建设与运行管理办法》、《国家工程实验室管理办法（试行）》等执行，并积极推进落实相关优惠政策。

（三）积极鼓励大型民营企业发展海外研发机构。进一步建立和完善相应的政策措施，鼓励有实力的大型民营企业积极"走出去"，采取多种形式建立国际化的海外研发机构，增强企业的技术创新活力。积极引导和支持大型民营企业参与全球化的产业创新网络和研发平台建设，促进民营企业利用全球创新资源，提升企业参与国际技术交流与合作的层次和水平。

（四）推进大型民营企业发展综合性研发机构。在国家鼓励发展的重点产业领域，鼓励有条件的大型骨干民营企业组建企业（中央）研究院，加强对行业战略性、前瞻性和基础性技术问题的研究，进一步提升企业整合创新资源和引领产业发展的能力。鼓励有条件的大型民营企业研发机构向中小民营企业开放实验仪器、装备和设施。推进大型骨干民营企业瞄准产业关键共性技术，与高等院校、科研院所、上下游企业、行业协会等共建行业技术服务中心，推动行业技术进步。国家在科技计划中对符合要求的研究项目给予支持。

二、支持中小民营企业发展多种形式的研发机构

（五）鼓励有条件的中小民营企业自建技术（开发）中心。各地要根据区域经济发展的基础和需求，积极探索设立专项资金，吸引和带动社会投资，鼓励和引导有条件的中小民营企业自建技术（开发）中心，促进中小企业向专精

特方向发展，不断提升自身的技术创新能力和市场适应能力。

（六）促进产学研联合建立研发机构。适应产业发展的技术需求，积极引导中小民营企业参与组建产业技术联盟，建立紧密、广泛的产学研用合作机制，增强企业参与国际分工协作的能力。鼓励中小民营企业通过在高校和科研院所设立联合研发机构，或通过投资控股、参股等方式共建研发机构，探索企业选题、共同研发、战略联盟的联合共建研发机构的新模式。鼓励科研院所、高校更好地为民营企业提供技术服务。

（七）支持发展技术创新服务机构和平台。在民营企业相对集中、产业集群优势明显的区域，各地可扶持发展技术转移中心、技术创新服务中心、科技企业孵化器、生产力促进中心等各类技术创新服务机构，支持建立分析测试、技术评估、技术转移、技术咨询、研发设计等公共技术支持平台，为中小民营企业提供技术创新和服务支撑。

三、完善支持民营企业研发机构发展的政策措施

（八）促进国家和地方公共创新资源向民营企业研发机构开放。国家和地方利用政府资金支持建设的科技基础设施、工程（技术）研究中心、工程实验室、重点实验室等技术创新平台，要加大先进实验仪器、装备和设施向民营企业研发机构的开放力度，探索有效的模式，实现国家和地方创新资源的共享。要充分利用上述技术创新平台的研究实验条件和人力资源优势，针对民营企业急需解决的技术难题和问题，开展联合研发。

（九）探索建立民营企业研发机构的良性运行机制。国家和地方各类科技计划要加大对民营企业研发机构的支持力度，按照有关规定支持符合条件的民营企业依托研发机构牵头或参与承担相应的科研任务和产业化项目。要探索以国家和地方重大项目建设为纽带，建立促进民营企业研发机构参与重大技术联合攻关的机制。对民营企业研发机构开展技术创新活动的投入，按国家企业研发经费进行加计抵扣的有关规定，要积极给予落实。鼓励和支持民营企业参与制定国家、行业和地方技术标准。逐步建立多元化支持民营企业研发机构建设和发展的投入渠道。

（十）培育和发展相关服务机构。大力发展面向企业特别是民营企业的公共技术服务机构、政策服务机构和科技政策咨询中介机构。鼓励和引导高等院

校、科研院所和行业协会等建立服务于民营企业的培训机构，加强对企业研发机构主要负责人与技术管理人员的培训，提供有关技术发展方向的指导和帮助。地方要探索有效的方式，加快建立健全服务机构体系，提高法律法规、产业政策、经营管理等中介服务机构的社会化和专业化水平，为民营企业研发机构的建设提供全方位支持。

（十一）建立和完善社会化、网络化服务。加快建立适合民营企业特点的公共信息服务网络，为民营企业加强研发机构建设提供咨询、交流、培训等。推进民营企业的信息化建设，加强企业间技术、信息的高效互动。鼓励相关政府部门利用门户网站为民营企业提供专项政策服务，支持面向中小企业的电子商务服务平台建设，发展基于信息网络的技术咨询、劳务培训和维权服务。

（十二）加强有关知识产权服务与管理。围绕推进民营企业研发机构的建设和发展，建立和完善知识产权维权援助体系，为有关专利诉讼与代理、知识产权保护等提供必要的援助服务。加强对国外行业技术法规、标准、评定程序、检验检疫规程变化的跟踪，加强对民营企业研发机构的主要技术和产品可能遭遇的技术性贸易措施进行监测，并提供预测和预警服务。强化企业的知识产权意识，探索建立公益性的专利信息服务平台，为企业提供专利信息定制服务，提高企业对专利信息资源的利用能力。

（十三）支持民营企业研发机构培养和吸引创新人才。探索推进在高等学校和科研机构设立面向民营企业研发机构的客座研究员岗位。支持民营企业研发机构为高等学校和职业院校建立学生实习、实训基地。推进有实力的民营企业建立博士后科研工作站、院士工作站，吸引院士、优秀博士到企业研发机构从事科技成果转化和科技创新活动。制定和实施针对民营企业吸引国内优秀创新人才、优秀留学人才和海外科技人才的计划，采取团队引进、核心人才带动等多种方式引进国内外优秀人才参与民营企业研发机构的建设。

四、建立国家和地方的联动工作机制

（十四）加强组织和协调。各级发展改革、科技部门要会同有关部门加强对民营企业建设研发机构的指导，会同相关部门梳理政策，消除障碍。要强化服务意识，创新服务手段，完善工作协调机制，加强相互之间的配合，形成推进民营企业建设研发机构的合力。有条件的地方可设立专项资金，支持民营企业研发机构的建设与发展。

（十五）加强政策宣传。各级发展改革、科技部门要会同有关部门及时对发布的相关政策和规划中针对民营企业的内容进行解读，通过多种媒体和政府网站等发布，以便民营企业准确了解政策导向。要指导和支持民营企业对研发机构建设和取得的重大研究成果、产业化重要进展等加强宣传，树立民营企业的良好形象，进一步营造有利于民营企业健康发展的良好社会环境。

（十六）建立和完善工作制度。各级发展改革、科技部门要建立高效、便捷的问题反馈机制，便于民营企业对建设研发机构、提升技术创新能力过程中遇到的问题进行及时反馈。要会同有关部门加强调查研究，抓紧制订和完善推进民营企业研发机构建设的具体措施及配套办法，认真解决民营企业研发机构建设与发展中遇到的实际问题，确保党和国家的方针政策落到实处，促进民营企业技术创新平台建设迈上新台阶，切实提升自主创新能力，促进民营企业快速健康发展。

关于鼓励和引导民营企业
发展战略性新兴产业的实施意见

发改高技〔2011〕1592 号

各省、自治区、直辖市及计划单列市、新疆生产建设兵团发展改革委、科技厅（局）：

为推进落实《国务院关于鼓励和引导民间投资健康发展的若干意见》（国发〔2010〕13 号），根据国务院的统一部署和要求，国家发展改革委、科技部共同研究制定了《关于加快推进民营企业研发机构建设的实施意见》，现印发你们，请在实际工作中推进落实。

附件：关于加快推进民营企业研发机构建设的实施意见

国家发展改革委

科技部

二〇一一年八月二十九日

民营企业和民间资本是培育和发展战略性新兴产业的重要力量。鼓励和引导民营企业发展战略性新兴产业，对于促进民营企业健康发展，增强战略性新兴产业发展活力具有重要意义。为贯彻落实《国务院关于鼓励和引导民间投资健康发展的若干意见》（国发［2010］13号）、《国务院关于加快培育和发展战略性新兴产业的决定》（国发［2010］32号）精神，增强社会各界对民营企业培育发展战略性新兴产业重要性的认识，鼓励和引导民营企业在节能环保、新一代信息技术、生物、高端装备制造、新能源、新材料、新能源汽车等战略性新兴产业领域形成一批具有国际竞争力的优势企业，制定本实施意见。

一、清理规范现有针对民营企业和民间资本的准入条件。要结合战略性新兴产业发展要求，加快清理战略性新兴产业相关领域的准入条件，制定和完善项目审批、核准、备案等相关管理办法。除必须达到节能环保要求和按法律法规取得相关资质外，不得针对民营企业和民间资本在注册资本、投资金额、投资强度、产能规模、土地供应、采购投标等方面设置门槛。

二、战略性新兴产业扶持资金等公共资源对民营企业同等对待。各相关部门和各地发展改革委要规范公共资源安排相关办法，在安排战略性新兴产业项目财政预算内投资、专项建设资金、创业投资引导基金等资金以及协调调度其他公共资源时，要对民营企业与其他投资主体同等对待。

三、保障民营企业参与战略性新兴产业相关政策制定。各相关部门和各地发展改革委在制定战略性新兴产业相关配套政策、发展规划时，应建立合理的工作机制，采取有效的方式，保障民营企业和相关协会代表参与，并要充分吸纳民营企业的意见和建议。

四、支持民营企业提升创新能力。要采取有效措施，大力推动公共技术创新平台为民营企业提供服务，探索高等院校、科研院所人才向民营企业流动机制，扶持民营企业引进人才。鼓励、支持民营企业建立健全企业技术中心、研究开发中心等研究机构。支持具备条件的民营企业申报国家和省级企业技术中心，承担或参与国家工程研究中心、国家工程实验室等建设任务。

五、扶持科技成果产业化和市场示范应用。支持民营企业和民间资本参与国家相关科研和产业化计划，开发重大技术和重要新产品。扶持相关企业协同推进产业链整体发展，促进新技术与新产品的工程化、产业化。鼓励有条件的民营企业发起或参与相关标准制定。支持民营企业开展具有重大社会效益新产品的市场示范应用。

六、鼓励发展新型业态。鼓励民营企业与民间资本进行商业模式创新，发展合同能源管理、污染治理特许经营、电动汽车充电服务和车辆租赁等相关专业服务和增值服务，发展信息技术服务、生物技术服务、电子商务、数字内容、研发设计服务、检验检测、知识产权和科技成果转化等高技术服务业。

七、引导民间资本设立创业投资和产业投资基金。根据《国家发展改革委、财政部关于实施新兴产业创投计划、开展产业技术研究与开发资金参股设立创业投资基金试点工作的通知》（发改高技〔2009〕2743号）精神，各地发展改革委在创立新兴产业创业投资引导基金时，要积极鼓励民间资本参与创业投资。规范引导合格合规的民间资本参与设立战略性新兴产业的产业（股权）投资基金。

八、支持民营企业充分利用新型金融工具融资。要积极支持和帮助产权制度明晰、财会制度规范、信用基础良好的符合条件的民营企业发行债券、上市融资、开展新型贷款抵押和担保方式试点等，改进对民营企业投资战略性新兴产业相关项目的融资服务。

九、鼓励开展国际合作。鼓励符合条件的民营企业开拓国际业务、参与国际竞争。支持民营企业通过投资、并购、联合研发等方式，在境内外设立国际化的研发机构。鼓励民营企业在境外申请专利，参与国际标准制定。支持有条件的民营企业开展境外投资，建立国际化的资源配置体系。

十、加强服务和引导。各有关部门和各地发展改革委应加强协调，及时发布战略性新兴产业发展规划、产业政策、项目扶持计划、招商引资、市场需求等信息，引导各类投资主体的投资行为，避免一哄而上、盲目投资和低水平重复建设。积极发挥工商联等相关行业组织作用，帮助民营企业解决在发展战略性新兴产业中遇到的实际问题。各级公益类信息服务、技术研发、投资咨询、人才培训等服务机构，要积极为民营企业与民间资本发展战略性新兴产业提供相关服务。鼓励和支持物流、会展、法律、广告等行业为民营企业发展战略性新兴产业提供商务服务。

国家发展改革委关于鼓励和引导
工程咨询机构服务民间投资的实施意见

发改投资〔2012〕1546号

各省、自治区、直辖市及计划单列市、副省级省会城市、新疆生产建设兵团发展改革委，国务院各部委、各直属机构，各中央管理企业：

为贯彻落实《国务院关于鼓励和引导民间投资健康发展的若干意见》精神，充分发挥工程咨询在扩大和优化民间投资、推进民间投资转型升级等方面的专业化服务作用，调动工程咨询机构为民间投资服务的主动性和积极性，提高民间投资科学决策水平，提升民间投资建设项目的质量和效益，促进民间投资健康发展，提出以下意见：

一、充分发挥工程咨询在服务民间投资中的重要作用

工程咨询是以技术为基础，综合运用多学科知识、工程实践经验、现代科学和管理方法，为经济社会发展、投资建设项目决策与实施全过程提供咨询和管理的智力服务。鼓励和引导工程咨询机构为民间投资服务，有利于促进民间投资者及时准确了解国家政策，把握投资方向和投资机遇，获得高质量的专业技术支持；有利于提高民间投资决策的科学化水平，有效规避投资风险，确保投资建设项目的高质量和可持续，实现经济、社会、环境等方面协调发展；有利于引导民间资本进入国家鼓励和引导的产业和服务领域，优化社会资源配置，推动产业结构优化调整，加强和改善宏观调控。

二、工程咨询机构服务民间投资的重点领域

按照《国务院关于鼓励和引导民间投资健康发展的若干意见》要求，工程咨询机构重点对民间资本进入基础产业、基础设施、市政公用事业、政策性住房建设、社会事业、商贸流通、国防科技工业等重点领域以及民间资本重组联合和参与国有企业改革、民营企业加强自主创新和转型升级、民营企业积极参与国际竞争等重大事项提供全过程、全方位的工程咨询服务。

三、根据民间投资的特点和需求提供高效的工程咨询服务

（一）强化投资机会研究。工程咨询机构要根据民间投资的利益诉求和目标取向，帮助民间投资者优化选择投资项目，加强相关政策咨询，合理引导民间投资的投向。

（二）加强决策咨询服务。工程咨询机构应注重决策咨询研究的广度和深度，切实按照"独立、公正、科学"的服务宗旨，为民间投资提供可行性研究、融资咨询等决策阶段的咨询服务，并加大对民间投资项目涉及经济安全、公共利益、社会稳定等方面的咨询服务力度。

（三）提供全过程的工程咨询服务。鼓励民间投资者以全过程管理方式选择工程咨询服务。工程咨询机构要按照民间投资者的需求，对民间投资的项目策划、融资方案、风险管理、经营方式、可持续发展等方面提供包括决策、准备、实施、运营在内的全过程工程咨询服务。

（四）开展新领域业务咨询。工程咨询机构应拓展民间投资者关注的统筹城乡、新兴产业、资源能源综合利用及环境保护与生态建设等领域的发展方向研究、投资机会研究、工程风险评估咨询、工程合同纠纷调解等新领域业务，为民间投资者提供多层次、全方位、专业化的特色服务。

四、大力提高工程咨询服务质量

（一）创新咨询服务理念，增强服务实力。工程咨询机构应不断创新工程咨询理念、理论方法和技术，在继续重视提高民间投资效益、规避投资风险、保障工程质量的同时，必须全面关注经济社会的可持续发展。要增强社会责任感，注重投资建设对所涉及人群的生活、生产、教育、发展等方面所产生的影响；注重投资建设对转变经济发展方式和促进社会全面进步所产生的影响；注重投资建设对城乡发展、区域发展、经济社会发展、人与自然和谐发展、国内发展和对外开放等方面的影响；注重投资建设中对资源、能源的节约与综合利用以及生态环境承载力等因素的影响。同时，工程咨询机构应加强自身人才培养和实力建设，强化工程咨询机构的廉洁建设、品牌建设和创新能力建设，增强核心竞争力和服务能力。

（二）根据质量选择工程咨询服务。工程咨询实行有偿服务，按照国家颁

布的收费指导价格，收取相应的服务费用。对未明确服务收费指导价格的应制定收费指导价或可根据服务的内容由双方协商确定。

鼓励民间投资者重视工程咨询服务质量，借鉴国际惯例，根据质量选择工程咨询服务，不将咨询服务价格作为首要选择因素，以提高投资效益。国家法律法规规定必须招标采购工程咨询服务的，民间投资者要依照其规定开展招标采购活动，按照国家有关规定合理支付咨询服务费用。工程咨询机构应树立质量意识和社会责任意识，不得恶意低价竞争，确保工程咨询服务的高质量。

五、强化职业道德和职业责任

（一）提高服务意识。工程咨询机构和从业人员在服务民间投资过程中，要增强服务意识，恪守职业道德，加强廉洁自律，严禁弄虚作假，树立和维护"廉洁自律、诚信高效、社会信赖"的行业形象。

（二）强化职业责任。工程咨询机构应依据规划咨询、投资机会研究、可行性研究、评估咨询、工程勘察设计、招投标咨询、工程和设备监理、工程项目管理等行政许可的工程咨询服务范围，出具咨询文件并承担相应法律责任。工程咨询服务应由注册执业人员主持，注册执业人员按国家有关规定对服务承担相应法律责任。

（三）加强工程咨询服务合同管理。民间投资者和受委托的工程咨询机构应订立书面工程咨询合同，约定各方权利义务并共同遵守。工程咨询合同的内容由当事人参照有关工程咨询合同范本约定。工程咨询合同履行过程中形成的知识产权归属，应在工程咨询合同中进行约定。

（四）建立职业责任保险制度。推动建立为民间投资服务的风险防范机制，提高工程咨询机构应对风险的能力。鼓励工程咨询机构按照国际惯例，积极参加职业责任保险。

六、加大对民间资本"走出去"的服务力度

（一）协助民间资本"走出去"。根据《境外投资产业指导政策》、《境外投资项目核准暂行管理办法》等政策法规和我国境外投资合作有关管理制度，工程咨询机构为民营企业在研发、生产、营销等方面开展国际化经营、开发战略资源、建立国际销售网络、开拓国际市场提供咨询服务。为民营企业"走出去"

在资金支持、金融保险、外汇管理、以及境外投资项目的风险评估和风险控制等方面，提供咨询服务，充分利用国家给予的良好投资贸易环境和优惠政策。

（二）工程咨询机构要加快熟悉国际规则。中国工程咨询协会要继续引进和转化国际咨询工程师联合会（FIDIC）合同条件、工作手册和指南，以及世行、亚行咨询服务指南等规范性文件，推动工程咨询机构加快熟悉国际规则，帮助民间投资者有效参与国际竞争。

（三）大力加强国际交流与合作。中国工程咨询协会要充分利用与国际咨询工程师联合会（FIDIC）等相关国际组织以及境外工程咨询行业协会交流与合作的有利条件，为民间投资"走出去"积极推介、协助联系境外有实力的工程咨询机构。

七、鼓励和引导各种类型工程咨询机构平等参与竞争

（一）建立统一开放、平等竞争的工程咨询市场环境。清理和修改阻碍工程咨询市场公平竞争的法规政策规定；打破部门、行业和地方垄断保护；允许民间投资者按市场化机制自主选择有资质的工程咨询机构；强化市场竞争机制，保障各种所有制和法人类型、不同规模的工程咨询机构平等参与竞争。

（二）鼓励资源合理整合。鼓励和引导民间资本进入工程咨询行业。鼓励工程咨询机构按照优势互补、资源共享、合作共赢的原则，打破地区、行业、所有制限制，采取战略联盟、合资合作、并购重组等多种形式整合资源，为民间投资提供全过程的优质、高效咨询服务。

国家发展改革委
二〇一二年五月三十一日

国家质检总局关于鼓励和引导民营企业
提升质量水平增强国际竞争力的实施意见

国质检通〔2012〕291号

各直属检验检疫局，各省、自治区、直辖市及计划单列市、副省级城市、新疆生产建设兵团质量技术监督局，认监委、标准委，总局各司（局），各直属挂

靠单位：

为贯彻落实《国务院关于鼓励和引导民间投资健康发展的若干意见》（国发 [2010] 13 号），现就质检系统鼓励引导民营企业提升质量水平，增强国际竞争力提出如下实施意见：

一、引导民营企业提高质量管理水平。指导和帮助企业落实质量主体责任，健全质量保证体系，完善自律机制。通过质量监管，帮助企业找出提高质量的关键因素，提出有针对性的改进措施，分类指导企业开展质量攻关，采用先进质量管理方法，不断提高民营企业科学管理水平。

二、推进民营企业品牌建设。扶持培育国际知名品牌，全力支持自主品牌、自主知识产权产品和高新技术产品出口。帮助拥有自主品牌企业不断提高产品质量，在分类管理、对外注册、质检通关等方面提供便利，积极推动地方政府设立出口产品质量奖，培育更多的民营企业产品成为出口名牌和世界名牌产品。加强企业标准化工作的指导和服务，积极引导和鼓励民营企业参与标准制修订工作，推动民营企业在国际标准化工作中发挥更大作用，支持民营企业自主知识产权的技术和标准成为国际标准。

三、积极推动民营企业加强质量诚信建设。建立以组织机构代码实名制为基础的企业质量信用档案，以物品编码为溯源手段的产品质量信用信息平台。将质量诚信建设与注册登记、行政许可、融资信贷等工作紧密结合，进一步推动实施分类管理。在企业生产许可、食品认证、强制性认证、质量相关奖励等工作中，将质量信用情况作为考核条件，鼓励和支持重质量、讲诚信的民营企业发展。

四、加强民营企业自检自控体系建设。积极帮助有条件的民营企业自建实验室，为企业检测仪器配备和检测人员培训提供指导和支持，建立健全企业实验室检测制度，加强实验室质量控制。组织技术专家和体系专家免费为企业提供管理体系等方面的咨询服务，帮助企业逐步建立并有效运行质量管理体系。为企业把好产品设计审查关、原材料进货关、生产过程质量控制关、产品出厂检验关、产品售后服务关提供支持服务，帮助企业全面建立自检自控体系。鼓励有条件的企业内部实验室申请实验室认可，提升企业内部实验室检验检测水平。

五、完善检测技术平台建设。依托质检系统检验检测技术机构建设检测技术公共服务平台，将质检系统实验室大型仪器设备纳入地方大型科学仪器设备协作共用网，为民营企业产品研发、有毒有害物质监测、新技术研究等提供技术保障。充分发挥质检系统实验室的人才、设备和技术优势，加强产学检研的合作，为出口产品核心和关键技术的研发提供有力支持，为新兴企业掌握关键技术、突破制约发展的技术瓶颈提供支撑服务。

六、加强技术性贸易措施研究。及时广泛收集国外技术性贸易措施信息，研究国外技术性贸易措施最新动向和应对措施。根据我国主要出口商品、主要贸易伙伴和对我出口影响较大的技术性贸易措施情况，建立统一的信息服务平台，充分发挥 WTO/SPS 国际通报咨询中心和专家团队的作用，积极为民营企业提供信息咨询，帮助企业解决在技术性贸易措施方面面临的问题。

七、为民营企业提供国际认证认可服务。建立完善与国际接轨的食品农产品认证体系。在出口食品企业全面推行 HACCP 体系，帮扶民营企业出口。进一步提高出口食品企业对外注册企业质量，拓展对外注册的国家和产品范围，推荐符合要求的企业获得国外卫生注册。为企业获得 CE、TUV、UL 等国际检测认证提供服务，帮助企业顺利取得国外认证。

八、帮助民营企业用足用好原产地优惠政策。引导民营企业利用原产地规则、标准促进高科技、高附加值产品出口。加大普惠制和自贸区优惠原产地政策宣传力度，引导和帮助出口民营企业用足用好优惠原产地政策，切实享受国外关税减免待遇，提高出口产品的国际竞争力。组织开展生态原产地产品保护，推动民营企业树立"中国制造"品牌形象。

九、认真执行国家收费减免政策。继续落实对列入《出入境检验检疫机构实施检验检疫的进出境商品目录》出口农产品减免出入境检验检疫费政策，对出口活畜、活禽、水生动物全额免收出入境检验检疫费，对其他出口农产品减半收取出入境检验检疫费。落实全额免收小型、微型企业一般原产地证书费、一般原产地证工本费和组织机构代码证书工本费政策。

十、大力推进通关便利化。完善直通放行、绿色通道、分类管理等服务措施，对符合条件的民营企业出口货物简化手续，提高通关效率。推进中国电子检验检疫建设，加快主干系统开发，推广应用进出口电子监管系统，完善口岸查验平台、信息化平台建设，不断提升通关便利化水平。积极推进检验检疫证书国际核查工作，为我出口货物在国外通关提供便利，推动国际贸易秩序的健康发展。进一步推进检验检疫窗口标准化建设，全面提升窗口服务水平。

二〇一二年六月四日

第三篇　外事服务和境外安全权益保障

公安部关于执行《办理劳务人员
出国手续办法》有关问题的通知

公境出〔2002〕302 号

各省、自治区、直辖市公安厅、局出入境管理处：

　　为适应加入 WTO 的需要，逐步与国际通行做法接轨，2001 年 10 月，国务院批准废止《关于办理外派劳务人员出国手续暂行规定》。外经贸部、公安部、外交部在总结《关于办理外派劳务人员出国手续暂行规定》（外经贸合发〔1996〕818 号，以下简称《暂行规定》）实施经验的基础上，2002 年 3 月，外经贸部、外交部、公安部联合制定下发《办理劳务人员出国手续办法》（以下简称《办法》）。为更好地贯彻执行《办法》，现就有关问题通知如下：

　　一、与《暂行规定》相比，《办法》一是调整了办照种类。明确规定劳务人员出国，一律由公安机关办理护照。二是区分责权，减少政府部门审批程序。三是进一步简化劳务人员办理护照手续。四是取消跨地区选派劳务人员的限制。五是增加、细化罚则内容。

　　各级公安机关出入境管理部门要认真学习、深刻理解该《办法》的主要精神和有关操作规定，树立为改革开放和经济建设服务的意识，通过规范化管理，进一步简化劳务人员出国手续，提高办事效率、缩短办事时限，为从事对外劳务合作的经营公司（以下简称"经营公司"）和劳务人员出国解决困难，提供方便。公安机关出入境管理部门主要负责审查劳务出国申请人的身份资料的真实性和是否具有法定不准出境的情形以及经营公司是否具有外派劳务经营资格，依法审批办理护照，不干预经营公司正常的经营活动。劳务项目的合法、真实、可靠性由经营公司承担全部责任。

二、劳务人员可直接向户口所在地公安机关申请办理护照，也可由经营公司凭劳务项目说明和劳务人员名单，集中向劳务人员户口所在地的地、市级公安机关出入境管理部门代劳务人员申请办理护照。如履行项目时间紧急且劳务人员分散在同一省（区）的多个地区，也可由经营公司直接向省（区）公安厅出入境管理处申请办理。公安机关可在受理申请或颁发护照环节面见申请人。

三、办理劳务人员出国护照需提交以下材料。

1. 经营公司出具的对外经济合作资格证明（复印件），已备案的，再次办理时可不要求提交；

2. 劳务人员的户口本、身份证或其它户籍证明（留存复印件）；

3. 填写完整的《中国公民因私出国（境）申请审批表》；

4. 经营公司出具的劳务项目说明。

四、执行《办法》中有关事项的说明。

1. 经营公司提交的《中国公民因私出国（境）申请审批表》中的"派出所或单位意见"，除国家公职人员、国有控股企业、事业单位按管理权限出具意见外，其他人员的单位意见可由该经营公司出具。

2. 经营公司出具的"劳务项目说明"，主要包括签订的劳务项目、前往国家、派出时间以及外派劳务人员名单等内容，同时要加盖经营公司印章，法人代表签字。

3. 劳务人员领取护照后，因经营公司取消劳务合同或因劳务人员自身原因不能出境的，经营公司应当向原发照机关备案。

4. 海员、渔工办理护照手续，将参照《办法》的有关规定，另行制定。

5. 劳务项目、前往国家（或地区）等属国务院主管部门另有调控措施的，按有关规定办理出国手续。

五、公安机关出入境管理部门要主动听取经营公司的意见，沟通情况，加强法制宣传，指导劳务公司建立规范的办照制度、设立护照专办员，支持经营公司合法经营，在职责范围内帮助经营公司解决困难。同时，对经营公司的违法、违规行为要依法处理，对弄虚作假、骗领护照或组织他人偷越国（边）境的，要停止为其办理护照并通报外经贸部门。

六、省级公安机关要了解本省经营公司的基本情况，及时将经营公司名单通报给地、市公安机关出入境管理部门，加强对基层公安机关的指导和对效率、廉政、收费、服务态度等方面的监督，及时纠正违规行为，对故意刁难经营公司、劳务人员或者乱收费的，要视情追究有关当事人和相关领导责任。同时，配合外经贸部门，加强对经营公司的动态管理。

本通知自 2002 年 4 月 1 日起执行。执行中遇到的问题请及时报告。

二〇〇二年三月十五日

关于执行《办理劳务人员
出国手续的办法》有关问题的补充通知

公境出 [2003] 352 号

各出入境边防检查总站，各省、自治区、直辖市公安厅（局）出入境管理处（局）、公安边防总队：

根据《办理劳务人员出国手续的办法》（外经贸部、外交部、公安部二零零二年第 2 号令）（以下简称《办法》，见附件一）及《关于执行〈办理劳务人员出国手续的办法〉有关问题的通知》（公境出 [2002] 302 号）（以下简称《通知》，见附件二），自 2002 年 4 月 1 日起，劳务人员统一改持由公安机关签发的普通护照，公安机关出入境管理部门相应简化了护照办理手续，进一步方便劳务人员出国，收到良好效果。但在具体工作中也出现了一些问题。主要表现为：少数地方对实施《办法》的重要意义认识不足，未能认真、有效地贯彻执行；有的要求经营公司或劳务人员额外提交证明材料，增加繁琐手续或要求填写自行修改的《中国公民出国（境）申请审批表》给经营公司申办护照增加困难，甚至多次往返奔波；有的以地方规定为依据代收其他费用，造成事实上的多收费、乱收费；有的对非本地区的经营公司未能一视同仁；有的对经营公司放弃监督管理，对妨碍国（边）境管理秩序的违法犯罪行为查处不力。

为进一步提高办事效率，规范办理劳务人员出国手续，方便劳务人员出国，经商外经贸部国外经济合作司，现就《办法》执行中的有关问题补充通知如下：

一、各级公安机关要树立为改革开放和经济建设服务的意识，积极支持我国劳务事业的发展。要严格执行《办法》及《通知》，加强规范化管理，提高办事效率，支持经营公司合法经营，在职责范围内帮助经营公司和劳务人员解决困难，提供方便。

二、允许经营公司跨省际、跨地区招聘劳务人员，并可由经营公司按规定直接向省（区）公安厅或地、市级公安机关出入境管理部门集中申请办理护照。经营公司或劳务人员提交的由公安部出入境管理局监制的《中国公民出国（境）申请审批表》（见附件三），各地公安机关不得拒绝受理。《中国公民出国（境）申请审批表》中"单位或派出所意见"一栏除国家工作人员外，其他人员的单位意见可由经营公司出具，劳务项目的真实性由经营公司承担责任。

三、考虑到劳务项目时效性较强且部分劳务人员居住分散、流动等特点，允许经营公司为在暂住地连续工作半年以上的劳务人员在暂住地集中申请办理护照。由受理申请的暂住地地市级以上公安机关，向劳务人员原户口所在地公安机关联系核查劳务人员是否属于法定不准出境人员及其持照情况，原户口所在地公安机关须在五个工作日内答复（联系核查方式参照往来港澳审批核查工作的有关规定）。申请人或经营公司无须提交常住户口所在地公安派出所的意见。暂住地省（区、市）公安厅（局）或地、市级公安出入境管理部门应在三个工作日内将为暂住人员办理护照情况通报劳务人员常住户口所在地省（区、市）公安厅（局）出入境管理部门。（核查、通报表样式见附件四，由各地自行印制使用）

四、海员、渔工申请办理护照，暂按照普通劳务人员有关规定办理。

五、边防检查机关在严格查验，防止不法分子利用外派劳务渠道从事非法出入境活动的同时，要尽力为劳务人员出境提供便利。对下列情形的劳务人员出境，边检站查验其所持有效护照和经营公司所属省、自治区、直辖市、计划单列市外经贸委（厅、局）开具的，或经外经贸部国外经济合作司、公安部出入境管理局共同授权的劳务经营公司（名单另行下发）开具的《劳务人员出境证明》（式样见附件五，由各地自行印制使用）放行：

1. 前往落地签证、免签证国家；

2. 海员持护照出境登其服务船舶；

3.首次出境持境外取得的签证；

4.前往未建交国家或未在我国内设立使、领馆的国家。

如持《劳务人员出境证明》出境的人员被前往或过境国家（地区）拒绝入境（过境），责任由派出单位自负。

六、公安机关要配合外经贸部门加强对经营公司的监督管理，定期通报经营公司组织的劳务人员护照办理及出入境等有关情况，对经营公司的违法、违规行为要依据《办法》及有关法律、法规进行处理，其中违法违规情节严重的，停止为其组织的劳务人员办理出国手续并将有关情况及时通报外经贸部门。

七、公安机关办理劳务人员出国手续，必须严格按照国家物价部门核准的标准收取护照手续费，不得以任何借口多收费、乱收费。对违反规定故意拖延、刁难经营公司和劳务人员或多收费、乱收费的，一经发现，要严肃查处，追究有关责任人及主管领导责任。

八、本通知自二零零三年五月一日起执行。工作中如遇重要问题，请及时报我局。

二〇〇三年三月十七日

附件一：

办理劳务人员出国手续的办法

第一章　总　则

第一条　为适应我国改革开放和经济建设的需要，进一步简化劳务人员出国审批手续，逐步与国际通行做法接轨，促进我国对外经济合作业务发展，特制定本办法。

第二条　本办法所称"对外劳务合作经营公司"（以下简称"经营公司"）系指经对外贸易经济合作部许可并持有对外经济合作经营资格证书的企业。

第三条　本办法所称的"劳务人员"系指经营公司按照与国（境）外的机构、企业或个人（以下简称"外方"）所签订的劳务合作、承包工程、设计咨询等合同规定而派出的人员，经营公司的经营管理人员除外。

第二章 护照的申办

第四条　劳务人员出国，应向公安机关申办中华人民共和国普通护照（以下简称"护照"）。

第五条　申请办理劳务人员护照时，应向公安机关提交下列材料：

（一）经营公司出具的对外劳务合作项目说明；

（二）申请人的户籍证明和填写完整的《中国公民因私出国（境）申请审批表》；

（三）经营公司的对外经济合作经营资格证书复印件。

第六条　公安机关依据《中华人民共和国公民出境入境管理法》及其实施细则受理劳务人员出国申请，并主要审查以下内容：

（一）经营公司是否具有对外经济合作经营资格；

（二）劳务人员的身份资料；

（三）劳务人员是否具有法定不准出境的情形。

第七条　经营公司为跨省（自治区、直辖市和计划单列市）招聘的劳务人员申办护照时，劳务人员户口所在地的公安机关应按本办法予以办理。

第八条　办理劳务人员护照，应当按国家物价部门核准的收费标准交费。

第九条　劳务人员办妥出国手续后因故不能出国（境）的，经营公司应当向原发照机关登记备案。

第十条　公安机关应在受理之日起 15 个工作日内完成护照办理工作。

对于外方要求时间紧迫的对外劳务合作项目，公安机关应当按急件在 5 个工作日内办结。

第三章 签证的申办

第十一条　劳务人员的签证由经营公司统一通过外交部或其授权的地方外事办公室（以下简称"外事部门"）或自办单位办理。

第十二条　外事部门在受理经营公司签证申请时，主要审查下列内容：

（一）经营公司是否具有对外经济合作经营资格；

（二）省、自治区、直辖市及计划单列市外经贸主管部门（以下简称"地方外经贸主管部门"）对经营公司的对外劳务合作项目的审查意见。

第十三条 外事部门应公布经当地物价部门核准的签证代办费及各国签证的相应收费标准和收费项目。

第十四条 外事部门受理经营公司签证申请后，应在 5 个工作日内送至外国驻华使（领）馆。如遇特殊情况，应向经营公司说明原因。

第十五条 办理海员、渔工等特殊行业劳务人员的签证，经营公司应按我国及有关国家和地区的签证规定办理。

第十六条 外事部门负责协调和管理劳务人员的签证申办工作。

第四章 罚 则

第十七条 经营公司违反本办法的，由地方外经贸主管部门给予警告处罚，有违法所得的，处以人民币 30000 元以下罚款；无违法所得的，处以人民币 10000 元以下罚款。构成犯罪的，依法追究刑事责任。

第十八条 个人以出国劳务为名，弄虚作假，骗取出入境证件供本人使用的，依照《中华人民共和国公民出境入境管理法》及其实施细则的有关规定处罚。

单位和个人在对外劳务合作经营活动中，为他人骗取出入境证件编造情况、出具假证明，有违法所得的，由县级以上公安机关处以人民币 30000 元以下罚款；无违法所得的，由县级以上公安机关处以 10000 元以下罚款。

违反前两款规定，构成犯罪的，依法追究刑事责任。

第十九条 在对外劳务合作工作中失职、渎职的国家工作人员，其所属单位应依法给予行政处分。构成犯罪的，依法追究刑事责任。

第五章 附 则

第二十条 本办法适用于劳务性质的外派研修生。

第二十一条 向我国香港、澳门特别行政区和台湾地区派出劳务人员，不适用本办法。

附件二:

公安部关于执行《办理劳务人员
出国手续办法》有关问题的通知

公境出［2002］302 号

各省、自治区、直辖市公安厅、局出入境管理处:

为适应加入 WTO 的需要,逐步与国际通行做法接轨,2001 年 10 月,国务院批准废止《关于办理外派劳务人员出国手续暂行规定》。外经贸部、公安部、外交部在总结《关于办理外派劳务人员出国手续暂行规定》(外经贸合发［1996］818 号,以下简称《暂行规定》)实施经验的基础上,2002 年 3 月,外经贸部、外交部、公安部联合制定下发《办理劳务人员出国手续办法》(以下简称《办法》)。为更好地贯彻执行《办法》,现就有关问题通知如下:

一、与《暂行规定》相比,《办法》一是调整了办照种类。明确规定劳务人员出国,一律由公安机关办理护照。二是区分责权,减少政府部门审批程序。三是进一步简化劳务人员办理护照手续。四是取消跨地区选派劳务人员的限制。五是增加、细化罚则内容。

各级公安机关出入境管理部门要认真学习、深刻理解该《办法》的主要精神和有关操作规定,树立为改革开放和经济建设服务的意识,通过规范化管理,进一步简化劳务人员出国手续,提高办事效率、缩短办事时限,为从事对外劳务合作的经营公司(以下简称"经营公司")和劳务人员出国解决困难,提供方便。公安机关出入境管理部门主要负责审查劳务出国申请人的身份资料的真实性和是否具有法定不准出境的情形以及经营公司是否具有外派劳务经营资格,依法审批办理护照,不干预经营公司正常的经营活动。劳务项目的合法、真实、可靠性由经营公司承担全部责任。

二、劳务人员可直接向户口所在地公安机关申请办理护照,也可由经营公司凭劳务项目说明和劳务人员名单,集中向劳务人员户口所在地的地、市级公安机关出入境管理部门代劳务人员申请办理护照。如履行项目时间紧急且劳务人员分散在同一省（区）的多个地区，也可由经营公司直接向省（区）公安厅出入境管理处申请办理。公安机关可在受理申请或颁发护照环节面见申请人。

三、办理劳务人员出国护照需提交以下材料

1. 经营公司出具的对外经济合作资格证明（复印件），已备案的，再次办理时可不要求提交；

2. 劳务人员的户口本、身份证或其它户籍证明（留存复印件）；

3. 填写完整的《中国公民因私出国（境）申请审批表》；

4. 经营公司出具的劳务项目说明。

四、执行《办法》中有关事项的说明。

1. 经营公司提交的《中国公民因私出国（境）申请审批表》中的"派出所或单位意见"，除国家公职人员、国有控股企业、事业单位按管理权限出具意见外，其他人员的单位意见可由该经营公司出具。

2. 经营公司出具的"劳务项目说明"等主要内容，同时要加盖经营公司印章，法人代表签字。

3. 劳务人员领取护照后，因经营公司取消劳务合同或因劳务人员自身原因不能出境的，经营公司应当向原发照机关备案。

4. 海员、渔工办理护照手续，将参照《办法》的有关规定，另行制定。

5. 劳务项目、前往国家（或地区）等属国务院主管部门另有调控措施的，按有关规定办理出国手续。

五、公安机关出入境管理部门要主动听取经营公司的意见，沟通情况，加强法制宣传，指导劳务公司建立规范的办照制度、设立护照专办员，支持经营公司合法经营，在职责范围内帮助经营公司解决困难。同时，对经营公司的违法、违规行为要依法处理，对弄虚作假、骗领护照或组织他人偷越国（边）境的，要停止为其办理护照并通报外经贸部门。

六、省级公安机关要了解本省经营公司的基本情况，及时将经营公司名单通报给地、市公安机关出入境管理部门，加强对基层公安机关的指导和对效率、廉政、收费、服务态度等方面的监督，及时纠正违规行为，对故意刁难经营公司、劳务人员或者乱收费的，要视情追究有关当事人和相关领导责任。同时，配合外经贸部门，加强对经营公司的动态管理。

本通知自 2002 年 4 月 1 日起执行。执行中遇到的问题请及时报告。

二○○二年三月十五日

关于加强境外中资企业机构与
人员安全保护工作意见的通知

国办发〔2005〕48 号

各省、自治区、直辖市人民政府，国务院各部委、各直属机构：

商务部、外交部、国资委《关于加强境外中资企业机构与人员安全保护工作的意见》已经国务院同意，现转发给你们，请认真贯彻执行。

二○○五年九月二十八日

附件：

关于加强境外中资企业机构与人员安全保护工作的意见

商务部　外交部　国资委

随着我国对外开放不断扩大和"走出去"战略的深入实施，境外中资企业、机构与人员迅速增多，地域分布日趋广泛。为维护我公民的生命财产安全和国家利益，保障"走出去"战略顺利实施，促进对外经济合作的发展，根据《国家涉外突发事件应急预案》（国办函〔2005〕59 号）等相关规定，现就做好境外中资企业、机构与人员安全保护工作提出以下意见：

一、树立全面的安全观和发展观

各地区、各有关部门和单位要以邓小平理论和"三个代表"重要思想为指导，坚持执政为民、以人为本的基本原则，从全局和战略的高度，进一步提高对境外中资企业、机构与人员所面临安全形势的认识，认真指导有关企业、机构与人员认清在境外特别是在安全问题突出国家和地区开展经济活动面临的安全风险，建立健全工作协调、应急处置和内部防范等机制，正确处理安全与发展的关系，树立发展是根本、安全是保障，发展是硬道理、安全是大前提的安全观和发展观；坚决摒弃片面或单纯追求经济效益的思想，牢固树立人民群众生命财产安全高于一切的观念；加强风险防范意识，落实预防为主、防范处置并重的要求；及时果断处置突发事件，避免或最大程度地减少我公民生命财产损失，维护我国家利益。

二、加强安全教育和管理，强化安全意识

各地区、各有关部门和单位要切实做好境外中资企业、机构与人员出境前后的安全教育和管理工作。按照"谁派出，谁负责"的原则，要求派出企业、机构负责对外派人员进行安全教育和应急培训，增强其安全防范意识和自我保护能力。进一步严格驻外企业、机构与人员的管理，对安全问题突出的国家和地区要制订驻外人员行为守则，就行动范围、人员交际及突发事件应急处理方法和联系方式等予以规范和指导。各地区、各有关部门和单位要对所派出企业、机构的安全教育和管理工作提出明确要求并做好监督检查。外交部、公安部、劳动保障部、铁道部、交通部、商务部、国资委、民航总局等部门在为出境人员提供相关服务时，要有针对性地加强宣传和指导，方便其学习掌握必要的安全知识。

三、严格履行对外经济合作业务管理规定，切实把好安全关

对国内企业在境外开办企业、开展工程承包和劳务合作等业务，有关主管部门在审批核准时，应事先就当地安全形势征求驻外使领馆的意见；要从国别（地区）投资环境、投资导向政策、安全状况、双边关系、地区合理布局、相关国际义务、保障企业合法权益等方面进行认真审核，必要时，可实行安全一票否决。对在安全问题突出的国家和地区开展业务活动的，应重点加强安全评估和企业权益保障。要求核准的企业应凭主管部门的批准证书或其他批复文件，及时到驻外使领馆登记报到，并保持经常联系。承担援外项目建设任务的企业，应根据援外管理规定，自觉接受驻外使领馆的领导。

四、完善信息收集和报送制度，建立安全风险预警机制

各地区、各有关部门和单位要建立和完善境外企业、机构与人员应对突发事件的预警机制。外交部、公安部、安全部、商务部等部门及驻外使领馆等驻外机构要加强对安全问题突出的国家和地区有关政治经济形势、民族宗教矛盾、社会治安状况、恐怖主义活动等信息的收集工作，及时掌握境外各种可能

危及我国企业、机构与人员安全的情报信息。各地区、各有关部门及驻外使领馆要及时向境外中资企业、机构通报所在国家（地区）的安全形势，使其对自身安全状况有正确认识和评估。外交部、商务部等部门要对不同国家和地区的安全状况进行动态综合评估，对境外可能发生涉我突发事件的预警信息，报境外中国公民和机构安全保护工作部际联席会议办公室汇总，并由其商有关部门或单位，按各自职责分工，适时以相应方式经授权发布，提醒我境外企业和人员采取适当预防和自我保护措施。

五、建立和完善内部安全防范与应急处置机制

各地区、各有关部门和单位要指导和监督相关企业、机构建立组织机构，统一协调安全工作。在安全问题突出的国家和地区开展经营活动，特别是承担重大援建项目和投资、承包工程、劳务等对外经济合作项目建设任务的企业，要建立安全工作机构和应急处置机制，制订安全防范措施和应急预案，做到机制完善、职责明确、措施到位。境外中资企业和机构要在工作、生活区域配备必要的安全保卫设施，雇佣有防护能力的当地保安，必要时聘请武装军警，增强防护能力。

外交部、公安部、安全部、商务部、国资委等部门根据需要组成境外安全巡查工作组，对在安全问题突出的国家和地区的对外经济合作项目尤其是重点项目建设进行安全检查和指导。

六、充分利用现有工作机制，加强部门间的协作配合

充分利用境外中国公民和机构安全保护工作部际联席会议制度和驻外使领馆牵头、其他驻外机构配合的我国境外人员和机构安全保护应急协调处理机制，进一步加强外交部、公安部、安全部、财政部、交通部、商务部、卫生部、国资委、民航总局等部门之间的沟通、交流与协作，重点对境外领事保护、境外企业和项目管理、应急资金支持、交通运输、医疗救护、保险保障等工作进行协调，合力推进相关法律法规建设，建立健全安全防范和应急处置工作机制，互通安全情报等，共同做好境外中资企业、机构与人员安全保护工作。

七、进一步发挥驻外使领馆的作用

驻外使领馆要加大对外交涉力度，做好驻在国军队、内务、警察等部门的工作，争取其为我国境外中资企业、机构与人员安全保护工作提供更多帮助。要与境外中资企业、机构及援建、承包、劳务企业加强联系，保持信息畅通。

在发生境外涉我突发事件时，除按照有关应急预案的规定做好事发现场先期处置等工作外，应积极协助我国境外中资企业、机构与人员在遭受突发安全侵害后向所在国索赔，争取合理赔偿。对涉及我国境外企业、机构与人员的一般性安全事件，继续做好领事保护工作。

八、建立项目安全风险评估和安全成本核算制度，加强境外人员与机构的保险保障

各有关企业除了要做好对外经济合作项目的商业评估外，还要对项目所在国家和地区的安全状况进行风险评估，根据不同的安全风险，相应制订分类管理的安保措施，并把安全防护费用计入成本。要逐步推行符合国际惯例的合同条款，把安全保障条款纳入安全问题突出的国家和地区项目协议或合同，把安全投入成本纳入承包项目预算。对于援外项目，由相关部门商承办企业对受援国安全环境进行风险评估和安全成本核算，并将有关费用纳入援外项目预算。

劳动保障部要继续研究做好与有关国家签订双边社会保险协定的工作，更好地维护境外中资企业、机构与人员的社会保障权益。保险机构要开发、完善与境外人员和机构安全保护相关的险种。各派出企业必须为外派人员购买境外人身意外伤害、职业暴露等保险，提高境外人员和机构的抗风险能力。

九、妥善处理与所在国家（地区）居民及团体的利益关系，积极开展本地化经营

各有关企业开展对外经济合作业务时，要充分考虑所在国家（地区）居民和团体的利益，包括与被雇佣者的利益关系，避免引发商业纠纷，尤其要防止陷入当地利益冲突。要加强与所在国家（地区）政府有关部门、社会团体及其他相关方面的联系与沟通，广泛争取理解和支持，增进友谊，避免或减少矛盾，以便在突发危险时能得到及时保护和救助。要着眼于企业长远发展，在安全问题突出的国家和地区推进项目本地化经营，合理确定中方人员比例，通过采取本地分包等方式帮助扩大本地就业，尽可能降低我境外人员安全风险。

十、完善相关法律法规，把境外中资企业、机构与人员安全保护工作纳入法制化轨道

有关部门要借鉴世界主要国家保护境外人员和机构的做法，结合我国实际情况，推动尽快出台对外援助、对外投资、对外承包工程及劳务合作等方面的法规，并对现有的政策规定进行修订、补充和完善，增加安全保护条款。要认

真研究对外经济合作项目涉及的合同文本、突发事件职责分工、善后处理、伤亡人员抚恤补偿标准、保险理赔等问题并作出明确规定。

十一、加强领导，落实责任

各地区、各有关部门和单位要切实加强对境外中资企业、机构与人员安全保护工作的领导，主要负责同志亲自抓，把这项工作列入重要议事日程。要坚持以人为本、预防为主、统一领导、分级负责、依法办事、处置果断的方针，加强宣传教育，明确职责分工，制订完善相应措施和工作机制，加强督促检查，确保各项安全保护工作得到充分落实。对于敷衍塞责、严重失职的地方、部门及单位，要依法追究有关领导和人员的责任。

商务部　外交部关于印发《对外投资合作企业在外人员相关信息备案制度》的通知

商合发〔2010〕419号

各省、自治区、直辖市、计划单列市及新疆生产建设兵团商务主管部门、外事办公室，各驻外使领馆：

为全面掌握和及时跟踪我对外投资合作企业在外人员相关信息，积极预防和妥善处置境外突发事件，做好我在外人员的安全权益保护工作，商务部、外交部制定了《对外投资合作企业在外人员相关信息备案制度》，现印发给你们，请遵照执行。执行过程中有何问题、意见和建议，请及时告外交部、商务部。

附件：对外投资合作企业在外人员相关信息备案制度

外交部

商务部

二〇一〇年十月二十二日

对外投资合作企业在外人员相关信息备案制度

为全面掌握和及时跟踪我对外投资合作企业在外人员相关信息，积极预防和妥善处置境外突发事件，做好我在外人员的安全权益保护工作，制定本制度。

一、信息报送

（一）对外投资合作企业除应严格执行现行对外投资合作信息报送规定外，还有义务将在外从事对外投资合作的各类人员相关信息向驻在国或地区使领馆备案。

（二）对外投资合作企业在开展对外投资合作过程中，应当在人员派出的同时，向驻在国或地区使领馆办理在外人员相关信息备案。

（三）对外投资合作企业通过填写《对外投资合作企业在外人员相关信息备案表》（附后）的方式，将在外人员相关信息通过传真或电子邮件方式报送驻在国或地区使领馆。

（四）各驻外使领馆应建立驻在国或地区对外投资合作企业在外人员相关信息备案数据库，详细掌握我在当地从事对外投资合作的各类人员相关信息。

（五）商务部、外交部负责汇总所有对外投资合作企业在外人员相关信息。商务部利用已有对外投资合作信息服务系统，建立"对外投资合作企业在外人员相关信息备案系统"（以下简称备案系统），并与各驻外使领馆和外交部联网；外交部负责督促各驻外使领馆做好驻在国或地区对外投资合作企业在外人员相关信息的整理工作。同时，备案系统在已有对外投资合作信息服务系统中分国别或地区抽取对外投资合作企业在外人员相关信息，供各驻外使领馆核对和修改在外人员相关信息。

（六）备案系统分地区为各省、自治区、直辖市、计划单列市和新疆生产建设兵团商务主管部门（以下简称省级商务主管部门）开设管理端口，由省级商务主管部门对本地区对外投资合作企业在外人员相关信息进行审核和修正。

二、信息更新

（一）省级商务主管部门应要求本地区对外投资合作企业在2010年底前完成目前所有在外人员的相关信息备案。

（二）对外投资合作企业在外人员相关信息如发生变化，应及时在备案系统中进行更新。

（三）各驻外使领馆在工作中发现对外投资合作企业在外人员相关备案信息与实际情况不符的，应及时告知对外投资合作企业境内注册地省级商务主管部门，由其要求对外投资合作企业及时更正。

（四）省级商务主管部门应定期检查对外投资合作企业在外人员相关信息备案情况，如发现对外投资合作企业未按规定更新在外人员备案相关信息，应要求对外投资合作企业及时改正。

三、信息使用

（一）各驻外使领馆通过驻在国或地区对外投资合作企业在外人员相关信息备案数据库，全面掌握对外投资合作企业在外人员相关信息，并按照《对外投资合作境外安全风险预警和信息通报制度》（商合发〔2010〕348号）的要求，及时向驻在国或地区对外投资合作企业在外人员发布驻在国政治、经济、社会、安全等特别提醒或风险警告，提醒在外人员增强风险防范意识。

（二）省级商务主管部门通过备案系统管理端口，强化在外人员安全管理措施，并按照《境外中资企业机构和人员安全管理规定》（商合发〔2010〕313号）的要求，做好本地区对外投资合作企业在外人员的境外安全风险信息通报和纠纷处置等工作。

（三）各驻外使领馆在处理对外投资合作企业在外人员突发事件时，应根据防范和处置境外突发事件及领事保护的相关规定，为对外投资合作企业在外人员提供必要的领事保护；如需有关地方人民政府予以配合和指导，应及时向地方人民政府通报相关信息，并抄报商务部、外交部。

四、工作要求

（一）省级商务主管部门和各驻外使领馆应高度重视对外投资合作企业在外人员相关信息备案工作，指定专人负责，做好对外投资合作企业在外人员的安全和权益保障工作。

（二）对外投资合作企业应如实填写在外人员相关信息，在外人员相关信息备案情况将作为对外投资合作企业申请对外经济合作专项资金的必备条件。

（三）省级商务主管部门和各驻外使领馆在工作中有义务对涉及对外投资合作企业和公民个人的信息资料予以保密，并妥善保存和管理，不得向无关单位和个人泄露。

（四）对未按本制度要求办理在外人员相关信息备案的对外投资合作企业，企业注册地省级商务主管部门应责令其限期整改，并予以通报批评；对拒不改正的，按照境外安全管理等规定依法追究相关责任人的责任。

（五）对未严格执行本制度的省级商务主管部门和驻外使领馆，商务部和外交部将予以通报批评。

商务部关于处理境外劳务纠纷或
突发事件有关问题的通知

商合发 [2003] 249 号

各省、自治区、直辖市及计划单列市外经贸委（厅、局），各驻外使（领）馆，各有关中央管理企业，中国对外承包工程商会：

改革开放 20 多年来，我国对外劳务合作业务迅速发展，取得了良好的经济和社会效益，在为国家增加外汇收入、促进就业、带动地方经济发展、促进改革开放等方面发挥了积极作用。随着我国对外劳务合作业务的不断扩大，外派劳务纠纷和突发事件也时有发生。这些事件通常具有群体性、突发性和复杂性，如处理不当，不仅影响我国对外劳务合作事业的健康发展，影响国家声誉，甚至有可能诱发社会不稳定因素。为规范对外劳务合作管理，建立快速、有效的境外劳务纠纷或突发事件处理机制，明确各有关部门在处理境外劳务纠纷或突发事件时的工作职责，切实保护劳务人员合法权益，经商外交部，现就处理境外劳务纠纷或突发事件的有关问题通知如下：

一、各省、自治区、直辖市及计划单列市人民政府外经贸委（厅、局）（以下简称"省级外经贸主管部门"）应从"三个代表"的高度重视我国对外劳务合作过程中在境外发生的劳务纠纷和突发事件，建立境外劳务纠纷或突发事件快速反应机制，做到出现问题及时、妥善处理。

二、本通知所称境外劳务纠纷是指经商务部核准具有经营资格的境内企业法人（以下简称"经营公司"）在开展对外劳务合作过程中，在国（境）外发生的涉及劳务人员与经营公司之间、劳务人员与雇主之间、须驻外使（领）馆出面协调处理的问题和事件。境外劳务突发事件是指经营公司派出的劳务人员或劳务管理人员人身安全受到威胁、发生重大伤亡、财产受到重大损失、劳务人员群体性事件以及因战争、灾害等不可抗力造成的紧急事件。

三、处理境外劳务纠纷或突发事件应遵循"属地"原则，即境外劳务纠纷或突发事件由对外签约的我经营公司注册地的省级外经贸主管部门负责协调处理，由劳务人员国内居住地的省级外经贸主管部门配合处理。同时遵循"谁对外签约，谁负责"的原则，即对外劳务纠纷或突发事件由对外签约的当事经营公司在省级外经贸主管部门及其他有关部门的指导下负责具体处理。

中央管理企业派出劳务人员发生的境外劳务纠纷或突发事件，由中央企业在中国对外承包工程商会（以下简称"承包商会"）的指导协调下进行处理，由劳务人员国内居住地的省级外经贸主管部门配合处理。

四、境外劳务纠纷或突发事件发生后，各省级外经贸主管部门、驻外使（领）馆以及承包商会应紧密配合，各尽其责，及时妥善处理，以保护经营公司及劳务人员的合法权益，避免造成有损我国声誉或引起外交争端的涉外事件。各部门分别负责以下工作：

（一）省级外经贸主管部门负责按照所在省市人民政府（以下简称"地方政府"）、商务部和驻外使（领）馆的要求，协调、组织处理境外劳务纠纷或突发事件；及时主动与驻外使（领）馆沟通情况，反馈信息；发挥外派劳务援助工作机制的作用，督促相关经营公司迅速妥善处理；根据需要，派遣工作组与经营公司共同赴境外开展工作。

（二）驻外使（领）馆负责及时报告境外劳务纠纷或突发事件发生情况，提出处理建议；做好劳务人员的思想稳定工作；指导并协助经营公司及国内派出工作组开展工作；根据需要提供国外有关证明材料；在未建交国发生的劳务纠纷或突发事件，由代管驻外使（领）馆负责处理。

（三）承包商会负责协助政府部门调查了解有关当事经营公司的对外劳务合作情况，提供相关材料；从行业自律角度向会员企业提出对境外劳务纠纷或突发事件的处理意见和要求；督促、指导中央管理的企业按照商务部和驻外使（领）馆的要求迅速处理境外劳务纠纷或突发事件。

五、境外劳务纠纷或突发事件的处理程序

（一）境外劳务纠纷或突发事件发生后，驻外使（领）馆应在第一时间采取措施，协助经营公司做好劳务人员的思想稳定工作，迅速调查发生劳务纠纷或突发事件的原因，并将有关情况、建议或要求径报相关地方政府、省级外经贸主管部门或承包商会，抄商务部、外交部及其他相关政府部门。同时，指导、帮助经营公司开展对外交涉，或直接请驻在国政府有关部门协助。

（二）省级外经贸主管部门在收到驻外使（领）馆的情况通报后，应根据驻外使（领）馆的建议和要求，立即启动境外劳务纠纷或突发事件快速反应机制，研究措施，并组织落实。有关措施和落实进展情况随时径向驻外使（领）馆反馈，抄商务部、外交部及其他相关政府部门和承包商会。对本辖区内涉及多部门的境外劳务纠纷或突发事件，省级外经贸主管部门应及时报请地方政府统一协调处理。如需派遣工作组赴境外，工作组应在抵达后立即与驻外使（领）馆取得联系，并在驻外使（领）馆的指导下开展工作。对现场处理过程中的重大问题，工作组应及时径向地方政府报告，抄报商务部、外交部及相关政府主管部门和承包商会。

（三）承包商会在接到有关中央管理的经营公司派出的劳务人员或劳务管理人员在境外发生劳务纠纷或突发事件的情况通报后，应立即督促经营公司采取处理措施，并要求相关公司尽快将处理措施及进展情况直接向驻外使（领）馆书面报告，抄报商务部、外交部及相关政府主管部门和承包商会。

六、在对香港、澳门特别行政区和台湾地区开展劳务合作业务时，如发生劳务纠纷或突发事件，参照本通知并根据内地对港澳开展劳务合作业务及对台湾地区开展劳务合作业务的相关规定处理。

七、本通知自发布之日起执行。请各省级外经贸主管部门将建立处理劳务纠纷或突发事件快速反应机制的有关情况及主要负责人姓名、联系电话于本通知发出后的 60 天内报商务部。

特此通知。

二○○三年七月三十日

商务部关于印发《对外承包工程项下外派劳务管理暂行办法》的通知

商合发［2005］726 号

各省、自治区、直辖市、计划单列市及新疆生产建设兵团商务主管部门，各有关中央企业，各驻外使（领）馆：

对外承包工程项下外派劳务是我国对外承包工程业务的一个有机组成部分。近年来，随着我国对外承包工程业务规模的不断扩大，工程项下外派劳务不断增多，对保证有关项目的按期完工，促进此项业务的发展起到了积极的作用。但与此同时，由于部分对外承包工程企业存在相关管理制度不健全、不完善等问题，工程项下外派劳务纠纷也呈逐年上升趋势，已发生多起外派劳务人员违反当地法律到我驻外使（领）馆静坐，上街游行示威，甚至与当地警方发生冲突等群体性和恶性事件。上述事件不仅影响了对外承包工程项目的实施，也损害了中国企业的整体形象，有的甚至对外交和双边经贸关系造成了负面影响。

造成劳务纠纷事件频发的主要原因：一是部分企业在派出对外承包工程项下劳务人员时有章不循，劳务人员的招收、派出及管理不规范，制度落实不到位，重派出，轻管理；二是对外签约单位将工程项下劳务单独分包或层层转包，甚至分包或转包给无任何经营资质的企业，造成管理责任多次转嫁，难以明确和落实；三是部分企业单纯追求利润，通过压低劳务价格，克扣拖欠工资，恶意侵害劳务人员合法权益等不正当手段谋取利益；四是部分企业相关预防、管理措施和制度不健全，造成对劳务纠纷事件的处理措施不到位，处理不及时；五是个别劳务人员为达个人目的，故意挑起事端，激化矛盾，致使劳务纠纷升级和恶化。

为加强对对外承包工程项下外派劳务的管理，进一步完善相关制度，保证对外承包工程事业的健康有序发展，同时参照和借鉴对外劳务合作的各项相关管理规定，商务部制定了《对外承包工程项下外派劳务管理暂行办法》（以下简称《办法》），现印发给你们，请转发本地区相关部门和企业认真执行。

各地商务主管部门、有关企业和各驻外使（领）馆经济商务机构要依据上述《办法》，对涉及在建对外承包工程项目的外派劳务情况进行全面清查，发现问题立即纠正，并将清查结果及处理意见于2006年4月30日前报商务部(合作司)。《办法》执行过程中有何问题，也请及时报告。

特此通知

附件：对外承包工程项下外派劳务管理暂行办法

商务部

二〇〇六年一月十日

附件 1：

对外承包工程项下外派劳务管理暂行办法

第一章 总 则

第一条 为加强对外承包工程项下外派劳务工作的管理，切实保障对外承包工程项下外派劳务人员合法权益，促进对外承包工程事业的健康有序发展，参照对外劳务合作的有关管理规定，并结合工程项下外派劳务的特点，制订本办法。

第二条 本办法所称"对外承包工程项下外派劳务"是指具有对外承包工程经营资格的企业（以下简称有关企业）向其在境外签约实施的承包工程项目（含分包项目）派遣各类劳务人员的经济活动。所派各类劳务人员受雇有关企业，而非外方雇主。

第三条 对外承包工程项下外派劳务是对外承包工程业务的有机组成部分。为支持对外承包工程业务的发展，国家允许有关企业向其在境外承揽的承包工程项目派遣各类劳务人员，但相关工作应参照对外劳务合作的有关管理规定。

第二章 企业责任与义务

第四条 对外承包工程项下外派劳务应由总包商（对外签约单位）自营，或由总包商通过签署分包合同将承包工程中的部分工程连同其项下外派劳务整体分包给具有对外承包工程经营资格的分包商。

第五条 总包商不得将工程项下外派劳务单独分包或转包。分包商不得将其承包的工程及项下外派劳务再分包或转包。

第六条 总包商或分包商须直接与外派劳务人员签订《劳务派遣和雇用合同》，不得委托任何中介机构或个人招收外派劳务。

第七条 总包商和分包商依据双方签署的分包合同明确各自的责任与义务。分包商应接受总包商对其承包的工程项下外派劳务的相关管理，总包商对整个工程项下外派劳务管理负总责。

第八条　总包商和分包商均须参照《对外劳务合作备用金暂行办法》（对外贸易经济合作部、财政部令 2001 年第 7 号）和《关于修改〈对外劳务合作备用金暂行办法〉的决定》（商务部、财政部令 2003 年第 2 号）的规定，执行对外劳务合作备用金制度。

第九条　总包商和分包商须在外派劳务离境赴项目现场前与其签订《劳务派遣和雇用合同》。所签合同应符合《对外贸易经济合作部关于印发〈劳务输出合同主要条款内容〉的通知》（［1996］外经贸合发第 105 号）的有关规定，并保证外派劳务人员的工资水平不低于项目所在地同工种人员的工资水平，以切实维护和保障劳务人员的合法权益。

第十条　总包商和分包商须在对外派劳务进行出国前培训时，全面、详细、如实地向外派劳务介绍派往国别（地区）和项目的有关情况、工作生活条件及工资待遇，并教育外派劳务遵守项目所在国法律法规，不应采取任何不正当方式激化矛盾。

第十一条　在项目实施过程中，总包商和分包商对外派劳务反映的问题和提出的合理要求应予以认真对待，及时答复，妥善解决。

第三章　项目审查

第十二条　有关企业在申办需自带劳务的对外承包工程项目的投（议）标许可时，除按现行相关文件要求向商务部提交有关材料外，需提交以下材料：

（一）《对外承包工程项下外派劳务事项表》（见附件）。如总包商将承包工程中的部分工程连同项下外派劳务业务整体分包，总包商需提交分包合同及由分包商填写的《对外承包工程项下外派劳务事项表》。

（二）我驻外使（领）馆经济商务机构对工程项下外派劳务出具的明确意见。

第四章　劳务纠纷处理

第十三条　各地商务主管部门、各驻外使（领）馆经济商务机构及各有关企业应高度重视对外承包工程项下劳务纠纷和突发事件处理工作，尽快建立健全对外承包工程项下外派劳务纠纷或突发事件快速反应机制，做到出现问题及时、妥善处理，以保护外派劳务人员的合法权益，避免造成有损我国声誉或引起外交争端的涉外事件。

第十四条 各地商务主管部门应切实加强对有关企业的管理和指导，监督和督促有关企业建立责任追究制度。各企业法定代表人对本企业对外承包工程项下外派劳务工作负全责。

第十五条 各驻外使（领）馆经济商务机构应指派专人负责受理和处置劳务纠纷或突发事件。

第十六条 在发生劳务纠纷或突发事件时，各有关企业不得以任何方式限制外派劳务通过适当方式向我驻当地使（领）馆经济商务机构反映情况。

第十七条 在处理对外承包工程项下劳务纠纷和突发事件过程中，各相关部门分工及处理程序可参照《商务部关于处理境外劳务纠纷或突发事件有关问题的通知》（商合发〔2003〕249号）执行。

第五章 罚 则

第十八条 违反本办法的，商务部将依据有关规定，视情节给予处罚。

第六章 其 他

第十九条 本办法由商务部负责解释。

第二十条 本办法自公布之日起30天后施行。

附件：《对外承包工程项下外派劳务事项表》（略）

商务部等9部门关于印发《对外投资合作和对外贸易领域不良信用记录试行办法》的通知

商合发〔2013〕248号

各省、自治区、直辖市、计划单列市人民政府和新疆生产建设兵团商务主管部门，外事办公室，公安厅（局），住房城乡建设主管部门，各直属海关，国家税务局、地方税务局，工商行政管理局，各直属检验检疫局，外汇局各分局、外汇管理部门，中国对外承包工程商会，各进出口商会：

为促进对外投资合作和对外贸易规范发展，强化政府服务，有效提示风险，按照信息公开、社会监督和为公众负责的原则，商务部、外交部、公安部、住房城乡建设部、海关总署、税务总局、工商总局、质检总局和外汇局制定了《对外投资合作和对外贸易领域不良信用记录试行办法》，现印发给你们，请遵照执行。执行中有何问题、意见和建议，请及时函告有关部门。

商务部　外交部　公安部　住房城乡建设部

海关总署　税务总局　工商总局　质检总局　外汇局

二○一三年七月五日

对外投资合作和对外贸易领域
不良信用记录试行办法

一、为促进对外投资合作和对外贸易规范发展，强化政府服务，有效提示风险，根据《中华人民共和国对外贸易法》等法律法规制定本办法。

二、本办法称对外投资合作是指在中国境内合法注册的企业在境外开展投资、承包工程和劳务合作等对外经济技术合作业务。对外贸易是指货物进出口、技术进出口和国际服务贸易。

三、本办法所称对外投资合作不良信用记录是对我国境内企业、机构和个人以及境外投资合资合作方、工程项目业主、总承包商、境外雇主、中介机构和个人有关违法违规行为信息的收集、整理、发布、保存和维护。对外贸易不良信用记录是指对从事对外贸易经营活动的法人、其他组织或者个人有关违法违规行为信息的收集、整理、发布、保存和维护。

四、下列行为应当列入对外投资合作不良信用记录：

（一）对外投资

1. 经核准开展境外投资业务企业的下列行为：

（1）不为境内派出人员办理合法出入境手续、健康体检、预防接种和工作许可；

（2）不尊重当地风俗习惯、宗教信仰和生活习惯，导致与当地民众发生冲突；

（3）不遵守当地生产、技术和卫生标准，导致安全事故；

（4）不遵守当地劳动法规导致重大劳资纠纷；

（5）破坏当地生态环境，威胁当地公共安全；

（6）违反对外投资有关外汇管理规定；

（7）未对派出人员进行安全文明守法培训，未针对当地安全风险采取有效安全防范措施；

（8）其他违反当地法律法规的行为。

2. 境外投资合资合作方的下列行为：

（1）通过欺骗手段与境内企业合资合作；

（2）采取不正当手段占有我境外企业资产或者造成境外企业损失；

（3）其他非法侵害我境外企业利益的行为。

（二）对外承包工程

1. 境内企业、机构和个人未取得对外承包工程经营资格，擅自开展对外承包工程。

2. 取得对外承包工程经营资格企业的下列行为：

（1）因企业违反劳动合同或者驻在国劳动法规等原因，引发重大劳资纠纷，造成恶劣影响；

（2）以恶性竞标、商业贿赂等不正当方式承揽工程项目；

（3）诽谤或者以其他手段扰乱其他中资企业正常经营并造成实质性损害；

（4）因企业原因造成所承揽或者实施的境外工程项目出现重大质量安全事故；

（5）因企业原因使所承揽或者实施的境外工程项目出现严重拖期，造成纠纷并产生恶劣影响；

（6）因企业决策失误或者管理不善等原因造成项目重大亏损，造成恶劣影响；

（7）擅自以中国政府或者金融机构名义对外承诺融资；

（8）未对派出人员进行安全文明守法培训，未针对当地安全风险采取有效安全防范措施；

（9）其他严重违法违规、缺乏诚信和由企业所属行业组织根据分工依据行规行约认定的不良经营行为。

（三）对外劳务合作

1. 境内企业、机构和个人未取得对外劳务合作经营资格，违规从事外派劳务。

2.取得对外劳务合作经营资格企业的下列行为：

（1）违反国家有关规定委托其他企业、中介机构和个人招收劳务人员，或者接受其他企业、中介机构和自然人挂靠经营；

（2）向劳务人员超标准收费以及向劳务人员收取或者变相收取履约保证金；

（3）未为劳务人员办理境外工作准证或者以旅游、商务签证等方式派出劳务人员；

（4）未与劳务人员签署合同或者未履行合同约定；

（5）发生重大劳务纠纷事件，并受到行政处罚或者造成恶劣影响，或者法院判决须承担法律责任等情形；

（6）未为劳务人员办理健康体检和预防接种；

（7）未对劳务人员进行安全文明守法培训；

（8）其他违法违规和侵害外派人员合法权益的行为。

3.境外雇主、机构和个人的下列行为：

（1）直接在我国境内招收劳务人员；

（2）未按当地法律法规为劳务人员提供相应劳动和生活条件、健康体检和预防接种、未为劳务人员缴纳有关社会保险；

（3）拖欠或克扣劳务人员工资；

（4）恶意违约导致劳务人员提前回国；

（5）违约违法导致重大劳务纠纷事件；

（6）未为在境外染病的劳务人员提供救治，导致回国发病或者传播给他人；

（7）其他违法违规和侵害劳务人员合法权益的行为。

4.劳务人员违反境内外法律法规的行为。

（四）对外投资合作企业骗取国家各类专项资金的行为。

（五）其他因企业原因给双边关系造成恶劣影响的行为。

五、下列行为应列入对外贸易不良信用记录：

（一）未依法进行对外贸易经营者备案登记的法人、其他组织或者个人，擅自从事对外贸易经营活动。

（二）已依法进行对外贸易经营者备案登记的，在对外贸易活动中存在下列行为：

1. 以欺骗或者其他不正当手段获取、伪造、变造或者买卖对外贸易经营者备案登记证明；

2. 以欺骗或其他不正当手段获取、伪造、变造、买卖或者盗窃原产地证书、进出口许可证、进出口配额证明或者其他进出口证明文件；

3. 伪造、变造、非法使用、买卖进出口货物原产地标记保护标志或者虚假标注原产地标记；

4. 进出口属于禁止进出口的货物，或者未经许可擅自进出口属于限制进出口的货物或其他走私行为；

5. 未经授权擅自进出口实行国营贸易管理的货物；

6. 偷税、逃避追缴欠税、骗取出口退税、抗税、虚开发票等涉税违法行为；

7. 违法制售假冒伪劣产品，侵犯知识产权；

8. 违反有关反垄断的法律、行政法规的垄断行为；

9. 不正当低价出口、虚开企业自制出口发票、串通投标、虚假表示和虚假宣传、商业贿赂等不正当竞争行为；

10. 逃避法律法规规定的认证、检验、检疫，或者被列入"进出口食品安全风险预警通告"；

11. 合同欺诈、拖欠账款、逃避债务、恶意违约；

12. 采取虚报进出口价格、虚假贸易融资、违规将外汇存放境外或者通过地下钱庄（非正规金融体系）等手段进行资金跨境非法流动等违反外汇管理规定的行为；

13. 虚报、瞒报、拒报进出口信息；

14. 违反有关规定向税务机关申报办理出口货物退（免）税的行为；

15. 大型成套设备出口低价恶性竞争，发生重大质量安全事故，擅自以中国政府或者金融机构名义对外承诺提供融资保险支持，不遵守行业协会协调意见，对外泄露国家秘密，给双边关系造成恶劣影响；

16. 违反法律法规规定，危害对外贸易秩序的其他行为。

六、对外投资合作和对外贸易不良信用记录收集和发布机制：

（一）在地方各级人民政府的指导下，各级商务主管部门会同外事、公安、住房城乡建设、海关、检验检疫、税务、外汇和工商行政管理部门建立所辖行政区域内对外投资合作和对外贸易不良信用记录收集和发布机制，各部门负责职能范围内对外投资合作和对外贸易不良信息的收集和发布工作；各驻外使（领）馆建立驻在国对外投资合作和对外贸易不良信用记录收集和发布机制。

（二）中国对外承包工程商会和中国机电产品进出口商会根据各自分工建立会员企业对外投资合作行业不良信用记录收集和发布机制；各进出口商会建立会员企业对外贸易领域的不良信用记录信息收集和发布机制，建立完善进出口企业信用管理制度，动态调整并发布进出口企业信用评级。

（三）地方人民政府有关部门、行业组织和驻外使（领）馆收集的不良信用记录信息中，涉及企业信用的违反法律法规、部门规章行为并已受相应行政处罚或者被司法机关查处的信息，有关部门应在职能范围内及时发布，并加强对不良信用企业的监管；涉及企业信用的违反行规行约的信息，有关行业组织应依据各自分工及时发布；其他信息收集后仅供内部参考。

（四）地方人民政府有关部门、行业组织和驻外使（领）馆应于每月底前将企业当月不良信用记录信息报商务部，已发布的不良信息应予以注明。商务部将所有信息汇总后提供给各驻外使（领）馆以及相关部门参考，同时将各单位已分别发布的不良信息在商务部网站统一发布，实现信息共享。

七、对外投资合作和对外贸易领域不良信用记录信息的发布应实事求是、客观公正，如实记录。

八、如被发布对象认为所发布内容存在错误或者与事实不符，自发布之日起可向发布单位书面提出异议申请。发布单位应在接到异议申请后进行复核，如发布信息有误，发布人应声明并撤销不良信用记录。

九、本办法自发布之日起 30 日后施行。《对外劳务合作不良信用记录试行办法》（商合函［2010］462 号）与本办法规定不一致的，以本办法为准。

政策汇编　索引

附　录

2012 年中国非金融类跨国公司 100 强中的民营企业

排名	公司名称
24	华为技术有限公司
30	上海吉利兆圆国际投资有限公司
35	联想控股有限公司
43	中兴通讯股份有限公司
51	美的集团股份有限公司
55	三一重工股份有限公司
56	大连万达集团股份有限公司
58	海尔集团电器产业有限公司
80	TCL 集团股份有限公司
91	新疆金风科技股份有限公司
92	金陵投资控股有限公司
93	富丽达集团控股有限公司
94	烟台新益投资有限公司
97	天津优联投资发展集团有限公司

责任编辑：陆丽云
装帧设计：周涛勇

图书在版编目（CIP）数据

中国民营企业国际合作蓝皮书（2013）/中国民营经济国际合作商会 编.
　－北京：人民出版社，2014.1
ISBN 978－7－01－013076－7

Ⅰ.①中…　Ⅱ.①中…　Ⅲ.①民营企业-国际合作-经济合作-白皮书-
　中国-2013　Ⅳ.①F279.245

中国版本图书馆 CIP 数据核字（2014）第 001123 号

中国民营企业国际合作蓝皮书（2013）
ZHONGGUO MINYING QIYE GUOJI HEZUO LANPISHU

中国民营经济国际合作商会　编

人民出版社 出版发行
（100706　北京市东城区隆福寺街 99 号）

北京汇林印务有限公司印刷　新华书店经销

2014 年 1 月第 1 版　2014 年 1 月北京第 1 次印刷
开本：710 毫米×1000 毫米 1/16　印张：25.5
字数：428 千字　插页：8

ISBN 978－7－01－013076－7　定价：50.00 元

邮购地址 100706　北京市东城区隆福寺街 99 号
人民东方图书销售中心　电话 （010）65250042　65289539

企 业 简 介
Company Overview

　　振发新能源公司成立于 2004 年，在国内 10 多个省份以及澳洲、中亚、中东等地设有分支机构，主营太阳能光伏电站投资运营、系统集成和装备制造。公司目前在国内在建和已建光伏发电项目装机量达 2000 兆瓦。

　　振发新能源坚持走中国特色光伏发展之路，在中国东部沿海滩涂，积极推广风光互补、渔光互补、生态改造，光伏与设施农业、光伏与旅游观光、光伏与建筑一体化相结合的电站建设模式，极大提高了土地利用价值和电站综合效益。

专业从事光伏发电系统
集成的高科技企业
首批通过国家发改委审核
备案的节能服务行业

地址：江苏省无锡市蠡园开发区建筑西路567号宝通大厦20楼　邮编：214072　电话：0510-82706662
传真：0510-85108856　公司邮箱：zhenfaxinnengyuan@163.com

走中国特色光伏发展之路

西部沙漠生态电站模式

　　在西部地区 ，利用沙漠戈壁，建设光伏电站进行生态改良，通过光伏阵列吸收、遮挡太阳光线，降低光伏电站地区的地表温度和蒸发量，促进植物的成活和生长，扩大植被覆盖，治理土地沙化。

　　振发新能源提出以腾格里沙漠为核心，沿古丝绸之路，通过建设沙漠光伏电站改善沙漠环境，打造"绿色电力丝绸之路"的设想。

沿古丝绸之路打造绿色电力生态走廊

东部沿海滩涂电站模式

　　在东部沿海地区，利用沿海滩涂，积极推广风光互补、渔光互补、生态改造，光伏与设施农业、光伏与旅游观光、光伏与建筑一体化相结合的电站建设模式，极大提高了土地利用价值和电站综合效益。

江苏洪泽农业与光电一体化电站

振兴光伏产业
发展绿色能源

"我们追寻的是阳光的事业！我们需要的是大海的胸怀！我们离不开的是您的支持！"让我们在阳光中结伴，在绿色中前行，为祖国的发展创造纯净、不竭的动力。

江苏金湖百兆瓦级光伏生态旅游项目

宁夏中卫光伏电站与沙漠改善的滴灌技术

甘肃金昌 100MW 全跟踪光伏电站

打造世界知名品牌
成就国际优秀企业

亨通集团是专注于信息通信、电力传输、地产置业、金融服务、战略投资等领域的国家级创新型企业集团，拥有 30 余家子公司，其中两家公司分别在中国、新加坡和中国香港上市，产业遍布全国 9 省份，在全球设立 18 个海外代表处及巴西光纤产业基地，产品覆盖 80 多个国家和地区，是中国光电线缆行业规模最大的领军企业，连续 9 年问鼎中国企业 500 强。

三大结合：

产品经营与资本经营结合
产品多元化与产业多元化结合
国内市场与国际市场结合

打造世界知名品牌

亨通集团
HENGTONG GROUP

三大转型：

生产型向研发生产型企业转型
产品供应商向系统集成服务商转型
本土企业向国际化企业转型

成就国际优秀企业

亨通梦助力中国梦

ASF
澳中财富集团

　　澳中财富集团是一家独特的以澳中之间双向投资为主营的澳大利亚证券交易所 ASX 上市公司（股票代码：AFA）。集团公司英文名称 ASF（AUS – SINO - FORTUNE）寓意"澳中财富"。集团主营业务为：矿产能源、房地产业、金融投资、高新科技。集团总部设在悉尼，其分支办事机构遍布香港、澳门、北京、上海和广州等地区。澳中财富集团拥有丰富跨国投资经验及富有创新精神的管理团队，充分利用澳中的优势互补，发掘商机，与优秀的中国企业携手共赢。澳中财富集团是中国企业在澳大利亚投资发展的最佳合作伙伴。澳中财富集团立意新颖，志向高远，致力于以专业化、系统化和集团化的经营优势，构建澳中财富互动平台。

1. 矿产能源

　　澳中财富立足于澳大利亚本土，以投资于澳大利亚的矿产能源项目为主营业务，所控制矿区数超过百个，总面积已达近 3 万多平方公里，矿产能源包括石油、天然气、焦煤、动力煤、铜矿、金矿、锡矿、铁矿、铀矿、钾盐矿及钻石矿等，具有极大的经济投资价值。

2. 房地产业

　　澳中财富集团集房地产投资与开发、房地产项目策划与销售为一体，立足澳洲，依托丰富的当地资源、专业的运营团队以及丰富的澳中两地房产销售及开发经验，近年参与策划及营销的房地产项目涵盖造城项目、多功能地标性房产开发项目、高尔夫度假村、兴趣农庄、私人岛屿、酒店、别墅、住宅等多个产品系列。集团还与中国房地产协会、易居中国等结成战略合作伙伴关系。

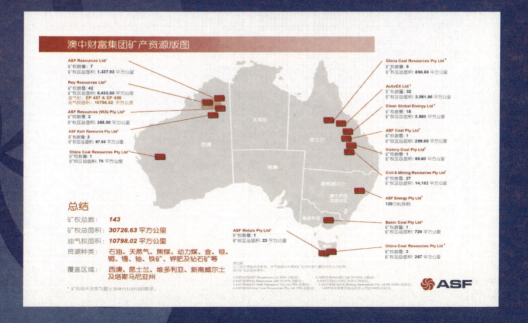

3. 金融投资

　　澳中财富集团旗下全资子公司澳中财富资本有限公司,持有澳大利亚金融牌照(AFSL:245578)。其经营的金融服务和产品包括基金发行与管理、投资银行业务(股票发行/企业融资/企业并购等)、资产存托管服务、金融产品交易服务(包括证券股票、政府债券、企业债券、外汇、保险等金融衍生品)及金融产品投资咨询等业务。顺应澳洲 500 万重大投资人移民签证政策(SIV – Significant Investor Visa),澳中财富资本公司推出澳中财富专项投资移民基金。该基金受澳大利亚证券与投资委员会(ASIC)监管并授权,完全符合 500 万重大投资者签证的要求。

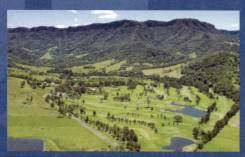

凯德高尔夫球场

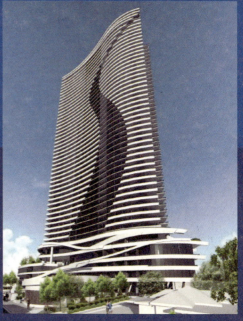

多德岛

黄金海岸 CBD 海景开发项目

Sydney 悉尼
Bennelong Suite 2, 3B Macquarie Street,
Sydney NSW 2000
电话:(61) 2 9251 9088

网址:www.asfgroupltd.com
邮箱:info@asfgroupltd.com

Hong Kong 香港
Suite 1705, 17/F, Central Plaza, 18 Harbour Rd,
Wanchai Hong Kong
电话:(852) 2151 1206

宝塔石化集团简介

  宝塔石化集团是以石油化工、油品销售与储运、清洁能源、煤化工、资源勘探开发、装备制造及高端轴承、石化设计与技术研发、高等职业教育、金融与投资为主营业务的民营企业集团。旗下拥有8个二级母公司、1个上市公司、1个基金管理公司及其所属的180个子公司。其核心母公司——宁夏宝塔石化集团有限公司系民营投资机构和控股公司，已形成了石化及其关联的教育、金融、科技四大支柱产业。

  企业总资产250亿元，员工1.5万人。宝塔石化位列宁夏百强企业第3位，中国化工企业500强第37位，是全国3A级诚信企业，具有国家商务部核准的成品油非国有贸易进口资质和批发经营资质。

  石化板块的核心主营业务是石油化工，已形成和将形成的炼化规模为2200万吨，其产业分布在宁夏、新疆、珠海等地，与之配套的油品进出口、仓储和铁路、港口运输配套完善。

2011 年 9 月 21 日，阿联酋外贸部副部长阿卜杜拉·艾哈迈德·阿勒萨利赫为团长的阿联酋代表团一行 27 人来到宝塔能源化工公司参观考察

全国工商联主席黄孟复莅临宝塔参观指导

　　教育板块业务涉及职业教育、培训、技能鉴定、生态湿地保护开发等领域；所属的银川大学，设有 11 个院（系）、1 个培训中心，在校学生 12000 多名，是国家教育部批准的本科职业教育院校。

　　金融板块业务涉及基金运营管理、小额贷款、投融资等领域。今后几年，将通过金融业务培育，实施资本与实业深度融合，完成宝塔石化整体由生产经营型向资本运营型的战略转型，建成宝塔村镇银行，管理多支基金，实现 3 支实体公司上市。

　　科技板块拥有 2 个国家级重点实验室和 1 个省级企业技术中心、2 个博士后科研工作站。石化设计院是国家化工石化设计甲级资质和工程咨询资质，具有国家级对外承包工程资格。应用技术研究院拥有近 80 多名专家级专兼职技术研究队伍，获得国家专利 18 项。宝塔石化是国家专家服务基地，与清华大学、北京化工大学等知名院校建立了战略技术合作关系。以上述为基础，正在建设宁夏第一个企业综合研发中心。

　　在北京、广州、珠海、西安、成都、上海、新疆、二连浩特等国内 20 几个大中城市设立了区域公司，在奥地利、阿联酋、哈萨克斯坦、新加坡等国设立了商务代理机构，正在积极实施"走出去"战略，引入海航集团、德力西公司等战略合作伙伴，全面推动跨区域、全国化经营，为未来国际化奠定基础。

境外最佳投资地
—— 柬埔寨西哈努克港经济特区

西港特区概况

　　柬埔寨西哈努克港经济特区（以下简称"西港特区"）是全国首批通过商务部、财政部考核确认的国家级境外经贸合作区，总体规划面积 11.13 平方公里，首期开发面积 5.28 平方公里，以纺织服装、五金机械、轻工家电等为主导产业，同时集出口加工区、商贸区、生活区于一体，全部建成后可容纳企业 300 多家，就业人口达 8 万—10 万人。

　　目前，西港特区 3 平方公里区域内已完成通路、通电、通水、通讯、排污（五通）和平地（一平），各项配套设施正在同步跟进，已成为柬埔寨当地生产、生活配套环境最完善的工业园区之一，并引入了包括工业、服务业在内的企业 50 多家，区内从业人数达 9000 人。

西哈努克港口

西港特区投资优势

1. 优越的地理位置
　　西港特区坐落于柬埔寨唯一的国际港口城市——西哈努克市郊，紧邻 4 号国道，距港口 12 公里，距西哈努克国际机场仅 3 公里，海陆空交通便利，区位优势明显。

2. 优惠的税收政策

税　种	具体内容
出口税	免　税
进口税	免税：用于生产的机械设备、建筑材料、零配件、原材料等
企业所得税	可获 6—9 年的免税期，免税期过后所得税税率为 20%
增值税	生产设备、建筑材料等增值税率为 0%
	原材料：服务于出口市场的产业，增值税率为 0%；服务于内销市场的产业，增值税率为 10%

3. 完善的生产、生活配套环境

（1）自建水厂、电厂，并与市政水、电并网，保证企业 24 小时水电供应；

（2）设立由柬埔寨发展理事会、海关、商检、商业部、劳工局、西哈努克省政府组成的"一站式"行政服务窗口，可为入区企业现场提供执照办理、登记注册、报关、商检等"一条龙"服务；

（3）建设公寓、酒店、宿舍、集贸市场等生活配套场所，引进学校、医院、银行等服务型机构，完善区内生活配套环境；

（4）建立专业安保队伍，引进当地警察署，确保区内企业的人员及财产安全。

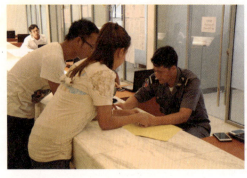

"一站式"行政服务窗口　　　　　　　　　加华银行

电话：0510-66865968（招商一部）
　　　0510-66868176（招商二部）

传真：0510-66868503

邮箱：hodo.xhnk@163.com

网址：www.ssez.com

泰中罗勇工业园简介

1. 园区概况

　　泰中罗勇工业园是由华立集团与泰国安美德集团在泰国合作开发的面向中国投资者的现代化工业区。园区位于泰国东部海岸，靠近泰国首都曼谷和廉差邦深水港，总体规划面积 12 平方公里，包括一般工业区、保税区、物流仓储区和商业生活区，主要吸引汽配、机械、家电等中国企业入园设厂。

2. 园区优惠政策

优惠种类	园　区
免缴企业所得税年限	8 年
减半缴付企业所得税	继免税期过后另予 5 年期限
免缴进口机器关税	8 年
为外销目的，进口原材料免缴关税	5 年
可将交通、水、电等费用作为成本自所得税中双倍扣除	初次销售之日起为期 10 年
基础设施的安装和建设费的 25% 作为成本在利润中扣除	从有收入之日起 10 年内，可选任何一年扣除上述费用

2009 年 8 月商务部部长陈德铭考察园区　　2011 年 3 月全国人大常委会副委员长华建敏考察园区

3. 园区优势

泰国吸引中国投资的六项优势

（1）泰国相对巨大的市场容量和较强的市场辐射能力；

（2）完善的公共与工业基础设施；

（3）泰国政府鼓励外商投资的优惠政策；

（4）泰国人温和善良，职业素质优良；

（5）泰国社会稳定、安全，法律体系完善；

（6）中泰双边关系友好，中文通行。

园区优势

（1）最优惠的政策与最好的地理位置；

（2）水陆空全方位交通；

（3）高标准配套；

（4）"一站式"服务；

（5）全中文服务。

园区联系方式：

TEL:0571-88901753

E-Mail:marketing@sinothaizone.com

Http://www.sinothaizone.com